WILLIAM ROSEN

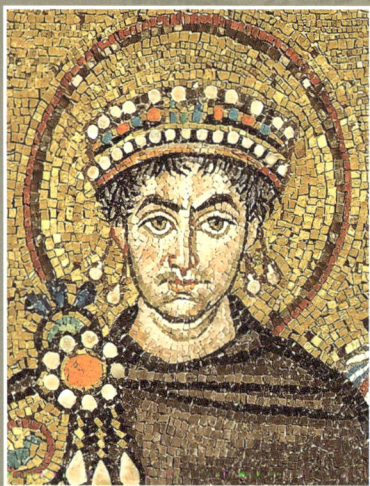

〔美〕威廉·罗森 —— 著
薛莲 —— 译

JUSTINIAN'S FLEA

查士丁尼的**天灾**

THE FIRST GREAT PLAGUE AND THE END OF THE ROMAN EMPIRE

上海译文出版社

献给珍妮

历史上的两个最大的问题
便是如何解释罗马的崛起
以及如何解释罗马的衰亡。
——厄内斯特·勒南

目录

地　图

导语 三千体问题

十七世纪，艾萨克·牛顿发现的万有引力定律指出，两个物体之间的引力与其质量的乘积成正比，与两者间直线距离的平方成反比。实际上，这句话的意思是说，对于任意两个物体，比如地球和月亮，它们之间固定路径的测量只有一个解，而这个解就取决于物体自身的大小以及两者之间的距离。众所周知，这类二体问题的解既简单又完美，而且更重要的是，它是唯一的。

然而，假使在该系统中哪怕再增加一个物体，相应的解便不再唯一了。事实上，三个或三个以上物体的最佳解，只能是个近似值。即便用功能强大的计算机来求解，我们也只能把这个近似值做到非常精确而已。譬如说，要计算阿波罗号飞船从佛罗里达东岸到月球静海的运行轨道，由于要考虑地球、月球、太阳以及飞船本身的质量（毋庸说其他行星、彗星、恒星等所施加的细微影响），这样的计算就比测量毛毡桌面上的十几个桌球的运动轨迹要难得多。所以说，能得到近似解就已经令人相当满意了。

从数量上来看，将古典时代晚期的地中海世界转化为中世纪欧洲的力量，是远多于阿波罗 11 号飞船所承受的引力的。因此，从某些方面来说，任何试图精确说明其中的作用力的史书，都不可能做到尽善尽美。这里所谓的力量包括（排名不分先后）：地中海及周边地区的地理与气候状况；罗马帝国从意大利本土到小亚细亚的东迁；帝国东移引发的以哥特人为主的大量人口西迁，即从黑海地区迁往意大利和伊比利亚半岛；西迁民众与后续涌进迁入地的来自欧亚草原的游牧民族弓箭手之间的冲突（他们的出现带来了一系列的军事革新，直接催生了欧洲中世纪的装甲配镫骑兵）。此外，还有一些同样重要的、直接影响地中海民众思想的作用力，包括：数百年来不断完善的柏拉图哲学，尤其是该哲学在古典时代晚期的新发展，即新柏拉图主义；弥赛亚基督教和注定会与之俱来的教义争端；以及在这两个传统上创立的、颇具影响力的教育机制的发展，包括从中走出来担任政府高官的学生们。

还有些作用力是由个人施加的：戴克里先进行了军事改革，君士坦丁奉基督教为国教，库思老·阿努希尔万（意为"不朽的灵魂"）大帝重振了波斯帝国及其国教祆教，所有这些都或多或少地改变了历史的轨迹。另有一些作用力以最不可思议的方式施加了影响，比如从中国窃取缫丝秘术的影响之一便是罗马和波斯帝国都放开了对阿拉伯半岛的掌控。它们离开半岛十年之后，世界上最后一个一神教的创立者在麦加诞生，他的军队也将摧毁波斯帝国并征服罗马帝国的大部分疆域。

二体系统，或者至少可以说，在仅包含两个带有明显引力的物体的系统中，任一物体的轨道路径都是规则的椭圆形。因此，如果知道某个物体在某一特定时刻的位置与速度，便可以得出该物体在随后任意时刻的位置。而三体问题（也可以叫它三千体问题）就是另一码事了。就像在六世纪的地中海地区这个三千体系统中，给定两个具体的时刻，其一是罗马与波斯帝国、柏拉图与基督、雅典与耶路撒冷主宰下的世界；其二是伊斯兰和基督教世界、穆罕默德与阿奎那、巴格达与科隆主导下的世界。即便我们知道某个特定物体在这两个时刻的状态，也很难说明该物体从其中一个时刻过渡到另一个时刻的活动路径是怎样的。

虽然我们无法精确地回溯这段历史过程，但有些近似值的准确度还是会高于其他值的，否则修史这种事便没有意义了。我们不必争论是否有某个单一的事件催生了欧洲民族国家，亦能认识到这些国家的构建时刻值得我们去认真审视。这一时刻——所谓承前启后，指的就是这样的时刻了——从历史角度来说，对应的应该就是在描绘古典世界的书籍中，最后一章所说的那个世纪；或者反之，在讲述中世纪世界的史书中，写在第一章的那个时刻。就在这个世纪、这一时刻，最后一位名副其实的罗马大帝开始了收复意大利、西班牙与北非地区的霸业；他全力调和基督教主教管区内的教会分裂活动；他利用东、西地中海世界辉煌成就中的美学造诣和智慧资本，构造出了世上最伟大的建筑和法律体系。

也就在这一时刻，在这位皇帝的宏图伟业登峰造极、如日中天的时刻，世界却遭遇了历史上的第一场大流行病。

当然，时间上的巧合并不能证明是大流行病导致了罗马的衰落或欧洲的诞生；如上所述，三千体问题的不确定性使得这种论调在根本上就站不住脚。然而，查士丁尼大瘟疫——这场以皇帝之名称呼的大流行病——确实带走了至少 2 500 万人的生命；它使得城市人口的数量锐减。就在查士丁尼的军队已将地中海西部地区的疆土收归皇权控制之际，就在短短数十年后，穆罕默德的信众便将涌出阿拉伯半岛，攻占埃及、巴勒斯坦、叙利亚、利比亚、波斯、美索不达米亚和西班牙之际，这场瘟疫却降低了几代人的出生率。因此，如果想要描绘现代欧洲的发展道路，却又否认查士丁尼大帝和这场瘟疫的影响，这种做法就好比要向土卫发射人造卫星而又无视木星的引力影响（专业术语称作摄动）一样，其难度可想而知。

天文学家早已证明了引力摄动是非常有用的东西，其中最著名的例证发生在 1846 年。当时，人们就把可见行星天王星的轨道震颤归因为不可见行星冥王星的引力质量的影响。在人类历史领域，情况也如出一辙。假如在相同的时间点上，存在着两个历史境地相似的国家，但这两个国家之后的发展道路却又大相径庭，那么这种情形的出现，就值得我们去探索那些影响巨大而又尚不明晰的"引力质量"。请诸位试想曾经的罗马与中国。

公元前 221 年与公元前 31 年，秦始皇和奥古斯都在欧亚大陆的东西两端创建了两大帝国。到公元四世纪时，这两大帝国都处于长期的分裂状态，面临着所谓的"蛮夷"侵扰；帝国的疆域、财富乃至正统性等方面，都遭受了严重的削弱。迫于严峻的形势，两大帝国的统治者都在公元六世纪时不约而同地展开了规划完备的失地收复运动。

当然，上述帝国的两位皇帝也都做到了，至少在最初的阶段都取得了成功。中国这边，两百年前一度落入蛮夷之手的中国北方地区，即史学家所谓的十六国，再次回归到隋文帝杨坚的中央皇权统治之下。相对应地，查士丁尼大帝也从小亚细亚半岛上的首都，这个看似不可能统摄时称罗马帝国的地方起师动众，先后击败了汪达尔人、东哥特人与西哥特人，夺回了北非、意大利和西班牙的大部地区。

中华帝国和罗马帝国重归一统的大戏，虽说前几幕颇为相似，但收场却相差甚远。承袭杨隋政权的大唐帝国，直到公元十世纪时，都统治着中国的全幅疆域。而在相同的历史阶段里，查士丁尼的继任者们不但无法维持在意大利和西班牙的皇权统治，同时也失去了对埃及、叙利亚、巴尔干半岛、北非和美索不达米亚的管控。大唐帝王统辖的是中国全境，而徒有其名的罗马帝国皇帝，却只宰治着希腊和君士坦丁堡而已。如今，欧洲诸国凭借着科技与军事上面的抱负，取代了超级强国罗马帝国，统管着这片区域。

为什么中国没有像欧洲那样分裂成几个语言不同的王国？当然，从地理区域、科技发展、宗教历史方面来看，中欧之间的差异不啻天渊。其中，大部分的差异都远远超出了本书的范围。在罗马分裂与中国统一的时期，之所以会出现这种差异，最简单的解释便是伊斯兰哈里发政权的崛起，迫使基督教世界（也即当时的欧洲）不得不与之划清界限。（不过，据传亨利·路易斯·孟肯曾说过："每一个复杂的问题，都有一个简单的解决方案……但这是错误的认知。"）但即便面对前途无量的强大敌人，也不足以让欧洲团结统一起来，更无法阻止西班牙、英国与法国寻求各自独立的民族身份。也就是说，致使各国割裂独立的力量一定是更加强大的。由此，我们显然能够推出，共同的主权比共同的敌人更能有效地促进统一；而那个共同主权，也即罗马帝国的缺失，便会导致欧洲各地依照自身的本土特征而非统一的整体特征来界定自己。

　　这种自我界定的做法一直延续到了现在。如今，被称为欧洲的现代政治实体正在尝试建立通行整片大陆的法律宪章（但是截至本书撰写之时，这种尝试仍旧收效甚微）。所以说，这种政治实体和地理概念一样，都是想象的产物。事实上，政治实体的想象程度更高；"欧洲"的地理疆域始终困扰着希罗多德以来的历史学家。在对查士丁尼王朝所做的历史记录之中，普罗科匹厄斯曾经尝试在至少三个不同的地方，用地理边界来定义欧洲的疆域……但他和其他历史学家一样，也在划定其东部边界时遭遇了挫折。从历史和地理的角度来说，以直布罗陀海峡为界，划分欧洲与非洲（普罗科匹厄斯称其为利比亚）的做法，显然是可以接受的。而以尼罗河作为非洲和亚洲的界河，至少也能算有理有据（虽说埃及人数千年来一直在河流两岸生活的情况使得这种划分方式显得多少有些问题）。但是，无论从地理还是从历史的角度切入，想要设定欧洲与亚洲的分界线都是颇为棘手的；普罗科匹厄斯选择的界线是两条注入黑海的河流：塔纳伊斯河（顿河）与法希斯河（里奥尼河）。之所以会选择法希斯河，不仅是因为这条河流的地形，还因为它出现在最早的欧亚冲突的神话当中。这个神话就是特洛伊战争的开端，即伊阿宋王子寻找金羊毛的故事。如今那些竭力争取机会，想将土耳其和乌克兰并入欧盟的政府官员们，不过是萧规曹随，效法那些去世了一千五百年的历史学家而已。

即便是对普罗科匹厄斯及其同时代的人而言，千年以来，欧罗巴洲都是一个含糊的概念。欧罗巴一词最早出自神话：欧罗巴公主住在其父统辖的苏尔王国，宙斯将她从家中掳走后，便在欧洲大陆的海岸边强暴并抛弃了她。（在希罗多德的笔下，绑架欧罗巴公主的则是克里特岛的商人，他们想把她献给国王阿斯忒里俄斯。）后来更有神话将欧洲定义为一个与"亚洲人"发生武装冲突的民族，在维吉尔的史诗中，这些冲突始于温泉关，以埃涅阿斯离开亚洲建立罗马为高潮，而他所建立的罗马反过来又促进了"欧洲"的形成。

神话里的"欧洲"和希腊罗马世界中的欧洲，指的都是地中海区域。在费尔南·布罗代尔、黑格尔和亨利·皮雷纳等历史学家看来，这里就是世界的中心。亨利还在《穆罕默德和查理曼》一书中最先提出，古典时代的终结，是以七世纪的伊斯兰入侵为标志的……他所谓的入侵，便是本书所述一系列事件的直接后果。如今回溯起来，到 1648 年《威斯特伐利亚和约》签订时，一个地中海超级大国经历长达千年的转变，转化为北欧洲民族国家群的过程，似乎是不可避免的。但事实却并非如此。在自己的国界内至高无上，享有所谓的主权，因其地理、语言和共同的血统而有别于他国——这种政治实体的概念，差不多算得是欧洲独创了。但是，只要当时占统治地位的政治结构是罗马帝国，那么这种民族国家就不会（也不可能）形成，因为其成员资格并不取决于出生地或生身父母，而是取决于对该国是否臣服于罗马帝国的权威和法律。

将"罗马"与"欧洲"联系起来的线索有千百条之多，而本书便旨在描写两者之间的关联，尝试用这些连接着欧洲与其罗马帝国前身的线索，编织出一幅挂毯，借此再现特定的历史时刻下的情景。本书中的有些线索是说技术的，有些是说军事的，有些是说地理的。它们涵盖了进化微生物学、建筑学、动物生态学、法学、神学，甚至是商业领域。我们沿循这些线索中的任何一条，都能从一个世界进入另一个世界。

然而，沿循这些线索要比整理、编织它们轻松得多。在我看来，任何历史记载的目标都是为了呈现一幅包含着已知与未知内容的图画——图画中所展示的时刻，既与读者所处的时空相似，又有着根本的不同。在描述查士丁尼的世界时，要想实现这一目标，就得考虑影响晚期罗马帝国的力量（人口与气候等客观情况，从军事到思想上的创新等人为因素），还要考虑晚期帝国对承袭它的欧洲国家所施加的力量。想要客观公正地分析好这两种力量，我们就得理解查士丁尼出生时的历史环境，了解他留给后世的遗产，以及他的一生当中所经历的传奇与偶发事件。

为诠释好相应的内容，本书在结构上分为四个部分，作为编织"挂毯"的经纱与纬纱。第一部分名为"皇帝"，讲述的是当时新定的基督教帝国从罗马东迁至君士坦丁堡，进而导致了"蛮族"的西迁。这两场迁徙均以巴尔干半岛为中心，而这座半岛便是君士坦丁大帝、戴克里先与查士丁尼的出生地。第二部分："荣耀"，描写了查士丁尼的胜利及其对中世纪欧洲国家、法律、建筑的影响，以此说明查士丁尼作为征服者、法学家与建设者所做的贡献。第三部分："细菌"，带出了古典时代晚期的这场大戏中的另一位重要角色：腺鼠疫，并介绍了该瘟疫的演变和骇人影响。第四部分："大流行病"，追踪了瘟疫的蔓延路径，描写了其在波斯、法国、英国和意大利的传播情形，同时还用相当的笔墨介绍了瘟疫虽未出现但仍深受其害的地方：中国和阿拉伯半岛。

本书始于这样一个信念：在每位受教育者的知识体系中占据相当部分的欧洲历史，是一部偶发性的、会视情况而变的历史，它是有可能呈现出完全不同的走向的。在本书创作的过程中，笔者所了解到的任何内容都没有准确地阐释出这些可能的走向会把欧洲带往何处，但却从中学到了新的一课，那就是我们应当换个角度去审视欧洲出现之前的罗马帝国。尤其是查士丁尼的统治，更是展现了罗马在用兵与治国方面的天才；或许从教育层面来说，这段历史还是一个鲜活的实例，展示了世界上最伟大的军事力量所取得的军事胜利，如何被地方叛乱所瓦解。但在某种意义上，罗马帝国最令人钦佩的品质却出人意料，那便是：罗马的开放性。

回溯历史，我们发现罗马是一个社会流动性很高的地方，就这一点来说，并没有什么值得惊讶的。在本书所描写的时段，罗马帝国的统治者是一位农民出身的皇帝与一位曾经沦落风尘的皇后，两人都没到过罗马，甚至连意大利也没去过。

不过，那些证明罗马同化能力很强的事例却仍然能让人感到惊讶；在这方面，历史上能够比肩罗马的大国，只有三个。其中有两个出现在了本书所涵盖的范围内，即中华帝国（唐朝最伟大的诗人李白或许是突厥人）和黄金时代的伊斯兰；另一个轻松入围的国家带有强大的本土主义传统，那便是美利坚合众国。相较而言，当时人们想做德国人、俄罗斯人或朝鲜人，远比要成为罗马人难得多。那时，即便是奴隶，常常也能跻身罗马人的行列，因为罗马授予了每位奴隶主解放其奴隶的权力，并且他们还可以赋予奴隶人身自由乃至公民权。虽然说帝国时代的罗马充满专制，军国主义盛行，且姿态傲慢自大，远远算不上天堂之国，但是考虑到取而代之的野蛮国家的恐怖行径——十字军东征、宗教裁判所、大屠杀、古拉格等，也就难怪人们会对帝国的消亡黯然神伤了。

同时，或许有人还会怀疑，跳蚤的一口叮咬，也加速了这个帝国的消亡。

前言　贝鲁西亚

540

这期间，发生了一场瘟疫，整个人类都濒临毁灭。对于从天而降的所有其他灾难，胆子大的人们，可能会就其原因给出一些解释，例如那些精于此道的人会在这些问题上提出种种理论，因为他们喜欢编造人们根本无法理解的原因。然而说到这场灾难，除了把它推给上帝之外，人们很难再用言语来表达或者在脑海中去构想出任何成因……

这场瘟疫发端于居住在贝鲁西亚的埃及人。

——普罗科匹厄斯，《战争史》，第二卷第二十二章

到六世纪中叶时，贝鲁西亚已有一千多年的历史。公元前525年，在打败埃及人之后，波斯人便在此地，即尼罗河最东端的支流河口处建造了这座城寨。不过，这个地方的历史却更加久远。埃及人原来称呼此地为西奈（意思是汛的旷野），该地名出现在《圣经·旧约》的第二卷，即《出埃及记》的卷首和卷尾的位置。一开始，上帝在贝鲁西亚这里降下吗哪给以色列人，使他们得饱足，后来约书亚又从此地派遣探子，前去窥视迦南。再后来，贝鲁西亚又被尤利乌斯·恺撒占领，见证了汉尼拔经此逃往罗德岛时的狼狈。这座边城还目送了起航东渡犹太行省的本丢·彼拉多，还有乘船西行、遭遇流放的犹太人。

可是这里却从没见过这样尸横遍野的场景。当然，尸体在那个年代绝不稀奇：一个男人但凡能活过四十岁，已经算是幸运；有四分之一的孩子在离世时都还不满周岁。在埃及并其外的一切地方，疾病，甚至是致命的暴疾，都算不得新鲜。可即便如此，这里的尸体还是带着独有的特征：亡者的腹股沟和腋窝处有葡萄柚大小的肿胀，在希腊语中，这种病征就被称作腹股沟淋巴结炎。

公元 540 年，出现在贝鲁西亚的疾病是致命的（十分之七的感染者会在一周内死亡），但它也是可以控制的。其实，这场瘟疫就像在沙漠中着了火的房子，与人类历史上以前暴发的每一次疾病一样，它很快也会因为缺乏"燃料"而结束……或者说，它本该如此，但凡事总有例外。就在尼罗河三角洲的另一边，贝鲁西亚以西一百六十英里处，有一座更大的港城：亚历山大。这种地理位置上的邻近会带来极其严重的后果。这场瘟疫一旦跨越尼罗河三角洲，便会从这座地中海第二大城市的数十万居民中找到大量新燃料源。而且更危险的是，它还发现了船只这种载体。

每天进出亚历山大港的船只种类繁多：有一排排船桨驱动的单层甲板平底船；有风力驱动的船只，船上挂着方帆，或者可以逆风行驶的三角帆布。有用了沿海贸易、排水量不到十五吨的小商船；有排水量数百吨的运粮船；还有排水量超过一千吨的大海船，专门用于装载建造纪念碑所需的巨型方尖塔[1]。亚历山大港的船只将这个世界上最伟大的帝国联结了起来，它们把粮食从埃及运到阿普利亚，将铜从塞浦路斯送往西班牙。因为船只带来的便利，高卢的主教可以身穿叙利亚工人织造的中国绸缎，用产自希腊橄榄园的油膏抹见习修士，举起意大利葡萄园的美酒为礼拜祝福，拿非洲小麦烤制的面包举行圣餐。

公元 540 年，对地中海沿岸的主要贸易城市来说意味着生命的那些船只，沿循着几个世纪以来的惯例，离开了亚历山大港。它们装载着货物、船员……和老鼠；可老鼠，却带着它们自己的"私货"。

公元 542 年春天的一个早晨，在与贝鲁西亚相对的地中海另一端，世界上最有权势的人迎来了新的晨曦。统治当时世上最富有、最强大的帝国，是一项永无休止的任务，因此他习惯于废寝忘食地彻夜工作。这样的工作习惯令他的敌人们相信，他根本不是人，而是一个不需要休息的恶魔。他们窃窃私语，说他是一个无头的怪物，趁敦朴的百姓们睡觉时，在宫殿大厅和城市的街道上徘徊；人们还说他是一个恶魔，想要吞噬的灵魂比沙滩上的沙粒还多。虽然这位统治者的抱负已经把他从巴尔干半岛的农庄带到了世界之巅，但是若没有恢复先皇们所统辖的疆域领地，他的野心是不会满足的。

　　几个月后，来自亚历山大港的船只就会到达这里，那些船上装载着的才是真正的恶魔。恶魔与农民出身的统治者之间的碰撞，标志着一个世界的结束、另一个世界的开始。而这个过程至少会消耗掉 2 500 万条人命。

第一部

皇　帝

第一章　"世界四大国君"

286—470

> 用他自己的名字命名他的人民为"罗马人"。
> 对他们，我不施加任何空间或时间方面的限制，
> 我已经给了他们无限的统治权。
> 的确，凶狠的尤诺出于骇怕，
> 如今把沧海、大地和青天搅得疲乏不堪，
> 她也将改变主意，和我一起爱抚这些世界的主宰者
> 这个穿着裂袍的民族——罗马人。[1]
>
> ——维吉尔，《埃涅阿斯纪》

当代历史学家所谓的古典时代晚期有着数百年的时光。但在这数百年间所使用的地图中，包括现在的任何地图集中，我们都很难找到一座名为陶雷修姆的巴尔干山区小镇。这座位于罗马伊利里亚行省的村镇，如今为人所知的唯一原因，就是在公元五世纪末时，有位十二岁男孩从这里走了出去。男孩的母亲，是一位名叫维吉兰提娅的农家女，她在孩子受洗时，给他取名为伯多禄·塞巴提乌斯。多年以后，这位只身前往当时仍是世界最大帝国首都的男孩，以一个自取的名字著称于世：查士丁尼。

伯多禄·塞巴提乌斯的旅程也映照了他终将统辖的帝国之征程。以他离开村庄的时间为起点，往前回溯两百年，帝国便从今塞尔维

亚—马其顿的斯科普里附近，开始了长达数百年的东迁。在帝国东迁之前，一群西进的草原骑兵也到过这里，他们故乡的草原广袤无垠，一直延绵到了中国的山区。数百年来，士兵与农民、教士和商人、基督徒与异教徒，都在这片地中海以北的土地上来往穿行，而他们的行程迟早都会经过巴尔干半岛与伊利里亚行省。

到五世纪末期，以族名称呼所居行省的伊利里亚人，已经在达尔马提亚海岸和巴尔干内陆山区生活了近两千年。他们生活的村庄与城镇，是该地文化沉积物的最后一层——这里的人类活动，能够追溯到二十万年前旧石器时代早期。到查士丁尼出生时，如果有人用地钻深深打入这片巴尔干土壤，便能从得到的分层核心样本中，发现新石器时代的陶瓷、青铜时代的石堡和公元前四世纪时殖民地留下的希腊雕像遗存。而这种三明治样本的顶层所记录的信息，应当涵盖了在他之前的那五百年，也即由罗马帝国皇帝所统治的那五个世纪。

其实，罗马帝国对此地的影响可以追溯到更早的共和国时期。公元前 168 年，附近的部分地区便被帝国军团所征服。在查士丁尼故乡所属的马其顿地区，人们仍旧还能看到早期的罗马兵营，即第五马其顿军团与第四西徐亚军团的营地。自公元前 148 年起，马其顿便始终都是罗马的殖民地，不过该地区的伊利里亚人却发起过抵抗。奥古斯都的军队在其后来的继任者提庇留将军率领下，最终于公元 9 年平定了这里。即便如此，这种征服的力度还是不够的。为稳定疆域，图密善与图拉真两位皇帝分别又于公元 85 年和公元 101—106 年，对这一区域展开了后续的军事行动。

那时，对于所攻占的领土，罗马帝国已不再往地里撒盐 ①，而是交给退休的军人来治理。当时的伊利里亚行省被第七军团的退役士兵严重

---

① 据传说，罗马在征服迦太基后，在土地里撒上盐，要让此处永远荒芜。——译注

殖民。这群士兵大多来自西班牙、高卢、叙利亚①，甚至是非洲，虽然他们本身不是罗马人，但是作为曾为皇帝效命的奖赏，他们已被赋予了"意大利权"，即罗马公民的权利。无论其原本的母语是什么，这些士兵都因为长期的军旅生涯，成长为能说拉丁语的群体。罗马帝国将巴尔干高地上的房屋奖赏给了这些退役士兵，而这群新的高地人也将心比心，报之以忠诚。就像英国的苏格兰人或美国的弗吉尼亚人一样，在这里，世世代代都有大批的伊利里亚人投身行伍。据说从二世纪开始，由伊利里亚人构成的军队便为帝国铸造了赖以生存的坚固壁垒。

伯多禄·塞巴提乌斯走过的道路，是上万名伊利里亚同胞用皮靴踏出来的。这些同乡当中，就有他的叔叔查士丁。公元 470 年左右，"穷困潦倒"²的查士丁离开家乡，打算投身军旅并闯出一片天地。离乡二十年之后，他呼唤当时十二岁的侄子到自己身边来。于是，这个男孩便独自开始了长达一个月的跋涉。他的这段旅程，起点是横穿罗多彼山脉山脚地段的帝国大道，终点便是当时的帝国首都。

初到都城，年轻的伯多禄就意识到，这里便是世界第一大城，是最富有、人口最多、最为强大的地方。建造在城内七座山丘上的是由大理石铺就的巨大广场、庄严壮观的元老院和一座宫殿，帝国的皇帝就是从这里统治着世界上相当大的一片区域。这座城市还有一座庞大的竞技场，在那里，城里成千上万的惹是生非之徒因为面包和娱乐等小恩小惠而保持着温顺。他们的面包是用埃及的谷物烤制的。每一天，这些面包都会和其他商品一起，被送到城门口与各海港。负责运送这些物品的，就是穿行在世界最大公路网上的骡子和牛车。伯多禄应该早就知道，这里便是罗马帝国的首都。

---

① 古时，被称为叙利亚的地区在定义上并不清晰，但其疆域要远大于如今称作叙利亚的这个现代国家。它的北部是托罗斯山脉，东部是沙漠，西部是地中海，南部则是西奈半岛。（本书脚注，除非特别注明，否则均为原注。）

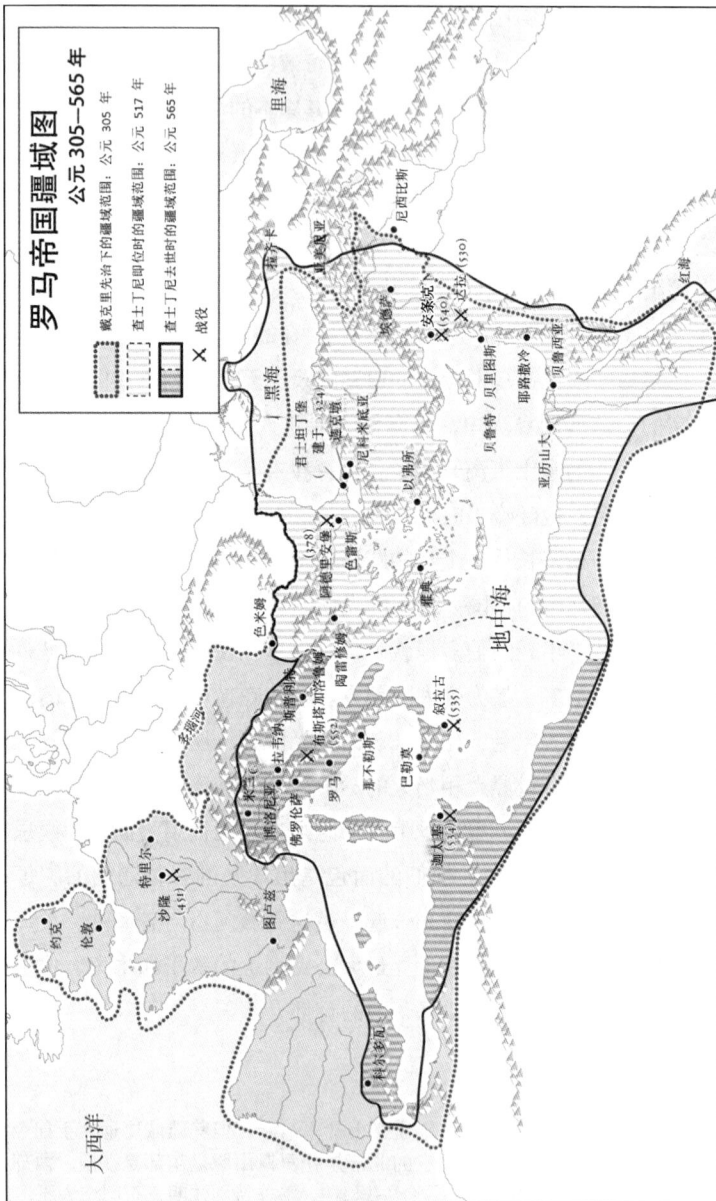

罗马帝国疆域图

公元305—565年

戴克里先治下的疆域范围：公元 305 年
查士丁尼即位时的疆域范围：公元 517 年
查士丁尼去世时的疆域范围：公元 565 年
X 战役

里海

黑海

尼西比斯
亚美尼亚
埃德萨
安条克 X(540)
达拉(530)
红海

君士坦丁堡
建于(324)
迪拉克琼
尼科米底亚
以弗所
色雷斯
阿德里安堡 X(378)
色雷斯
雅典

贝鲁特/贝里图斯
耶路撒冷
贝鲁撒冷
亚历山大

地中海

叙拉古 X(555)
那不勒斯
巴勒莫
迦太基(541)

斯普利特
斯卡佩塔加尔鲁姆
两哥特移鲁姆
拉文纳
罗马
佛罗伦萨
圣湖泊

特里尔
沙隆 X(451)
图卢兹
约克
伦敦

大西洋

· 006 ·

当然，他也应该早就知道，这里不是罗马。

起初，这座都城被称作拜扎斯（有时亦称拜占庭），用以纪念引领一众移民前往达达尼尔海峡的希腊水手。这事之后又过了一千年，君士坦丁大帝才决定将新帝国的首都迁往此处。新都城的位置得天独厚，它坐拥一块三角形的海岬，海岬的一侧连接名为博斯普鲁斯的黑海出口，另一侧通连着马尔马拉海，也就是黑海海水最终汇入的地方。都城的地势很高，俯瞰着博斯普鲁斯海峡的一湾浅水，这个小海湾后来又被称作金角湾——"角"代表着地质学所赋予它的形状，"金"则代表着其中流淌着的财宝：此城横跨欧亚两洲，同时统管着两片区域。它的位置离多瑙河流域的蛮族不足三百英里，距离波斯军队也差不多远，但事实上，除非从内陆攻打，否则这座城池便是名副其实的固若金汤。

迎接男孩伯多禄·塞巴提乌斯的这座城市是多个部族的家园，这里有说希腊语和拉丁语的人、非洲人、伊利里亚人、讲阿拉姆语的犹太人和叙利亚人、科普特人、赫鲁利人、格皮德人、匈人……"在城中，人们能够听到人类已知的所有七十二种语言"。[3] 在这片大小仅有曼哈顿三分之二左右的空间里，居住着五十多万人……而与曼哈顿不同的是，这里最高的住宅也只有几层楼而已，这就意味着白天的时候，大多数的人都会摩肩接踵地在城市的街道上活动。这群通晓多种语言的本地人，会给那些新来的外省人加上刻板印象，借以自娱：亚美尼亚人都是懒汉（一位修女写道，未入教的亚美尼亚人卑鄙无知，入了教的就更加如此了），卡帕多西亚人都是乡巴佬，土耳其人都是骗子，至于西方人嘛（这些已被称作拉丁人的族群），也都是些冲动鲁莽、不谙世故的家伙。[4] 作为一个没城府的拉丁人，伯多禄也是打西边来到这座都城的。由于都城三面环水，只有两条主干道贯通其中，所以在进城的方式上，伯多禄并没有多少选择。在两条入城的道路中，旧的那条穿过巴法湖附近的边远小镇赫拉克里亚之后便转向内陆，接入圣使徒教堂西北方向的市区。而公元 333 年左右修建的那条"新路",则沿着海岸一直延伸到后来被称作"金门"的地方。⁵ 这位来自西部的旅客从任意一扇城门进入,都会发现,向东走的这最后几英里(也即城内的那些道路,会一直通向半岛的尽头,博斯普鲁斯海峡与马尔马拉海在彼处交汇),同之前的整段旅程一样,可谓妙不可言、精彩纷呈。英国人、高卢人、非洲人、波斯人、印度人和中国人,都用马车与船只,把整个世界的宝藏带到这座都城,陈列在祈祷之处和商业场所。

君士坦丁堡的广场、教堂与宫殿都被誉为这座城市的建筑瑰宝;但都城最具历史意义的建筑,却是人们到达这里之后首先看到的东西:城墙。这道城墙封闭性地环绕着都城赖以奠基的半岛,使其成为一座坚不可摧的堡垒,在经历了十一个世纪的风吹雨打之后,仍旧完好无损。

在都城的所有道路中,最宏伟的得数梅塞大道了(今伊斯坦布尔的主要干道狄凡尤鲁街,沿用的仍是梅塞大道的旧径)。沿着这条大道往前走,会看到数以万计的居民都在忙活着都城运转所需的各种活计。有些人所做的事情在任何城市居民看来都不会觉得陌生,比如买卖交易、升官发财、出人头地。有些人却不会这样世俗,他们惦记着的,是如何就基督教的教义进行争辩。尼撒的贵格利生动形象地描述了当时的日常生活:"如果你让店主找零,他会向你解释有关圣子受生与圣父自生的哲学;如果你询问一条面包的价格,答案会是:'圣父大、圣子小';如果你问'洗澡水好了吗?'澡堂伙计会明确地回答圣子啥都不算。"⁶

尽管在现在人听起来,这样的公共对话很奇怪(贵格利这种大惑不解的描述语言,说明这类对话在那时候听来都显得颇为新奇),但城中的公共经济却是不言自明的。和华盛顿特区^①一样,君士坦丁堡

---

① 此外,与美国首都华盛顿特区一样,都城的地方政府也由帝国官员进行管理。

也是座几乎完全依靠行政管理为生的单一产业城市，它唯一的产品就是法律法规。它不是工业中心。令人惊讶的是，它虽然地处欧亚两洲的连接处，但却不是商业中心，至少和亚历山大港相比还算不上。[7]贵格利描述中的店主，在建城初期就将自己划分在特定的区域里：青铜匠人只在梅塞河的东端经营，毛皮商人待在市中心，马商们活跃在阿马斯特里亚努姆，[8] 出于同样的原因，纽约的钻石商人都聚在第四十七大街，伦敦的裁缝都守在萨维尔街。从经济成本上来说，这样的选择，对于顾客和供应商都是有利的。而把离皇宫最近的空间划拨给调香师的原因则略有不同，之所以这样做，只是因为皇室成员喜欢芬芳馥郁的香味而已。[9]毫无疑问，这种芳香所带来的愉悦感，要远远超过都城中的另一种最为普遍的气味，即被称为葛拉姆的发酵鱼露。它的滋味会让人回想起君士坦丁堡的罗马血统。在其他行业蓬勃发展、欣欣向荣之际，这些人要么着意于为政府官员提供奢侈品，比如丝绸、象牙、黄金和白银，要么便会做些维护工作，保养好都城的建筑、港口和渡槽。

贵金属加工商与丝绸和珠宝的供应商可以毫不费力地确定他们的潜在买家，即君士坦丁堡城内上流社会的成员，尤其是那些贵族阶级。所谓贵族阶级，是一种可以追溯到罗马共和国时代的正式头衔。贵族们身系红色腰带，穿着白色及踝的窄袖束腰外衣，配有紫色包边。罗马的贵族阶级不像商人那样同行之间抱团取暖，也不像别的上流社会那样，会在专属的区域里建造奢华的住所。他们的庄园虽然宏大，但却与公寓大楼甚至是廉租公寓并肩而建。因此从街道上望去，他们的豪宅外观几乎都毫无例外地朴素自然，并不惹眼。至于豪华设施，都被保留了豪宅内部。这些内部建筑常常营造在开放式庭院的四周，建筑的高层开有凸肚窗，方便房内的人俯瞰下面的街道。[10]

尽管这座城市的私人住宅中，只有几百栋可以称作豪宅，但也有相当比例的民众居住在独栋建筑里。根据五世纪的都市人口普查，君

士坦丁堡共有 4 388 座独栋住宅，而当时的罗马却只有 1 800 座；[11]
考虑到家庭规模和家中帮佣的数量，在这种宅院里居住的人员可能
占到了总人口的 5% 到 10%。按照古代的标准，这样的比例不可谓不
高，这主要得益于一种会恒定发放的面包配给（即所谓的家庭面包）。
它不仅会提供给任何在都城中建造房屋的住户，还会顺延给购买了相
应房产的新房主……这种政策对于建房者与购房者来说，都是种强烈
的刺激。[12] 即便如此，对许多君士坦丁堡居民来说，街道才是他们的
家，因为城市中的大多数人都没有任何形式的永久性住所，而这些无
家可归的人，都得依靠都城的修道院和教堂所经营的收容所。

当然，他们也得依靠救济生活。自共和国时代以来，罗马便会向
公民发放谷物，后来更是改成了面包。而君士坦丁堡也和罗马一样，
会为大量公民提供免费的面包配给。其中，有些配给是通过世袭权利
获得的，比如那些房主和学者，但是多数人得到的都只是日常生活所
需的分量。帝国之所以会推行此政策，与其说是出于慈善，不如说是
出于对叛乱的长期恐惧。尽管这并非总是政客投机的结果，但罗马和
君士坦丁堡的确都一直面临着因食物短缺而发生叛乱的风险。为了防
止骚乱，市政当局会控制猪肉、牛肉和葡萄酒（但不包括贮存不便的
鲜鱼）的零售价格，并命令君士坦丁堡的一百家公共面包店向都城的
8 万居民每人每日免费提供两磅面包。[13]

与面包店相比，都城的各式纪念性建筑给这位新来的乡下小伙留
下了更为深刻的印象。沿着梅塞大道笔直的路径，向上穿过城市的山
丘后，会经过标志着基督教最终战胜异教的建筑古迹。在城市中央
广场的正中位置，竖立着一根柱子，柱子下面不仅有真十字架的碎
片和钉死救世主的钉子，还有埃涅阿斯的雅典娜徽标和特洛伊的帕拉
斯（即雅典娜）神像。[14] 如果伯多禄·塞巴提乌斯沿着这条道路继续
前行的话，便会走到城市的东部边缘，这里不仅是都城原本的顶峰所
在，也是已知的全世界的最高处。在峰顶的中心，有一片大广场，名

为奥古斯塔，布局呈反金字塔形，内部由一排排的座位组成，座位排成方形，螺旋式上升，每一级都高出下方相邻的台阶。广场的东边是元老院，元老院前面有六根巨大石柱，呈前四后二排列，共同支撑着一个装饰有数十尊雕像的拱形大理石入口；北面则是规模同样宏大的宙克西帕斯浴场。在这座都城里面，浴场随处可见。公元四世纪时，君士坦丁堡共有 8 个公共浴场和 153 个私人浴场。它们都经由渡槽供水，而渡槽中的水则取自色雷斯山区并储存在地下水库之中，以备不时之需。[15] 如果将后世所谓的欧洲看作一只"长臂"的话，那么无论从精神上还是从地理位置上来说，君士坦丁堡都能算作它的"小指尖"。就在这块方圆一平方英里的土地上，同时矗立着皇帝统管的大宫殿和神圣智慧教堂（圣索菲亚大教堂），皇帝本人会在此顺服上帝，而上帝自己最初在这块东方的土地上道成肉身也并非巧合。

　　离开陶雷修姆的伯多禄向东出发，远离了帝国的过去，走向了它的未来。而他在目的地上的选择，其实是由一系列无关的事件决定的，包括：从内尔瓦开始到马可·奥勒利乌斯之死为止，连续五位善治皇帝缔造的最为平稳安定的帝国时代走向终结；之后发生的三世纪危机——前后五十年间，涌现了二十六位皇帝[①]，其中有十二位被刺杀，且弑君者多为皇帝本人的禁卫军成员；以及将帝国从近乎自由落体的衰落状态中解救出来的另一批军人出身的统治者。这群统治者大都来自巴尔干地区，他们终结了三世纪危机，使罗马帝国的统治疆域同过去一样广袤，虽说他们治下的帝国性质也与之前截然不同了。作为这批领袖中的最后一位，奥勒良皇帝不仅重建了帝国的边界，还在

---

① 最少也有二十六位皇帝，中间还不包括一些篡位者，也不包括那些自称是高卢或不列颠"皇帝"的君王。尽管如此，这个数字还是多到令人目眩。仅在公元 238 年，就有五位不同的皇帝掌权，其中有一位的在位时间甚至都不足一月。

罗马城的周围建造了一道防御城墙。因此，他完全配得上罗马元老院授予他的称号：Restitutor Orbis，即"世界光复者"。

不过要想重建世界的话，就得依靠另一位巴尔干之子了。

如果查士丁尼提早两百年离开地处巴尔干半岛的家园，那么在他眼中，君士坦丁堡就不会那么有吸引力了。当然，他也就不会再往东走，而是会开始西行之旅，并且在离开陶雷修姆的一两周内，抵达亚得里亚海岸。从该海岸启程，向北再走一个星期，他就会在一片朝南的半圆形海湾上看到一座相当引人注目的房舍。房子修建在倾斜的海岬上，俯瞰着达尔马提亚海岸线上的三个入海口的中部位置。在海岸线的北面，有条近五千英尺高的山脉，参差起伏、高耸巍峨；南面则是几座凸起的小岛，冲破蔚蓝的亚得里亚海面，跃入眼帘。在山脉和海岛之间，是一条青翠葱郁的地带，其间种植着橄榄树、无花果树和葡萄藤。[16] 总而言之，这里就是一处气候温和、令人愉悦的所在，一个典型的养老家园。

不过，这所房子本身倒一点也不"典型"。就拿尺寸来说吧，因为是比照埃及和巴比伦的宫殿而建的，所以它的规模甚是宏大，单是主楼就占据了近十英亩的土地。围绕它的宫墙长七百英尺，高七十英尺。至于房子的主人，也同样的"非典型"：他之前当过兵，但过去这二十多年来，却始终都是已知世界中最有权势的存在。更不同寻常的是，这座宫殿居然都是有人入住的。通常罗马帝国皇帝要么战死，要么病死，要么被刺杀。对他们而言，可没有退休一说。

当然，最最不同寻常的事情还在后头：当这座宫殿里的退休者最终去世时——他是自奥古斯都以来第一个真正建立起新帝国的罗马人——整件事竟是那样的波澜不惊，甚至都没有人能够准确说出他是在哪一年离开的。据说，他的父母可能是被解放的奴隶。在他刚出生时，他们给他起名叫狄奥克勒斯；等到去世之际，尽管情况发生了翻天覆地的变化，他仍旧用着这个名字。然而，在这中间的六七十年里，他的姓名长度却随着因贪婪而攒下的战功一起加增，到最终登上皇位时，已经变成了盖尤斯·奥勒留·瓦莱利乌斯·戴克里先。不错，他就是戴克里先皇帝。

与许多伊利里亚同胞一样，戴克里先也出生在萨洛纳城（今克罗地亚的斯普利特市）的一个小村庄，并且还在那里建造了宫殿。作为一名士兵，戴克里先仗剑在手、驰骋疆场，在与波斯人的战争中声名鹊起，一跃成为将军。公元258年，他在经历了三世纪后期罗马政权转移的常规模式之后，继承了奥古斯都的帝国。这里所谓的"常规模式"是指皇帝在战争中被杀，继承人神秘死亡，养父被控谋杀并遭处决，皇长子也在战争中失利。即位之后的戴克里先，旋即决意彻底改造帝国。公元286年，戴克里先便将伊利里亚同乡马克西米安立为共治皇帝，并且沿着东西轴线正式划分了帝国的防御职责。

同样重要的是，两位皇帝都没有定都罗马——马克西米安在米兰建都，戴克里先的都城则是尼科米底亚（今土耳其的伊兹密特）。七年后，戴克里先将帝国四十四个省的行政架构扩大为四帝共治，增添了另外两位共治国君：伽列里乌斯和君士坦提乌斯。其中，前者建都于莱茵兰城市特里尔，后者定都于色米姆（今塞尔维亚境内）。这第二对"皇帝"算是两个"恺撒"，因为他们都分别被前两位"奥古斯都"所收养，并且通过通婚的方式强化了彼此间的关系。这四位领主后来被称为 quattuor principes mundi：世界四大国君。

几百年来，戴克里先的生平始终作为一种经验教训，晓谕我们：理性智慧的价值是高过冲动的天才的。吉本在给戴克里先的"成绩单"中言之凿凿：

> 戴克里先在恪尽自己的权责或在紧要关头时，并不是没有担当。但他似乎根本没有英雄的宽怀仁厚与大无畏精神，不会追逐冒险和名望，不会对诡计谋略嗤之以鼻，也不会大胆地激发身份

同等之人的忠诚爱戴。他的才能偏于实用，而非华而不实；他思想活跃，揣摩人性的经验也颇为老到；既慷慨大度又朴素节俭，既温厚和善又严厉苛刻。①

以戴克里先为首的四大国君的政绩还是相当可观的。他们的国内改革包括制定一百部新法律，大力变更税法、恢复货币制度，也即将奥里斯的标准定为 1/60 磅②黄金，用阿根透斯这种新银币取代了贬值的第纳里乌斯，还编纂了上百条新法令……不过在最后这件事情上，罗马元老院可是半点忙都没有帮上，因为在皇帝的领导之下，他们已经失去了最后的一点立法权。四帝共治制度下，皇帝要求公务员专业化，并且还建造了从多瑙河到尼罗河河谷的城市带。这种做法基本上将整个帝国变成了一组城市行政区。

此外，他们还变革了帝国的军事战略。尽管三世纪发生了许多战争，戴克里先登基时的军队在组织上仍旧与七十年前的军队相似，只是规模要大得多。事实上，自奥古斯都时代以来，罗马的军制并没有过真正的改变。奥古斯都的军队共有 150 000 人，分在二十五到三十个军团里，每个军团约由 5 500 名装备短剑、长矛、盾牌和盔甲的步兵组成。到戴克里先时代，罗马军队拥有人约六十个规模类似的军团，[18] 人数在 350 000 至 400 000 之间：一位当时的历史学家给出的数字是 390 000 人，[19] 而根据另一位学者的估算，到四世纪中叶时，军队规模应为 645 000 人。[20]

奥古斯都的军队是一支征服性的队伍，而戴克里先③则是将其重

① 出自吉本《罗马帝国衰亡史》。——译注
② 一罗马磅，约为十二盎司。
③ 不过，可以肯定的是，这种转变在戴克里先之前就开始了，并且在他死后仍在继续。三十年前，爱德华·鲁特瓦克发起了一场辩论，旨在弄清罗马帝国的大战略是计划好的，还是随机应变；这场辩论一直持续到了今天。

新部署为一支防御性的军队——或者准确地说，是两支军队。第一支是边防军，它占据了沿多瑙河和莱茵河等河流的缓冲区，并在这些缓冲区上四处安设军事据点，保卫要塞。第二支是"兵团"，通常会驻扎在四帝身边，属于一支机动野战军，或称野战军团；战争期间，这支军队会正式隶属于皇家，因而得名扈从队。[21]两支军队会协同作战，前者会尽可能地将入侵者拖在原地，以便后者将其消灭。

然而，之前数年的经验教训表明，将军队永久部署在战场上的战略（三支野战军，每支军队约三万人，分别驻扎在高卢、伊利里亚和东部地区）需要四帝不离军队左右，以震慑那些野心过大的将军们。这就致使罗马变成了愈发无权的元老院的所在地，而真正的权力中心则转移到了米兰、特里尔和尼科米底亚等城市。除了地理位置上的劣势之外，这座永恒之城还为戴克里先本人所厌恶：作为自马库斯·奥勒留以来，第一位在位时间长到能够举办登基二十周年庆典的皇帝，戴克里先因为这样的缘故才首次造访了罗马，并且也只在那里呆了六个星期而已。用吉本那优雅且准确的措辞来说就是："戴克里先对罗马及罗马式的自由表示不悦，这并非出于一时的率性，乃是一种极其高明的政治手腕的运用[22]。"

厌恶罗马的政策不仅是要将帝国历史性的核心权威转移到更靠近外围的地方，也是为了让皇位的和平继承变得更加稳定，而鉴于过去一个世纪，罗马皇帝最常见的死因是被暗杀，这样的做法便是一种可以理解的优先举措了。如今，罗马帝国的三世纪危机虽已过去了一千七百多年，但确定某个政府稳定与否的最基本的要素，仍旧是看该国领导人能否和平地移交行政权力。而且几乎无需赘言，对于当今国际社会中的很多人来说，这种和平的权力移交仍旧是遥不可及的梦想。因此，抛开所有的不世之功不谈，戴克里先还有一件值得称道的贡献：他在登基二十周年庆典过后还不到两年的某一天，即公元305年5月1日，便在尼科米底亚召集群臣，宣布退位并支持其"子"皇帝伽列里乌斯；也就在同一天，另一位"奥古斯都"马克西米安也宣布退位，前往坎帕尼亚养老。罗马作为政治中心的地位似乎一直在衰落，取而代之的四巨头结构看起来也确实风头正劲。

戴克里先的皇权和平移交计划能否行得通，还是得看继任者。只有当他们对国家的强烈责任感超过了自己建立王朝的冲动，这个计划才会奏效。因此上，该计划从一开始就是存在问题的。戴克里先与马克西米安退位之后，成为"奥古斯都"的伽列里乌斯与君士坦提乌斯把恺撒之位交给了马克西米努斯·代亚（辅佐君士坦提乌斯）和塞维鲁斯（辅佐伽列里乌斯）。而君士坦提乌斯之子，虽然之前便认定自己是当继承人的材料，却被排除在了皇位继承之外，且被强行软禁在帝国东部的皇宫中，以威胁其父顺从听命。在逃出软禁之后，他横跨地中海，与父亲重聚。当时，他的父亲刚在法国南部掌权，成为奥古斯都·君士坦提乌斯。而这位儿子，便是君士坦丁。

仿佛是对皇位继承者的硬性规定似的，弗拉维乌斯·瓦莱里乌斯·君士坦丁也出生在巴尔干半岛。他降生于奈苏斯（尼什），出生的时间大概是在公元三世纪七十年代后期到八十年代。而另一个做王的"硬性规定"，便是以士兵和朝臣的双重身份服务于坐落在尼科米底亚的戴克里先皇宫。吉本在评价戴克里先时虽然显得颇不情愿，但是说到君士坦丁，他便开始滔滔不绝起来：[①]

> 君士坦丁有得天独厚的外表和心灵，身材雄伟、相貌英俊、举止得体……他没有受过多少教育，但这方面的缺失并未妨碍他明了知识的重要，在他大力支持之下，艺术和科学获得了相当的

[①] 指的是尚未皈依基督教的君士坦丁。吉本立论于欧特罗皮乌斯这样的异教史学家，强化了自己的论点，即基督教是"罗马衰亡"的主要原因；他认为君士坦丁的后半生的作为大大削减了他前半生的成就。

发展。他勤奋处理政务且不知疲倦，活跃的头脑毫不间断地用于阅读、写作、思考。[23]

公元 306 年 1 月 25 日，当父亲在约克战役中去世时，君士坦丁已经给驻守英国的军团留下了深刻的印象。于是他们立即拥立他做新的奥古斯都，成为他父亲的继任者。六年来，他自己也是这样认为的，尽管当时的另一位"奥古斯都"伽列里乌斯只同意将他视作"恺撒"。让局面更加混乱的是，与戴克里先同期的共治皇帝马克西米安宣布放弃原本不情愿的退位决定，并与他的儿子马克森提乌斯一起，宣告恢复对意大利半岛的皇权统治。事后看来，唯一相信戴克里先计划的人应该只有他自己了。公元 311 年，伽列里乌斯去世时，混乱的局面变得血腥。马克西米安公开指控君士坦丁谋反，这就等同于对他宣战了。东部大区的新皇帝李锡尼，也同样与自己的副皇帝马克西米努斯·代亚动起刀兵。因此，尽管君士坦丁的统治时间是从他父亲去世时开始算起的，但在终结戴克里先四帝共治制的内战结束之前，他的皇权明显是受到限制的。[①] 而在所有这些内战当中，那场最为著名的战役之所以会人尽皆知，不仅是因为其军事意义，还因为它是宗教史上的一个关键时刻。

公元 312 年春，君士坦丁入侵意大利，在赢得都灵和维罗纳郊外的战斗之后，于当年秋天抵达了罗马城外。此时，忠于马克森提乌斯的军队中，就有仍旧属于罗马军精锐的禁卫军。一个世纪以来，他们成就过，也刺杀过帝国皇帝。此时，他们正在距离罗马城九英里外的萨克萨卢布拉安营扎寨，并于公元 312 年 10 月 28 日，与兵

---

① 当马克西米安请求戴克里先回朝并结束内战时，这位前皇帝说了句名言：如果马克西米安能看见自己亲手种出的白菜，他就绝不会再让他戴克里先"为了追求权力而放弃享受幸福"。

力不及己方但却久经沙场的君士坦丁军队展开了对抗。到战斗结束时，马克森提乌斯的军队已被包抄，并且被迫越过了通往罗马的米尔维安桥，禁卫军的尸体"堆满了其队伍占领过的土地"²⁴。马克森提乌斯战死，君士坦丁成为罗马帝国西部无可争议的统治者。不过，米尔维安桥战役的真正意义却在于大战的前一夜，或者说，前一天所发生的事件。

说到君士坦丁所见到的著名异象，人们常会用以下两种方式之一来描述其具体细节。根据编年史作家拉克坦提乌斯的记载，较早版本的说法是，他梦见自己受命在其部队的盾牌上画上两个相互叠加的希腊字母，①多年以后，历史学家优西比乌在后世整理的版本中如是记录：按照相关传说，在大战前一天，天空中出现了一个十字架，同时有个声音说："以此徽号，汝可得胜。"后来也有人猜测过君士坦丁的动机，他们说皇帝实际上看到的是火星、土星、木星和金星按照占星术上的大凶之兆，在夜空中出现了合相。如果不从一个鼓舞人心的角度阐释，这样的合相是会吓坏麾下士兵的。尽管如此，这事的结果却影响到了整个世界历史。由此，一位处于权力鼎盛时期的皇帝认定，自己的胜利是多亏了基督教的上帝。

此后不到一年，君士坦丁在米兰会见了东部皇帝李锡尼，两位帝王不仅同意将帝国一分为二，还联合颁布了一项法令，正式容许基督教的存在。这第一项协定于公元324年破裂，那年李锡尼与君士坦丁之间爆发了战争，并以前者的失败与后者获得对帝国的唯一统治权而告终。而第二项协定，则巩固了帝国与教会之间长达一千年的纽带——君士坦丁大帝不仅同意容许基督教的存在，而且还信奉基督教。在接下来的十三年里，这位新统治者在整个帝国都留下了他的印

---

① 字母 X 和 P 是希腊语中"基督"的前两个字母，长期以来，它们一直都是基督教的字母组合。

记，该印记通常都是十字架的形状。

在李锡尼和君士坦丁颁发《米兰敕令》的那一刻，东方的富庶、士兵皇帝的战争以及戴克里先的政策，至少都暂时性地将罗马城与罗马帝国分割开来。这座城市的人口和政治影响力都在下降，并且还受到了西部相对贫困的行省的牵连——构成西部主要收入的自给自足大农场或种植园，是无法产出能与东部的贸易经济相媲美的财富的；虽说把三世纪的帝国西部和东部地区看作十九世纪初的马萨诸塞州和弗吉尼亚州，未免有些简单化了，但这样的类比并不算是太过离谱。尽管如此，罗马也没有沦落为彻底的荒废之城，对政治权威，它仍旧可以提出相当有力的声索权，其中最重要的一条，当然就是一个在历史上虽然真实性存疑但却被广泛接受的信念，即在尼禄皇帝统治下的某个时刻，使徒彼得在此地殉道。彼得，拉丁语作 Petrus，亚拉姆语作 Cephas，意为磐石。他是教会的第一领袖，是第一个圣灵降临节的传道人，也是耶稣基督口中教会立基的磐石。作为其殉道之地，罗马当然能够在所有的基督教教区内位居首席。

将第一个基督教帝国的首都选在这样的地方，是种能够令人信服的做法；在君士坦丁统治早期，这位最早的基督教皇帝似乎也赞同这一点。君士坦丁将拉特朗地区捐赠给了主教美基德①，并在该区建造了一座新的大教堂。尽管如此，罗马的竞争力仍然达不到舍我其谁的地步，因为居住在亚历山大、安条克和耶路撒冷的基督徒可比住在罗马的要多得多。戴克里先及其共治者们还曾定都于尼科米底亚与米兰等城市。这些地方中的任何一个都可能成为君士坦丁大帝中意的首都。毫无疑问，促成君士坦丁做出选择的还有一些传统因素：政治优势、军事防御、地理位置。最终，在古典时代晚期最激烈的一场宗教

① 后来成为了教宗(Pope，拉丁语 Papa，本意父亲)美基德。几个世纪以来，"Papa"是一个适用于许多主教的术语，通常作为个人关系的标志。

争论中，决定性的因素出现了。

公元 306 年，当不列颠的罗马军团效忠于君士坦丁时，亚历山大的主教阿里乌却与自己名义上的上司发生了龃龉。他"又高又瘦，带着忧郁的面容"，[25] 是一位兼具伟大智慧和威严风范的教士。这位亚历山大主教争辩说，基督虽然是人与上帝之间的中保（而在某种程度上，这是神性的反映），但他自己却不是神圣的。阿里乌派随后既提出了经过弱化的表述（"基督是超自然的存在，上帝的第一个创造，但他却不等同于上帝"），也以毫不掩饰的版本示人（"基督根本不是神"），但他们始终将自己视作与多神教抗争的斗士。

这位新皇帝并没有受过神学细节的教育，当然他对此也没有特别的兴趣。此外，据记载，他还认为阿里乌的立场是种微不足道的异端邪说——虽说这句话本身就是自相矛盾的——这种问题很好解决。在给亚历山大和阿里乌的信件中，他写道：他们的"事由似乎微不足道，不值得如此激烈的争论……问题唯一的作用，就是提升人们的智慧"。[26] 这样的说法，误解了其中的群众激情，也严重低估了这个事件。

阿里乌的结论是，不仅上帝创造出的耶稣不能够共享其创造者的永恒特性与实质，而且由至高无上的大能创造出的圣灵，在从上帝到人类的等级阶梯上也应处于一个更低的阶层。这样的结论仿佛地震一般撼动了东部帝国，同时，它还带着地震特有的、威力同样强大的余震。公元 320 年，阿里乌被亚历山大召集的近百位主教逐出教会，但他的思想却在整个帝国继续传播着。君士坦丁不得不介入这场在其世界核心展开的分裂性争端。于是，他选择召开教会历史上的第一次大公会议进行干预。

公元 325 年 5 月 20 日，300 多位主要来自帝国东部省份的主教，聚集到了戴克里先时期的首都尼科米底亚附近的尼西亚镇，并在镇上的皇宫里召开了集会。皇帝本人为会议做了开场，监督了商议的过程，展示了他对政治的精通以及在哲学问题上的简单看法。这位皇帝就是君士坦丁，他身穿紫色长袍，长袍上点缀着光彩熠熠的珠宝。尽管每天第一个落座的都是他，但在就座之前，君士坦丁仍不忘请求主教们的许可……随着对阿里乌的审问变得越来越像司法机关对他的公诉，君士坦丁认定经由此次会议达成的共识，要比最终的真理更加重要。君士坦丁始终相信，任何一种会削弱帝国或教会的东西，都会对二者造成损害。于是，他提出了一个神学概念，在阿里乌信仰（耶稣基督的本体不可能是神圣的）与正统信仰（耶稣基督的本体必然是神圣的）之间搞折中妥协。这位皇帝的想法是，用同质论（homoousios），来取代阿里乌提出的似质论（homoiousios）；有句话说得好：基督教世界因一个希腊字母 iota（写作 i）而四分五裂，而后又修补完整。更重要的是，君士坦丁鼓励对神学概念进行尽可能模糊的定义，以便会议作出的最终准则，即尼西亚信经[①]能够得到尽可能多的列席主教的签名认可。当然，他也如愿以偿了。到 6 月 19 日会议结束时，只有两位主教拒绝签字并加入阿里乌的队列，成为了被开除教籍的人。

尼西亚大公会议对君士坦丁来说是一次巨大的成功，以至于他将会议的结论当作是庆祝其统治二十周年的一个适当开场。随后的公元 326 年 1 月，皇帝与其家人启程前往罗马，在那里继续庆祝这一盛事。然而这趟旅程却并不愉快，至少皇帝的家人们高兴不起来，因为其中有三人在旅途中被杀，且遇刺原因不明。[②]而当罗马贵族要求其参与异教仪式时，皇帝本人也非常生气。他对罗马的未来感到不满，因为再次离开这座城市时，他就像是上一代的帝王戴克里先一样，决

---

① 可能与今天仍在沿用的版本有些不同，后世的这个版本是公元 362 年编纂的。
② 死者包括皇帝的妻子法乌斯塔和长子克里斯普斯。历史学家佐西姆斯在事件发生一个世纪后撰写了文章，认为皇后与这位继子之间存在着不伦的情事。

意建造一个超越这里的新罗马。

在尼西亚公会的周年庆典之前，"君士坦丁，这位有名的皇帝……便翻修了拜扎斯城的第一道城墙，将它们与古城墙连接起来，并将此地命名为君士坦丁堡。"[27] 到公元 328 年，他开始认真地重建新城，即新罗马。他"建造了一个巨大而精美的广场，还在中间安放了一根巨大的底比斯石柱……在这座广场上，他放上了帕拉斯神像，就在他自己的纪念碑石柱下方……又在旁边营造了一座带有环形殿的大教堂。在教堂的外面，他摆放了巨型的柱子和雕像；他将这里命名为元老院"。[28]

这座基督教帝国的首都，应当是展示被教会征服或取代的异教民族的战利品的理想场所。这里所谓的战利品，包括埃及法老的方尖碑、德尔菲阿波罗神庙的蛇柱，以及据说出自四世纪伟大雕塑家留西波斯（能让亚历山大大帝为其当模特的唯一雕塑家）之手的骏马。这些骏马雕塑由尼禄皇帝带往罗马，并陈列在他的金宫之中。[①]当然，这座城市不仅会展示基督教的胜利，还会陈列该宗教诞生的证据。

一年前，也即公元 327 年，君士坦丁的母亲海伦娜造访了耶路撒冷，成为历史上第一位前往圣地的朝圣者。[29] 不足为奇的是，她在圣城的各个地方都发现了宝藏，其中一个是基督教史上最重要的遗址，另一个则是最重要的遗物。针对第一处遗址宝藏，她的儿子营造了圣墓教堂；至于那个重要遗物，也即耶稣被钉的真十字架，则被皇帝安放在了位于新城正中的"原点"广场上的一处由四根柱子支撑的圆顶建筑内。以这个位置为起点，君士坦丁修造的梅塞大道辐射开来，

---

① 这批骏马是历史上旅行次数最多的雕塑之一。公元 1204 年，它们被十字军缴获并带回圣马可教堂。它们在那里一直待到 1797 年，直到拿破仑·波拿巴将它们作为战利品带到巴黎。公元 1815 年，拿破仑失败后，它们被归还给威尼斯，此后便一直留在那里，直到今天。

向西延伸到他的个人广场，广场中最耀眼的便是他自己的巨型雕像。向东则是富丽堂皇的新元老院、皇帝的宫殿，以及神圣和平教堂。公元330年5月11日，基督教罗马帝国的新都落成典礼便在此教堂中进行。

当伯多禄的叔叔查士丁来到这座都城时，君士坦丁堡只有140年的历史。当时的查士丁加入了禁卫军，即帝国军队中的精锐军团，并开始了漫长的军衔提升过程。在这个过程中，他迎娶了露庇西娜，一位曾经身为奴隶的女孩，并且在帝都定居。在此前后，他都与其他人品不错的上百万外乡人一样，不时寄钱回家。当然，他的援助还不止于此，比如他曾呼召六名伊利里亚的亲戚到君士坦丁堡来，加入他的队伍。这其中就包括他的小侄子。逃离了伊利里亚祖先的那种噬骨的贫困之后，查士丁渴望与家人分享他的好运。虽然他是靠着手中的剑发财的，但是对于最喜欢的小辈，他却有另一番打算。因此，尽管自己投身军旅，他却安排伯多禄先去学习。

强大帝国文化中的政治领袖，都需要接受统治管理上的教育。在公元六世纪的君士坦丁堡，教育对职业生涯的重要性而言，确实是非常的高。苏联的孩子们需要学习马克思列宁主义；英国孩子的教育靠的是伊顿公学、牛津剑桥与吉卜林之类的组合。而在六世纪的罗马帝国，孩子们要接受的就是后世被称为新柏拉图主义的教学传统。

说到新柏拉图主义，作为虔诚但老于世故的基督徒，查士丁尼的老师们可并没有这么称呼它。如果非得给它个称呼的话，那么他们使用的词就只有柏拉图主义，这套哲学会为其追随者提供一种完全成型的且完整的世界观。新柏拉图主义起源于三世纪埃及哲学家普罗提诺的那本刻意晦涩的著作，并被当时最杰出的主教亚历山大的俄利根加以宗教化。它所教导的，是一种超然领域的存在，在这个领域内，低级领域中看似冲突的东西会被化解。相信一个更纯粹、更简单、更深刻的世界之存在——最重要的是，相信一个没有冲突的世界之存在——这是新柏拉图式教育中最为持久的理念；新柏拉图主义者将现实阶梯上的最高层级称为"太一"，这并非毫无道理。

于是，在公元五世纪的最后几年直到公元505年左右，当他的叔父在操练士兵与指挥官的纪律时，年轻的伯多禄·塞巴提乌斯却与继承了俄利根思想衣钵的老师们共度了这段时光，学习了超然领域和拉丁语言。至于这种勤奋学习换来的，与其说是对散文的掌握与精通（他的拉丁文风常被现代人及同时代的人批评为粗俗、炫耀和口语化[30]），不如说是哲学家的技巧以及对纯粹一门心思做事的信仰。多年以后，这位未来的皇帝在意大利重建了帝国。当时，他的朝臣们吵嚷着要在半岛建立起完全基督教的教育体系。不过，他却展现了自己对原来的老师们的信任，用经典的答复拒绝道："只有沿袭传统，接受文科七艺教育的年轻人，才能继续在我的帝国中发展壮大。"[31]

一个帝国应当有统一的法律和宗教，初到帝都时，查士丁尼对于这样的理念应当是颇为忠诚的；事实上，在基督降生前的几个世纪里，罗马帝国就要求民众抱有这样的忠诚，而新柏拉图式的基督教，更是看重这一点。可以肯定的是，当查士丁尼以成人不久的年纪进入史册时，当时的他认为任何威胁帝国统一的行为都是对理性与信仰的侮辱。就这一点来说，最具说服力的解释其实是他的双重传承：既归于恺撒，又归于上帝。单从间接证据来看，他与亚历山大有些相似，后者便是从亚里士多德那里学到了希腊思想的普遍优越性。与亚历山大大帝更为相仿的是，伯多禄是希腊语世界中的拉丁语移民，是个外省来的孩子，并且对于收养他的世界有着皈依者一般的热情。

因此值得注意的是，当他完成学业时，伊利里亚民众宣誓效忠的统一帝国已经分裂了两百多年，就连对罗马的控制权，也丢了半个世纪了。

第二章 "我们不爱任何不文明的存在"

337—518

新帝都落成七年之后，一位六十多岁、新近入教的基督徒在尼科米底亚去世，他下葬时，身着象征被教会认可的白色长袍。临终皈依从来都不是件稀罕事，在四世纪敬虔的基督徒看来，这件事儿还颇值得尊敬，因为他们经常把洗礼推迟到受洗者不可能再犯罪之后。在这一点上，罗马帝国的第一位基督教皇帝规划得很好：君士坦丁直到去世的前几周才第一次接受了尤西比乌斯主教的圣礼，此时距离他上次所犯下的大罪，已经过去很久了。

长期以来，这位皇帝都在控制自己的贪婪、嫉妒，甚至是愤怒，但是他却仍然没有褪去独裁者容易产生的骄傲，并且还在政治上做出了灾难性的决定。在皇位的继承上，他安排了五个副帝，也即五位"恺撒"，他们是他的三个儿子和两个侄子。这样做的后果是可想而知的，它会让人想起克劳狄王朝的血腥岁月，抑或是莎士比亚的悲剧。首先，皇帝同父异母的兄弟达尔马提乌斯被刺杀；然后，达尔马提乌斯的儿子也被一个或多个敌对的堂兄弟暗杀。接着被暗杀的便是君士坦丁的另一位同父异母的兄弟尤里乌斯·君士坦提乌斯，他是君士坦丁父亲的第二任妻子所生。最后剩下的便是君士坦丁的三个名字极其相似的儿子：君士坦丁二世、君士坦提乌斯二世和君士坦斯一世。公元340年，君士坦斯一世打败并杀掉了君士坦丁二世；公元350年，君士坦斯一世也被杀了。到了公元353年，君士坦提乌斯二世才君临天下，成为唯一的统治者。

虽然说他给自己的家庭带来了灾难性的后果，但是君士坦丁的每一个关乎世界历史的决策，都在其死后影响深远。作为罗马帝国的第一位基督教皇帝，如果他能够后知二百载，便会因为那时的君士坦丁堡仍是首都而感到欣慰。事实上，堡垒般的君士坦丁堡作为首都一直延续了十一个世纪，直到公元1453年才被苏丹穆罕默德的大炮所攻破。不过对于如今的东正教信徒来说，这里仍旧还是首都。然而，帝国的地位是取决于其领土范围的。如果君士坦丁能够看到西部领地的未来，他会发现，统治罗马帝国故土的，竟然是一个根本不算奥古斯都继承人的民族。

　　几乎从君士坦丁堡建立之日起，这个帝国的边界便开始出现问题。君士坦丁之后的皇帝，哪怕统管的疆域日益缩小，他们也都深信帝国的永恒特性，以及在法律上享有的对地中海世界所有文明人的主权。

　　然而，他们统治蛮荒民族的时代却即将终结。哥特人，或称库提人，又作古通人，从公元一世纪初期开始出现在编年史中。公元150年左右，托勒密在其地理学著作中便提到过他们。公元245年，哥特人成为被萨珊波斯帝国的首任国王所击败的民族之一；公元269年，罗马皇帝克劳狄二世因为在前一年的纳伊苏斯战役中获胜而得到了哥特库斯的称号[1]。可以确定的是，自公元238年起的四十年间，哥特人在多瑙河两岸捣毁了罗马的多个定居点，因而不可避免地招致了帝国的关注以及之后的打击。

　　到公元六世纪时，人们对于哥特人早期历史的了解主要归功于该民族的第一位编年史家约达尼斯。公元551年，他写下了《哥特史》（常被译作《论哥特人的起源和行为》，简称《哥特史》）。《哥特史》是约达尼斯在卡西奥多罗斯作品的基础上删节而成的史学著作。卡西奥多罗斯曾经服侍过最伟大的哥特国王。他所写的版本篇幅更长，但如今却已经散佚。约达尼斯笔下的内容，相比于可靠的编年史作，更像是一部民族史诗，因此也就能更好地指引我们了解哥特人怎样看待过去的事件，而不是去了解过去的事件本身。通过这本史学著作，读者会了解到哥特人的祖籍是在瑞典南部。在传奇国王贝里格的带领下，他们搭乘三艘海船，横渡波罗的海，击败了当地的部族，占领了现在的立陶宛地区，并定居了下来。《哥特史》讲述了该部族从祖籍地南迁到黑海地区，并在那里创造历史的冒险之旅，其中的传奇故事包括遭逢大流士皇帝、亚历山大大帝和尤利乌斯·恺撒。

哥特人在罗马帝国的三世纪危机中占有很重的分量：

> 由于（帝国）沉浸于奢华的享乐生活之中，哥特领袖雷斯帕、维杜克和塔尔瓦尔建造了帆船，经赫勒斯滂海峡前往亚细亚。他们洗劫了许多人口众多的城市，并且纵火焚毁了以弗所城著名的狄安娜神庙，也即我们以前说过的，由亚马孙人建造的那座神庙。然后，他们进攻卑斯尼亚，破坏了查尔西顿城；后来，科涅里乌斯·阿维图斯又对这座城池的部分地区做了修复。甚至直到今日，神庙位于王城［君士坦丁堡］附近的遗址仍然在向后世的造访者展示着它在毁灭之前的辉煌……在亚细亚惨遭蹂躏之后，接下来就该色雷斯体会哥特人的野性了。[2]

在成为皇帝之前，奥勒良作为帝国将军，曾经多次面对野蛮狠戾的哥特人。在战场上获得的经验让他明白，解决哥特问题的最佳小法就是以多瑙河为界，与这群人划清界限。因此，登基之后，他便重设了帝国的边界，放弃了多瑙河北岸的达契亚行省，以此作为和平的必要代价。

而在近一个世纪的时间里，这个决策也确实为他带来了和平。哥特人在三世纪时，就曾做过罗马帝国的盟友，当时的他们，是帝国在阿拉伯半岛[3]上的辅助部队。有时，他们还会陷于帝国东西两地的斗争中，比如在公元四世纪二十年代，他们就曾支持李锡尼攻打君士坦丁。虽然说选择的是斗争中的输家，不过哥特人很快便接受了赢家所倡导的宗教信仰。君士坦丁的信奉基督教的政令发布后仅过了几十年，哥特人便开始了自己的基督教化的过程，而带领他们开始这项进程的，便是哥特基督教徒的第一任主教乌尔菲拉。

出于历史的偶然性，哥特人的皈依是一个艰难的过程。公元341年，乌尔菲拉皈依后被任命为主教，并且以当时的异教民族西哥特人的大使身份，居住在君士坦丁堡。当时，为乌尔菲拉祝圣的君士坦丁堡大主教，是阿里乌教派的信徒。因此，在接下来四十年的传道时间里，由乌尔菲拉教导皈依的信众，自然也就成为了阿里乌教派的基督徒。在帝国本身由阿里乌教派信仰者主导的那些时间里，这一点是无关紧要的。但是一旦阿里乌教派成了异端，那么这件事就成为一种挑衅了。

哪怕除了将基督教传扬给哥特人之外什么也不做，乌尔菲拉也会在欧洲的任何历史当中都占有一席之地。而对那些看重文字力量的人来说，他的地位就更加崇高了。这是因为乌尔菲拉创造了哥特语言的首个字母表，并将《圣经》翻译成了哥特文。这可是《圣经》首次被翻译为日耳曼语系的文字。通过这样的做法，乌尔菲拉在某种程度上为现代德国人书写自身的历史提供了一个浪漫主义的视角。

历代欧洲民族志学家早已将古典时代晚期的"欧洲人"关联到现代地图集上占据着相同领土的那群人，但在某些方面，他们的做法从学术上讲就相当于宗谱上的"攀龙附凤"，即在建立家谱时寻找更加荣耀的祖先。由于对相应血统的宣传很到位（那些以德语写作的学者在这件事上尤为卖力），直至今日，大多数的参考性著作都将哥特人描述为一个日耳曼部落。不过正如同样身为德国人的现代伟大历史学家赫威格·沃尔夫拉姆所述的那样："哥特人的历史可不是德国人民历史的一部分。"[4] 而如果将历史定义为一种基因遗传的话，赫威格所说的显然就是对的：就一个民族的历史而言，它的可控程度就与某位曾祖父想要将自己红头发的基因遗传给后代一样，都是很低的。

然而，历史毕竟不是祖先或血统。欧洲的创建过程，特别是我们称之为德国的那部分欧洲的创建过程，是人类思想和地理位置的产物，因此它并不受由因及果的法则约束。所以说，哥特人是德国历史的一部分，就好比在说安卡斯（詹姆斯·费尼莫尔·库珀小说《最后的莫西干人》中的英雄）是纽约历史的一部分，或者亚瑟王是英国历史的一部分一样。一个民族的信仰在他们的身份认知当中占据着相当大的一部分。

在乌尔菲拉之后的时代，哥特身份的核心便是共同的语言和宗教；虽然说乌尔菲拉可能是所有信仰基督教的哥特人的主教，但他所牧的"羊群"却是个多样化的群体，直到六世纪时，人们才就该群体中各部族的称谓达成一致。那时，生活在多瑙河和德涅斯特河之间的哥特人被称为特维吉人或维西人（即西哥特人）。而在遥远的东边，生活的则是格鲁森尼人，也即更为人们熟知的东哥特人 [5]。根据卡西奥多罗斯的划分（经过了约达尼斯的筛选），东哥特人才应该是"真正的哥特人"，他们在身份上高于作为表亲的西哥特人。这种划分反映了一个可以理解的动机，即一位朝臣为其王室的权威编造出一个历史层面上的正当理由。统治家族的名号给哥特历史添上了另外一层混乱，因为人们经常会以相应的名姓指代哥特人。比如说，阿玛利家族不仅是东哥特的统治者，有时也会被用来表示哥特人。同理，巴尔蒂王朝为最早统治另一边的西哥特的家族，其名头也常被用来表示特维吉人、维西人，或者说是西哥特人。

君士坦丁堡政权并不怎么在意哥特民族内部的界限，它所关心的是将哥特民族与帝国分隔开来的界限。特维吉人或维西人也好，格鲁森尼人或东哥特人也行，阿玛利或巴尔蒂也罢，一直以来，多瑙河的边界都是很稳固的，直到比哥特人更凶猛彪悍的民族将其攻破为止。

请诸君想象一下雪崩。设想一下，大雪崩落的斜坡，是一片五百英里宽的草原带，从中国的河谷和西伯利亚南部的阿尔泰山脉一直延伸到黑海的北岸。假如你就站在斜坡的尽头，看着这场雪崩，看它一往无前地奔腾了三千英里，所到之处，拔树倒屋，毁天灭地。借由这样的场景，你大概能够估测出对相对定居的西部人群而言，欧亚草原骑兵的出现意味着什么。这群草原骑兵的西进，最早发生在公元前二世纪，当时的迁徙者是被称为斯基泰人的游牧骑射手。虽然对于该民族的准确起源我们仍旧不得而知，但是几百年来，人们的惯例就是把来自中亚的每一位骑射手都称之为斯基泰人。在他们之后，又出现了许许多多的游牧民族，其中有些还把族名留给了现代的一些中亚共和国，比如哈萨克斯坦和乌兹别克斯坦。而在成吉思汗率领的蒙古部族之前，历史记录当中最有破坏力的草原民族便是匈人。①曾在军中效力后又转做史官的四世纪历史学家阿米阿努斯·马尔切利努斯在写到匈人时，揭示了其可怖的一面：

> 孩子刚出生的那一刻起，脸上便会被他们划出深深的伤口，这样等时候到了，这些带褶皱的疤痕便会阻止毛发的生长；于是，慢慢长大的孩子就会变成并不讨喜、没有胡须的太监模样。他们身材矮胖、四肢粗壮、项短脖粗、佝偻驼背、奇丑无比，宛如两条腿的动物一般，又像是用树桩粗雕出来，刻在桥梁护栏上的人物。6

他们的长相其貌不扬，品行则更加低劣，"他们会铲除并毁灭前进路上的一切阻碍……从东方带来悲惨的灾难……仿佛从高山上吹下来的旋风"。7 这股旋风首先侵袭了占据伊朗高原的另一个草原民族阿兰人。公元 371 年，在塔纳伊斯河战役中，匈人打败了阿兰人。8

从森林火灾中逃出来的第一批动物，应该是先看到了火焰或者闻到了烟味。其他动物看到它们的动作，便会朝同一个方向逃窜。匈人燃起的火焰也带着同样的效果。由于在地理位置上更靠东，最先接触到他们

---

① 关于匈人起源的争论一直持续不断。由于在某种程度上，他们与"匈奴"的发音相近，所以一些历史学家认为，他们与公元前二世纪侵扰中国汉朝的游牧部落匈奴人是同一群人。

的哥特部族便是东哥特人。公元四世纪七十年代末，他们被匈人击败。东哥特人的战败向其他哥特部落的首领证明了，他们需要在自身和匈人之间划定好天然的界限。多瑙河南岸看起来就是个近乎完美的选择。

那时，君士坦丁开创的短暂王朝已经结束，当时的帝国被瓦伦提尼安与瓦伦斯兄弟两人一分为二。瓦伦提尼安做了西罗马帝国的皇帝，瓦伦斯则掌管东部。兄弟二人之前都曾在军中效力，并且也均为阿里乌教派的基督徒。

瓦伦斯在位的第十二年，即公元376年，哥特人不仅面临着匈人的威胁，还得对付受到草原入侵者压迫的阿兰人。于是，他们请求到色雷斯定居。提出这种请求的主要原因在于，"住在色雷斯这里，宽阔的多瑙河水域能提供天然屏障，让他们远离那群宛如火星人一般行动迅捷的游牧民族，远离那些易受其侵扰的地域"。[9] 按照编年史家佐西姆斯的记载，瓦伦斯同意了他们的请求，条件是哥特人必须放下他们的武器。虽然对于匈人的残暴，佐西姆斯做了充分的描述，但就说服力而言，这样的描述却赶不上哥特人同意缴械的简单事实。

公元376年春，在罗马帝国的监督下，约有75 000名哥特人[10]"乘坐由空心树干做成的小船、木筏和独木舟"[11]渡过多瑙河——俨然就像四世纪版的敦刻尔克大撤退。罗马人所运送的这群人，在数量上只相当于二十一世纪西方国家一座小型城市的人口。但是在帮助他们横渡多瑙河时，罗马人的足智多谋却不足以支撑他们养活这支新的队伍。哥特人开始挨饿，不知道是出于贪婪，还是因为供应系统过于紧张。然而，不管是对那些被迫卖掉家产，甚至拿孩子来换狗肉的人们来说，还是对更多听惯了、做惯了这种事的人们而言，挨饿的原因已经不重要了。不过有件事是很清楚的：好些身经百战的战士们受到了委屈，规模足有几个营之多——虽然瓦伦斯之前逼迫哥特人承诺缴械，但这几个营却是全副武装——而如今，这些武装的战士们来到了多瑙河的另一边。戴克里先的纵深防御战略也即将因此受到挑战。

哥特叛乱的第一场战役，起因是在马西亚诺波利斯的罗马指挥官试图绑架并杀掉两名哥特领导人，但却失败了。第二次冲突发生的原因是，在帝国首都135英里外的阿德里安堡，另一群哥特人被赶出了冬季住所，于是他们便在黑海西岸的柳林镇进行了一场无果之战。

到公元377年底，当地的军队，即边防军，已经打了两仗。无论其战术结果如何，他们都阻止了战争向巴尔干半岛蔓延。帝国的两位君王，即东部的瓦伦斯皇帝与西部接替兄长瓦伦提尼安帝位的侄子格拉提安，各组建了一支野战军，并希望通过这两支野战军来彻底解决这个问题。一支军队从瓦伦斯所在的临时首都安条克开拔，另一支从意大利开拔。尽管这样的决策会带来无穷的后勤问题，但是哥特人还是被两支军队围困了，并且也定然会被罗马军团所摧毁。

公元378年5月，瓦伦斯终于抵达了君士坦丁堡，并即刻向西赶往阿德里安堡。到了阿德里安堡之后，他发现军队用来锤击哥特人的铁砧不见了。这年春天，一些蛮族部落又对罗马领土发起了另一轮看似无休止的入侵，格拉提安平叛的行动也因此被耽延了。在被西罗马军队击败以后，这些部落撤退到了莱茵河的对面。格拉提安满心希望能够通过一战彻底解决蛮族问题，于是便展开了追击。最后的事实证明，格拉提安的抉择并没能彻底击垮蛮族，但却害得同为共治皇帝的瓦伦斯不得不独自面对哥特人了。

再说回到阿德里安堡这里，正如阿米阿努斯所写的那样，瓦伦斯被各种各样的建议吞没，每位顾问都推荐了不同的战术，其中包括等待格拉提安会师、继续保持小规模冲突，以及凭借一支罗马军队便可强行与哥特人部众决战。格拉提安甚至捎信提请叔父待会师之后再行开战。许多人认为，瓦伦斯是在嫉妒侄子在战争中所扮演的决定性角色，但不管出于何种原因，他最终还是选择了战斗。

公元378年8月9日，大约20 000至30 000名[12]东罗马战士从阿德里安堡开拔，并将被载入史册。在闷热的环境中行军数小时后，他们遭遇到了步兵的噩梦：一批在圆形栅栏内紧密排列、数量至少有5 000人之多的弓箭手。不知道瓦伦斯是否了解，像许多游牧民族一样，哥特人会搭乘装有家人和财产的马车前行，马车之间彼此相连，能够在极短的时间内形成防御车阵。也许在当天的早些时候，哥特战神弗里蒂格恩便已派遣骑兵外出搜寻粮草了，因此当时哥特人的骑兵并不在车阵内，而是在车阵外。可能因为在八月酷暑里行军的缘故，瓦伦斯的军队感到精疲力竭，加上哥特人此时下令点燃战场上的干燥灌木丛，更是加剧了他们的疲惫感。但不管出于何种原因，军队右翼在没有收到命令，又无炮兵支援的条件下，直接展开了攻击[13]。由于无法维持大规模攻击所需的密集队形，他们被赶了回去。此时发生了军事历史上举足轻重的偶然事件之一：直到这时，败阵的罗马军队才发现，哥特骑兵就在他们的身后……一切为时已晚，哥特骑兵指挥官一声令下，用士兵出身的历史学家阿米阿努斯的话来说，他们"宛如从高处射下的弩箭一般，兵锋所向，尽皆披靡，罗马军队死伤无算"。[14]骑兵的冲杀将瓦伦斯军队的左翼与中军分割开来，并将他们困在了哥特人车阵周围打下的木桩附近，彻底地击垮了他们。

罗马帝国输得很彻底，这是继公元前216年汉尼拔在坎尼包围并摧毁八个罗马军团近五万人的战役以来，罗马败得最惨的一次。瓦伦斯的军队中，有三分之二的战士被杀或被俘，就连皇帝本人也在日落后不久便被哥特的弓箭手射中。在阿米阿努斯的讲述中，受伤的皇帝被从战场上救起，并安置在了附近的农舍之中。怎料围攻的哥特军很快便纵火焚毁了农舍，"在不知不觉中为最后一位信仰阿里乌教派的罗马皇帝点燃了葬礼的柴堆。"[15]

巴尔干地区就横亘在罗马帝国东西两地的中间。阿德里安堡战役失败之后，格拉提安虽在理论上统领着全帝国的野战军，但是途经巴尔干的通信和旅行已经变得不可能了。直到战斗结束四年后，同时期的编年史家狄米斯提厄斯才写道："整个帝国就像个单一的机体一样，同呼吸、共命运，不再一分为二……"后来，他也是历史学家中最早明确表述这个观点的，即就军事灾难程度而言，阿德里安堡战役是超过坎尼会战的。他写道："对罗马人而言，哥特人的伤害超过了汉尼拔。"[16] 阿德里安堡战役过去一个月以后，米兰主教圣安博便在其兄弟的葬礼上发表悼词说，上帝带走他的兄弟是为了"不让他目睹整个地球的毁灭，以及世界的末日……"[17] 这场大败的严重性由此可见一斑。

的确如此，阿德里安堡战役的失败使君士坦丁帝国在一日之内便一分为二了。不过可以肯定的是，只要地中海仍然是罗马帝国的湖泊，那么这种分隔便不算彻彻底底。阿德里安堡战役的真正受害者不是罗马的商业，而是罗马的军事战略，因为用船运粮要比运兵容易得多。哪怕是一支中等规模的军队，在穿越地中海时，可能也需要一千艘船，毕竟还要为每个士兵配备两名水手。没有了巴尔干山区的通道，野战部队就无法以能够负担得起的费用，为边境部队提供增援。

然而，随着时间的推移，西哥特军队的基本特征显露了出来，它虽是一种战术优势，但却也是战略上的弱点：击败瓦伦斯的凶猛弓箭手和骑兵军队不仅无法占领一座坚固的城池，他们甚至都无法控制已经占据了的领地。同时代的编年史家在描述西哥特人时，说他们望着君士坦丁堡的城门[18]，感到十分困惑。[19] 作为一支军队，哥特人已经知道该如何发挥自己的威力，也知道除非自己拥有领地，否则永远都不能和罗马平起平坐。而他们百年以来寻找这样一块领地的行动，不仅会孤立帝国的西半部分，并且还会彻底地终结它。

在与来自东西部的罗马帝国军队进行过多次鲜有人知、毫无结果的战斗之后，西哥特人于公元 382 年签订了条约，将他们从帝国最头疼的敌人转变为最重要的盟友。但这也只是暂时的，因为该盟约，或称条约，包含了一个奇特的条款，在结束了当前冲突的同时，也让未来重启战端变成了一件板上钉钉之事。条约的具体条款规定了招募西哥特士兵加入帝国军队，这可算不上新鲜了。然而，尽管蛮族的士兵已在罗马军团中服役几百年了，但他们都是以个人的身份加入罗马军队的。而这次，按照条约的说法，士兵们将编入由哥特军官领导的团队，他们不仅成为了帝国东部军队中的多面手，也成为了军团当中自治程度最高的部队。事实上，他们就是建立了一个名副其实的国中之国，也因此成为了狄奥多西始终担忧的因素。阿德里安堡战役之后，接替瓦伦斯做帝国东部地区皇帝的便是狄奥多西。公元392年，狄奥多西更是成为了整个帝国的统治者。当然，这种担忧并不是杞人忧天。公元395年，狄奥多西大帝，这位"最公正的人和最骁勇的战士"[20]与世长辞。随后继位的是他的两个儿子——十八岁的阿卡狄乌斯及其十一岁的弟弟弗拉维乌斯。此时，西哥特人实际上已经控制了帝都，不过这次他们无需攻打这座原本拿不下来的都城，而是要负责维持城内的治安。

用历史学家詹姆斯·艾伦·斯图尔特·埃文斯的话来说，"恰恰是哥特人不安于现状的特性挽救了罗马帝国。"或许这不过就是一个民族的漂泊无定，因为哥特民族的神话，明显就是一个横跨欧亚大陆的漂泊故事，而这一系列的迁徙历程最终也会导致普罗科匹厄斯重新绘制概念上的欧洲"大陆"地图。也许是想要重新平衡地中海地缘政治重心东移的状况，也许是出于其他原因，公元395年，西哥特人开始向西行进，前往罗马帝国往东进发之后留下的真空地带。领导此次西迁的是新当选的首领阿拉里克，他曾在狄奥多西的大军中担任将军。之后，西哥特人又穿过希腊和巴尔干半岛的诺尼亚行省和伊利里亚行省，开始了第二次的迁徙。而他们的最终目的地，便是意大利。

在试图诠释地中海罗马帝国的终结和欧洲国家如何诞生的所有历史当中，哥特人的迁徙总会显得特别突出。因为假如透过一架想象中的望远镜，从由大及小的另一端，站在全局的高度反过来去看哥特人这场跨越了十五个世纪的旅程，那么它对于前两个历史问题的重要性就不言自明了。事实上，西哥特人完全就不像一个现代民族国家，不仅仅是因为他们没有固定的国界，或因为在卡西奥多罗斯与约达尼斯书写《哥特史》

之前，在两人生造出这个名字，以将他们与东哥特人区分开来之前，他们甚至都不叫西哥特人。假如西哥特人想用一个词来描述自己的话，他们脑海中想到的词汇，应该更接近于"军队"而不是"民族"。[21] 在第四和第五世纪的这两百年中，行进中的哥特军队，融入了苏维汇人、阿兰人、匈人、日耳曼人和法兰克人。哥特人和匈人打过仗，也曾与他们并肩作战。这情形就好比有一支远征队，想要为在小大角战役中战败的美军卡斯特部复仇；可指挥这支远征队的，是一位苏族将军，他所率领的队伍当中包含了曾受美军侵扰的爱尔兰人、西印第安人和华人。

这种混杂的自愿联盟对现代欧洲的形成产生了巨大而微妙的影响。在当时尚未形成的西班牙、法国、意大利、塞尔维亚和克罗地亚等国的国土上，哥特军队都曾定居过，定居时间有时只有几年，有时则长达几百年。因此，在查士丁尼计划重新统一帝国的道路上，他们也将成为最后的障碍。毫无疑问地，在将罗马的过去与欧洲的未来分割开来的所有因素中，他们的迁徙及其所带来的不可避免的冲突是两股最强大的力量。

带领他们向欧洲进发的阿拉里克，是西哥特世袭统治家族巴蒂尔的一员。虽然也曾接受过罗马帝国的训练，但是他却是个彻头彻尾的哥特人。因为听闻从那个"迄今为止尚未受到战争蹂躏的行省里可以得到显赫的声名与大量的财富"[22]，阿拉里克与其所率领的西哥特人备受诱惑，开始向西进军。而他们的西行几乎从一开始便是一笔赚钱生意，因为一座接一座的希腊城市都把自己的财富交给了这个掠夺性的游牧部落。西哥特人所得到的好处，可不局限于抢掠；显然，因为急于把这群"不速之客"向西推，东罗马帝国皇帝阿卡狄乌斯曾册封阿拉里克做东伊利里亚省的大元帅，或称军队统帅。有了这个新头衔之后，这位西哥特人便立马开始充分利用位于塞萨洛尼卡和纳伊苏斯的军械库和兵工厂来武装自己的队伍。

阿卡狄乌斯的弟弟、帝国西部地区的皇帝霍诺留当时只是个孩子，不过他却拥有一位骁勇善战、野心勃勃的将军。这位将军名为斯提利科，因为本身可能也带着哥特血统，所以他清楚地看到了纵容西哥特人一路西行的危险。公元 396 年，斯提利科率领远征军进入希腊西部和马其顿，通过巧妙的军事调遣拖缓了阿拉里克的西进速度，但是他却无法，抑或说是无意与阿拉里克一决高下——这种模式一而再再而三地上演，常被世人解读为两位将军更渴望合作而非对抗。公元 402 年初，阿拉里克开始围攻当时的帝都米兰，就在这个关头，所幸斯提利科领军赶到，米兰之围不战而解。即便如此，霍诺留还是被吓得够呛。如果罗马帝王史中有什么是恒定规律的话，那么就是父亲越有才华，儿子的表现就越让人失望。这位被吓破胆的皇帝甚至把国都搬到了意大利亚得里亚海岸的城市拉文纳。

在接下来的六年里，意大利半岛成为斯提利科和阿拉里克僵持的舞台，与十四世纪的意大利佣兵一样，因为对黄金的兴趣大过对战争的热衷，他们开始了反复的进军与转进。公元 407 年，四处游荡的阿拉里克向北退到了今天的奥地利，要求换取四千磅黄金的补偿。于是，斯提利科便说服帝国支付这笔款项，理由是：每位罗马元老的年收入都有四千磅黄金了[23]。因此，能用两吨黄金换来六百位同事的安全，这个补偿金额要得并不多。然而一年后，斯提利科游说的本事并没有让他免于被霍诺留处死的命运。公元 408 年[①]，霍诺留皇帝下令将这位将军斩首。而没有了斯提利科的阻击，阿拉里克便长驱直下，向南进入意大利，并于公元 409 年抵达了"皇城外的第三个里程标"[24]，也即罗马皇帝与这位哥特国王首次碰面的地方。据传说，在这次会面期间，阿拉里克挑衅霍诺留说，要么双方和平共处，要么就要为意大利打一场赢者通吃的大仗……霍诺留回绝了阿拉里克的挑战，并提议说，更适合西哥特人安居的家园应该是帝国"最边远的行省"[25]，即高卢和西班牙。阿拉里克后来也同意撤回北方，条件是帝国要支付

---

① 同年，不列颠发起最后一次叛乱。自此，它便再不是帝国的一部分了。

五千磅黄金、三万磅白银和一些其他的玩意儿，包括一吨半的胡椒。然而，或许是因为阿拉里克根本就不值得信任，亦或许是为了回敬罗马军队背信弃义的攻击，公元 410 年，他便带着西哥特人卷土重来。不过这一次，他的目标既不是米兰，也不是拉文纳，而是罗马。

虽然此时的罗马已经不再掌控帝国的要害，但是它却仍旧紧密关联着帝国的心脏。一千五百年后，洗劫罗马仍旧还是阿拉里克最广为人知的成就。此事发生后的几百年里，相关的细节仍在不断集聚。从小亚细亚到意大利的这一段征程上，西哥特人发起了无数次的进军与转进，不过他们更在意的还是挟城池勒索财富，而不是攻城略地。而奥勒良皇帝兴建于三世纪的罗马护城墙，也被证实是征服这座城池的强大障碍。尽管如此，公元 410 年夏末，西哥特军队还是围困了罗马。六世纪和七世纪的历史学家们，在描述阿拉里克的攻城情境时，说他利用的是他曾经送给元老院做家奴的三百名男孩，让他们根据预先安排好的信号杀死了塞拉利安门的守卫，并开门迎接西哥特军队入城。另外一个不那么戏剧化的版本讲的是，一位名叫普罗巴的罗马主妇，出于对饥饿民众的同情，打开了城门。不管怎样，公元 410 年 8 月 24 日，西哥特大军进入了罗马城内并开始了掠夺。这也是八百年来，首次有侵略者攻陷这座城市。

虽说洗劫本身的战略影响微不足道，直接影响甚至还更小，但是阿拉里克的胜利所造成的心理影响却是巨大的。在这一层面上，它的作用远远超过了阿德里安堡战役。在耶稣的信仰者接管罗马帝国不到一百年后，帝国旧都的沦陷似乎打击到了基督教的核心。在与耶稣基督诞生地相对的地中海另一端，即如今的阿尔及利亚境内，希波的奥古斯丁主教撰写了一本名为《上帝之城》的小册子，以回应那些声称这座世俗之城的陷落会令人怀疑基督教启示的论断。

在洗劫罗马城的同一年，达到人生巅峰后的阿拉里克便撒手人寰。公元 414 年，作为阿拉里克的继任者，阿陶尔夫带领西哥特人穿过了高卢南部，并在那里迎娶了霍诺留的妹妹加拉·普拉西提阿。在这场看似无尽的迁徙之旅中，他们的下一步行动便是越过比利牛斯山，进入西班牙。而在抵达西班牙之后，他们便无法继续向前了，因为直布罗陀海峡的天然屏障比帝国东西方皇帝的联军还要强大。虽说在欧洲也穿行了几十年，但西哥特人对海洋连基本的把控能力都没有。于是，被困在伊比利亚半岛上挨饿的西哥特人便向罗马朝廷献降。目光短浅的罗马帝国不仅答应供养他们，甚至还允许其实现阿拉里克在罗马领土上建立哥特式家园的梦想。霍诺留同意将西班牙的两块地方划给西哥特人，具体包括：从波多尔延伸到这个新"王国"的首都图卢兹的加龙河谷，以及从卢瓦尔河到比利牛斯山的一片大西洋海岸地带（重要的是，该行省的任何部分都无法直通地中海[26]）。作为回报，罗马要求这个新的西哥特同盟帮助其清除西班牙境内的"其他"蛮族。

考虑到被罗马称为西斯班尼亚的这块土地的历史价值，将其部分地区划给西哥特人的做法实在是目光短浅。从第二次布匿战争，到雇佣西哥特人来做管理者，罗马在西班牙设立行省的历史已近七百载。[①]这里曾被史上一些最厉害的将军征服过，内中包括征服非洲的大西庇阿、尤利乌斯·恺撒和奥古斯都；这里还是数十位帝国伟大人物的诞生之地，包括图拉真和哈德良——从罗马各行省中走出来的这头两位皇帝，都生于西班牙。同样生于此地的还有狄奥多西以及作家塞内卡。这里是帝国境内第一个居民能够自动获得罗马公民身份的外省地区，其富饶的土地也关系着不止一位元老的万亩家产。

西班牙的财富吸引的不只是贪婪的元老。当阿拉里克与斯提利科交锋时，此地的富庶还引起了另一个蛮族的注意。该蛮族最初来自亚速海周边地区，在历史上被称作汪达尔人。大约自公元 400 年起，汪达尔人基本上都算是平静地生活在高卢地区；但到公元 409 年，在与

---

① 实际上，此时分为三个行省：塔拉科尼西斯、卢西塔尼亚（现代葡萄牙的大部分地区）和南部的贝提卡。

包括阿兰人在内的其他部落穿过比利牛斯山脉进入西班牙时，他们便开始威胁性地向帝国中心地带步步靠近。用一支蛮族军队打败另一支，这对霍诺留来说，似乎是众多糟糕举措中的最佳选择。此时，他仍在拉文纳的宫殿里统治着西部的罗马帝国。不过根据事态发展，利用西哥特人的战略就其本身而言，还算是成功的。公元425年，霍诺留去世后，西哥特人便接到了退回高卢地区的命令。此时的西班牙大部已经平定，阿兰人要么被消灭，要么已经并入了西哥特军队；汪达尔人还被困在西班牙南部；而另外一个蛮族，苏维汇人，则基本上被困在了塔霍河的西侧，即今西班牙和葡萄牙的西北部。

然而现在，罗马就只能自食其果，不得不与西哥特王国相抗衡了。而此时的西哥特王国，已经在图卢兹定都并切实统治着法国南部和西班牙的大部分地区。更糟糕的是，公元429年，守在西班牙境内的汪达尔部共八万强兵[27]，开始挥师南下，进入非洲。十年之后，这支军队在国王盖萨里克的率领下，夺取了迦太基。与西哥特人不同，汪达尔人都是老练的水手。在公元442年与罗马帝国签订和平条约之前，他们经常袭扰整个地中海地区，甚至掠夺了西西里岛和普利亚。汪达尔人飞速侵吞着君士坦丁帝国的西半部分，他们在意大利半岛上侵占的领土不少于拉文纳朝廷在此处所统管的区域。当然，这种蚕食鲸吞的行径并不会到此结束。

到公元四世纪中叶，东哥特王国疆域辽阔：西起德涅斯特河（东哥特人与西哥特人之间的边界），东至乌克兰的顿河，南起黑海北岸，北至现在的白俄罗斯。因为位置靠东的原因，他们过早地遇上了匈人，并于四世纪七十年代初被匈人征服。

在历史的舞台上，匈人只是昙花一现，同时代的人对他们也多有蔑视："他们就像毫无理智的野兽，完全不明是非；在言语上，他们巧舌如簧又含糊其辞……（并且）他们还善变易怒，以至于经常无端地与盟友发生争吵……"[28] 匈人对罗马帝国及其消亡后出现的欧洲国家都产生了显著而持久的影响。公元 394 年至 395 年的冬季，匈人的武装出现在了多瑙河南岸，而征服东哥特人只能算作一个序幕。这年冬天，冰封的多瑙河为匈人的骑兵提供了天然的桥梁。到公元 425 年，君士坦丁堡每年都需要向匈人缴付 350 磅黄金作为保护费，这点钱可不算什么（回想起来，相比之下，阿拉里克在 407 年曾勒索过 4 000 磅黄金作为离开伊利里亚行省的条件）。公元 434 年，匈人国王卢阿提出以平等身份与君士坦丁堡建交，并且对外交的礼仪细节也颇有要求，如签订将反叛的匈人引渡回国的条约等。卢阿是位非常强大的君主，因此，当他于公元 434 年去世时，整个罗马帝国都跟着松了一口气。如果真是这样的话，那么帝国的喘息也只是暂时的，因为匈人又选择了一位名叫阿提拉的战士来当他们的新国王。

公元 449 年，罗马派出谈判小组，试图与匈人缔结和平条约。小组成员帕尼翁的普利斯库斯形容阿提拉道："他矮小而结实，头大，眼睛深陷，胡子稀少。"[29] 用罗马历史学家李拉塔斯·菲戈尔杜斯的话说（可能取材于二手报告），这位匈人酋长"机智敏捷，是一位训练有素的骑手和老练的弓箭手……他是天生的战士，却以和平的艺术而闻名，不贪婪，不为欲望所动，具有智者的天赋，不会因为任何邪念而偏离他的目的……"[30] 阿提拉麾下的那群凶残战士都认定他是最强大的，无论是在一对一的搏斗中，还是在规划骑兵冲锋时，他都能令敌人闻之丧胆；对手们会用他的名字来吓唬小孩子，这种方法如今还在沿用。尽管享有"上帝之鞭"的名声，但阿提拉仍旧是一位有耐心的谈判者。他"遇事温和"[31]，运用外交手腕所取得的成就毫不逊色于依靠军事实力得来的战果。因此，在五世纪三十年代，尽管这位匈人的新国王多次越过多瑙河，在君士坦丁堡的势力范围内发动打砸抢的袭击，但是其袭击的目的却不是掠夺财宝，而是为了勒索保护费。迫于压力，君士坦丁堡每年支付的保护费起先提高到了 700 磅黄金，后来又增加到了 2 100 磅。

公元 447 年，阿提拉再次横渡多瑙河，并且又一次击败了派来抵抗他的罗马军队。但这一次阿拉提却派了一支探查队前往帝国西部地区。这样做或许是因为无聊，或许是出于谨慎，亦或许是阿提拉认为东部地区已经付不出更多的赎金了。[32] 公元 450 年，探查队中的一位成员回来了，随身还带着一封书信。

寄信人是西罗马帝国皇帝瓦伦丁尼安三世的姐姐霍诺利亚。公元 425 年，瓦伦丁尼安三世继承了叔父霍诺留的皇位。而霍诺利亚写给阿提拉的这封信，是为了告诉这位匈人国王：对于弟弟为她选择的这个夫婿，她本人并不喜欢。同时，她还随信附上了自己的戒指。正是这枚戒指，为阿提拉进军高卢地区提供了借口，因为他声称自己已经与霍诺利亚订过婚了。在接下来的三年里，整个西罗马帝国都被匈人的军队所围攻——这支大军由十多个被征服的民族所组成，其中包括阿兰人、东哥特人、苏维汇人，甚至是汪达尔人……而罗马派来对抗匈人的军队也同样如此，其中让人印象最深刻的一个例证是公元 451 年，罗马与西哥特联军在法国中部沙隆附近的某个地方击败了匈人的军队。或者更确切地说，他们击败了阿提拉的军队。因为匈人"帝国"不像罗马，它几乎完全是依靠单个杰出人物所创造出来的存在。

杰出归杰出，但也逃不过生死轮回。公元 453 年，在阿提拉与一众妻子中的最后一位举行婚礼的那天晚上，他口鼻出血，并溺死在了血泊之中。对于这位匈人统治者来说，这是种充满隐喻性质的结局。普利斯库斯记录下了他葬礼上的哀歌，当时围绕在他尸体旁的是军队中最优秀的骑兵，他们是这样吟唱的：

> 伟大的匈人之王，蒙祖克之子阿提拉，是最勇敢的民族的领主。他独掌斯基提亚和德意志的主权，拥有前所未有的权力，通过攻城略地，他威慑着罗马城治下的两个帝国，因他们的哀求感到欣

慰，并且接纳了他们的岁贡，免得再去掠夺别族。在把握良机成就这一切之后，他没有死于敌人的伤害，也并非死于追随者的背叛，而是在族人如他所愿、安稳幸福之际，没有痛苦地离开了人世。[33]

阿提拉死后，匈人作为政治力量的瓦解，至今仍然令人感到费解，因为在他登基之前，匈人便已在帝国大部分的领土上威吓横行；而在他去世后的几百年里，匈人也都是令人闻之色变的骁勇战士。与四、五世纪欧洲所有其他的迁徙军队一样，由于缺乏有防御边界的永久家园，匈人对抗帝国的能力也受到了限制。因为没有这种主权领土所带来的防御和经济上的优势，尽管匈人能够对罗马发动袭击，也能在阿提拉的率领下恐吓罗马，但是他们却没有更大的战争目标。而当阿提拉的军队被其众人瓜分之后，匈人的政治权力便消失了。

不过，匈人的朝贡国却仍然拥有着政治权力。因此，虽然罗马的皇帝们因为阿提拉去世的直接后果而欢呼雀跃，但其带来的长期后遗症却远没有那么令人高兴了。正如许多人评论的那样，阿提拉的胜利带给帝国的损害，远不及他的离世所带来的危险[34]。正因为他不在了，所以汪达尔人、阿兰人、苏维汇人和勃艮第人便能按照自己的利益行事了。阿提拉死后不久，他们便开始摩拳擦掌地行动起来。

这群蛮族的行动结果便是西罗马帝国的彻底瓦解。在这位匈人国王去世两年之后，罗马再次遭劫。这一次，它被盖萨里克部下会水的汪达尔人洗劫一空。汪达尔人在北非建立的新家园，能使他们在袭击意大利后，不必担心遭到报复。公元 455 年，有三位以上的皇帝去世——其中两位死于暗杀，一位死于暴乱。最后一位皇帝阿维图斯被一位称作李希梅尔的苏维汇将军废黜。这位将军有拥立皇帝的天赋，并且也在余生之中充分展现了这一点。[35]

颇为反常的是，如果李希梅尔没那么尊重罗马，那么他就可以更好地为帝国服务了。就像是在他之前的斯提利科一样，这位苏维汇人自己并没有谋取皇位，这让几代历史学家都感到迷惑不解。但这也证明了罗马，或者更准确地说，是罗马思想仍然保持着强大的控制力。如果以自己的名义实行统治，他是无法说服自己的，因为李希梅尔既带着西哥特血统，又是个阿里乌派。而西方接受罗马皇帝称号的首位非罗马人是查理曼大帝，他的登基要等到公元 800 年了[36]。相较于自己登基的做法，李希梅尔最终选择将一批外人扶上了西罗马的皇位，可是继位的帝王们却一任不如一任。而大多数的继位者，最终都被李希梅尔以最古老的皇权转移方式给抛弃了，那便是：毒杀。

李希梅尔扶植起来的搞笑皇帝们都是很无能的，这一点也反映在了其统治的领土范围上：哥特人在图卢兹定居后的五十年里，西帝国先后失去了对非洲、西班牙、高卢大部地区的控制权，最终还丧失了指挥帝国军队的能力。而此时的蛮族同盟是整个意大利唯一强大的军队。[37] 公元 476 年，他们就像高卢地区的西哥特人那样，也要求获得自己的领地。当西方皇帝登记册上的最新名单轮到两位共治皇帝欧瑞斯特及其儿子罗慕路斯·奥古斯都时，他们拒绝了这样的要求。于是，联军同盟便发动起义，并选出了一位新的领导者：奥多亚塞。公元 476 年，奥多亚塞杀掉了欧瑞斯特，废黜了罗慕路斯。在这出与其说是征服倒不如说是怜悯赐死的戏码中，最后一位西罗马帝国皇帝的统治结束了。

阿提拉之死的最重要的后果，是它对东哥特人的影响。这位匈人国王的离世远比推翻罗慕路斯·奥古斯都更重要。在阿提拉去世之前，东哥特人由匈人的附庸即阿马尔家族所统治。此时的东哥特人一直以黑海地区为家，而他们的表亲特维吉-西哥特人则开始了向西迁移。在从匈人主人的手中解放出来之后，阿马尔家族的大佬们便开始相互争夺位于东哥特权力中心的政治支配地位。

他们彼此争抢了十八年后，狄奥多里克·斯特拉博，这位曾经受过帝国训练的阿马尔士兵成为了东方最有权势的"大元帅"。公元 473 年，这位狄奥多里克·"睥睨者"自封为色雷斯国王，并率领着一支单单效忠于他的强大军队。此时的狄奥多里克，开始将目光投向东罗马帝国皇帝利奥——他和奥多亚塞一样，也是个强大到足以将皇帝赶下台的蛮族人。为了安抚他，利奥通过谈判承认了斯特拉博的地位，并授予他在名义上统治东部帝国所有哥特人的权威。

然而，一年之后，利奥皇帝便撒手人寰。他的继任者芝诺是一位更加好战的皇帝。登基之后的芝诺，几乎立刻便废除了利奥的认可条约，因为他相信，要遏制东哥特的威胁，最有效的方法不是贿赂他们，而是分裂他们。碰巧的是，虽然得到了帝国的授权，但是除了原本的色雷斯军队之外，斯特拉博并没有赢得多少人的忠诚；而其他哥特人与他们的阿马尔领导者都倾向于帮助帝国，因为这样其实也就是在帮助他们自己。芝诺需要设立一位东哥特国王来制衡狄奥多里克·斯特拉博，于是他便在自己的军队中找到了这么一个人。

芝诺所选择的这"另一位"狄奥多里克于公元五世纪五十年代初出生于阿马尔王室。他的童年时代是在君士坦丁堡度过的，当时他作为人质，被用来确保他的父亲、东哥特国王西奥德米尔能够顺从帝国。公元474年，狄奥多里克继承了父亲的王位。但是直到公元476年芝诺授予其贵族头衔（一种在帝国境内仍然具有文化和法律优势的荣誉）之前，他所获得的王权并没有多少实际意义。更重要的是，芝诺还任命其为东哥特军队的总司令，并且又为该军队提供了资助，以压制斯特拉博的野心。所以说，到这时，东哥特人便有了两位名字都叫狄奥多里克的国王，他们属于同一个家族，但彼此间却总是在相互争斗。

在接下来的五年时间里，芝诺与两个阿马尔国王玩起了分而治之的游戏：贿赂一个，哄骗另一个。他偶尔也会将帝国军队带入战争之中，但是每当一个狄奥多里克看起来比另一个更具有决胜优势时，他便会转换支持对象。到公元481年，狄奥多里克·斯特拉博去世时，那位年轻的狄奥多里克在其"君王生涯的最大危机中幸存了下来"[38]。这个过程当中，他所学到的战略终将为他赢得大帝的称号。

当然，这种君王的伟大，一部分是约达尼斯经由《哥特史》将狄奥多里克的生平和祖辈加以美化后的产物，因为这部史书的创作蓝本便是卡西奥多罗斯对东哥特王室家族的吟颂。即便如此，狄奥多里克在公元481年之后的生活纪实与其他同时代的历史学家对他的评价，都足以让人印象深刻了。当然，芝诺对于此时统一的东哥特军队虽不至于畏惧，但也有所忌惮了。而当这位皇帝在统一的东哥特军队身上感受到了与斯特拉博军相当的威胁时，他便开始寻找目标，用以牵制东哥特的军队。这个目标，就位于帝国的西方。

此时，皇帝主动任命这位东哥特战士为意大利的大元帅，或称军队统帅。公元489年，狄奥多里克率兵赴任。他所统摄的军队由格皮德人、勃艮第人还有麾下的东哥特人组成，虽然构成混杂，但却令人生畏。经过四年血腥但却没有结果的战争后，他终于把奥多亚塞围困在了拉文纳，并于公元493年设计将他杀死。同年，狄奥多里克被拥立为国王。

到公元510年，东哥特国王统治了整个意大利以及巴尔干半岛的部分地区。他被认为是东方皇帝的代表，但实际上却是一位自治的君主。回想起来，狄奥多里克的王国虽是哥特式阿里乌教派和意大利正统教派的不稳定混合物，但它却经由狄奥多里克巨大的个人魅力维系在了一起。而它的凝聚力也生动地展示了罗马文明依然能够表现出强大的向心力，以对抗将其拆散的力量。和李希梅尔一样，狄奥多里克对罗马的所有事物，即便达不到敬畏的程度，至少也都保持着一种适度的尊重。他曾经写下这样的名句："我们很高兴依照罗马人的法律去生活……因为如果我们不依法生活的话，消除蛮族的骚乱还有什么好处呢？"[39] 东哥特人统治时期的口号便是文明，而在狄奥多里克（人们普遍认为他是个文盲，但这是一种误解）的认知中，文明限定着生活的方方面面；在重新编纂154条罗马法使之同等适用于哥特人与意大利人之后，他还在这份新的《法令》中，提出过这么一条主张："我们不爱任何不文明的存在。"

狄奥多里克对于合法统治罗马的需求也是出于政治上的考虑。早在公元489年第一次进入意大利时，他就曾请求皇帝芝诺——这位昔日的赞助人——授予其以国王身份统管此地的权力。但到公元490年芝诺皇帝去世后，因被芝诺遗孀阿里亚德妮选为新夫而登基称帝的阿纳斯塔修斯，却拒绝了狄奥多里克的请求。这样的决策，或许是因为这位新的东罗马皇帝觉得君士坦丁的幽灵正站在身后紧盯着自己吧——在他去世两百年后，他的帝国如今竟成了这副光景，怎能不令他满腔愤慨呢。意大利、西班牙和北非，自从帝国时代开始以来，便是罗马领地的核心区域。到芝诺去世时，意大利已在东哥特人的统治之下，西班牙归属西哥特人，北非则由汪达尔人掌管；而阿纳斯塔修斯要统治的，便是君士坦丁堡了。当然，他原本称帝的可能性并不大。芝诺是一位强大的战士，相对而言，也没受过什么教育。而阿纳斯塔修斯却是一位年已花甲的业余传道士和神学家，没有任何的军事背景。除了阿里亚德妮之外，两个人唯一共同拥有的可能就是基督一性论[1] 这种特殊的基督教哲学了吧。

在君士坦丁时代，阿里乌派基督徒与正统教派之间的激烈神学争论，聚焦于父神与圣子之间的关系。在尼西亚大公会议签署同质论教义一百年之后，一些人仍在教导说，尽管耶稣去世时是神体（或者至少也是与神同一的"道"），但他是以人子的身份出生并受难的。因此，从逻辑上讲，为马利亚冠以"上帝之母"的尊称是错误的。这就是公元428—431年在位的君士坦丁堡主教聂斯脱利及其追随者聂斯脱利派信徒所得出的结论。

这样的结论是个问题。早在三世纪时，对圣母马利亚的崇拜就已

---

[1] 许多现代学者认为"基督一性论"这个名称不太妥当，他们更喜欢"合性论"或者甚至是"反迦克墩教派"。在一定程度上，这是对一些现代宗教团体的一种基本礼节，包括埃及的科普特基督教和一些叙利亚与亚美尼亚的教会。这些团体承认该教义，却不称自己为一性论者。不过很抱歉，本书会沿用大家更为熟悉的术语。

成为了基督教世界的一个根深蒂固的传统，而聂斯脱利派所引起的骚动，致使其创始人在公元431年的以弗所公会议上被废黜并流放。此次公会议上，马利亚还被命名为诞神女，即上帝之母。从那时起，耶稣的神性一直都是正统教派的核心。然而，对许多人来说，特别是在帝国东部行省当中，以弗所公会议的结论还是远远不够的。一位名叫欧迪奇的亚历山大教士给出了正统立场的极端推论：基督的本质不包含神人二性的区别，他只有一个本质，那就是一性论，基督一性论。这个教义在第二次以弗所公会议上得到批准。这次公会议挤满了东部行省的神父，他们主要来自亚历山大和安条克，强烈支持一性论者的立场。而一性论的立场在帝国西部却遭到了阿里乌教派和传统主义者的强烈反对，因为阿里乌派相信耶稣至少有一部分人性，而传统主义者则相信耶稣既是神，也是人。

对于后启蒙时代的读者来说，这样的辩论看起来确实是很无聊，这不过就是一种毫无意义的华丽推理，好让"拜占庭"拥有词典中所赋予的意义①。要想理解古典时代晚期人们在论述神学问题时的那种激情——当然，那时候也不是人人都如此；君士坦丁本人就对这样的思辨不屑一顾——我们就需站在孕育那种激情的土壤之上来看待它们。在人类与人类宗教的历史上，这种土壤就算不是独一无二，也是很不寻常的。犹太教和伊斯兰教（毋庸说其他非西方的宗教）都没有基督教那样的"神学"，即关于上帝本质的知识体系。

基督教对于解释上帝本质的独特需求是其内在悖论的直接结果。自从被称为诺斯底主义②的异端消亡以来，耶稣生命的核心要素，便是这个生命在十字架上的终结。接受全能神的受难致死，是基督教独

---

① "拜占庭"在英文中有死板教条、错综复杂的衍生义。——译注
② 诺斯底主义是一种强大而复杂的世界观，它涵盖的远不只是认定耶稣的生命与事迹高于他的死亡。在某种形式上，它甚至先于基督教本身而存在，用以论证世界上既然会有罪恶，便足以证明，创造它的是上帝以外的存在。

有的挑战。它表现在一系列深刻的问题上，其中有些问题至今还常被提起：如果基督不仅仅是弥赛亚，而是某种意义上的上帝，那么怎么没有他道成肉身之前的存在记录？为什么伊甸园时代没有提及耶稣？诺亚洪水的时候，为什么也没有说到他呢？当亚伯拉罕和摩西直接与上帝对话时，耶稣又在哪里？这些担忧本身对于基督吸引信徒的力量来说是无关紧要的，因为这些信徒往往都是穷人，他们在乎的更多是情感上的共鸣而不是理智上的连贯性。然而，为这些信徒服务的人员仍然有义务去提出并回应这些复杂的理性问题，以便自圆其说，解释好即便耶稣是上帝的儿子，他也不从属于，甚至不等同于上帝，而只是在某些方面与他的父亲相同而已。

　　这类教义的问题是基督教创设传统中固有的独特特征，因此或许它们也是不可避免的问题。早期的教会领袖中，最突出的便是彼得和保罗，他们的一生都在驳斥诺斯底主义。众所周知，一神教是不能容忍叛教行为的，即便它们在叛教行为的构成上观点并不一致。然而，在基督教成为世界最大帝国事实上的国教之前，有关教义的争论主要集中在耶稣的智慧（希腊语称作"灵知"）和他受难的问题上。而当其成为国教之后，这些争论便保有了政治上的重要性，以及所有随之而来的影响。基督教一旦为罗马帝国所认可，那么前者的教义斗争便会与后者的治理密不可分，任何真正的争端都只能由世俗与精神领域的权威来解决。相应解决方案的出炉，宣告着诺斯底传统的彻底失败。而后来被称为正统（希腊语称其为"冷静而有条理的思考"）的教派所依托的基础是救世主是祭品，而不是老师，这也就意味着，他的死亡与他的生命是同等重要的。

　　罗马城内，教皇利奥在其《449 年大卷》中阐明了耶稣将两种本质人格化的观点："他既是真神，亦是真人……圣言履行圣言本就有的神性，肉体带着本就属于肉体的特质。一个闪耀着奇迹，一个屈从于伤病。"[40] 当然，每个人也都能理解这其中最明显的含义：耶稣基督拥有两种本性，一个是人性的，一个是神性的。对于一个神格来说，这两者都是必要的，就像这世界有教皇也有皇帝一样……冒犯这二者中的一个，就是在攻击另一个。利奥《大卷》发布的第二年，东罗马帝国皇帝马尔西安说服了教皇利奥，使其同意再次召开公会议，在会上确立该教皇自己的教义，即二性二位说。于是，公元451年10月8日，迦克墩公会议颁布法令：正统教义要求信徒承认基督具有"神人二性，不混合，不改变，不分割，不分离"。

然而，教义争端双方的常态就是，在一方看来属于妥协的举动，到另一方眼里就会变成挑衅。一千四百年以后，天主教枢机若望·亨利·纽曼写道："那条教义……整个东方的各个主教与大主教接连两次拒绝接受……却在公会议上被强行通过……如不接受这一决断，就将面临被革出教门的处罚。决断是经由时任教皇的意志强压给大公会的，并通过他的使节予以推行，而且还得到当时的政权支持。"[41] 纽曼枢机的话并不夸张：公元452年，当一性论者被禁止设立牧师或拥有财产时，巴勒斯坦的信众袭击了耶路撒冷并且驱逐了主教；在埃及的一性论神父暴动中，企图阻止骚乱的皇家士兵在塞拉皮斯神庙被活活烧死。

到公元491年，阿纳斯塔修斯做皇帝时，一性论教派和迦克墩派在表述立场时，都比四十年前少了一些激愤，但形成争端的东西分界线却变得更加水火不容。阿纳斯塔修斯虽然是一性论者，但是他对宗教分歧却相对宽容，以至于罗马的正统派反对者都把他的宽容误认为软弱。不过这种误解很快就消除了；公元517年，教皇何弥的使团命令阿纳斯塔修斯从公开展示的名单中删除君士坦丁堡大牧首、一性论倾向者阿卡西乌斯的名字。此时，这位皇帝给出了那句著名的答复："你可以侮辱我，但你不能命令我。"[42]

皇帝这种故意傲慢的回答源自他的自信，以及所有业已实现的抱负。而他的自信也是有原因的。阿纳斯塔修斯有一些怪癖，这位清教徒式的统治者不仅试图在帝国境内禁止动物打架，而且还试图禁止默剧表演⁴³（后者可不是二十世纪的白脸街头戏剧，而是那种露骨的色情作品）。尽管如此，在他二十七年的统治下，帝国已变得异常繁荣。这种繁荣主要是通过专注于行政管理的乏味一面来实现的，比如高效地计算应当征收多少实物税、征缴多少黄金。在几乎可以断定为后世所谓下渗经济学的最早实践记录当中，阿纳斯塔修斯大规模地废除了加征于帝国生产力最高的阶层，即工匠和商人身上的沉重税收。他曾表达过这样的观点：富商所支付的其它费用一定会超过因为减税而造成的国库收入减少。事实证明，他的观点是对的。所以即便遭遇了三场重大的战争，还有因反对皇帝的一性论而爆发的数次民众起义，到阿纳斯塔修斯去世时，国库中的财富还是比他即位时多出了 320 000 磅黄金①。

公元 518 年 7 月 9 日夜，时年八十七岁的阿纳斯塔修斯与世长辞。在他为数不多的几件未竟之事当中，有一件显得尤为突出：他并没有指定继任者。一天后，当元老院召开会议时，那些因为不满于皇帝的一性论信仰而叛乱的事件，仍旧让君士坦丁堡的精英们记忆犹新。在一天的密谋会议结束后，据说有一位阿纳斯塔修斯皇位的候选人向卫兵指挥官扔了钱，让他去贿赂部下。这位指挥官也确实照做了，不过是以自己的名义去做的，于是他便作为折中的人选，成为了继任的新君。

阿纳斯塔修斯的继任者，也即承袭其 120 吨黄金的新君，是对其前任芝诺皇帝的回归。人们普遍认为，芝诺只是个阅历不深的战士，而这位新皇帝却是一名地道的军人：查士丁作为禁卫军团的指挥官，就其职业生涯本身的价值来说，便足以令人钦佩。然而，与其继任者查士丁尼相比，他注定只能是位次要人物，因为查士丁尼可是最后一位获得"大帝"称号的罗马皇帝。

---

① 两千三百万枚苏勒德斯。君士坦丁的成就之一是建立了帝国铸币的新标准，用重量稍轻一点的苏勒德斯取代了奥里斯。换算下来，七十二枚苏勒德斯便等于十二盎司"磅"制（罗马磅）的黄金。

第三章 "我们最虔诚的夫人"

518—530

查士丁能够登上皇位的这种情况，意外到必须得有一只无形的手来暗中操控这个过程：散布谣言，贿赂元老，在君士坦丁堡街头的人群中煽动"自发"的支持性示威活动。因为折中决定的受益者只有那两个来自伊利里亚的农民，又因为无论是在当时还是现在，都没有人会认为查士丁是位熟练的政治家，所以大多数历史学家都假设，暗中操纵这只无形之手的，正是查士丁尼。如果说真是查士丁尼为其叔父夺得了帝国，那么他也负责任地帮助叔父做好了统治。

九年来，查士丁尼一直担任着事实上的副帝——而且，随着查士丁日渐衰老，查士丁尼成为了唯一的统治者。那段时间，叔侄两人的政权中，最紧迫的任务便是宗教问题。元老院贵族与帝国的农民们会选择查士丁的一个重要的乃至决定性的原因，就是他对迦克墩公会议上颁布的正统信条的忠诚。要与教皇何弥和解，这位新皇帝就必须否定他的一性论前任芝诺和阿纳斯塔修斯，并且在君士坦丁堡城内清除两位前任召来的神职人员。公元521年，查士丁尼为其首个执政官任期举办了一系列的庆祝活动（这也是一项可以追溯到罗马共和国时期的至高荣誉，当时所有的政治家都惯用这种机会来获取政治支持）。当时，一性论主教提摩太被遣返回了亚历山大的家中，而此时的君士坦丁堡也和罗马一样，都成了正统教派的地盘。

事实上，君士坦丁堡要比罗马更加正统，因为当时统治意大利的东哥特国王狄奥多里克是阿里乌教派的异端分子。尽管如此，由于理论上东哥特人是要按照皇帝的意愿施行统治的，所以查士丁还是同意象征性地"收养"了狄奥多里克的女婿尤塔里克，并且还为东哥特的宫廷成员授予了多个高贵的皇家头衔。狄奥多里克曾说过这样的名句："有能力的哥特人都想活成罗马人；而穷苦的罗马人才会混成哥特人的样子。"[1]当时，他所统辖的领地与东罗马帝国的疆域几近相当，并且他对于帝国政策也充满了可以预见的警惕。尽管如此，从狄奥多里克的话里还是不难看出，他是非常重视君士坦丁堡皇帝的认可的。公元507年，当女婿西哥特国王阿拉里克二世在与法兰克人的战斗中阵亡时，狄奥多里克便作为其外孙的摄政王，开始控制西班牙以及整个意大利半岛和达尔马提亚海岸的部分地区。当君士坦丁堡的皇帝，或者更准确地说，当查士丁尼西望奥古斯都和君士坦丁王朝的中心领土时，他看到的是一个巨大的东哥特阴影正笼罩其上。这个阴影基本上就是狄奥多里克本人的影子。这就决定了君士坦丁堡能否在这块土地上重新建立权威，还得看他本人及其继任者能活多久。毫无疑问，狄奥多里克也意识到了这一点：公元522年，他的女婿尤塔里克去世；翌年，他的朋友兼支持者、教皇何弥[1]也与世长辞。此时，这位东哥特国王的谨慎上升为偏执，进而直接促成了一部作品的诞生。而这部作品也比任何东西都更能代表古典世界与即将取代它的中世纪世界之间的知识分界。

亚尼修·玛理乌斯·塞味利诺·波伊提乌与伯多禄·塞巴提乌斯·查士丁尼的出生时间相仿，但他们所处的环境却有天壤之别。作为罗马最古老的阿尼契家族的富家子弟，波依提乌会说多种语言，同时还是数学家、哲学家和修辞学家，是古典时代晚期罗马文化巅峰的

---

① 这位信仰阿里乌教派的国王与正统派教皇之间的友谊令人惊讶，毕竟这位教皇曾经因为阿纳斯塔修斯皇帝对一性论的同情而责骂过他。

代表。随着一位对罗马一切事物都充满热情的东哥特国王的崛起，波伊提乌注定会在未来成为他的朝臣。实际上，就连他的两个儿子也被狄奥多里克任命为519年的执政官。公元522年，狄奥多里克曾指控一位名叫阿尔比努斯的元老与查士丁密谋勾结。波伊提乌在为这位元老院同事辩护时表示，怀疑阿尔比努斯实际上就是怀疑整个元老院。听闻这番言论的东哥特国王，当即便将波伊提乌下狱。公元524年10月，受尽酷刑折磨的波伊提乌被处死。就在去世之前，他创作出了古典时代最伟大的作品之一、新柏拉图主义的经典著作《哲学的慰藉》。

在《哲学的慰藉》一书中，命运女神，作为神秘且模糊的命运之力的化身，常被当做推动人类历史前进的力量。像波伊提乌这种虔诚的基督徒，在极端情况下援引的是柏罗丁而不是耶稣，这就充分证明了希腊精神在地中海世界中仍然保留着自身的控制力。波伊提乌的这部伟大著作，也即吉本所谓的"黄金书卷"，因其本身表达了对所有弱化基督教影响的文本的青睐，所以毫无疑问，这本书是人们能够在古典时代中找到的通往中世纪的最现实的桥梁之一。当然，实质上它也被翻译成了所有的"欧洲"语言，其中最著名的，便是由杰弗里·乔叟翻译的英文版。而乔叟所看重的，与其说是这部作品的哲学严谨性，倒不如说是文中那宛如"宗教仪式中的管风琴圣歌"一般，不时插入的诗歌。[2]《慰藉》一书中，最为生动、让人印象最深的形象，应该就是命运了，她那举世皆知的车轮会随机分配世界的物质财富，并不考量接受者的德行。该书当中一个并不特别重要的角色，可能就是同名标题下的"慰藉"了："你的本性还没有丧失，我们对你康复的最大希望基于你有关世界统治方式的真实信仰，即相信世事并不是随机偶发，而是有神圣理性的指导……你会重新看到真理的灿烂光芒。"[3]

波伊提乌笔下的《慰藉》是写给自己的，并非为着任何的读者，当然也不是为要讨得君士坦丁堡皇帝的青睐。但皇帝的关注确实间接催生了这本著作——狄奥多里克会批准对自己最亲密的顾问加以酷刑并处决，这在某种程度上就说明，他看到了来自东方地平线上的那种若隐若现的危险，而这股力量也会从根本上否定他在意大利建立东哥特王朝的梦想。从公元 526 年狄奥多里克去世到公元 542 年恶魔的真正到来，其间的十几年里，这股力量将整个地中海搅得天翻地覆；而究其源头，既不是地理因素，也不是历史变迁，而是等候继位的那位皇帝的野心与个性。他，便是查士丁尼。

　　查士丁尼的性情与他传留下来的东西一样复杂，并且对有些人来说，还有点捉摸不定。至于他的创作力和勤奋程度，人们的看法却少有分歧。失眠便是他痴迷工作，煞费苦心的明显例证：他亲自过问的法律，甚至细微到直接规定君士坦丁堡的小农们应当对新鲜蔬菜采取怎样的收费标准。就像另一个内向的失眠者理查德·尼克松一样（终其一生，尼克松都生活在别人家世背景更好、举止仪态更从容的不安全感之中），查士丁尼那卓越的才智，也能够在同一天，甚至是同一个小时里，既构建自己的经韬纬略，又同时对细枝末节疑神疑鬼，"夜间的他在宫廷的走廊里来回踱步，表现出所有失眠者的那种失控的兴奋……这位智者抱负远大，并且对于自己的命运也有宏观上的把握……"[4]
　　正如赞同查士丁尼拥有非同寻常的脑力一样，所有描写过他的人也都对他的外貌和着装有着一致的看法：他衣着朴素，样貌平凡，不高不矮、不胖不瘦，圆脸尖鼻，发际线后移。[5] 查士丁尼统治时期最伟大的历史学家普罗科匹厄斯曾经这样说过："他严格节制自己的欲望。在四旬斋期间，他常会彻底禁食两天，余下的日子也会戒酒，并以野菜拌油醋汁为生。"[6]
　　而在更重大的问题上，同时代的描述却需要我们审慎地去解读。一位六世纪的编年史家曾这样写道：

　　　　查士丁尼热衷于敛取财物，他在这件事上贪得无厌，以至于将全体臣民都卖给了身有公职、收缴贡品以及乐意用无端指控构陷他人的那群人。他用最空洞的借口夺取了无数富人的全部财产。哪怕是某个妓女在选定受害人后，对其发出指控，说他违法强奸，那么此时的所有法律也会形同白纸一般。这个妓女通过利用查士丁尼这个"同伙"，便可以获得不义之财，将被告的所有财富转移给自己。[7]

这样的叙述或许反映了君士坦丁堡富裕公民之间的共识：在默认情况下，他们这个阶级的观点应该最有可能成为永久的历史记录。单靠这样的记录，就想清楚地了解这位皇帝，这样的做法就好比只基于约翰·皮尔庞特·摩根的日记来撰写西奥多·罗斯福的传记一样，实在太过片面。①

万幸，我们对查士丁尼的认知，既不依赖其同时代的人所写的著作，也不基于其统治期间所铸硬币上的头像。身为皇帝，查士丁尼的不同之处就在于他会书写自己的文字，他的创作目的不是掩盖，而是揭示。而他选择揭示的大部分内容，便是对基督教教义的品读和掌握；与这位因神学争论而疯狂（这两个字是最贴切的形容词）的皇帝"相伴"的时间愈长，现代读者就愈会觉得这种思维之奇特。现代社会唯一能与之类比的实例，便是二十世纪早期的布尔什维克主义，它是另一种要求掌握复杂的官方意识形态的政治文化。但查士丁尼沉浸于基督论中，似乎并不是为了改善他的政治前景，而是出于真挚的，间或有些笨拙的兴趣——尽管就连"兴趣"这个词，都暴露出后启蒙时代的有色眼镜。宗教并不是查士丁尼所选择的爱好，而是他的信仰。查士丁尼与其同时代的人都认同一种不需要与科学、人文主义或辩证唯物主义等力量划清界

---

① J.P. 摩根与西奥多·罗斯福总统曾因北太平洋铁路的垄断问题而爆发过严重冲突。——译注

限的信仰体系，而对这种信仰体系的忠实评价就是将其视为一个时代的产物；当然，那个时代在一个现代人的眼中最终也是无法完全理解的。

这并不是说查士丁尼笔下的方方面面都是如此奇特。他的作品中还暴露出了强烈的自负——他明显对上溯至奥古斯都本人的历代皇帝缺乏敬意——对于细节的惊人把握，并且对他理解下的一切算得上教会仇敌的东西，都保持冷酷、决然的敌意，不管这些仇敌是源自内部的多纳图斯派信徒、聂斯脱利派信徒和阿里乌派信徒，还是源自外部的异教徒和犹太教徒。[①]在神授的查士丁尼帝国宪法之中，他写道：

> 我们在上帝的应许下管理帝国，这帝国是经由袱的神圣威严交托到我们手中的。我们战之能胜，重视和平，治国安邦。因此，我们要使智慧长进，默想全能上帝的帮助，才不至于仰赖武装、士兵、将军，乃至自己的作战才能。我们要将所有的希望交托给三位一体的至高上帝，因为袱必护佑，我们要单单信靠袱，因为袱创造了整个宇宙的所有存在，并且规划好了其应有的归属。[8]

查士丁尼是一位创新者和改革者，但如果有人这样称呼他，他会觉得自己受到了致命性的侮辱。他的革新前提就是"让自己和他人相信其所做的是在恢复昔日的辉煌……"，[9]因为在这位六世纪的基督徒眼中，创新的想法实际上就是异端邪说。[10]

他是个最不爱四处走动的人，除了去附近的度假行宫之外，他几乎从不离开首都。他不视察主教辖区，不拜访官员，不参加军队的活动，甚至对到访自己攻下的领地也不感兴趣，历史上像他这样的征服者真是少之又少。当然他也没有要去的理由，不是吗？他可是坐拥君士坦丁堡的帝王啊。

---

① 值得注意的是，他对一性论的对抗情绪充其量只能算是间歇性的。

回想一下，初到都城之际，查士丁尼脚下的草鞋还沾着伊利里亚的泥土，但从那时起，直到其君临天下之后，他都为君士坦丁堡而深深着迷。君士坦丁大帝的首都可能就是为查士丁尼而建的。对这位外乡人来说，这座大都会可能是地球上唯一一处能一次满足其两大愿望的地方：一是行使政治权力，二是展开有关宗教教条的复杂辩论。这里像一个巨大的棋盘，棋盘上纵横交织的是宽广的林荫大道和开阔的广场，与街道及广场相接的，还有数十座宫殿和教堂。尽管如此，这座城市的重心却不是礼拜活动或法律法规，而是休闲娱乐。

在今天的伊斯坦布尔，战车竞技场的遗迹占据着一座狭长的广场，遗迹中心的巨大方尖碑仿佛耸立的烟囱，一座房屋被焚后剩下的孤零零的烟囱。方尖碑的四周，沿着那些杰出的战车驭手曾经驶过的赛道，铺着长满青草的矩形砖块，宛如大号马赛克瓷砖一般。从方尖碑的基座那里，人们可以清楚地看到这座城市的宏伟教堂，不过竞技场中的人员可就没有这样的眼福了。这座战车竞技场，宽一百多米，长五百米，围墙高十八米。如今，它虽已被历史的洪流吞没，但是当年这里每周上百场的比赛还是吸引了所有人的目光。

公元 326 年，君士坦丁大帝下令禁止角斗士比赛。此后，这里举行的最受欢迎的赛事便是战车比赛了。[11] 一场战车比赛，通常能吸引七万以上的观众。毫无疑问，很多人都是单纯喜欢这项自六世纪以来吸粉无数的运动。但是，就算不是大多数，也还是有不少观众，会在那里表明自己对各个派系的支持，而这种支持不止一次地左右了帝国的政局。

各派系之间举行比赛的历史可以追溯到公元前一世纪，当时记录在案的派系共有四个。各派系都以其支持的战车手所穿的衣服颜色来称呼自己，因此便有了红党、蓝党、绿党和白党。四个党派都供养着马场；他们会招募、训练车手，为其发放报酬，而且会对比赛的结果下注。在罗马共和国时期，普林尼曾经描述过某个粉丝在一位深受喜爱的红党战车驭手葬礼上自杀的故事；然而，从苏维托尼乌斯的《十二帝王传》到佩特罗尼乌斯的《萨蒂利孔》，帝国早期的编年史当中却从未提及过这群人。[12] 到了查士丁尼统治时期，红党与蓝党联合，白党又与绿党结盟，这样就形成了两个大的派系，而这两个党派的利益要求也就远远超出了战车竞技场的比赛结果。蓝党和绿党争夺政治优势的方式，不仅包括支持各自的赛马和战车，双方在言辞上也互有攻伐。

早在君士坦丁皇帝在位期间，人们便受到皇帝的鼓励，以喝正彩和喝倒彩的方式回应各种好坏言论，借此向地方总督表达自己的意愿；而这种做法也成功地转移到了帝都。在这里，喊口号已经成了一种艺术形式，需要由专业人士来做。[13]

当然，除了喊口号，他们还会进行辩论。当时的朝臣塞奥菲尼斯忠实地记录了查士丁尼（通过其使者或钦差）与绿党选定代表之间的辩论，或者说争论。从很多方面来说，他们之间的对话都颇令人震惊。首先，绿党的"辩手"在与皇帝对话时，几乎是以平等身份来面对这位代表基督在人间行使权力的总督。他虽然尊称查士丁尼为"奥古斯都"，但却仍像是在小额索偿法庭上一般，准确地提出了控诉，告知这位世界上最有权势的人，"可以在鞋匠的城区里找到恶待我们的暴君"。而在查士丁尼这边，他虽然清楚地知道自己拥有所谓先发制人的优势（老实说，如果你不保持沉默，便会保不住脑袋），但仍然就绿党论点以及支撑该论点的神学立场做了反驳。查士丁尼晓谕这位对话者说："我希望你奉独一上帝的名受洗"，而他所得到的回应是："我已经受洗归于唯一的上帝"——显然，这是将他对于一性论的赞同与皇帝的正统教义观念做了对比。绿党的发言人指控皇帝打压真相，纵容谋杀，在忍无可忍之际，他做了这样的总结："再见吧，公义！世界已容不下你。我愿转头做一个犹太人；上天为证，哪怕是异教徒，也好过蓝党的那群人……"[14]

整个对话当中最生动的部分是它完全是以严格的韵律形式进行的，每次唱与和都包含着相同数量的希腊语音节，并且还将重音放在

君士坦丁堡城

博斯普鲁斯海峡

加拉塔

西凯

金角湾

圣使徒教堂

传塞大道

圣保利尤克图斯
教堂

王宫大道

查理索斯门

圣罗曼努斯门

金角门

流变门

克济彻克斯门

博塞大道

尤利安港

狄奥多西港

马尔马拉海

圣索菲亚大教堂

查尔克大门

宙克西帕斯浴场

皇宫

圣色尔嘉巴克斯
教堂

君士坦丁
广场

执政官署

赛车竞技场

狄奥多内
广场

· 060 ·

每行倒数第二或倒数第三个音节上。战车竞技场中的这种唱和显然是司空见惯的事，因此也就证明了这种诗意的即兴创作所需要的训练强度和神学造诣的水准。

在君士坦丁堡城内，从正式辩论、高喊口号、辱骂官员一直发展到街头暴力的这条道路并不漫长。到查士丁尼即位时，蓝党和绿党各拥有一支称作游击队的突击部队，这支队伍与现代城市中的街头帮派非常相像。他们出售走私货物，向商人勒索钱财，破坏城市，奸淫妇女。游击队员身穿蓝色或绿色的短款外套，这是种带有匈人风格的服饰，而不是更为朴素的君士坦丁堡式的束腰外衣。[15] 年轻气盛的查士丁尼认识到，党派已然成为一股强大的政治力量，他可以利用其实现自己的抱负。于是，当叔父开展反对党派的行动，并认为在必要时应将其绞首示众之际，查士丁尼却在培养扶植着他们：

> 他似乎更宠爱蓝党一派——以至于他们在光天化日下、闹市街头处动手杀人后，都不会害怕惩罚，甚至还会受到奖赏；这就导致许多人成了杀人凶手。他们可以打家劫舍，掠夺贵重物品，强迫人们花钱买命；如果任何当局官员试图阻止他们，那么这个人就会面临生命危险：事实上也确实有过这事，一个东部政府中的管理者用鞭子惩戒了一些暴徒，可最后他自己却在闹市被趾高气昂的暴徒们鞭打了一顿并当众游街。[16]

这位未来的帝王会偏爱蓝党而不是绿党的原因尚不清楚。不过，这两个派系在构成上却有些微妙的差异——蓝党更偏向郊区，更有可能依靠土地谋生，也更为"正统"，但绿党却更加城市化，更有可能是商人或工匠，并且也与前面提到的查士丁尼的辩论方一样，更可能是基督一性论的信仰者。[17] 不过，查士丁尼的选择似乎是很随意的。如果确实如此，那么这个例证又一次说明，随机的选择会拖上一条长长的尾巴，带来的则是意想不到的后果。

毕竟，只有这样他才能遇到狄奥多拉。

狄奥多拉登上帝国巅峰位置的可能性甚至比查士丁尼更低。如果她童年时最广为人知的故事的确真实有料的话，那么她成为皇后的道路便开始于查士丁尼进行辩论的地方，即战车竞技场。

这座伟大的休闲宫苑起先主要是战车竞赛的舞台，但是只要君士坦丁堡的魔术师、杂技演员和驯兽师还能提供赛事之间的娱乐活动，那么这里就不是性质单一的竞赛舞台。在这些人当中，有个叫阿卡修斯的驯兽师，他以驯熊为生，而其所驯养的熊黑会与獒犬展开厮杀，这也是竞技场内持续时间最长的血腥项目之一。战车竞技场中的大部分艺人都与某个派系有关，他们最初是负责打理赛马马厩的马倌，阿卡修斯也不例外。事实上，作为绿党的一名全职雇员，他的整个家庭——包括妻子和三个女儿——很可能都要依靠绿党来勉力维持还算过得去的小日子。

阿卡修斯去世后，他的妻子马上便与另一位驯兽师再婚了，希望借此维持不亚于先前阿卡修斯凭着技能与人脉所提供的生活水平。大概是在公元 505 年的某一天，在八岁的女儿狄奥多拉及其姐姐科米托、妹妹安娜塔西亚的陪伴下，她来到了坐有绿党领导人的包厢前，请求让现在的丈夫接替前夫的差事。

绿党的领导层拒绝了狄奥多拉母亲的请求，全然没有想到该做法可能会导致蓝党的领导向狄奥多拉的继父伸出橄榄枝，进而收获这个小女孩一生的拥护。这种拥护，假以时日，便成了蓝党的资产。狄奥多拉的出生日期不详，但人们普遍认为她是生于公元 497 年的。到她十一岁时，狄奥多拉与姐姐科米托一起加入了君士坦丁堡的滑稽戏院。十六岁时，她沦落风尘，或许还生了一个儿子，可以确定的是，她在十八岁前生过一个女儿；此后，她就变得臭名昭著，同时也异常成功，而这并非巧合。她最出名的固定节目，就是向丽达和天鹅的传说致敬，在表演中，狄奥多拉"把自己伸展开来，仰卧在地板上，有仆人过来在她的私处撒上大麦粒，此时受过训练的家鹅会聚拢过来，用喙衔啄一粒粒的大麦并吞下。再次站立起来的狄奥多拉并不会面红耳赤，反而似乎会因这种表演而感到自豪。"[18] 根据历史学家普罗科匹厄斯的描述，这位养熊人的女儿经常赤身裸体地出现在公共场合，在狂欢活动中，她会与三十位甚至更多的男人发生性关系，并且她还抱怨自然造化的局限，让她只能经由三处腔洞发生性行为。不过，虽然有关狄奥多拉的淫秽故事满天飞，但其中最有说服力的描述是：一位艳俗的喜剧女演员，醉心于性挑逗的形象建设，而她的这种技能已被该表演不俗的卖座能力证实了。

（虽说多数有关狄奥多拉早年的丑闻故事都出自政治敌对势力或者是那些谈性色变的人物，但即便如此，这些故事本身也并非是空穴来风。以弗所的约翰是位一性论的主教，也是狄奥多拉的朋友。他曾称呼狄奥多拉为"狄奥多拉 ek tou porneiou"，即"来自妓院的狄奥多拉"。）

到了二十出头的年纪，狄奥多拉在舞台上的吸引力便大不如前，于是她便和一位名叫赫克波努斯的帝国外交官好上了。当赫克波努斯就任下一职务，即北非行省的总督之时，她也仍然陪在其身边。可当两人在北非闹翻之后，狄奥多拉便动身去了亚历山大。公元517年，查士丁即位之后，这座港口城市成了基督一性论信众的避难所。来到这里的狄奥多拉，亲自证实了意外后果定律的作用。之前，狄奥多拉对于教义上的事几乎没有兴趣，但是，在亚历山大大主教提摩太的影响下，她竟然迷上了教义问题。提摩太是当时帝国最为杰出的基督一性论者，他所带来的影响一直持续到其去世之后，而到那会儿，狄奥多拉的声望和影响力都远远超过了这位大主教。

史书上并未记载她与查士丁尼的第一次会面，但当狄奥多拉于公元 522 年回到君士坦丁堡时，她便决意不再做皮肉生意了。① 两人很可能是在蓝党赞助的某个社交活动中经人介绍认识的；当然，他们的相识也使得这场活动成为党派政治中最为重要的事件之一。不管当时发生了什么，这两人都算得上是干柴烈火，一见钟情。在位于城市南端霍尔米斯达斯宫的查士丁尼住所里，中年秃头的伊利里亚籍帝王几乎立刻便同这位二十五岁的前官场交际花开始了同居。值得铭记的是，随后数年，尽管政敌与教义反对者对他们有过无数次谩骂，但这些谩骂声中却没有一句是说两人背叛过彼此的。从之后发生的种种也能看出，两个人的结缘是全身心的，对彼此的爱也是全身心的。

　　毫不意外，两人都渴望将这段关系合法化，但为此他们就必须克服两个障碍，一个是法律的，另一个是私人层面的。事实上，查士丁尼的首个立法成就便是监督了一项法案的起草，该法案不仅允许"悔过后的女演员申请婚姻上的皇室授权"，而且在当事人获得贵族身份的前提下，还可以彻底免于对任何既往的"其他污点"进行追诉 19。虽然查士丁尼能够说服叔父废除禁止高级官员与女演员甚至是前女演员结婚的法律，但他却因为叔母的反对而一筹莫展。这位叔母作为曾经的女奴，已经把自己的名字从露庇西娜改为听起来更像贵族的尤菲米娅；她谨慎地维持着自己的体面，并且对于任何可能破坏体面的事情，都不愿意做出灵活的处理。公元 524 年，这位叔母去世。翌年，新法案获准通过，查士丁尼与狄奥多拉至此才被允许走进一段治国史上最为成功的婚姻。查士丁尼统治时期，在无数的法令当中，都将狄奥多拉称为"上帝赐予我们的最虔诚的夫人"……这可是以帝国立法形式书写的情书啊。

　　公元 527 年春，数年前便已行将就木的查士丁皇帝最终油尽灯

---

① 根据后世的传说，二人相遇时，她还住在一间陋室里，以织羊毛为生；而这处住所在狄奥多拉成为皇后之后，便被改建为圣潘捷列伊蒙教堂了。

枯。527年4月4日，在狄奥多西二世建造的大教堂中，狄奥多拉和查士丁尼由主教埃皮法尼乌斯加冕，成为皇帝和皇后。加冕典礼结束后，他们立即带队，开始了庆祝游行，游行的终点便是战车竞技场中的皇家包厢凯蒂斯玛，在这里两人接受臣民的朝贺。庆祝游行的行程是从教堂到战车竞技场，狄奥多拉的"旅程"是从竞技场的舞台升入皇家包厢凯蒂斯玛，不知是否有人意识到过这两者的对比反差——总之，史书上是没有相应记载的。

告别舞台生涯之后，狄奥多拉便选择了一种更为端庄的生活方式，尽管如此，她却并未完全放弃在公开场合亮相的机会。这位皇后很愉快地接受了统治者必须要有的公开露面，而她那内向的丈夫则更乐意远离这种场合。这种选择的后果是，它强化了皇帝在都城的孤立感，促使他更加依赖他所拣选的人奉自己的名义去行事。好就好在，他挑人的眼光是很棒的。

查士丁尼的那些备受称赞的领导技能，不太可能是他沉浸在基督教教义中时习得的，但现实却是，他在担任查士丁的摄政王期间，便已经掌握了这种能力。通常来说，这种情况下最有可能的一种解释是：查士丁尼拥有一种与生俱来的能力，让他得以选择有本事的人来执行他的命令，因为尽管在修辞艺术、优雅谈吐、遣词造句以及宗教教条方面，这位皇帝受过专门的训练，且乐在其中，但他的那群官员中却鲜有人拥有这些方面的才能。对于查士丁尼来说，掌握散文文风，秉持正统教义，肯定不会妨碍一个人获得提拔，但若比起智慧和决心，这些又算得了什么呢。精湛的身手远比单纯的德行更重要，就好比优秀的家庭带给子孙的各种禀赋，远比留给他们显赫的家世虚名更重要。首先，皇帝的手下得拥有足以促进成功的抱负，同时也要抱持足够的忠诚，将皇帝的功业置于个人的成功之上。查士丁尼很早就意识到，如果自己可以使人致富，那么他便能按照自己的意愿来约束这些富人，这可比辖制穷人容易得多。[20] 尽管他没能像亚历山大或恺撒那样激起官员们对他的个人崇拜，至少这群官员当中也从没有人背叛过他。

但这并不是说，这些人彼此之间不存在背叛。虽然查士丁尼可能并没有鼓励亲信之间彼此厌恶，但是他对此也并不介意。在占据查士丁尼朝廷核心圈子的三位人物之间，仇恨的种子肆意生长，其速度与程度超过了所有类似的历史记录。具体而言，就是作为妻子的狄奥多拉皇后仇视帝国实际上的宰辅"卡帕多西亚人"约翰，而这位卡帕多西亚人厌恶的则是皇帝最忠勇的将军贝利撒留。

根据普罗科匹厄斯的说法，约翰是"那个时代最勇敢、最聪明的人"。[21] 他村筋俗骨、不学无术、勤奋高效，虽然奉公执法，却又贪腐成性。也就是说，他会毫不犹豫地攫取财富，不过你是无法用金钱收买他变更税收或财政政策的。在查士丁尼统治的前两年里，这位多年前以文员身份进入帝国体制的卡帕多西亚人积累了一些最高等级的头衔和荣誉：从"杰出者"到查士丁尼第一法律委员会的负责人，再到御卫队长官，也即查士丁尼朝的领衔大臣。总之，他真正的工作就是行政管理，尤其是管理帝国的财政。因此，试想一下，同时代的人固然会指责他，说他极尽放荡婪浊之事，又是个贪得无厌的施虐狂，但是约翰也的确针对包罗万象的国事进行了变革，而且也并不总会谋求财富和权力方面的私利。约翰疯狂热衷于税收，而税吏多半会惹人厌恶；在他手下，有一位称作"剪刀亚历山大"[22]的税吏，这样的外号，至少反映出了人们的抵触情绪。虽说约翰恃强凌弱，粗野贪心，得罪的人不在少数，但他因为雷厉风行的理政风格所树立的仇家数量也并不低于前者。从他的有效管理中获益最多的是工薪阶层的外乡人，而那些因他变穷的人，却不属于该阶层。显然，只有拥有一定财富的人，才可能变穷。由于这一历史时期的记录大多都出自约翰制度的受害者，所以某种程度上，相关的史料记载是有所歪曲的。那些因为出身高贵而免于税务的家庭无法再逃税了；那些帝国的闲职官员和一些皇帝不愿再设置的岗位被裁撤了。[23] 在这些受牵连的人群中，有许多位都起身前往帝都，并在这里强化了自己对约翰的憎恶，因而把约翰写成了民间传说中的恶魔。

另一方面，相关的民间传说却对约翰的劲敌、贝利撒留将军颇为友善。公元 505 年左右，贝利撒留出生在今保加利亚西部一个名叫色雷斯的地方，根据其早年在骑兵团中任职军官的履历可以得知，他的家庭属于小贵族阶级。在所有"效忠（查士丁尼）的杰出将军队列里"，[24] 贝利撒留是最卓越的人物。爱德华·吉本在将贝利撒留与亚历山大大帝相提并论时，自己也加入了钦佩者的队伍[①]，开始崇拜那些品行端正却又不受重视，把人生过成警世寓言的战士。到了二十世纪，这位将军的战略天赋已经盖过了他的美好品德，让他与亚历山大、汉尼拔、马尔博罗公爵和拿破仑一道，成为巴塞尔·亨利·李德哈特经典著作《战略论》中的案例人物。

被查士丁尼召唤入军时，贝利撒留还是个年轻的外乡人。显然，外乡人的身份并不会阻碍人们在罗马军队中建功立业；查士丁尼统治期间，将军榜上的人物包括格皮德王子蒙达斯、斯拉夫人希尔布迪乌斯、亚美尼亚人艾萨克·堪萨拉干与西塔斯（他娶了狄奥多拉的姐姐科米托），以及东哥特人贝萨斯。[25] 当这位色雷斯人被派往美索不达米亚平原时，二十五岁的他还是位默默无闻的前皇帝侍卫；一年后，他又离开了平原，朝着成为传奇的道路驰骋而去。

从伊拉克出发向北，进入今天土耳其的马尔丁省，你便会踏上一

---

① 在让-弗朗索瓦·马蒙泰尔 1767 年的小说《贝利撒留》中，这位主角发表了长篇演讲，反对宗教不宽容、贵族阶级、裙带关系，以及作者认为的正在影响其国家的许多其他罪恶；1781 年，当雕塑家、画家大卫申请进入法兰西学院时，他选择的课题是查士丁尼的将军。1937 年，罗伯特·格雷夫斯的英雄崇拜小说《贝利撒留伯爵》也以其作为描述对象，而且贝利撒留还至少在两个独立的二十一世纪科幻系列小说中露过脸。

条沿用至今的贸易通道。在德国工程师开始建造伊斯坦布尔—巴格达铁路，使之成为按规划要直通柏林的大铁路的第一段干线之前，库尔德的自由贸易商人（或者你也可以称其为走私者）已经在这条商道上奔走了一千年。在该省省会西南四十英里之外的土叙边界上，有一座名叫努赛宾的城镇，坐落于一道狭长山谷的入口，源自小亚细亚山脉的戈尔贡博尼兹拉河从这里流出。这道峡谷是上下一百英里范围内唯一一条穿越群山的路径，是前往叙利亚北部沃野的通道。几个世纪以来，该关口的战略重要性已经得到了证实，这里不仅是兵家必争之地，也是商旅偏爱之所。由于担心商业贸易会为间谍活动提供掩护，戴克里先建造了尼西比斯，即当时的努赛宾，并将其作为允许波斯商人进行贸易的专属转口港。即便是在经合约规定，转归波斯所有并被其改建为要塞之后，这座城镇仍没有失去其重要地位。[26]

　　距离努赛宾不到十英里的地方，有一座废墟。这座名为达拉的罗马堡垒城镇，由阿纳斯塔修斯皇帝修建于公元 506 年。其作用是针对任何波斯的军事野心向君士坦丁堡发出预警。

　　这里是个不错的建堡之处。两百年来，这道峡谷标志着罗马与波斯两大帝国的最远边界，在其中营建两座堡垒的挑衅做法必然会让这里变成战场。公元 337 年与 350 年，尼西比斯曾两度被围。现在，到了达拉遭难的时候了。头两年，查士丁尼虽然还未向东扩张，但却始终都在努力保护他的东部边界。在外交方面，他派遣阿纳斯塔修斯的侄子海帕修斯，率领一众领事到达科巴德，同时还贿赂高加索的部族反抗波斯领主，并且袭击了黑海边界上的军事要塞。所有这些行动的结果是于公元 528 年秋天签署的停战协定。然而到了 529 年春天，波斯支持的阿拉伯部落便开始袭击叙利亚，在接到各种暴行的报告之后，查士丁尼被迫做出回应。而他的回应，便是派出贝利撒留。

　　对罗马来说，达拉之战发生的并不是时候。事实上，想要选出一个开战的黄道吉日是很难的，因为近一千年来，常会挫败罗马军团的队伍都出现在东方。从公元前 53 年安息人击败克拉苏，到公元 259 年沙普尔一世俘虏瓦勒良皇帝，波斯军队的出现标志着罗马的军事胜利到头了。两国之间最近的一次战争，便是查士丁尼派遣色雷斯将军布茨和库泽斯率军进入小亚细亚，并在那里遭到了波斯军队的猛烈进攻。后来接替他们指挥权的希腊将军庞培，也没吃到什么好果子。因此，当贝利撒留这位前初阶骑兵军官兼皇家保镖，被任命为达拉战役乃至美索不达米亚平原上所有罗马军队的指挥官时，随便一位旁观者都会认为这是一种绝望之举，而不是战略上的才智。虽说查士丁尼已经掌握了可靠的情报，知道波斯人发动了一支强大的军队，意图将罗马人永远地赶出达拉城，但他能做的反击性的选择却是有限的。不过，他总得做好准备迎接这群波斯人的入侵，而贝利撒留就是查士丁尼送给波斯人的最好的问候。

　　公元 530 年 6 月，波斯军队兵临城下。与贝利撒留对阵的波斯人，有四万雄兵，其中还有至少五千名"长生军"：自居鲁士大帝时代以来，这支精锐重骑兵一直是波斯武装力量的基石。波斯人希望揪出躲在达拉城城墙后面的罗马人，这支军队以菲鲁兹为指挥官，并配有一系列的炮兵、工兵、工程师以及计划围攻所需的其他辎重。在此地等候他们的是 25 000 名罗马士兵。不过，他们却并不是曾经的罗马军团。

　　三世纪的帝国防卫体系重组带给军队战略组织的改变远远超出了其对战术的变革。在整个三世纪和四世纪，尽管重装步兵仍旧是罗马军的主要战力，但有了弓箭手和投石手的加入，此时仍旧闻名于世的帝国军团极大地增强了自身的火力。虽说步兵是最保守的队伍，但为了对付几百年来不断变革的蛮族，面对与之交战的挑战，军团的装备着实发生了变化。罗马军团曾经比照恺撒大帝击败的高卢人，穿上了锁子甲，并且还曾仿效布匿战争中作为对手的伊比利亚人和凯尔特-

伊比利亚人，用起了近身战中非常致命的短剑。[27]到四世纪时，斯帕达剑取代了短剑——这是一种体形更长的砍切剑，对于无装甲和马上的对手，更具杀伤力。

然而，对付骑兵最有效的办法就是更多的骑兵，整个四世纪期间，罗马都在积极招募雇佣兵和擅长骑马作战的盟友，包括叙利亚阿拉伯人、非洲摩尔人、匈人和赫鲁利人。赫鲁利人是来自斯堪的纳维亚半岛的掠夺者，他们被普罗科匹厄斯称作"最卑鄙的民族和寡廉鲜耻的恶棍"[①28]。此外，罗马还将成千上万的伊利里亚人和色雷斯步兵转型成了骑兵。但这种新式骑兵的核心是由高级军官的私属家臣所组成的队伍，有时他们还会像皇帝的同名专属部队一样，被称作扈从队。

在达拉城内，贝利撒留将1 500名战士编入其扈从队。扈从队的设置，不仅是为帝国军队增添了一种独特的有效武器，而且还昭示着整个中世纪的欧洲军队构成。一位现代历史学家将其称为"贝利撒留的卓越创新……身穿铠甲的骑兵乘跨披甲的战马……虽然在战场上所向披靡，但是很……昂贵、残忍、傲慢，甚至是有些反叛倾向，他们只从属于自己的指挥官。"[29]这样的描述，俨然就是在说那些从龙塞斯瓦列斯到内斯比战场上的骑士[②]，他们驰骋纵横，掌控着战局。

等到贝利撒留的军队在达拉集结时，罗马军队已经完成了从奥勒良皇帝开始，并由其继任者所沿袭的转变过程，即从配有投枪和短剑

---

① 这位有些过分拘谨的编年史家也注意到"他们以不圣洁的方式交配，包括与男子进行肛交"。在普罗科匹厄斯的历史记载当中，赫鲁利人算是外来民族，他们的祖籍在类似传说般的乌尔蒂玛·图勒，那是一片太阳永不落山的北方土地。

② 龙塞斯瓦列斯之战发生于公元778年，查理曼大帝麾下著名骑士罗兰战死；内斯比之战发生于1645年的英国内战期间，骑兵在这场战役中发挥了决定性作用。——译注

的训练有素的步兵方阵转变为重骑兵中队。当时耗资最高的六世纪罗马骑兵身跨战马，手持长矛和杀伤力更大的复合弓。作为草原民族对投射型武器的巨大贡献，复合弓这种作战工具短小便携，适宜在马背上射击；在样式上，它呈双 S 形弯曲，并用动物的角和筋做了加固。使用复合弓，骑兵可以在 100 码的距离内，射出装有铁质箭镞的飞箭，贯穿敌军的锁子甲。同时代的史学家普罗科匹厄斯对贝利撒留骑兵的描述如下：

（我们的）弓箭手身跨战马，以令人钦佩的技巧驾驭着马匹；他们的头和肩膀上有防护用的头盔和小圆盾，腿上戴着铁质的护胫，身穿一套护身的甲胄。他们的右侧挂着一只箭袋，左边悬着一把佩剑，在近身战斗中，他们惯用双手挥舞长矛或投枪。他们的弓强韧且有分量；在前进和后退时，他们的箭可以向前后左右任意方向发射；由于接受的训练要求他们要把弓拉到右耳而不是胸前的位置，因此想要抵抗他们那刚猛有力的箭杆，敌人的铠甲必须得异常坚固。[30]

当有人指责帝国骑兵怎么看都像荷马嘲笑的懦弱弓箭手时，普罗科匹厄斯——这位贝利撒留将军的法律顾问——便挺身而出，在其自著的《战争史》第一卷中，才写了不到三页内容，便开始迫不及待地为贝利撒留做起了辩护。这位拥有法律背景的史学家使用大量文字描述弓箭手在贝利撒留军中重要性的做法，同时也说明了六世纪的将军们对于骑兵使用投射型武器的重视。

普罗科匹厄斯对罗马弓箭手的辩护显得异常过度，这也标志着他作为创作者，对两种文学传统的持守：一种是荷马式的，另一种，因为没有更好的词，只好说成是修昔底德式的。一方面，在普罗科匹厄斯戏剧化的编年史中穿插的战役（确切地说，是这些战争构成了他所著的史书，毕竟这本史书是以《战争史》命名的），包含着令人难以置信的英雄主义事迹：长箭破空，单次征战便杀敌无数等。而另一方面，漫画式的英雄场景不仅与那些真实的，甚至于真实得令人震惊的刻画关联了起来，同时还令人大开眼界，尤其是那些对地形、年代、战术和装备的描绘。就任贝利撒留的法律顾问后不久（可能是对立双方重视外交和战争的一个标志），他便开始记录达拉之战，而他的描述，本身就是透露内情、启发性的目击者陈词。

于是，我们从普罗科匹厄斯那里知道，罗马的披甲骑兵都装备有盾牌、飞镖、长矛、佩剑和弓箭，同时我们也知道，他们尽管个人很强大，但却没有表现出像波斯对手那样的严明纪律，这样也就间接地解释了他们在战争初期为什么会失败。教导和传授这种纪律的能力，是贝利撒留带到东部边境的宝贵禀赋之一。

而他那赌徒一般计算风险的本事又是另一种才能。当帝国的斥候首次向贝利撒留报告即将抵达的军队规模与性质时，他便开始自我检验起了这种本事：此时的贝利撒留即刻决定离开达拉城墙的保护，在空旷的战场上与数量上占尽优势的敌人展开厮杀。以进攻的方式招呼讨战的波斯人，是贝利撒留的第三种本领，即创新的天赋，这种天赋本身也证明了查士丁尼的选择是合理的。对此，普罗科匹厄斯是这样描述的：

> 在尼西比斯城对面大门的不远处，差不多一箭之遥，他们挖了一条很深的壕沟，沟内通道纵横。这条战壕并不呈直线，而是按照下面的方式开挖的：在战壕的中间位置，有一截长度很短的直段，直段的两端各挖了两条与其成直角的横沟，从这两条与直段沟渠相交的战壕末端开始，他们又各沿着原本沟渠方向，挖出两条通向远方的笔直战壕。[31]

在这些土木防御工程的后面，贝利撒留向左右两侧各部署了一队骑兵；而在中央位置，也即战壕的后方，就站着这位年轻的指挥官与罗马的步兵。壕沟前方安排的是己方的四支匈人骑兵中队。简而言之，传统的战场几何排列，即步兵在前、骑兵在后伺机行动的阵仗，被他翻了个底儿朝天。

然后，他开始静候波斯军队的到来。公元530年6月，波斯军队兵临城下。抵达战场的第一天，菲鲁兹便开始了战斗，只是这次用的是一支笔而已。这位老练的波斯指挥官打着休战的旗号，给他的新人对手写了张嘲讽的便条，预定于翌日在达拉城中沐浴进食。尽管看起来稳操胜券，但菲鲁兹还是因贝利撒留的非传统防御模式感到困惑不已。或许是受到菲鲁兹一贯的谨慎作风的影响，他的军需官和骑兵队也同样小心翼翼。不管何种原因，菲鲁兹到达战地的第一天，便开始与其高级军官一起规划起了进攻战略。

当时，这位波斯指挥官正忙着处理现代战争中的那些单调乏味的军中事务，例如确保其弓箭手拥有足够多的羽箭；但他麾下的一名军官，却仿佛找回了伊利亚特青铜时代的英雄主义气概，开始单枪匹马地在罗马防线前晃悠，料定无人敢与他交战。按照普罗科匹厄斯的描述，此时，从罗马指挥大帐中走出的贝利撒留将军，看到队伍中已然有人出面迎战。这位应战者不是普通士兵，而是"一位名叫安德烈亚斯的教练，他负责在拜占庭的一所摔跤学校教授年轻人"，此时在军中担任着贝利撒留部下军官的私人教练。既然书中告诉我们他"从未参与过任何战事"，那么初学者的幸运光环肯定照在了他身上，因为他用一杆八尺长矛，一矛便将波斯将官从马上挑落，然后便翻身下马，一刀结果了他的性命。

贝利撒留本人为其鼓掌庆贺，用剑背敲击盾牌上的盾突，他麾下的军队也跟着照做起来。波斯人因此"大为光火"。旋即，便有第二位战士挥舞着长鞭，再次上前叫阵。不过这家伙也对上了安德烈亚斯。

此时距离罗马和波斯骑兵开始使用马镫，还有几十年的时间。因此，战斗双方虽携带着长矛，但却没有使用中世纪晚期的那种格斗方式。因为没有马镫带来的稳定性，那些轻质的长矛被扛在肩头，而不是夹在腋下。尽管如此，安德烈亚斯的第二次较量在本质上仍旧是两个装甲骑兵之间的碰撞，他们手持长矛长剑，怀着满腔的敌意，就像是摩托车以每小时35英里的速度撞上了混凝土质的桥墩一样，双方的撞击也带来了类似的结果：两人都飞了起来，因为没有马镫，两人也都无法在没有他人帮助的情况下重新上马。因此，谁最先站起来，谁就是大家心中的赢家。这一次，与其说靠运气，倒不如说是靠摔跤经验，坠马的安德烈亚斯很快便站稳了脚跟，持剑在手，而他的对手却还跪在地上，并且已经到了身体的极限。

因为安德烈亚斯的两次胜利，罗马军队士气高涨，一直兴奋到了转天上午。此时，一万名波斯援军从尼西比斯赶来，为菲鲁兹带来了二比一的兵力优势。贝利撒留延长了此次战争的通信期，他寄信提醒菲鲁兹不要进行"没有正当理由的战争"。一个小时过后，他便得到了答复："我本可以被你写的东西说服，并且按照你的要求去做，只是不巧，给我来信的是个低贱的罗马人。"贝利撒留看清形势之后，再次给他的对手写信，告诉他，罗马人已经将那封侮辱性的信件绑在了旗帜上，并且时刻准备战斗。

这封书信的意思再清楚不过了："罗马军队准备迎战。"

第三天，达拉战役正式打响。波斯人向罗马军队的左翼发起进攻，在漫天飞矢中并膝前进；等到他们推进到距离罗马人不到100码时，弓箭手已经给他们造成了伤亡，波斯的骑兵开始慢跑前进，然后让他们的马匹小跑进入战斗位置，准备用长矛进行直线攻击。在这样的压力下，罗马军飞速撤退；贪功冒进的波斯人也开始狂奔追击。骑兵作战时总是这样的：当战马慢跑时，攻击可以有条不紊地发起；而当慢跑变成了奔驰，攻击就会变成混战。跑得快的战马，很快就会拉开与驽马之间的距离，紧密的攻击阵型也就因此消失了。尽管如此，波斯人也有理由相信，如果他们能够击溃罗马军队的左翼，那么他们的优势部队便可轻松穿过贝利撒留挖下的战壕，向左转攻，横扫其余的守军。此时的菲鲁兹，很可能已经在为他原定要在城内享用的午餐盘算菜品了。

可他不知道的是，就在罗马军队左翼所在的山坡背面，贝利撒留已经部署了一支规模虽小但却实力惊人的赫鲁利骑兵分队。这支骑兵分队随时可参战，却又隐蔽在敌人的眼皮底下。就在波斯人开始策马奔腾之际，这六百名骑兵从山上疾驰而下，撞上了他们毫无防备的队伍右翼。赫鲁利人一直都在接受边骑马边射箭的训练，因此，在抽出长剑长矛与波斯人搏斗之前，他们差不多会有连发两箭的时间。

保守估计，在不到二十分钟的时间里，波斯军队就已经伤亡了两千人左右，他们是残酷的战场几何学的受害者。因为人体构造的局限，人类在进化过程中形成了只能针对正对眼睛和双手的事物进行有效反应的特点。从恺撒到拿破仑再到巴顿，他们的战果都验证了这一简单事实对于军事战术的影响：当部队遭受来自非正前方的任何一侧攻击时，其损伤都会比来自正前方的攻击更为惨重，尤其是当背部遭袭时。《孙子兵法》与李德哈特的《战略论》等经典著作中所提及的几乎整个战术库里，都包含了相关的精彩描述，说明应用棍棒、弓箭或 0.50 口径的机枪子弹等武器，从己方正面攻打敌人的侧翼为何会是最佳的作战方式。而且，根据作战的黄金法则，你还要先发制人。在阿德里安堡战役中，因为无视这条法则，瓦伦斯皇帝已经付出了代价；达拉之战中，第一批波斯袭击者再次印证了这一点，其代价是损失了大部分的前线战士。而他们的第二波进攻，损失就更加惨重了。

由于首次进攻被法拉斯率领的赫鲁利人打断，波斯人把第二次进攻改为向以寡敌众的罗马军队右翼大举施压。贝利撒留见状，着令占据罗马军中央位置的四支匈人骑兵中队准备反击。而匈人这边也早已跃跃欲试了。

一百五十年来，世界一直憎恶并畏惧着匈人骑兵，他们凭借凶猛无比与战技高超的特点重塑了欧洲的版图。阿拉提去世之后，他们的统治地位因为缺乏纪律而丧失。即便如此，在他们的军队被击溃后的几十年里，匈人骑射手那惊人的准确度和冲锋时的野蛮劲儿，依旧是篝火旁围坐的士兵用来吓唬彼此的话料。如今，波斯人即将遭遇的便是这样的对手，并且这支队伍还受命于一位知道该如何发挥其优势的将军。

当罗马人撤出战壕时，波斯人又一次贪功冒进了起来。在菲鲁兹投入进攻的这支近万人的军队与余下的波斯队伍之间出现脱节之际，贝利撒留下令出击，匈人骑兵宛如一扇绝妙的旋转门一般，开始绕行围攻。距离最近的两支中队进攻波斯军的右翼；最远的两个则以最快的速度策马奔驰，绕至敌人后方。每隔十秒，都会有近乎零距离的箭矢从两侧射出，而此时的罗马阵前，已然竖起了一道由盾牌和长矛筑起的高墙，夹在中间的波斯士兵只能干站着等死。

一天下来，至少有五千具波斯人的尸体散落在战场上，菲鲁兹的残兵将尸身收拢，然后运回了尼西比斯。当晚在达拉城内沐浴的，只有罗马人，而达拉城作为罗马帝国东翼的战略锚点也得以保全。经此一战，罗马人证明了其重骑兵的价值。

查士丁尼的确为自己选了位好将军。

第二部

荣　耀

第四章 "所罗门，我超过了你"

530—537

> 所罗门用纯金贴了殿内的墙，又用金链子挂在内殿前门扇，用金包裹。全殿都贴上金子，直到所有房子都贴上金子，内殿前的坛也都用金包裹。
>
> 那时所罗门说："耶和华曾说，他必住在幽暗之处。我已经建造殿宇作你的居所，为你永远的住处。"
>
> ——《列王纪上》6:21—22；6:12—13[①]

贝利撒留可能是自尤利乌斯·恺撒以来最伟大的罗马将军——这种成就比乍听起来更有分量，因为将军是少数没有争议的罗马成就之一。事实上，与希腊前辈在诗歌、政治、实验科学、医学、逻辑学、戏剧和哲学方面的杰出独创性相比，罗马人最伟大的成就确实显得有些微不足道。那种时常被称为"希腊奇迹"的全盛时期，似乎给罗马投下了阴影，就好像一大片森林遮住了照耀小树的阳光。毕竟，荷马、柏拉图、亚里士多德、索福克勒斯、希罗多德、苏格拉底、欧几里得和修昔底德的光辉，是远高于维吉尔、马可·奥勒留与普鲁塔克的。

诚然，世人受惠于罗马之处，远不止人们常说的那些拱顶建筑与法律领域。但这两样已然非同小可了，更有人说，不管是从让人受益

---

① 后一段引自《列王纪上》8:12—13。——译注

的次数来看，还是从实际受益的人数来看，罗马的贡献比所有希腊戏剧与哲学的总和都要多得多。单说罗马工程师与建筑师留下的遗产吧①，在经过两千年的积累之后，其价值无法估量，尤其是它还奠定了现代欧洲建筑的基础。到查士丁尼时代，这一传承已经发展进化了五百年，然而几乎可以确定的是，它的全盛时期却萌芽于君士坦丁堡最严重的内乱所留下的灰烬。对于这一点，人们都会或多或少地感到讶异。

　　史称尼卡暴动的骚乱持续了一周时间，它发端并终结于偌大的战车竞技场，也即君士坦丁大城的情感中心。公元 532 年 1 月 14 日上午，也就是这场尼卡大戏开场的那个星期二，在竞技场比赛和其他竞赛中占主导地位的蓝党和绿党出现在赛场内，他们的人数超乎往常，个个情绪高涨。就在上个周日，君士坦丁堡总长尤迪曼将蓝绿两党的七名暴力犯判处死刑，其中四人斩首，三人绞刑。毫无疑问，他是按照皇帝的直接指示行事的。皇帝本人虽然仍旧积极支持蓝党，但也试图以一种看起来不偏不倚的方式对每个党派秉公执法。从实际意义上来讲，这意味着只要正义的天平是平衡的，那么正义就不必盲目。[1]最终，他也得到了公平的结果，因为行刑者把处决弄得一团糟，每个党派都有一个人存活了下来。这两名幸存者在圣科农修道院修士的帮助下，在金角湾另一侧的圣劳伦蒂乌斯教堂寻求庇护，而尤迪曼则派兵把守那里，以防两个逃亡者离开教堂。[2]

　　这事以后的下一场战车赛定于周二举行，这一次，蓝绿两党达成了完全一致的意见：相比于以往要盖过对方风头的竞争，如今双方想要的都是对三天前欺骗了行刑者的那两个人予以宽大处理。而当他们求取宽恕的行动受挫时，人们一贯躁动的情绪瞬间就被激化了。当天

---

① 罗马的法学家留给后人的同样辉煌的遗产将在第五章予以讲述。

的二十秒速度竞赛开始时，蓝绿两党喊出了共同的口号——尼卡，即"胜利"或"征服"之意，并且还设定了相同的攻击目标：总长和他统辖的监狱。那天晚上，业已成为暴徒的人群闯入监狱，释放了所有的人，并且纵火焚烧了查士丁尼宫殿北侧的查尔克大门。这时，一阵南风把火焰向北吹到了元老院和圣索菲亚（神圣智慧）大教堂。这座教区总教堂第二次身陷火场，也是第二次被烧毁。①

相比于暴乱本身而言，火灾才是最大的危险。在奥古斯都的统治下，罗马拥有了第一支正规警察部队以及消防队。但到了四世纪，东西两个帝国的首都均没有保留奥古斯都的建制创新，而是完全依赖志愿消防员。虽说君士坦丁堡的十三个常设区，每区各有一位名义上的警察局局长，即"理事官"，但其整个警察队伍也只由一名家生奴（一种公务专用奴隶，负责理事官的传令勤务工作）和五名社区区长组成。不足为奇的是，骚乱在这座城市的历史上屡见不鲜，而骚乱的唯一解决办法就是直接使用武力——也就是说，得靠军队平叛。³此外，每次骚乱都不仅会有治安威胁，同时都还伴有全城火灾。尼卡暴动就是最近的一个例子。

到周三那天，虽然查士丁尼下令恢复比赛，但暴徒们却已然爱上了暴乱，他们焚毁了竞技场北侧的几座建筑物，包括巨大的宙克西帕斯浴场。而随着怒气的增长，暴动的目标发生了变化，因为蓝绿两党的野心现在已经远远超出对那两名成员的宽恕了。此时的两个党派，至少是暂时性地自称为"绿蓝党"或"绿蓝派"。叛乱的领袖们也感受到了自身的力量，他们要求将尤达蒙革职；罢免大法官，也即那位名叫特里波尼安的法律历史学家；并且开除目前的御卫队

---

① 公元360年，君士坦提乌斯二世建造了君士坦丁堡的第一座以神圣智慧命名的教堂，该教堂于公元404年在反抗阿卡狄乌斯皇帝的起义中被烧毁。被尼卡暴徒摧毁的教堂是在公元415年由狄奥多西二世皇帝重建的。

长官，即卡帕多西亚的约翰。蓝绿两党的街头暴徒们仇视本市的警察署长，而两党中上阶层的成员憎恶的则是特里波尼安的腐败，还有无情的约翰等税吏的横征暴敛；这两方势力虽然各怀不满，但都带着相同的愤怒。

虽说随后的事件表明查士丁尼并不关心上述指控的真实性，但对于人们做出指控时的愤怒，皇帝本人却是很在意的。于是他同意了暴徒们的诉求，任命了一名新的城市总长和一位新大法官，并且委用那位"最正直的人"⁴福卡斯做御卫队长官。但是，养虎终成患，因为没有人知道暴乱是否真的源于民众对于腐败的不满。果然，就在诉求获得满足后的第二天，那些暴动者便不再满足于改革查士丁尼政权，他们想要取而代之。到周四这天，一群元老便看出了蓝绿两党之间不同寻常的礼让，明白他们是想借此废黜查士丁尼，并扶植一位更加恭顺的统治者。

在接下来的三天里，君士坦丁堡出现了几乎不曾间断的街头斗殴和纵火事件。暴徒们试图烧毁官衙，而在其中关押着的囚犯，也早在暴动开始的第一天，就被他们全部释放了。南风又刮了过来，把火焰吹往已然被焚毁的圣索菲亚大教堂的北面。暴乱者占领了竞技场正北方向的八角楼，并且也像焚烧教堂、收容所和公共浴室一样，将这里付之一炬。这场骚乱沿着君士坦丁堡最主要的东西向大街即梅塞大道扩散开来，一直蔓延到了君士坦丁广场，并且摧毁了沿途的一切。

到周六晚上，皇宫建筑群已然被孤立了起来，皇帝本人也遭遇围困。在所有对查士丁尼的性格描写当中，偏执多疑这一点备受关注，而这种性格此时发挥了最好的效用（之后便再没有过）：他准确地揣度出暴乱者是由其元老院的成员所指挥的，并且驱逐了那些与他一起守在皇宫中的元老，尤其是阿纳斯塔修斯的两个侄子——曾任波斯使节的海帕修斯和他的兄弟庞培。赶走前皇帝的侄子这件事或许激发了查士丁尼下一步的行动，因为就在二十年前，阿纳斯塔修斯便因为倡导一性论而面临过另一场起义。这位前皇帝当时的做法就是带着退位书来到了战车竞技场。于是就在第二天，即周日当天，查士丁尼便效法前辈，出现在了竞技场内。面对着大部分暴徒，这位皇帝按手在福音书卷上起誓，要对他们进行大赦。可是，他并不像备受信任的阿纳斯塔修斯那样成功地平息了起义。因为没有人会相信他。

与此同时，阴谋家们正在加紧物色一位新的皇位候选人，从这一点上来说，阴谋家的称呼可比暴乱者要来得更恰当。他们的第一选择是阿纳斯塔修斯的另一个侄子普罗布斯，但他却在刚发现苗头的时候，便谨慎地离开了这座城市。而他的堂弟海帕修斯却没有离开，不知道是因为反应太慢，还是因为更有野心。那些阴谋者找到了待在家中的海帕修斯，并把他带到了君士坦丁广场。在那里，他们不顾其妻玛丽亚的反对，以金链为冠为他加冕。玛丽亚似有先见之明，因为在她眼中，这条金链更像是一副套索，而不是一尊皇冠。①5

由于未能通过演讲平息暴动，查士丁尼便试图通过贿赂来收买暴动者。他派遣了一位值得信赖的家臣，将装满黄金的钱袋子送给了两党的领导人，还要求这位名叫纳尔塞斯的亚美尼亚太监兼宫廷侍卫去充当卧底。如果纳尔塞斯能有一两周的时间离间蓝绿两党，使之自然地萌生出不信任感，那么骚乱很可能就会自动瓦解了。不过，此时领导两党的篡位者已经兵临城下，以志在必得的势头觊觎着皇位；而皇帝自己的宫廷卫队，即曾由其叔父查士丁所领导的禁卫军，则在这场战斗中保持着袖手旁观的姿态。查士丁尼吓破了胆，他把自己的打算告诉了最亲近的顾问，表示自己要逃往色雷斯的赫拉克里亚。这个打算也得到了其将军、大臣、护卫和顾问的支持。

---

① 海帕修斯并不热衷于这样的荣耀。他在带领新的臣民前往竞技场后，曾秘密给皇帝传递过一条消息，催促其立即向挤作一团的暴徒们发动攻击。

只有狄奥多拉反对丈夫的出逃计划。她的演讲值得仔细品读：

> 要说女人不应当在男人面前胆大妄为，或者说，不应该在畏
> 惧者面前大放厥词的道理，我想在某种程度上，目前的危机并不
> 容许我们去讨论是否应当纠结这个问题……我的想法是，眼下最
> 不应该想着逃亡，哪怕这样做能带来一时的平安。因为对于曾经
> 做过皇帝的人来说，四处逃亡是最不能忍受的事情。愿我永远不
> 必褪下这紫袍的尊贵，愿我不会苟活到所有人不再当面尊我为国
> 母。陛下啊，如果你希望保住性命，那没什么难处，因为我们有
> 钱，有海，也有船。然而请你细想，在保住了性命之后的某一
> 天，你会不会后悔，想着当初宁愿勇敢赴死，也不要这卑微的安
> 全。说回我自己，我十分赞同那句古老的格言：皇家身份就是顶
> 好的裹尸布。[6]

除了妻子的坚定意志之外，查士丁尼还可以仰赖另一件幸事——
他那最忠诚、最能干的将军贝利撒留最近回到了君士坦丁堡。贝利撒
留的随从，加上刚刚从多瑙河召回的赫鲁利佣兵以及他们的将领蒙达
斯，此时可以保卫皇位的，共有约一千五百名帝国士兵。连日来，他
们与暴徒之间一直都有小规模的冲突，皇帝看在眼中，加之受到了妻
子的激励鼓舞，便准备果断启用他们。转天的周一①，就是他做出决
策的日子。

贝利撒留最初的计划是发动奇袭，对海帕修斯本人进行快速打

---

① 事实上，贝利撒留和蒙达斯的最后进攻发生在星期天还是星期一，这一点
是不明确的；普罗科匹厄斯也对这个话题保持沉默。但从查士丁尼向竞技
场中的人群发出恳请，海帕修斯的到来，再到纳尔塞斯的任务，明确发生
在周日当天的事件数量太多了。考虑到这点，暴乱的结局似乎不可能会出
现在周一之前。

击，因为此时的海帕修斯就在竞技场南端高处的皇家包厢凯蒂斯玛内。此时，直接连通这间包厢与查士丁尼皇宫的隧道和蜿蜒楼梯便成了发动突袭的完美路线。不过可惜的是，这里的隧道和楼梯已经被保持中立的皇家卫队所控制，且他们拒绝贝利撒留的军队和海帕修斯的反叛队伍从此处借道。于是，贝利撒留选择了替代方案：他率领着数百名士兵穿过被焚烧的城市废墟，绕到了竞技场的对面，从其东南角潜了进去。在他的左边，是一扇通往皇家包厢的门，上面装着门闩，且门前有海帕修斯的支持者戍卫把守。而在他的右边，是一群暴徒，虽然他们中的多数人都手无寸铁，但是其人数却有五万之众。无论攻打哪一侧，他都会让自己腹背受敌。

与此同时，蒙达斯也率领他的赫鲁利佣兵来到了竞技场的另一个入口，即赛场北端的内克拉门。了解这一点的贝利撒留，料到海帕修斯的侍卫会留在自己的岗位上，于是他便拔出长剑，下令冲入人群；而在暴徒的另一侧，蒙达斯也做了同样的决策。

行动收网的那一刻，竞技场里挤满了暴徒，在占地不到五万平方米的（竞技场宽 117 米、长 500 米左右，且室内的实际面积更小）区域内，密密匝匝地塞满了你推我挤、手无寸铁的乱民。五百名全副武装、盔明甲亮的帝国战士彼此靠拢，排成四到五排，封住竞技场的整个短边，而在南北两头，指挥官蒙达斯和贝利撒留都各自部署了至少这么多的兵力。这两支营级大小的部队只需穿过几百米的距离，便可以在这座杀戮场的中央相遇。据说，这两支队伍都表现得像是扫过小麦的现代脱粒机一般，这无疑是一场屠杀。虽说在描述每场古代战争时，作者都有夸大死亡人数的倾向，但是此次战斗中的遇难者绝不在少数。普罗科匹厄斯给出的数字是三万，而根据同时代的其他记录，包括约翰·吕杜斯和约翰·马拉拉斯的描写，这场屠杀的死亡人数都更高，最高或达五万之众。就算这些数据比实际情况高了一个数量级——比方说，他们说的其实是伤亡数字，而伤者是死者的十倍之多——横尸现场的人数依然可与 9·11 当天世贸中心遭袭造成的死亡人数相提并论，而当年君士坦丁堡的人口只有纽约的十分之一。

相对于暴乱造成的破坏程度以及平叛时的屠杀规模，查士丁尼最终给出的回应就显得颇为慎重了。当然，他处决了海帕修斯和庞培，并且驱逐了一些涉嫌参与其中的元老院成员。但是在保住了皇位之后，皇帝似乎觉得还有比复仇更为紧迫的事情，那便是重建他的皇城，尤其是要重建那座最为重要的教堂。

论起这座教堂对其建造者而言的意义，现代的游客是很难理解的。亨利·亚当斯认为，十三世纪法国的大教堂建造热潮，作为一种"后世的任何热情都无法与之比肩的强烈信念"[7]，从根本上说，是一项经济事业，是一个国家将财富投资于能在来世重新赎回的资产当中。君士坦丁大帝将帝国与教会融为一体的做法也需要类似的资本转移，于是便催生了耶路撒冷的圣墓教堂。但古典时代晚期的宏伟教堂似乎更加植根于政治需求，而非经济因素。在君士坦丁大帝的这座新罗马、这座上帝与君王之城中，基督徒们需要一位领袖，而这位教会领袖也需要一座主教座堂，就连主教座堂一词都源自原本用以称呼主教宝座的 cathedra。君士坦丁所建造的第一座大教堂是位于战车竞技场北侧的神圣和平教堂。公元 360 年，他的次子君士坦堤乌斯又将主教的宝座移到了自己营建的新堂，即"大教堂"。此后不久，这座教堂又拥有了新的名称：圣索菲亚大教堂。

这一称呼的词源几乎和教堂本身一样华丽。虽然有时会被误译为"圣·索菲亚"，但这个名称实际上是为了纪念一部作者不详、名为《所罗门的智慧》的《圣经》经卷。该经卷试图将希腊哲学的元素融入犹太教的神秘传统当中。这部从未成为犹太教经典的经卷因拟人化的"智慧"而著称，"智慧"作为上帝与人之间的对话者，其名称源自希腊语的智慧，即"索菲亚"。所以合在一起，圣索菲亚的意思就是：神圣智慧。

这座新的神圣智慧教堂落成后仅一年便遭到破坏。这样的变故促使君士坦提乌斯的堂弟兼继承人、"叛教者"尤利安写道："看看基督徒们的教堂成了什么样子。如果我从波斯战场上回到这里，会在圣殿中心堆放干草，把过道用作马厩。"[8] 他这不过是自我壮胆式地对传统多神教的行将就木视而不见罢了。公元363年，尤利安驾崩，但君士坦丁堡的基督教特征却越发彰显了出来。随着四世纪的终结，拥有君士坦丁堡城内大教堂的主教在宗教权威上仅次于另一位领袖，甚至有些人认为两人平起平坐。

教权的崛起使得主教与皇帝之间的关系显得并不十分融洽，毕竟皇帝是这座城市的另一个权威。公元398年，当阿卡狄乌斯皇帝招募约翰·克里索斯托担任都城的新主教时，后者无疑也在权衡，毕竟在君士坦丁堡担任首席牧师总好过待在老家安条克的讲坛上，甚至也好过搬去另一座东方大城亚历山大。阿卡狄乌斯成功地在这位神职人员面前摆上了无法抗拒的诱惑，但事实证明，这位主教远远不是满足皇帝虚荣心的"战利品"；他拥有雄辩的口才，甚至连其姓氏克里索斯托，都是"金口"的意思。此外，他还怀着改革者对穷人的悲悯，这种特质最开始令那些富有的资助者深感着迷，但到最后，却又令他们窘迫沮丧。当克里索斯托与其最著名的支持者即皇后尤多西娅闹翻时，他的命运就已经封上了封条。公元404年6月24日，他被帝国的兵丁驱逐流放。几周的时间，这位蛊惑人心的主教引发了支持者与仇视者之间的战争，这座城市因此陷入动荡，大教堂也被大火焚毁。十一年后，狄奥多西二世才在原来的遗址上建造了一座新教堂。

有关狄奥多西所建教堂的具体信息，并不为人所知。而我们手上所掌握的最佳文献和考古证据，即为该教堂内礼拜仪式的编年史以及德国考古学家阿尔方斯·玛丽亚·施奈德于二十世纪三十年代进行的发掘。这两份史料表明，该教堂的建造基于一个矩形平面图，教堂的侧廊是沿着建筑长轴修建的；这样的话，它就沿循了最伟大的基督教建筑传统之一，即帝国西部的巴西利卡式建筑传统。

罗马帝国向来热衷于构筑巨大的室内空间，随着基督教的兴起，他们又萌生出了新的品味。公元 337 年君士坦丁去世，基督教成为帝国国教，其礼拜活动不仅频繁，而且实际上也非常普遍。到四世纪末，人们在建造教堂时，都倾向于采用下述两种建筑模型中的一种。帝国西部的那些教堂都按照巴西利卡式造型（源自皇家柱廊，或称为国王的房间）修建，它们也是最早用于基督教礼拜活动的大型建筑。典型的西部巴西利卡式建筑围绕五条或三条纵向走廊而建，中间的走廊上设有教堂中殿，其地势亦高于旁边的侧廊。正对入口的一端是教堂的后殿，其上方建有半圆形的拱顶。在四世纪的头几十年里，君士坦丁大帝建造了一批闻名于世的大教堂，其中包括罗马城内的初代圣彼得与拉特朗大教堂以及耶路撒冷的圣墓教堂，而这种圣殿建造形式也一直流行到了今天。至于它为何能够流行至今，部分原因在于人们单纯地喜欢传统，但主要还是因为巴西利卡式建筑具有三重优点：“首先，易于建造；其次，没有任何不良的异教内涵；最后，它非常适合容纳大批参与礼拜仪式的信众。”[9]

而那些非巴西利卡式的非矩形教堂，多采用了圆形的样式。尽管建成圆形或八角形的大型教堂为数不多，但四世纪时，米兰的圣老楞佐圣殿和安条克的金八角堂都算是这样的建筑。早期基督教历史学家优西比乌曾将金八角堂描述为“一座规模宏大、独具美感、室内高度惊人的教堂，其形状呈八角形，每条外边均有双层空间”。[10] 这种非矩形的集中式教堂建筑相对较少，但并不意味着古典时代晚期的世界没有巨大的圆形空间建筑。尼禄皇帝的金宫（Domus Aurea），阿格里帕浴场，还有规模最大的哈德良万神殿，都跻身于为地中海世界所熟知的几十座巨大圆顶建筑的行列。

在早期教堂设计中，为何会选择一种形式而非另一种，有关这一问题的原因，人们一直争论到了今天。一些建筑史学家认为，教堂的最初设计是随意的，建造者只是依循了他们所知的最熟悉的形式。另有学者认为应当审慎思考这一问题，因为早期的基督教大教堂旨在通过交替的光影让聚集在中殿里的俗世信徒感到敬畏：光线充足的门廊连缀着昏暗的前廊，接着通向明亮的教堂中殿——在宽幅和高度上，它拥有"宽敞的空间排布"[11]，连过道都给人一种无限长度的感觉。同样，他们也相信，那些东部的集中式教堂是由希腊的礼拜仪式所决定的，因为在这种仪式中，通常规定仅有神职人员可以守在中殿当中，而那些俗世的信徒只能聚拢在四周的过道里。后来，瓦尔特·格罗皮乌斯给出了"形式服从功能"的设计原理。不过在这个原理问世的一千五百年前，古典时代晚期的建筑师就已经在应用它了——可以说，他们是从骨子里理解这一原则的。

无论之前所述的两个建筑主题的起源是什么，到六世纪初，它们已然成了一种象征，标志着西部正统教派与东部一性论之间不断扩大的鸿沟。查士丁尼即位后，这两种类型的教堂结构在君士坦丁堡随处可见——巴西利卡式教堂通常带有三条走廊，而集中式教堂则呈八角形、方形或圆形——不过，将它们分隔开来的神学和美学鸿沟，注定了二者很难和平共存，这就好比将贵格会的会堂建在摩门教礼拜堂的隔壁一般。当然，这件事的部分原因还在于二者规模上的差别。君士坦丁堡的圆形教堂往往宽不过三十英尺。然而，作为城中最宏伟的巴西利卡式教堂之一，圣保利尤克图斯，这座由贵妇安妮西亚·朱莉安娜①建造于公元527年的私人小教堂，在规模上甚至可以比肩主教座堂。[12]

① 圣保利尤克图斯教堂的建造者与波伊提乌来自同一个阿尼契家族，她是狄奥多西和君士坦丁的后裔，其儿子迎娶了阿纳斯塔修斯的女儿。查士丁尼是否将她视为皇位的竞争对手尚不得而知，但人们不禁会想，查士丁尼必然将她的这座建筑视作一个需要超越的对手。

焚毁狄奥多西教堂的暴徒们送给查士丁尼的，不仅仅是能为自己的统治立碑记功，更是一个荣耀上帝的机会。同时，这还是他绝不会错过的一次弥合裂痕的时机。因此，仅仅建造出规模更大的圣保利尤克图斯教堂或狄奥多西大教堂是不够的。新的圣殿还要与众不同。它需要既能接纳东部基督徒，无论他们信仰一性论还是正统教义，又能为西部的信徒敞开大门。从纯粹的实用角度来看，它必须融合两种需求：既要让日常信众能在纵深足够的中殿内进行礼拜仪式，又要具有政治优势，允许尽可能多的会众看到敬拜中的皇帝。它既要富丽堂皇，又得让信徒保持切实的敬畏。它需要光线，明亮充盈的光线，正如哥特式建筑师们需要光线那样；用亨利·亚当斯的话来说，他们"需要光线，多多益善，哪怕不顾安全和常理，也要追光"。[13]

　　为了满足这些需求，皇帝所挑选的两位建筑师都是说希腊语的精英。在整个古典时代晚期，这两位都算得上学界与行业中的佼佼者，他们便是：特拉勒斯的安提莫斯和米利都的伊西多尔。安提莫斯的家族来自吕底亚（靠近今土耳其的伊兹密尔），他的兄弟奥林匹克斯是位著名的法学家；他的父亲司提反与另外两位兄弟狄奥斯库若和亚历山大都是医生。① 在接到重建圣索菲亚大教堂的任务时，安提莫斯与伊西多尔两人都不能被确切地称作经验丰富的建筑师。阿亚塞阿斯和普罗科匹厄斯并没有将他们称作建筑师，而是称其为 mechanikoi，这一称谓的准确译法应该是"工程师"，不过就连这个称呼也并不特别准确。[14] 亚历山大的帕普斯，这位四世纪的数学家曾经写道："力学（mechanics）科学之所以会让哲学家们顶礼膜拜，让数学家们沉溺其中，是因为力学在探讨宇宙中物质因素的本质时占据着首要的位置。古人因此将其（mechanikoi）描述为'奇迹创造者'"。[15] 事实上，在

---

① 根据历史学家阿亚塞阿斯的说法，这个家庭真正成功的故事主角是另一位兄弟，即语法学家迈特罗多鲁斯。

接受查士丁尼的传召之前，安提莫斯和伊西多尔都是在安条克教授几何学的学术型数学家。

然而作为数学家，两人的名气也是相当大的；伊西多尔曾就亚历山大港的希罗所著的几何文本写了篇本名为《论穹顶结构》的评论。人们普遍认为，他就是欧几里得《几何原本》的第十五册，即最后一册的作者。而安提莫斯个人则得名于其在抛物线和反射领域的开创性成就……这些宏伟的成就，促使一代又一代的数学家参照安提莫斯的《取火镜》来尝试复制据传由阿基米德所发明的神秘镜子武器。

（镜子让安提莫斯一生为之着迷。圣索菲亚大教堂竣工多年以后，这位建筑师成了君士坦丁堡城内一位名利兼得的公民。不过在由其楼上邻居、同样知名的演说家芝诺所提起的诉讼中，他却输了官司。作为名副其实的工程师，安提莫斯以自己的方式做出了报复。他首先偷偷跑进芝诺的房间，用蒸汽管道模拟地震，然后引爆噪音发生器，模仿雷暴的声响。最后，他还将自己在几何上的天赋付诸实践，或者说付诸实践性的恶作剧：他用了一台旋转的抛物面镜将光线长时间投进芝诺的卧室。而当芝诺请求查士丁尼进行干预时，这位皇帝却拒绝惩罚他的建筑师，书面回复道，哪怕是自己也"无法干预雷神宙斯和撼地大王波塞冬"。[16]）

作为圣索菲亚大教堂的建筑师之一，安提莫斯那孩子气的幽默感被详尽地记录了下来，但不幸的是，人们却未能找到有关该教堂早期设计阶段的记载。有个与之相关的故事是这样说的：查士丁尼在梦中看到了一位智者，智者手中托着一个大银盘，盘内所刻的，便是将会建造在古老的大教堂废墟上的新堂样式。在梦中，查士丁尼对智者说："如果我有这个盘子，便会照着其中的雕刻样式建造我的圣殿[17]。"

安提莫斯和伊西多尔最初从"委托方"那里接到的任务可能就没有这么奇幻了：扩展狄奥多西教堂的空间，同时不能遮挡视线，要让尽可能多的信众看到祈祷时的皇帝。[18] 这就要求，若以皇帝为原点向外发散，那么以最短的距离占据最大面积的几何形状，便是圆形；但行进圣歌仪式的需求也注定了他们无法在此处营造纯粹的八角形或圆形中殿。避免使用圆形，还可能是因为圆形与"异教徒"相关。于是，两位建筑师便提议将正对着入口的中殿建成方形，并于中殿两侧各增加两个半圆形的区域，或称半圆殿。新堂的长度比起狄奥多西教堂会有所增加，同时礼拜的区域也会有所拓宽，如此一来，整个建筑结构的规模就扩大了。这样，神职人员与皇帝便能带领庄严的圣歌队伍沿着教堂的中心往下走，并且还能提供最佳的视角，让尽可能多的信徒看到他们的祈祷。另外还有一件绝非巧合的设计：安提莫斯和伊西多尔的平面图调和了宗主教和皇帝的位次，并且还保证了每次会众从教堂的一端走向另一端时，都是让东与西融会贯通。

但是任何建筑，尤其是教堂，都不仅仅只是供其使用者活动的地方，它还要同时兼具欣赏的功能。显然，两位建筑师也意识到了这一点。十五个世纪以来，圣索菲亚大教堂的大理石和花岗岩令游客们赞叹不已①，他们望向坚硬的石头，却看到"一片草地上盛开着朵朵鲜花……有些紫光莹莹，有些带着绿调，更有些施丹傅粉、白璧炫目……大自然就像一位画家，用最强烈的色彩对比，让一切都绚丽多姿"。[19] 有些游客还会被其中的马赛克镶嵌画所惊艳。这些画作虽然已遭损毁，但它们曾经是"那般精致完美"，以至于"著粉则太白，施朱则太赤"。[20] 十三世纪，那位一直在路上的阿拉伯旅行者伊本·白图泰虽然只是从外面看到了这座建筑，但教堂周围那美丽的大理石围墙还是让他深受震撼。不过归根结底，圣索菲亚大教堂的荣美，始终都是重设计轻装饰的：在已经完成的结构当中，"空间、形

---

① 至少是让大部分游客赞叹不已。在《傻子出国记》中，马克·吐温称它为"异教国度中最最荒凉的破旧空楼"，但他也从来不是一个会让敬畏之心妨害自己讲俏皮话的人。

式、采光都是不言自明的好设计"。[21]

比设计上的美感还要令人惊讶的是教堂的设计速度。狄奥多西教堂遭焚后，两位建筑师见到那位来自皇家的委托人，最快也得一两周的时间。毫无疑问，圣索菲亚大教堂的最终设计，是建立在两位建筑师的反复试建、纠错及草图修改的基础上的。不过教堂的大致框架——中殿、长廊、穹顶，"空间、形式、采光"——早在公元532年2月23日第一批工人开始打地基前就已经有了，这个时间距离一月份的暴乱只过了不到六周而已。

修造人员花了大约五个月的时间便完成了第一阶段的施工，他们清理了暴徒和火灾留下的残砖烂瓦、断壁颓垣，并且挖好了地基。到了公元532年夏，伊西多尔便上奏查士丁尼：那条长234英尺、宽195英尺的壕沟所展示的便是新教堂的墙垣与角落的轮廓，自此，他们便可以正式开始建造工作，将地面支柱夯入君士坦丁堡基岩以下20英尺。这些支撑起整座建筑的墩柱，因其载重巨大而久负盛名。在给建殿者查士丁尼的颂词当中，普罗科匹厄斯这样写道：

> 把（墩柱）粘结在一起的不是石灰，不是沥青，也不是任何其他类似的东西，而是把铅液倒入缝隙中，让其在石缝中随意流淌，最后在其中硬化成型，将每块石头牢固地粘在一起。[22]

圣殿有四根主墩柱，每根从地面开始由各面高为一到三英尺的花岗岩块构成。这些主墩柱置于壕沟内侧，处在边长为118英尺的正方形的四个角落位置。在主墩柱的外面，四个砖质的支墩构成了一个长164英尺、宽118英尺的矩形①。每个支墩都会与邻近的主墩柱相连

---

① 同时代的度量用的是古典时代晚期君士坦丁堡使用的"英尺"，比现今的英尺要长；因此，所有的尺寸均相应有缩减。

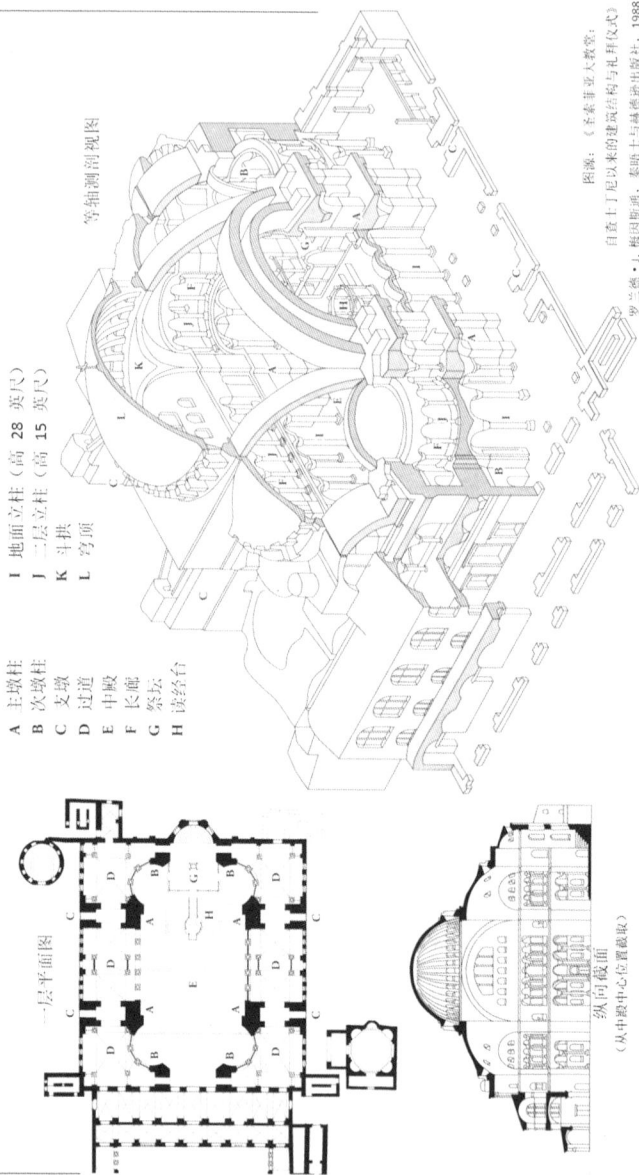

六世纪的圣索菲亚大教堂

A 主墩柱
B 次墩柱
C 支墩
D 过道
E 中殿
F 长廊
G 祭坛
H 读经台
I 地面立柱（高 28 英尺）
J 三层立柱（高 15 英尺）
K 斗拱
L 穹顶

等轴测剖视图

图纸：《圣索菲亚大教堂》
引自：丁尼以来的建筑结构与礼拜仪式
罗兰德·J.梅因斯通，蔡琬七与梅德出版社，1988

一层平面图

纵向截面
（从中殿中心位置截取）

接，以便将建筑架构的重量传送到更大，因此也更稳定的基座之上。在地基沟槽的外侧，是一组次墩柱，它们支撑起大教堂本体之上的拱顶和穹隆。而所有这些构件都将通过一系列的拱形结构连接在一起。

拱形结构是种了不起的创新，一经发明，各种文明就好像在挠头一般，疑惑"我们怎么就没想到这点呢？"用横梁跨越既定的空间，这种做法注定会失败：因为横梁的跨距越长，其承受的压力也就越大，哪怕是用上花岗岩质地的横梁，也做不到横跨大约 16 英尺的距离而不断裂。而将导致石质横梁断裂的所有力量，即专业上所谓的张力，转化为石墩柱所承受的压力，就意味着可以实现的跨距会越来越长。可以肯定的是，并非所有的压力都是笔直向下的，其中一大部分都带有一定的角度，有推翻基座的倾向。就好像是用书堆起来的立柱一样，只要唯一的压力是从书本的中心向下的，那么这个立柱就会非常稳定。但是，哪怕只把压力稍稍偏离出中心位置一点点，这个立柱就可能会倒塌。总结下来，要保持结构稳定，那么承受所有压力的书本，也即教堂墩柱，就必须要相当庞大才行（这样，就可以通过纯粹的重量来抵消压力），或者就必须以某种方式得到支撑。[①]

从拱形结构继续发展到穹顶，这个跨度就远小于从梁柱结构发展到拱形结构了；毕竟，穹顶在本质上就是一组围成一圈的拱形结构。最初使用这两种结构时，拱和穹顶的局限性体现在，工匠们必须对石料进行精雕细琢，才能够精确地打造出构筑特定拱形结构所需的楔形石块。虽然古典时代晚期的建筑师们在其他方面大都拥有数学头脑，但他们却总也找不出适当的几何解决方案来算出拱的理想形状。（直到 1675 年，英国博学家罗伯特·胡克才从数学角度描述出了一个没

---

① 或者就像那些为人熟知的罗马高架渠一样，串联而建，以便每个拱能够将这些非垂直的压力传递到相邻的拱，以此类推。在这类情况下，只有两端的拱需要被牢牢地固定起来。

有张力、只有纯压力的拱形形状——具体而言，他所描述的这种拱形形状其实是一条倒置的悬链线。）因此，他们设计拱形及其石质组件的唯一方法，就是用肉眼观察，而那些能够将石头切割到极低公差的眼光和手艺，绝对价值千金。罗马以特有的独创性克服了这样的缺点，他们首先用砖块和砂浆来代替石头……并用相对便宜的砌砖工人来代替工价昂贵的石匠。① 这两种解决方案都在君士坦丁堡大教堂的重建上发挥了突出的作用。安提莫斯和伊西多尔所设计的教堂将全部使用石头、砖块和砂浆建造。

公元 534 年初，墩柱已安装到位，砖质拱形结构也在制作当中。建造新堂立柱和檐口用的大理石板材订购于帝国几乎所有在产的大理石与斑岩采石场。此时，它们也开始陆续运抵工地。这些大理石板体型巨大，具体尺寸达到了 2 英尺宽 18 英尺长。安提莫斯可以亲临城市南部海堤上的朱利安港，在那里接收"来自普罗柯尼西亚岛采石场的白色石料……来自埃维亚岛卡里斯托斯的青云石、来自拉科尼亚与色萨利的铜绿石、来自努米底亚的大理石、来自卡里亚的红白石、来自弗里吉亚的玫瑰石，以及来自上埃及的斑岩。其中，努米底亚大理石就像黄色番红花一般闪耀着金光，而弗里吉亚的玫瑰石也间杂有白雾般的色泽。"[23] 传说，在教堂中殿的每座拱廊的柱廊部分，都列有八根斑岩石柱，它们是从以弗所的狄安娜神庙旧址运过来的，而这座神庙本来就是古代世界的七大奇迹之一。另有传闻坚称，这些石柱开采于上埃及著名斑岩山区的采石场，且曾被用在巴勒贝克附近的太阳神庙当中。还有传言说，这些石柱是某位罗马寡妇作为嫁妆的一部分

① 更绝的是，一些无名的罗马建筑工人还弄清了如何将砂浆（拉丁文写作 pulvis puteoli）与石灰、沙子和砾石掺在一起，制造出最早的混凝土。罗马的大型圆顶建筑，包括尼禄的金宫和哈德良的万神殿都是用这种出色的材料建造的。这种材料在潮湿时比黏土更有弹性，干燥后却比花岗岩更坚固。直到钢铁建材出现之后，罗马混凝土圆顶建筑的规模才被超越。

献给查士丁尼的，她希望借此救赎自己的灵魂。[24]

关于所有架构的选材等细节因素，安提莫斯和伊西多尔的选择，都是基于结构和美学的双重考虑。从结构上来看，交替排列的立柱和檐口，是主墩柱之间的连接材料，它们将长廊和拱廊的重量分配到了地面上；柱廊则将依靠巨大的主墩柱及次墩柱支撑的建筑主结构与另一个"工作区"结构连接到了一起。而对于建筑师来说，建筑的美学价值可能更为重要，例如排列成拱廊的大理石立柱有四种类型：马尔马拉的白色石料，阿尔及利亚的黄色石料，安纳托利亚的红色石料，以及斯伽的粉色石料。源自色萨利的八根绿色柱子，在靠近天花板时会略微收细，这是一种与金字塔一样古老的技术，希腊人称之为圆柱收分曲线，即通过略微向外凸曲的做法纠正视觉错觉，防止人们把完美笔直的边缘看作是向内凹的曲面。就美感和建造方法而言，四百年来，这些独特的立柱都是帝国境内闻所未闻、见所未见的。

在教堂的立柱上，安提莫斯和伊西多尔还另有创新。之前在安设立柱时，人们惯常的做法是把二层立柱直接垒放在地面立柱之上，这种做法不仅是沿袭传统，而且看起来仿佛也更加稳定，因为毕竟这两层立柱是相互接触、垒叠而成的一整根圆柱。但是这两位建筑师却没有这样做，他们在柱廊层上放置了更多、直径更小的立柱。用示默者保罗的话说，就是"他们不是把两个立柱竖成一根圆柱，而是放上了六根色萨利石柱"；对于他们的决定，保罗惊叹道："他们勇敢地在两根柱子上建了六根立柱，并且也没有因为要将这些石柱立基在悬空的平面上而退缩不前。"[25]

柱廊层的立柱不仅横截面更小，而且高度也"仅仅"只有 15 到 16 英尺，这就截然不同于地面上高达 28 英尺的那些庞然大物。一些人认为，两位建筑师放弃将柱子一根根堆叠起来的决策是为了节省成本，因为缺乏资金的他们无法再负担较大立柱的费用了。建堂的资金来源一直都有些不稳；在教堂落成五十年后，便出现了这样的一则传说，相传教堂的建造之所以能够继续，是因为当年意外掘出了一大堆埋在地下的金币，可谓雪中送炭。这故事不错，但内容却可能是假的。没有证据表明查士丁尼曾经担忧过重建圣索菲亚大教堂所要耗费的财资；除了本身宏大的殿宇之外，教堂的读经台（宣读福音书的讲台）还装饰有大量的珍贵宝石，它的祭坛也由纯金打造。有传闻说，帝国在整个埃及的收入都被投进了教堂重建工程，而更为审慎的描述是，尼卡暴动之后，从叛乱的元老院成员那里罚没的财产可能就足够建堂了。由于六世纪中叶开采的大理石远少于四世纪之前的产量，因此建造的成本也必然会有所增加。但两位建筑师之所以会将两根粗大的立柱换成六根相对纤细的石柱，更有说服力的原因是他们希望让"长廊变得更加轻盈、通透"。[26] 所有参观长廊的游客都能验证，他们确实在这方面取得了成功。

建造二层平台的真正挑战在于，为保障工程的继续进行，所有的建筑构件都必须抬到离地 40 英尺的高度。原始起重机的立杆是用拉索固定在垂直方向的，所以它就成了提升大理石等重物的首选方式。不过，大多数的砖块则是由成千上万的劳动力顺着各墩柱旁的拐角坡道抬运上去的。

公元 535 年年中，考验墩柱和立柱的时候到了：人们开始建造拱形和穹隆结构，为教堂的中殿封顶。拱的强度和稳定性在很大程度上取决于拱粗（拱的垂直方向的尺寸）与点到点的拱长之比；拱长相同的情况下，多米诺骨牌制成的拱会比骰子做成的拱要更稳定。而那些需要横跨 40 英尺从主墩柱连接到次墩柱上的主拱，则是由硕大的砖块做成的。这种砖块的边长 2 英尺、厚近 1 英尺，由其所筑的拱形结构，拱粗会是跨距的二十分之一。尽管工程师们没有计算应力的数学工具，但他们却拥有数百年的经验法则。这些经验法则告诉他们，厚度小到跨距的百分之一的拱都是可用的。考虑到二十分之一到百分之一的差距，他们还是留了很大余地的。

或者至少他们是这么想的。

营造一座经得起数百年沧桑、华丽实用的建筑已经是项够艰巨的任务了。除此之外，建筑师还必须确保其未完成的结构，在营建的各个阶段，不管是建造时还是竣工后，都要一样稳定。如果只是简单地用石头砌墙，那么这种要求是很容易便能满足的。[27] 然而，在面对拱形结构时，这一点就很棘手，更不用提什么穹顶建设了。拱形构件在完工之前自然是不稳定的，必须得把它支撑起来。通常的做法是，在拱形结构的中间放上木框架，用以暂时承压。圣索菲亚大教堂砖块上的孔洞和凹陷表明，这些框架多用于主拱，可是其显然不足以防止教堂建造中的第一次危机。那些用以支撑数百吨砖石的巨大墩柱，甚至在新堂所有的拱形结构完工之前，便出现过倒塌迹象；两位建筑师，因为担心墩柱无法支撑下去，便回禀了查士丁尼。根据普罗科匹厄斯的记载，查士丁尼告诉两人说："要将拱形结构贯彻到底，因为'当各拱之间彼此相连时，便不再需要下面的墩柱提供支撑了'。"[28] 不知道是皇帝本人，还是这位律师出身的历史学家不了解这其中的技术，反正，这样的诊断并不正确。但这个问题却是实实在在的。究其原因，是由于建造的速度过快，在那些拱结构中用以凝聚砖块的砂浆缓慢干结之前，压力便已传到了墩柱上。说到建造速度，此时距离狄奥多西教堂遭焚仅仅过去三年；相比之下，克里斯多佛·雷恩可是花了五年多的时间，才为 1666 年在大火中被烧毁的圣保罗大教堂制订好重建计划。

查士丁尼的决策中有一点还是正确的：推迟拱形结构的交期并没有任何好处，在半建成的状态下，各类拱形建筑的情况只会恶化；而一旦完工之后，各拱构件的压力便会均匀地传递到墩柱上，砂浆也会按照既定的速度凝固。不过，摇摇晃晃的墩柱又是另一个问题了。虽然我们并不清楚建筑师找寻解决方案的途径，但是我们却可以看到最后的措施。鉴于这次危机是由墩柱结构中意外的范性形变引起的，他们的补救措施是要以某种方式加固两个墩柱。不出所料，两位数学家想出了一种几何性的解决办法，他们将扶壁拱的形状从纯半圆改为抛物线状，使拱结构的受力方向更加垂直，借以减少墩柱上的非垂直压力。安全起见，他们还在长廊层及其上方空间增加了石质突出物。就像增加横档能强化梯子一样，这样做也能对墩柱起到类似的加固作用。[①]

公元 536 年年初，重新设计的拱形结构完工，但却刚好赶上了另一场潜在的灾难：支撑南北拱门的立柱开始"进出细小的薄片，好像是被刨子刨过一样"。[29] 在应用大理石和斑岩立柱时，除了要看整料的外观和巨大的潜在强度，还要留意其安置方向必须与石料在采石场中的原本卧向相同，这样才能充分发挥其强度。否则，在负载极大的情况下，它们可能会有进出碎片乃至断裂的风险，而拱形结构的倾斜更是会强化这种效果。普罗科匹厄斯再次描述了查士丁尼的解决方案，即从上方移除与拱门接触的立柱，待砂浆凝固后再行更换。查士丁尼的做法差不多又是对的：据现代工程师估测，仅靠拆除几根立柱，也许就是那些支撑独立窗户的立柱，便足以解决部分问题。他们还通过估测发现，公元 536 年的危机还促使建筑工人为地面立柱的顶部和基座增加了装饰用的青铜环。[30]

建造过程中面临的问题是纯数学与应用数学发展速度不同的直接后果。当查士丁尼准备将建堂工程委托出去时，建筑数学已经有了上千年的发展历程，以古典时代早期的标志性结构帕特农神庙那超出实际需求太多的巨大立柱作为起点（其设计所用到的几何原理并不比要求相对严格的六年级课堂上所学到的内容更复杂）。[31] 两个世纪过后，公元前四世纪雅典卫城的简单直角理念已经演化成包

---

① 不幸的是，实践证明，光靠加强是不够的，而且这还是导致公元 558 年穹顶坍塌的结构弱点的根源。

含立体几何、欧几里得螺旋线和阿基米德圆锥曲线的复杂数学。到了六世纪，尽管可能缺乏实践经验，但查士丁尼的两位建筑师却都接受过复杂曲线和几何学方面的良好教育，而这些都是把皇帝的梦想化作现实而必须依仗的知识。两位工程师学习过联立方程和二次方程、三角学、立体几何与平面几何，以及圆锥曲线。[①] 他们运用数学工具组合，可以测量马鞍形状的表面积，或者足球状容器的体积——并且还可以对这些工具加以实际应用，计算出覆盖曲面和穹顶天花板所需的镶嵌画的数量，或者战车竞技场能够容纳的观众数量。然而，尽管他们能够以近乎现代的精度测量并定义空间（早在公元前三世纪，埃拉托斯特尼便以不到一百英里的误差系数计算出了地球的周长），但在操弄实际物质方面，他们仍旧还是新手。六世纪时的工程学远没有数学那么发达。

复杂的数学和简单的工程学结合之后，激发出巨大的原创力，彻底改变了十个世纪以来的建筑惯例。在查士丁尼之前、上千年的希腊和罗马建筑当中，建筑物的设计使用的都是简单而精确的几何形状，直到实际建造时再进行更改，以便纠正复制过于完美的几何形状所导致的视觉畸变。[②] 在接受过更复杂的数学形式训练之后，安提莫斯和伊西多尔已不再为几何所奴役，而是变成了几何的主人。因此，他们能够改变"纯粹的"几何形状，以求达到情感上的纯粹效果。后世的观察者，会把这种在椭圆拱的曲线中插入间隙，或者在其顶点再加一个峰的做法称为非理性，因为这偏离了基本圆锥截面上的简单与纯粹

---

① 圆锥截面是用平面与圆锥相切之后留下的几何形状；用垂直于圆锥圆形底面的平面切割后，形成的是抛物线；用平行于圆锥底面的平面横切出来的截面是一个圆；用与底面成一定角度的平面切出来的截面，便是椭圆。以此类推。

② 这种现象也不仅限于建筑。为了取悦听众的耳朵，人们必须要对钢琴进行调律，使每个八度内的十二个半音都是不均匀的。

的几何形状。事后看来，人们就能够看清这些形状偏离的目的，不是为了欺骗眼睛，令其相信几何形式得到了保留，而是要让其觉得该形式已被打破。选择这条道路的建筑师背弃了古典设计，向未来风进发，迈入了中世纪时代的典型模式和形式，甚至是思想风格。[32] 在哥特式大教堂让位给文艺复兴时期的建造者之前，这种被称为基督教界的建筑世界是不会恢复到真正理性的建筑理念的。

最后结果是，虽然安提莫斯、伊西多尔和他们同时代的人当中有不少出色的几何学家，但在计算压力、各种作用力和材料特性时，他们的手段并不比一千年前的前辈们高明多少。和那些前辈一样，他们几乎也完全依赖肉眼所见……这为查士丁尼大教堂的屋顶带来了严重后果。

从某种意义上说，穹隆屋顶是整个建筑实践中的重点。毕竟，教堂的墙壁和支墩只是达到某种目的的一种手段，而这个目的对圣索菲亚大教堂和新石器时代的披屋而言都是一样的，即遮风挡雨。五百个世纪的建筑创新，很大程度上都围绕着要在人与大自然的风雨之间，应用不同的屋顶安置方式。

横梁和柱子显然不是一种可选择的方案。它们只适用于住房之类的小型建筑，而随着建筑休量的增大，它们的短板就越发明显了。高度本身不是问题：垂直柱子即立柱上主要承受的压力是屋顶的重量，这个重量不管立柱高为 10 英尺还是 100 英尺都是相同的。此外，虽然柱子是在底部受压，但许多建材都是非常抗压的。正如之前提到的那样，跨越既定空间的横梁则完全不同。跨度越大，横梁所承受的应力也就越大。对于某些仅供人瞻仰其宏伟外观的建筑来说，这种牺牲内部空间的小短板无关紧要。例如胡夫金字塔极为有限的内部可用空间与其外表面积的比例显然是失衡的，即便是像帕特农神庙和卡纳克神庙这类外观恢宏的建筑，为了支撑起沉重的屋顶，它们的内部空间也是支柱林立。这种建筑样式在埃及人看来，是相当令人满意的；对希腊人来说，除非有些特殊情况，否则他们也能接受；只有到了罗马，人们才会有完善穹顶的诉求。

　　一千五百多年来，人们一直在争论安提莫斯和伊西多尔在穹顶上的设计灵感到底来自何处。有一拨人相信，这个模型就源自罗马城，他们的理论是：安提莫斯曾经拜访过他的医生兄弟亚历山大。而根据六世纪史学家阿亚塞阿斯的记录，这位医生便是在罗马行医的。争论由此展开：有人说，安提莫斯是在这里接触到了诸如阿格里帕浴场和尼禄浴场等建筑结构。[33] 另有历史学家认为，在菲鲁扎巴德和萨尔韦斯坦的八角形穹顶建筑中所发现的东部（过去被称作东方）建筑先例，也具有同等的说服力。

　　但这两种推测都忽略了重要的一点。它们暗示哈德良离宫中的塞拉潘神殿的穹顶，因为带有交替铺排的平面镶板和凹面镶板，所以便成为了圣索菲亚大教堂的直系祖先，但这种观点忽略了一个让人困惑的事实：早期的穹顶只是平放在鼓形座上的，它并不透光。

　　安提莫斯和伊西多尔想要做的不仅仅是在所有的斑岩和大理石上安放一个屋顶；他们需要照亮这些建筑构件。为做到这一点，他们必须建造一个圆形屋顶，让其坐落于纵向巴西利卡式建筑的顶部，同时允许大量的自然光穿透进来。这种穹顶的支撑结构，是有史以来最伟大的建筑创新之一，也是两位建筑师在安条克期间所掌握的一项设计，即穹隅结构。

　　穹隅是种倒三角形的结构，它可以同时作为支柱及拱形构件的底座，并为各种尺寸的穹顶提供支撑。

　　坐落于基督教世界的最大城市之中，圣索菲亚大教堂是一座最宏伟的圣殿。通过在教堂中殿顶部的各角落里安设穹隅，并将穹隅底座做成加长的方形结构，建筑师们便可以满足新堂的巨大尺寸需求。每块三角形的拱顶石都悬在 70 英尺高的空中，仿佛失重一般地支撑着一座在其基础上又高出 90 英尺的巨大穹顶。通过穹隅的神奇几何学特性，屋顶的所有重量都被传送到四个不到 20 英尺见方的墩柱上，这样便能在穹顶边缘的四周留出空间，安装四十扇可以透光的窗户。

结果证明，就几何作用而言，穹隅比穹顶本身更为神奇。公元558 年 5 月，因为砂浆与其黏合的重量并不相称，圣索菲亚大教堂最初的穹顶坍塌了，仿佛是在责备建筑师们的无端自信，妄图用所掌握的几何知识克服建材知识的缺失。因为此事而受尽责罚的伊西多尔，于 563 年重建了穹顶并使之屹立至今。尽管如此，根据目击者的反馈，"（它）并没有像以前那样，让看到它的人感到惊艳。"[34]

虽说那些棘手的砖块和砂浆曾让抽象数学颇为难堪，但穹顶的几何学与光的物理学之间的结合却是卓有成效的。白天，在原来修建的和后来重建的穹顶中，弦月窗和侧窗让安纳托利亚的阳光能够斜斜地射入教堂中殿；到了晚上，穹顶上垂下来的许多链条组成了一个金属环，环上挂着的银色圆盘反射出数千盏灯和烛台的光线。一位敬畏上帝的同时代评论家写道："从扭结的锁链中，可以看到银色的小船承载着闪烁的火焰，虽未经波涛，却也在流动空气形成的高空航线中欢快地来回游移。"[35]

装设好垂链、祭坛、读经台和其他设施之后，安提莫斯和伊西多尔便可以上奏交差了。在君士坦提乌斯和狄奥多西教堂的旧址上开工重建之后，经过五年十个月零四天的工期，神圣智慧教堂，即圣索菲亚大教堂，便开始准备庆祝新堂的第一次礼拜了。[①] 在之前近六年的大部分时间里，一个由千名工头和万名工人组成的建筑团队，已经领完了建堂所得的报酬；据估计，这个数字高达 32 万磅黄金。不过，因为他们是匆忙赶完最后的建筑结构的，所以也就出现了如今肉眼可

---

① 关于建堂耗时的其他例子，我们可以比较一下：沙特尔主教座堂的建造时长为 32 年，而建造圣保罗大教堂更是花费了 35 年的光阴。

见的粗糙做工，比如表面未经抛光的石料，以及使用简单对接法而非边缘斜接法组合的大理石板。

公元537年12月27日，君士坦丁堡主教梅纳斯乘坐由七对骏马牵拉的双轮马车离开了圣阿纳斯塔西娅教堂。当他沿着君士坦丁堡宽阔的林荫大道行进时，步行的皇帝加入了他的行列，他们一起抵达了新堂的门廊位置。当日在场的人员中，并没有谁记下了礼拜的细节，但可以肯定的是，这一天，查士丁尼一丝不苟地遵循了礼拜的仪式，毕竟就在这一天，他成为了史上最伟大的建造者之一。皇帝与牧首一同在前廊中念了一段祷词，他们的四周有诵读诗篇的声音。当这两位高级主礼从中央的门扉迈入时，会众也跟着从两侧的边门进入教堂；除了城内的贵族以外，当年的信众还包括数量庞大的神职人员，因为大教堂雇佣了六十名牧师、一百名执事、四十名女执事、九十名副执事、一百一十名诵经员、二十五名赞美诗作曲者和一百名看门人。[36] 当随行人员沿着中央过道走向中殿的正中位置时，大教堂的唱诗班交替吟唱着一节经文与副歌，这种吟咏仪式的专业术语称作"对唱"。中央过道的两侧，立有大型的殿柱。抵达中殿的正中位置后，展现在他们面前的便是嵌着宝石的读经台。中殿屏风后面，是设有纯金祭坛的圣所。进入圣所后，梅纳斯便会立刻将一本装订成册的厚重福音书摆放在读经台上，并转身向会众与皇帝致意，然后落座于主教的宝座之上。这一尊位，昔日只是把简单的主教座椅，如今却换成了由20吨纯银打造的主教宝座。查士丁尼与数千臣民一起聆听了旧约、圣保罗书信和梅纳斯所带来的福音书中的章节。

直到此刻为止，大教堂的礼拜活动是对所有人开放的。不过，像圣餐礼这种意义重大的神圣仪式，只能面向基督教团体中受过洗礼的成员。在教会开始吃喝基督的身体与宝血之前，梅纳斯正式解散了那些还不能领受的信众，并关上了他们身后的大门。那一天，当主教第三次经过巨大的斑岩立柱时，圣索菲亚大教堂中殿的广阔空间中回荡着《诗篇》第二十四篇中的经文:"众城门哪,你们要抬起头来!永久的门户,你们要被举起!那荣耀的王将要进来。"信徒们彼此亲吻问安,并领受了圣餐。六年前,就在距离此地不到半英里的宫苑内,被围困的皇帝查士丁尼准备仓皇逃离都城。如今的他,在圣殿中安然下跪,领受圣餐。

凭借着超凡的智慧与旺盛的精力,查士丁尼发奋图强,将自己变成了君士坦丁与奥古斯都的名副其实的继承者;他抓住了自己面前的机会,以具体的形式实现一统帝国东西两部的梦想。"他还在君士坦丁堡营造了许多精美的神圣建筑,以纪念上帝与众圣徒"[37],其中包括圣色尔爵巴克斯教堂等建筑杰作。他整修了在暴乱中被损毁的元老院和宙克西帕斯浴场,并且重建了大皇宫;在暴乱最后一天贝利撒留未能进入的那条通往竞技场的通道,也被装上了新的镶嵌画,以显明查士丁尼的胜利。同样,安提莫斯和伊西多尔也将跻身那个时代最受敬仰的建筑师之列:"安提莫斯在本市及其他许多地方都有出色的设计,足以赢得世人对他的永恒纪念。"[38]

然而,查士丁尼之后下令建造的任何工程,伊西多尔设计或安提莫斯营造的任何其他建筑,都无法与圣索菲亚大教堂相媲美。在整个建筑史上能够与之相提并论的只有极少数的一些建筑,比如:克里斯多佛·雷恩的圣保罗大教堂,佛罗伦萨城内的布鲁内莱斯基穹顶,圣彼得大教堂,还有沙特尔主教座堂;同时还有大马士革的大清真寺和耶路撒冷的岩石圆顶,而后两者则是圣索菲亚大教堂更为直系的建筑传承。以上提及的每座建筑,都是一整个时代的标志性成就。在功成名就的那一天,查士丁尼回望历史,欲与古人试比肩,留下了那句无人不晓,但真实性存疑的名言:"所罗门,我超过了你。"①

---

① 据说,在他之前的安妮西亚·朱莉安娜就曾在圣保利尤克图斯教堂中刻下一段铭文,表明她相信自己超越了所罗门。

第五章 "体面生活、不伤害人、让人各得其所"

533—537

全人类应该有一套共同法典、一个共有的政治组织。[1]

——他提安

事后看来，皇帝本人在胜利时刻呼唤所罗门的做法实在是太过贴切了。因为就像《圣经》中的那位君主一样，查士丁尼的司法智慧所带来的重大历史影响，比他在建筑上的贡献更甚。不错，圣索菲亚大教堂在落成后的九百年间始终发挥着教堂的作用；但直到今天，在那些注定会从罗马帝国的荫庇下诞生的欧洲诸国当中，《查士丁尼法典》仍旧作为法律理论的奠基文件，被传授给成千上万名胸有大志的律师。而且，就如同会和御聘的建筑师分享教堂的荣耀一样，查士丁尼也想与另一位名士分享其法典的盛誉。

特里波尼安是查士丁尼帝国的领军人物之一，他的尊贵头衔与荣誉不在任何一位之下，而在去世 1 500 年后，这位贵族的地位还变得更加崇高了。由雕塑家布伦达·普特南制作的特里波尼安浮雕如今就挂在美国众议院的北墙上，旁边挂着的就是查士丁尼本人，而在他们周围，环绕着人类历史上二十位最伟大的立法者，其中包括汉谟拉比、梭伦、拿破仑和托马斯·杰斐逊。公元 532 年，当特里波尼安成为尼卡暴动针对的目标之一时，他早已是皇帝的一位首席顾问了。尽管除了呼吁其下台的蓝、绿党成员之外，仍有人说他是声名狼藉，但在其四十年的人生光景中，他有多半时间都在通往显赫的道路上昂首阔步。

关于特里波尼安的出生与早年生活，历史中的记录并不多——其实有关古典时代晚期杰出人物的载录，常常都会出现这种情况。从其作品当中，我们可以推断出，特里波尼安很可能是安纳托利亚半岛上的潘菲利亚人；因为品级低于卡帕多西亚的约翰，这就表明他可能也更年轻——一条最贴切的猜测是，他可能出生于公元 485 到 500 年之间。特里波尼安曾在东地中海区域的四大法学院之一接受过教育；换句话说，他曾就读于亚历山大、凯撒利亚、君士坦丁堡或者可能性更大的贝里图斯（如今的贝鲁特）法学院，"在所有的法律学校当中，这几所是最负盛名的"[2]。在来到君士坦丁堡之前，他曾执业于东部御卫队长官设立的法庭。公元 528 年，他被查士丁尼选中，令其供职于负责创建新帝国宪法的首个委员会。翌年，这部新宪法便制定完成。一个并非巧合的情况是，根据这部新法案，委员会中的两名高级成员被免了职，而特里波尼安则接替了大法官的职位。

到公元五世纪，帝国的立法和司法职能被划分为三个独立的机构，大泆官一职负责立法，执事长官（有三位，负责监管信件、笔录和诉状）负责法律管理；御卫队长官负责法律的执行。因此，在尼卡暴动之前，特里波尼安便是整个帝国的首席立法官员。用哥特历史学家兼朝臣卡西奥多罗斯的话来说，"大法官必须得十分熟悉君主的想法；这样，该职位的任职者才能准确地传达出君王的旨意。他要站在君主的立场上想问题，把自己的观点放在一边，如此，他的话才能像是从君王口中说出来的一样"[3]——这样看来，特里波尼安实际上也就是查士丁尼的另一个自我。

正如查士丁尼的所有官员一样，特里波尼安也算是雅典和耶路撒冷之子，因为他的专业和气质亦是希腊教育与基督教信仰结合的产物。在他去世四百年之后，因为基督教之前的哲学祖先令正统派的信众感到颇为不适，所以十世纪的那本被称作《苏达辞书》的辞典才将特里波尼安描述为信奉"异教"的"希腊人"、无神论者，以及彻头彻尾的基督教信仰之敌。信仰异教的指控，影响了包括普罗科匹厄斯在内的许多查士丁尼时期的伟人声誉。但是，在特里波尼安身上，他们却搞了一桩冤假错案。公元 531 年，特里波尼安出台了一项规定，要求在任何审判或听证会开始之前，包括诉讼当事人和官员在内的所有人都必须把手放在福音经卷上，宣誓信奉基督教……后来颁布的另一项规定简化了这一要求，只需要在每个法庭上放置福音经卷即可。[4]此外，尽管对其异教祖先而言，他是位热忱且能说会道的崇拜者，但如果特里波尼安真是无神论者的话，他是无法在查士丁尼对异教的多次攻击中幸存下来的。

　　普罗科匹厄斯在论及这位大法官时说道："虽说教育程度不逊于同时代的任何人，但他却异常喜欢追逐金钱，并且随时准备为利益而出卖正义。因此，仿佛惯例一般，他每天都会废除一批法律并出台另一批，以便兜售给那些提出法律需求的人。"[5]相信特里波尼安搞权钱交易并不是普罗科匹厄斯这位历史学家的一家之言。事实上，这也是尼卡暴徒要求其下台的唯一合理的解释。在担任大法官后不到两年的时间里，特里波尼安大约每两周发布一次关于继承法的新决定。[6]人们普遍认为，大法官之所以在法案修订方面会如此惊人的高产，不是因为他语言冗长，而是因为他贪污腐败。即便他在这件事情上完全做到了洁身自好，不计其数的新修订还是会让那些拥有巨额财富的人根本跟不上法律的变化。再退一步，即便他完全洁身自好且又并非朝令夕改，那种免除部分遗产税又不免除另一部分的决定，无疑还是太随意、太武断了。因此，特里波尼安就是在与该市数十名最富有、最有影响力的公民为敌，而那些在一月的尼卡暴动中要求宰了特里波尼安（或者至少是让他下台）的人群也与普罗科匹厄斯的判断一致——或者说，与他同仇敌忾的那些人就是他们背后的金主。

查士丁尼在骚乱最严重的时候罢免了特里波尼安，这件事差一点点就成为了特里波尼安最广为人知的生平事迹。作为该旨意的结果，这位曾经的高官显宦，也可能就此沦为古典时代晚期数千位次要的人物之一。然而事实却并非如此，而要了解个中原因，就必须了解法律在罗马历史中独特的重要性。

法律解读与法律规程方面的专家，一直以来都将罗马作为他们的聚集地。从那套半传奇性的《十二铜表法》算起，到查士丁尼时代，这种状态存续了近一千年。公元前 451 年，从雅典学成归来的十位罗马公民，在这座大城撰写了一套法律（书写在十块铜板上，后增至十二块），而他们在雅典城中所学习的，便是公元前六世纪雅典改革家兼立法者梭伦的著作。

从这样的浪漫开端里，走出了世界上的第一批律师，因为罗马与希腊不同，它会将法律解读视作一种职业。由律师解读的法律既包括立法者制定的法规，也包括法官裁决的判定。即使在共和时代的罗马，元老院也算不上是法律制定机构，因为在近四百年的时间里，它所颁布的法规还不到三十条。因此，实践中的法律主要还是源自解决公民间争端的决定。公民必须将争议呈交给每年当选的专职官员，即内事裁判官。[①] 该官员负责将人们的叙述编写成一种特定格式，以便诉讼双方将其提交给他们都认可的另一位公民，这就好比是现代法官要给陪审团做案情指导一样。这种职责的专业术语叫做法官意见，而每位裁判官参考前任做法后设立的规则就变成了"法官敕令"的主体。由于裁判官可能会无视或遗忘之前的先例，在罗马共和国末期，

---

① 在罗马治下生活的外国人需要将他们的案件提交给外事裁判官。

首批法学家（最知名的便是雄辩家西塞罗）瞬间就变成了不可或缺的存在。帝国建立初期，兴起了数十位伟大的法学家，其中有四位在后世的文献中脱颖而出，他们是朱利安、帕皮尼安、盖乌斯和乌尔比安。在这四位法学家之中，最常为人提及的是乌尔比安。作为一位警句家，他给之后的法律继任者们留下了不少隽语，其中包括"Ius est ars boni et aequi"（法律艺术得恰当地关注善良与公平）、"Veram nisi fallor philosophiam non simulatam effectantes"（"律师既不是哲学家也不是雄辩家，而是要提供真实意见的人"），还有查士丁尼本人最喜欢的引述："Juris praecepta sunt haec：honeste vivere, alterum non laedere, suum cuique tribuere"（"体面生活，不伤害人，让人各得其所"）。[7]

从理论上讲，四大法学家的著作加上数十条次要的法律裁定，形成了那时候解决争端所需的先例。然而在实践当中，这些先例却常常在证据规则和民事过错行为责任划分等方面互相冲突。这就意味着，还需要有一些规则来确定哪个法学家的理念占上风。其中的一些规则，往好听了说，也只能叫武断随意；例如，五世纪的《引证法》便规定：

1. 只要四人一致认可，他们的协议便具有法律效力；

2. 如有争议，当依从多数人的意见；

3. 如不存在多数人的意见，则应依循帕皮尼安所设的规定。

用阿诺德·休·马丁·琼斯的话来说，这套法则"理应被认作罗马法理学的最低点"。[8]

使用这类规则拼拼凑凑了几个世纪之后，罗马法已经形成了一种屋宇般的架构，只是每代居住者都在添置房间，却没有置身屋外，全局考察过这所房舍，以至于其中的走廊并不相连，楼梯也无处可通。由于东西两位皇帝会在其统治的帝国区域内各自立法，由此导致的混乱也必然会加剧这种情况。即便是没有重新统一西方的宏伟梦想，此时的帝国也急需一部新法典。

到查士丁尼登基时，帝国已经多次尝试整理法学大家的思想、共和国的法律，以及自奥古斯都以来历代皇帝的所有法令，其中包括公元 300 年左右颁布的《格列高里法典》、《海默根法典》（365 年），以及《狄奥多西法典》（438 年）。此外，罗马的"蛮族"盟友还制定了几种属于自己的不同法典，其中最著名的便是适用于西哥特人的罗马法：《亚拉里克法律要略》。这部法律要略由阿拉里克二世制定于公元506 年，当时这位国王及其人民尚未被驱逐出法国国境。阿拉里克通过《法律要略》赋予其臣民的法律权利，等同于狄奥多西皇帝于 438年赋予自家臣民的权利。这很可能也是激发查士丁尼法律改革抱负的引爆点。让一支蛮夷军队取代了罗马领土上的罗马军队就已经很糟糕了，更可怕的是，这群蛮子还要用自己的法律取代帝国的法律。因此，公元 528 年，查士丁尼组织了由卡帕多西亚人约翰领导的第一法律委员会，特里波尼安也任职其中。

用查士丁尼自己的话来说，就是："我们在全能上帝的帮助下，简化了冗长繁琐的法律诉讼，并且还通过汇编出一部将以我们的名字命名的单一法典为这个世界带来秩序。至于诉讼简化的方法，便是对三大法典（《格列高里法典》、《海默根法典》和《狄奥多西法典》）中包含的多条法规做删节，同时对值得铭记的《狄奥多西法典》之后问世的其他法律进行精简。"[9] 他的记录是真实的，因为尽管对于新法典的首次尝试是一项重要的工作，但其中涉及最多的便是诉讼的细节，同时还有针对诉讼给出的指导。公元 530 年 12 月，第二法律委员会成立，其既定目标就是修改律师的教育方式。不过，在特里波尼安领导了委员会后，一种"不同的志气"[10] 占了上风，这种学者的志气就是要解决之前的法学家所未能回答的法律问题。

此后三年的时间里，这种志气催生了两本著作，即《汇编》和《总论》。其中，《汇编》是一本以法律著作选集形式呈现的法律教科书，收录了从共和国时期到四世纪的作品；而《总论》最早则是对盖乌斯同名作品的更新（这位帝国法学家，给特里波尼安带来的影响也是最大的）[11]。这两部著作，也就构成了为后世所知的《民法大全》①、《民法典》或《查士丁尼法典》的核心内容，其重要性在三个不同的维度上显得尤为突出。

首先，这一项目规模庞大，并且最终得依靠大量的帝国顶尖法律人才，其中不仅包括大法官（特里波尼安本人）和受理请愿事宜的官员，还包括东部帝国八位法学教授中的四位。同时，项目还从御卫队长官的队伍中抽调了十一名律师，负责预计耗时十年的起草工作。虽然他们获得了大量的稀缺资源，但至少在项目一开始时，这些资源就显得捉襟见肘了；仅《汇编》一书的文本就有八十余万字，需要分录于五十册书卷当中。这就意味着，要满足特里波尼安时间表中所要求的日期，每个委员每月都必须起草出两册的内容。要做到这一点，委员会必须阅读和审校两千本其他"书籍"，其总字数更是高达一千万字以上。

他们也确实做到了。第二法律委员会的目标是造就"一座伟大且永恒的丰碑"（in maximum et aeternam rei memoriam），这就需要祈求皇帝、大臣和上帝的帮助。乍看起来，这样的目标就是种夸大空洞的辞令，在现代立法机构成立或船舶起名的仪式上，神职人员常会用这样的话去做祝福。但事实却远非如此。同时代的记载表明，整个任务有如神助一般地只花了三年时间便完成了；任务所取得的成就，也仿佛是有上天的眷顾。公元 533 年 3 月底，《汇编》一书完成；同年 11 月 21 日，《总论》问世。这两部法律著作均于当年 12 月的最后一天生效，此时距离第二法律委员会成立，只有近三年的光景。值得玩味

---

① 除了《汇编》和《总论》之外，整部法典还包括《新编》一书，即查士丁尼本人敕发的一系列法律和修正案的汇编。

的是，《钦定版圣经》^①与《查士丁尼法典》同属世所罕见的文献杰作，同样是在整个委员会的努力之下，可是花了七年时间才译制完成的，而前者的文字规模，也只相当于后者的一小部分而已。

衡量《查士丁尼法典》影响力的第二个维度，便是评估该著作的内在品质，这一点做起来就更加困难了。特里波尼安和第二法律委员会最大的成就是重新编写了罗马法，因为它已沦为被前几代法学家玩弄于股掌之间的文字游戏了。

每个专业都必然会发展出自己的专用语言，法律这行也不例外。各分会的法律从业者总是热衷于彼此交换暗号，因此他们也就发展出了自己的术语。到帝国晚期，律师们所使用的暗语并不是为了排斥外来者，而是为了打败新入会的其他同行。几个世纪以来，精通罗马法已经等同于精通拉丁语言的复杂性。经典拉丁语在名词和形容词的变格中，经常使用六种不同的位格：夺格、宾格、与格、属格、主格和呼格。因此，能否在法庭上取胜往往取决于哪位辩护律师更擅长于动、名词的搭配。简化法律实践，使其句法和语法由逻辑驱动，而不是服从于任何修辞惯例，这显然是一种进步。

尽管如此，后来的读者还是常会觉得《汇编》和《总论》的语言辞藻浮华，甚至于过分浮夸。伟大的特里波尼安传记作者托尼·奥诺雷认为，这并不是一种错误，而是有意将新法律变成近乎礼拜仪式一般的语言，使受众"意识到他们生活的时代是伟大的"。¹²从这个角度上来说，可以再次将《查士丁尼法典》与《钦定版圣经》，或者是之前所有的《圣经》版本作比较。希伯来文《圣经》的那种僧侣体文风，在转化为英文时，化作了"begat"（生儿育女）、"verily"（实实

---

① 《钦定版圣经》（King James Version of the Bible，简称 KJV），是《圣经》的诸多英文版本之一，于 1611 年出版。《钦定版圣经》是由英王詹姆斯一世下令翻译的，所以又称为詹姆斯王译本。——译注

在在）等即便是在詹姆斯时代，也已经古旧过时的字眼。而《钦定版圣经》的译者们，恰恰是在有意识地尝试用这种做法来再现那种神圣的文体，因为其希伯来文原著原本就不是让人用白话文来读的。宏伟的目标需要恢宏的风格，无论这个目标的性质是基督教神学还是司法。亚历山大·帕塞里·德恩特雷沃斯坚信："可以毫不夸张地说，除了《圣经》，没有哪本书在人类历史上留下的印记会比《民法典》更深"，这样的说法可不是一家之言。[13]

抛开辞藻是否浮夸的问题不谈，在阅读特里波尼安及其同事们编写的法律时，还有一件事情必定会让读者感到印象深刻，那就是《查士丁尼法典》的各组成部分反复提及自由这一理念，并且频频打出平等的旗号（至少是基督徒之间人人平等）来消除诸如解放后的奴隶与自由人之间、男女之间等十余种歧视。在《总论》发行之前，罗马妇女在房产所有权方面有着严格的限制，法律禁止其继承房产，并且她们还将受到终生的监管。无论是因为狄奥多拉这一强势的榜样，还是出于对平等的坚定信念，事实证明，《查士丁尼法典》应算作妇女解放史上最大的飞跃之一。

对查士丁尼和特里波尼安来说，比解除帝国妇女身上象征性的镣铐更重要的是，要更加严格地约束帝国的教士。《总论》和《新编》控制着主教、修道院院长、修道士和牧师们的活动，不仅会对赌博、逛剧院等行为过错进行惩戒，还会处罚教义方面的异端。从这方面来看，《查士丁尼法典》也是对皇权高于教权的最新肯定。然而，为了彰显恩威并施的风范，查士丁尼也同意在《查士丁尼法典》中添加条文，规定教会财产是不可剥夺的。也就是说，教会的土地是永远无法被售卖或遗赠的。因此，教会也就无法像大富之家那样肆意挥霍财富了。《总论》纂述了被后世称作永久管业权的法律学说，即那只永远不会放开对其财产控制的"死手"。更重要的是，教会还保留了享受自由人服务的权利：《查士丁尼法典》规定自由人只要在同一块土地上耕种三十年，就永远与那块土地绑定了，这样教会一旦获得了该土地的永久所有权，也就同时确保了这块地的耕种人手。

所以，总的来说，在特里波尼安这位被称为异教徒友好型的立法者手中，教会的境遇还是不错的。不到一个世纪之后，教会的自治权便失而复得，而教会的繁荣更是延续了千年时光。放眼封建欧洲，没有宏大教会庄园的国家确实是不存在的。当然，主教们也并未得到他们所要求的一切东西；《查士丁尼法典》仍旧允许离婚，教会试图禁止离婚的做法被拒绝，理由是，这样会增加毒杀案的犯罪频率。[14] 但《查士丁尼法典》也是强烈反对异端邪说和叛教行为的；对于从未接受过基督教的异教徒的不端行径，《查士丁尼法典》的立场则更加敌对。尤其是在同性恋这件事上，关系人将会受到最严厉的惩罚，包括在执行死刑之前进行公开的拷打和肢解。

对于"现代"律师来说，也就是对于文艺复兴之后的律师来说，《查士丁尼法典》的语言和过分虔诚都不是最棘手的问题，他们对特里波尼安最多的批评并不是笔法拙劣或者过分严厉，而是欺诈性。

对于特里波尼安的控诉，重点并不在于其制定了崭新的法律法规，而在于新法典的欺诈性：为了赢得广大公民尤其是法律界的尊重，新法典利用了人们已有的对早期法学家的尊重。于是，《汇编》中便有了这样的典型条目：

1. 盗窃是指为了从某物中获益，或因为使用或占有某物而受益的一种不诚实的做法。这种行为是违反自然规律的。

2. [盖乌斯] 盗窃有两种程度：经证实的与未经证实的。

3. [乌尔比安] 经证实的窃贼，便是希腊人所说的"人赃并获"。[15]

这样的文本风格用意是很明确的：这条是盖乌斯说的，这条是帕皮尼安说的，等等。但是，在数十个乃至数百个案例当中，特里波尼安和他的同事们所采用的并不是盖乌斯本人所写的条文，而是他们希望他写的内容，以便其能够与乌尔比安或朱利安的理念相一致。如果

116

1954年美国最高法院遵循特里波尼安的这种做事风格，布朗诉教育局案就不会推翻四十八年前的普莱西诉弗格森案中给出的先例，即对于"隔离但平等"的认可；相反，他们只需要调整一下后者的措辞，让两案中的理念保持一致即可。

　　第二法律委员会被困在先例和条文一致性的石缝中间。遵循先例，在所有尊重法律的人看来，是一种基本价值。但这也意味着，他们必须将现有的法规并入先前的裁定；因此，也就必须得消除这些法规和裁定本身的以及二者之间的矛盾冲突。现代的解决方式是将原本的裁决添加到带有"经修订"字样的法域中。特里波尼安的现代批评者因为他没有去做同样的事情而责备他。然而，这种责备却误解了六世纪的思考方法。特里波尼安并不认为司法意见与法规有任何的不同……而今天的成文法著作也并不会收录曾经生效过的所有法律，哪怕只是作为历史参考之用。而一旦被添加到《法典》中，就连一条私人的法律意见也都拥有了法律地位，并且也会像法律法规一样受到后续的修订。

　　然而，另一种更有可能的解释，可以在第二委员会的职权范围中找到，即该委员会并不是为了收集或进一步研究之前的所有法律和解读说明，而是去其糟粕并且仅承认当前仍然有效的法律。迫于无奈，委员们要么援引匿名的先例，要么就得捏造话语放入前辈们的口中。因此，吊诡的是，委员会对历史先例的尊重，胜过了他们对学术诚实的尊重。与《狄奥多西法典》等之前的汇编不同，查士丁尼和特里波尼安的著作找到了一条可行的出路，借以摆脱前人法典将老旧法律简单地拼接到一起的陷阱；《汇编》要做的不是汇集法律法规，而是使其具有法律效用。若法律法规之间有所抵牾，那就强制性地将其统一起来。

　　尽管查士丁尼热衷于将这个自取的名字附加到数不胜数的地理位

置和政治事业上，但其中却只有一项在他死后留存了下来，那便是：《查士丁尼法典》。据悉，至少有二十七个独立的城市曾以他的名字命名，[16] 包括他在马其顿的出生地都曾改名为查士丁尼安娜·普里玛并且成为了主教辖区。在《查士丁尼法典》问世十五个世纪之后，法律史上仍然尊崇特里波尼安和查士丁尼的真正原因并不是因为该法典的宏大篇幅或连贯性，而是其对如今的法律仍然会有影响——这是用来判断该法典重要性的第三条，也是最重要的一条标准。

这种影响远远超出了法律诉讼的细枝末节。如果不了解特里波尼安及其同事开创的、如今被称作民法传统的伟大理论结构，人们就无法理解作为当代欧洲前身的政治实体所经历的荣耀或耻辱。宗教裁判所与文艺复兴、《拿破仑法典》与纳粹大屠杀，这些都各自方式成为了王权法的产物，而王权法的概念，在特里波尼安的著作中得到了最终也是最充分的阐述："君王的意志具有法律效力"（Quod principi placuit, legis habet vigorem）。[17]

虽说这部《查士丁尼法典》拥有无与伦比的重要性，但是，若不是在付梓五百年后偶然被人发现，它很可能早就夭折了。无可否认，这个六世纪的子嗣之一，虽然孕育时间较长，但它还是及时问世并塑造了地中海世界。在十一世纪的某个阶段，《查士丁尼法典》的很大一部分，包括仅存的《汇编》手稿，皆被手抄留存，带入刚刚成立于博洛尼亚市的一所伟大的中世纪大学。那份手稿，自公元八世纪起便归属于意大利比萨的一座修道院。而在博洛尼亚市建造的那所学校，其创始人便是中世纪的第一位著名法律学者伊尔内留斯，学校中的成员则被统称为注释法学派。这些学者热衷于倡导用更有条理的文本，取代那些默认成为曾经的西罗马帝国法律框架的法典，即阿拉里克的《阿拉里克法律要略》以及《教会法》（以教权执行的各种宗教主题的法规）。注释法学派是第一个将《查士丁尼法典》命名为《民法大全》的群体，并且还在世俗的统治者中，为其找到了一位现成的受众；事后看来，这一点也不让人感到惊讶。通过确立皇帝（可引申为任何受膏的统治者）是上天选定的立法者，神圣法典（Lex Sacra）即《查士丁尼法典》是肯定君权神授的基础，乃至于根本。[18] 查士丁尼的继任者对于《查士丁尼法典》的广度、范围和自洽性可能只是抱持着尊重的态度，但是对于其赋予国王特权合法性这一事实，他们是满心欢喜的。

众所周知，直到今天，民法仍然是欧洲法律体系的核心。虽然如今它所赋予特权的对象不再是国王，而是换成了立法机关，但其基本原则是相同的：在任何法律纠纷中，负责起草法规的机构总是占上风的。然而，虽说民法传统拥有重大的意义，但它在英语世界中，却总是以一种会引起反感的法律对比形式广为人知，而它的比较对象则是另一种伟大的法律传统，即普通法系。

在被称为普通法系的英美法系当中，解释和裁决法规的机构拥有最终决定权。在最极端的形式下，美国最高法院甚至会主张对国家立法机关制定的法律进行司法审查，而在普遍推行英美法系的地方（以英国及其前殖民地为主），判例法的效力往往会盖过正常的法律法规。之所以会如此，部分原因在于普通法系那截然不同的演化方式起了作用：这种法系的演化是渐进式的，一次只选择一条法规及程序，而不是根据宏观的设计去构筑好一切。实际上这样做的后果之一便是普通法系审判的节奏迥然不同，其中的争议各方要一个接一个地提出书面申诉，直到各种指控和反诉能够提炼为一个单一的实质性问题之后，再由法官裁决法律问题，由陪审团决定事实问题。[19] 而同样的涉事各方在民法法系中，则需要将整个案件提交给首席司法机关，再由后者对法律问题和事实问题做出裁决。

这似乎是个很小的区别，只有法律学者和专业人士才会对此感兴趣，不过其中却也有个例外：由于民法传统会将特权赋予法律制定者，并且也没有陪审团负责裁决事实问题，所以从根本上说，它比普通法系更适用于专制政权。十九世纪，美国最高法院的大法官约瑟夫·斯多利认为，欧洲大陆的司法著作"充斥着理论差异，除了会激起无用的讨论以及形而上学的微妙辨析以外，并没有什么用处。这些讨论及玄妙的内容就算不会令人全无头绪，至少也会让探究者感到不解……"[20] 正如科克勋爵所说的那样，根据普通法系，每个人的住所都是他的城堡；这样说并不是因为它有城墙或护城河的保护，而是因为这间住所，虽风雨可扰，国王却不得擅入；而依照民法传统，国王是不受任何约束的。对于在罗马故土上成长起来的欧洲国家，查士丁尼不仅留下了法律，他还把专制带到了这里。

美国的缔造者们虽然继承了普通法系，也明知民法与专制之间的关系，但他们仍然很快便开始尊崇民法传统中的关键文献了。在詹姆斯·麦迪逊领导的委员会给出的第一届大陆会议专用书目置办清单中，查士丁尼的《总论》和《民法大全》出现在了前两位的位置（布莱克斯通的《英国法释义》则位列第五）。[①] 诸位应当注意，不要将这两种传统的关系视为敌对；它们的共同点是承认法治需要遵守一些预先存在的、共同商定的规则；普通法系中遵循先例的义务（法律拉丁语中称作遵从先例）与服从法定权威的规定是相类似的。

此外，划分民法和普通法的哲学界线虽然存在，但却并不像某些文献说的那样尖锐。2005 年 9 月，当一群美国参议员在评估约翰·罗伯茨法官是否适合担任美国第十七任首席大法官时，他们的问题与让特里波尼安感到困惑的问题是完全相同的：对于既定的法律先例以及立法机关的特权，应当赋予何种程度的尊重？最重要的是，要由谁来决定？在英国的普通法系中，数百年来，法官们一直保持着自己的特权，因而他们才能够随着时间的推移而始终维护权威。

---

① 根据相关史料记载，此事不可能发生在第一届大陆会议期间（1774 年），而是发生在 1783 年。——译注

这就像查士丁尼所认为的那样：帝国的意志不应该随着帝王的更替而不断重塑。

为了安抚尼卡暴动中的乱民，查士丁尼强行罢免了特里波尼安，并褫夺了其头衔。尽管如此，其编著的法典却仍在持续发挥效用，它"构成了民事管理史上最辉煌的政绩之一"。尽管我们并不知道公元530年是否有人能够替代特里波尼安，但他的前任和继任官员们所编纂的宪法，在启发民智方面的作用，都不能够与他所制定的宪法同日而语。正如托尼·奥诺雷所说的那样，"可能欧洲法律文明之未来只悬系在这一个人身上。"[21] 事实上，这位编著《查士丁尼法典》的特里波尼安，拥有颇为强大的生命线，而且他对查士丁尼也足够忠诚。因此，他并没有久困于贫贱。在卸任仅两年之后，特里波尼安便正式复出，官复原职，再次被任命为大法官，也再次成为了查士丁尼的御用律师，直到寿终正寝。他去世的日子不得而知，但普罗科匹厄斯提供的线索表明，特里波尼安长眠不起的时间应当是在公元544年年中。

那时候，在查士丁尼治下，皇帝的法律地位已经与法律本身一起被神化：在《查士丁尼法典》中，历史上第一次将皇帝命名为 nomos empsychos，即"法律的化身"，这种做法超过了奥古斯都连同他所有的继任者。然而，让法律屈从于他的帝国意志，并没有增加他对法律本身的尊重。相反，事实上，在查士丁尼统治后期制定的一项法律序言中，这位皇帝写道："法律对生活的作用就好比是药物对疾病的作用，其效果往往都与想象中的相反。"不过，相比于在其他领域的功业，查士丁尼最为世人铭记的，还是他在法律法规领域的成就。[22]

第六章 "上天赏赐的胜利"

533—540

> "在与敌人交涉时,"贝利撒留回答说,"我更习惯于给他们以忠告,而不是去听取建议;我的手里握着躲不过的毁灭,同时也拿着和平与自由。"
>
> ——吉本《罗马帝国衰亡史》

在《查士丁尼法典》的所有组成部分之中,《新编》一书与特里波尼安或其他历史法学大家的著作不同,它明显出自查士丁尼本人之手,是这位皇帝统治期间所颁布的新法及其对过往法律的新解读。公元 539 年,汪达尔王国战败五年后,查士丁尼"写道":"因为对这类(解放)事业的热衷,我们选择在非洲发动了大规模的战争,**以期为臣民谋取自由**"[1](着重强调)。对于收复北非的战争,法律所提供的,无论是条合理的依据,还是种辩解的借口,都没有人能够怀疑:查士丁尼热切地相信,他的事业是正确的。

自公元五世纪头几十年起,利比亚的居民便已不在帝国的统治之下。而在此之前的七百年里,他们却始终都是罗马的公民。作为意外后果定律的另一个客观体现,汪达尔的利剑切断了利比亚与帝国之间的联系,而利比亚与地位相仿的西班牙类似,也是帝国在布匿战争中得到的战利品。至于上述这些后果的源头,可以追溯到公元 427 年;当时,受雇于帝国的西哥特人漂亮地完成了收复西班牙的任务,并将这片土地上仅存的汪达尔人圈禁在了安达卢西亚（此地原本称作汪达卢西亚，是汪达尔人留下的遗产之一）。同年，皇帝降旨召回身在非洲的罗马军事指挥官博尼法斯，或者人们可以更准确地称其为"大元帅"。要知道，五世纪的天下就掌握在这群人的手中，无论他们是"蛮族"的国王还是名义上的罗马官员[2]。因博尼法斯拒绝回朝，他的忠诚遭到了怀疑，加上作为其对手的埃提乌斯将军从中怂恿，帝国便派遣了两拨讨逆的远征军前来征伐叛军。为了保护自己，博尼法斯开始谋求与汪达尔人结盟，并许诺将利比亚王国作为回报。结果，到公元429年，八万汪达尔军[3]，在其最伟大的领袖盖萨里克（"身经百战且聪敏过人"）[4]的率领下，越过西班牙，进入了非洲。或许是并未意识到手下将军参与到了汪达尔人的入侵行动，又或许是愿意睁一只眼闭一只眼，总之，加拉·普拉西提阿作为当朝太后，赦免了博尼法斯，并命令这位将军去守卫他亲手加害的罗马行省。

而他的守御却有些不甚光彩。公元439年，在成功围困阿尔及利亚东部的希波城后（在此之前，该市主教，也是最有名的当地居民圣奥古斯丁去世），汪达尔人攻占了迦太基；不久之后，他们又对西西里岛发起了进攻。在这一路上，他们多次击败了博尼法斯。有鉴于此，普罗科匹厄斯向其致敬的溢美之词，就颇令人怀疑了。在论及博尼法斯时，普罗科匹厄斯赞叹道："他在各方面都算得上品格高洁、非凡卓越，人们大可称他为'最后的罗马人'，这称呼保准没错。罗马人所有优秀的品质都汇聚在他身上[5]，千真万确。"蒙受赦免之后，他便背弃了自己的新朋友，还被他们包围了起来。试图杀出重围之际，他又惨遭"迎头痛击"[6]。最后，这位铩羽而归的将军灰溜溜地逃回了意大利。

公元451年，博尼法斯的竞争对手、大将埃提乌斯率领罗马与西哥特联军，在沙隆附近的卡塔隆平原战役中击败了阿提拉手下的匈人，并以此提高了自己作为历史人物的知名度。因为在帝国极边远之处挫败了匈人的入侵，埃提乌斯一度成为整个帝国西部最有权势的人。但辉煌转瞬即逝。在阿提拉去世的第二年，即公元 454 年，皇帝便下令处决了这位最强大的将军。

在博尼法斯落荒而逃，埃提乌斯兔死狗烹之后，罗马几乎已经无力阻挡汪达尔人在军事上的嚣张跋扈了。此时的汪达尔人还掌握了海战技能，以匹配他们在战事上的强大自信。凭借专业的海上作战技术，汪达尔人成为了帝国的梦魇。公元 419 年颁布的一项法律规定，任何向蛮族传授"海事技能"的人都会被判处死刑。[7] 罗马的这种担忧不是空穴来风。公元 453 年，盖萨里克突袭了意大利半岛，并于 455 年率领抢掠队杀入罗马城内，而其带回北非的各色战利品也有老有少：老的，有可以追溯至图密善与提图斯时期的朱庇特神庙包金铜屋顶；少的，便是瓦伦丁尼安三世的女儿欧多西娅公主。

在之后的十五年里，盖萨里克的汪达尔军队又与阿兰人和苏维汇人结成了联盟；事实上，正如普罗科匹厄斯告诉我们的那样："除了摩尔人之外，阿兰人并其他所有的蛮族，都在汪达尔人的名号下联合了起来"[8]——这样的汪达尔军队持续让帝国的东西两部都深感不安。

然而，依然强大的帝国东部却能够对此采取行动。公元 470 年，利奥皇帝在君士坦丁堡集结了一支庞大的军队，讨伐汪达尔部，以期恢复帝国在北非的统治。不幸的是，这支军队虽然给养充足，但其统帅却并无将才。利奥朝中大将巴西利斯库斯原本打算在距离迦太基城内的汪达尔本部不到二十英里的北非海岸登陆；虽然在军队人数上，帝国一方具有压倒性优势，但是由于过于谨慎或者缺少正直的气概，这位将军把登陆的日期延后了一周时间——根据普罗科匹厄斯的记载，盖萨里克买通了这位将军，故意让他拖延一周时间再登陆。结果证明，这笔钱花得很值，因为这一周的拖延，足以等来风向的转变。而转变后的风向对于经验丰富的汪达尔海军来说，简直是如虎添翼。盖萨里克的海军将官把无人火船拖放到了罗马舰队之中，摧毁了舰队并战舰上的士兵，还有利奥皇帝的征服梦想。即便是七年之后，盖萨里克与世长辞，这里也仍旧不在帝国的统治之下。

除了对所在地的统治权，盖萨里克的另一项遗产也被保留了下来——可对于他的子民来说，该遗产却是个后遗症。汪达尔继承法规定：国王薨逝之后，其直系亲属中年纪最大的男子将自动继承王位。公元523年，这条法令的弊端显现了出来，因为此时继承王位的便是欧多西娅公主的儿子希尔德里克。因为自己祖上是正统罗马贵族而非阿兰汪达尔王室，这位新君颇感自豪。但是，他却几乎没有接掌王国的能力。公元530年，希尔德里克被废，取其而代之的，是他的表弟盖利默，一位满腔激情的年轻人。

在汪达尔的首领当中，希尔德里克一直没有什么盟友，但是他在君士坦丁堡却有一位朋友。查士丁尼在继承叔父的皇位之前，便与希尔德里克保持着书信往来，他们"相互赠予了大笔的钱财"[9]。根据普罗科匹厄斯的说法，为了对抗篡位者盖利默，这位被废的君王明确地知道自己该从哪里寻求支持。查、希双方暧昧了几年之后，这位新即位的皇帝便警告盖利默不要"好端端的国王不当，偏要顶暴君的骂名"[10]。并且，他还同意派兵支援希尔德里克。查士丁尼的远征军比利奥皇帝派来的军队规模要小，只有15 000名正规军①加上1 000名"蛮族"的盟军。虽说规模不大，但这支队伍的领导力却弥补了人数上的不足，因为指挥这支军队的，正是贝利撒留。

公元533年6月的第三周，查士丁尼的舰队驶离了君士坦丁堡的港口。这支舰队共有500艘运兵船和92艘护卫舰，船、舰之上共配有32 000名水手。[11] 此次远征的有一万步兵与五千骑兵，其中包括了

---

① 这里所说的正规军，来自野战军团，此时的他们还有了一个新的称谓：府兵（stratiotai）。

达拉战役中的老兵，比如阿伊干和他的匈人骑兵、法拉斯与他的赫鲁利部队；另外还有不少副官，包括多罗休斯和太监所罗门。而更令人吃惊的是，这支队伍还包括了将军的妻子安东尼娜。

如果安东尼娜活在其他任何没有狄奥多拉这种主角笼罩的年代，她肯定会成为世间最迷人、最强大的女人。作为倡优与职业车夫的女儿，"她以绝对的力量长期控制着那位杰出丈夫的思想，虽说蔑视夫妻忠诚的美德，但她却对丈夫表现出了男子一般的友谊，在军旅生活的所有艰辛与危险之中，她以无畏的决心陪伴着贝利撒留"。[12]而且，至少是从汪达尔战争一开始，安东尼娜便显示出了坚强的决心。这位将军的妻子与她最好的朋友狄奥多拉一样，是个性欲旺盛、智力超群的女人，不过史书中还是以记载她的智慧为主。在离开爱琴海之前，因为食物中毒事件，舰队拔锚时间有所延误；普罗科匹厄斯认为，这一事件的发生是因为卡帕多西亚人约翰在发战争财。他严厉指责这位长官，痛批查士丁尼的这位领衔大臣为了达到许诺的军粮分量，不惜往"二次烘焙"的面包中注水增重，导致这种所谓的压缩饼干腐烂变质。这支远征军的面包里虽然掺了不少水，可他们的水桶却快要见底了。军队的水桶漏得太厉害，俨然就是没用的摆设。虽说没法挽救那些掺了水的面包，但安东尼娜还是协助舰队摆脱了缺水的险境，单这一点就值得赞扬了。她出的点子是，将储备水存在玻璃瓶内，再用沙子将玻璃瓶埋起来。这样的做法几乎拯救了远征军里的所有士兵。不过，即便解决了眼前的后勤问题，这支赴非远征军仍然面对敌众我寡的局面，而且要与一个本土作战的军事强国相对抗。

贝利撒留异常明确地意识到他面临着战术和战略上的双重挑战，并且也清楚，如果想要取胜的话，就需要与利比亚人合作。毕竟，利比亚人成为罗马公民的时间，比臣服于汪达尔人的时间要长好几个世纪。能够证明贝利撒留的功勋与魅力的故事数不胜数，这位杰出的军人不仅是继马克·安东尼之后帝国最潇洒的将军，他还拥有一项最突出的特点，那便是务实的智慧。他秉持着高度的正义感，同时还能以极为敏锐的眼光洞察分析军事上的优势与劣势。有鉴于此，这位将军决定在穿越地中海的过程中，控告两名在公共场合醉酒的匈人，将之定罪并公开刺死。之所以这样做，与其说是为了维护军纪，不如说是在切实教训其他士兵，尤其是在抢掠和强奸的事上，给他们以震慑。对这位将军来说，如果能够换来利比亚民众的忠诚，死两个士兵，简直不值一提。

贝利撒留很少会忽视那些会影响到军事行动的重要细节。在舰队驶往利比亚的路上，他给普罗科匹厄斯安排了个附加行程，令其前往西西里岛的叙拉古收集情报。在那里，这位历史学家出身的秘密特工会见并买通了自己的一位同乡，了解到汪达尔的海军并没有提前埋伏，等候罗马部队的到来。扫清猜疑之后，贝利撒留带着麾下的15 000名将士，淡定地在北非海岸的卡普特瓦达登陆了。从这处登陆点出发，罗马远征军仅需行军五日，便可抵达迦太基。公元533年8月，作为曾在此地击败汉尼拔的大西庇阿的继任者，这位将军回到了本属于帝国的非洲。

身处非洲的贝利撒留怀揣着与其前辈相同的目标：攻下汪达尔人的首都迦太基。此时，贝利撒留及其麾下的军队正全副武装，秩序井然向着迦太基挺进：主力部队前方两英里处，设有侦察骑兵；护卫在队伍左翼两英里的，是由阿伊干率领的匈人骑兵，而队伍的右侧则是一望无际的地中海。贝利撒留的谨慎似乎是有先见之明的：就在底斯姆（"十里"之意，此地距离都城迦太基刚好十英里之遥）这里，侦察骑兵发现了埋伏中的汪达尔军队。得到消息的贝利撒留因此将潜在的伏击战扭转成了罗马的胜利。不过，贝利撒留的小股远征军之所以能够轻松地向北横扫迦太基，部署得当只能算作部分原因。早在八十多年前，汪达尔国王便下令，拆掉叙利亚境内除迦太基以外的所有城市的城墙，以防止这些城市成为叛军的基地或敌军先遣队的驻防地。

因此，盖利默的这位祖先在无意当中让这位好战的将军能够保持对敌进攻的压力，完全不会被攻城战所拖累，这对贝利撒留来说是一个重要的战略优势。在行军途中，他甚至连最起码的攻城器械都没带，不惜一切代价地保障队伍的机动性。从卡普特瓦达登陆之日算起，仅仅四周之后，这位将军发动的六世纪版的闪电战便席卷了迦太基……事实上，这种神速的作战方式快到在贝利撒留攻入迦太基时，盖利默差点都没能撤离这座都城。陪同贝利撒留同时入城的普罗科匹厄斯写道："我们到的时候，前一天为盖利默准备的午餐都已经做好了；我们享用着由盖利默的家仆们端上来的食物，让他们倒酒，做各样的服侍工作。"[13]

迦太基的陷落让盖利默失去了都城，但他却并非没有了作战资源。从城外的角度看着罗马征服者每天都在营建新的防御工事，盖利默计划发动一场反抗占领者的起义。由于需要盟友，盖利默向撒丁岛上的部队发出了疯狂的恳请。自公元 455 年以来，撒丁岛就一直为汪达尔人所控制，如今在这座岛上，有数千名最好的精兵正在他兄弟察宗的率领下，努力镇压当地的叛乱。当盖利默和察宗得知是查士丁尼通过其撒丁岛的总督煽动的叛乱时，[14] 兄弟俩便打算以牙还牙，尝试怂恿贝利撒留联军中的重要组成部分，阿里乌派的信仰者倒戈，尤其是对尚未完全归心的匈人进行了挑唆。

到十二月时，察宗与他的军队从撒丁岛赶来与盖利默会合，两支队伍会师的地方就在迦太基城外二十英里的提卡马龙村。根据各方的不同估计，这支汪达尔联军的兵力约在 50 000 至 150 000 人之间，也就是贝利撒留军队规模的三到十倍。由于盖利默的唆使，远征军中的匈人拒绝参战，这又进一步地削弱了罗马军队。不过，虽然汪达尔军占尽兵力上的优势，但是他们还是无力应对纪律严明的罗马骑兵。贝利撒留的骑射手连续三次冲击盖利默那人数众多但却缺乏经验的队伍，在步兵（率领者正是那位传奇女性安东尼娜）抵达的前一天，他们便起到了决定性的作用。察宗在战斗中被杀，汪达尔人的部队也溃不成军。自此，北非差不多再次成为了罗马的行省。公元533年，在为《法学总论：法学阶梯》写序时，查士丁尼为此事立传道："非洲并其他行省见证了帝国的强大，经过很长一段时间，凭借上天赏赐的胜利，我们终于恢复了罗马帝国对非洲行省的统治。"[15]

话虽如此，但贝利撒留的胜利，与其说是对罗马军事威力的肯定，倒不如说是汪达尔部落走向衰败的证明：他们用以恐吓罗马的凶残与战技，已经大不如前了。在过去的七十年间，曾经屠杀利奥远征军的汪达尔部队不仅没能习得贝利撒留的骑兵在与匈人和波斯人作战时学到的战术，而且还变得胆小软弱、不堪一击。从罗马军队登陆北非的那一刻起，普罗科匹厄斯就见证并记录了一些事情，经由这些例子，他看到了文明所起到的"腐蚀"作用。首先，这位历史学家对汪达尔人在格拉西精心栽种的果树赞叹不已，格拉西即是今天的西迪·哈利法，这里如今仍旧以园艺而闻名。汪达尔人确实曾为蛮族，但他们的生活却一点也不粗蛮。一百年来的非洲生活并未催生出任何军事挑战，却让他们养成了每日沐浴的习惯。汪达尔王国已经无法再与贝利撒留率领的职业军人相匹敌了，在不到一个月的军事行动中，这个王国就已经基本上被打败了。

此时仍旧需要解决的一个威胁，便是盖利默本人了。在提卡马龙战役溃败之后，这位汪达尔的亡国之君便逃到了索米底亚，并在一群说腓尼基语的部落中，为自己建立了一座山间城堡。普罗科匹厄斯称这群部落为摩尔人，并且还认定他们作为"革迦撒人和耶布斯人"的后裔，也是因为被约书亚击败而从《圣经》中的迦南地所逃出来的难民。[16]这座城堡俯瞰着希波城，也即圣奥古斯丁之前的主教辖区。居住在城堡中的盖利默，被法拉斯率领的赫鲁利将士围困了将近三个月，而这位负责围困的指挥官，便是达拉之战中帮助贝利撒留取胜的英雄。收留汪达尔国王的摩尔人可不像他自己的臣民那般，习惯了文

· 129 ·

明的生活。而盖利默，这位在音乐和文学上自命不凡的国王，哪怕身陷围困之中，也抽空撰写了一篇颂诗，哀叹自己没有搓澡的海绵。最终投降之际，他明显坚守着这样的信念：只要洗得干净，纵使给查士丁尼做奴仆，也强如当一个没澡洗的汪达尔国王。

虽说战争打得很轻松，但这丝毫没有削减贝利撒留作为胜利者的荣耀。当这位将军班师回朝之后，查士丁尼决定对其公开奖赏。对于一位深谙自己与奥古斯都和君士坦丁有着密切历史关联的帝王来说，最有吸引力的做法就是举办一次游行来庆祝凯旋，让带回的战利品与王室囚徒在前，获胜的将军在后，逐一从君主的眼前走过。在罗马城内，庆祝胜利的游行需依从严格的规定。起初，因为阿格里帕在西班牙的军事行动取胜，奥古斯都便在罗马为他举办过胜利游行。自那时算起，几个世纪以来，游行都要沿着相同的路线穿梭于这座城市：从弗拉米尼乌斯广场出发，经凯旋城门后，横穿大竞技场，再沿着帕拉蒂尼山绕行，一直向上行至朱庇特神庙。[17] 相比之下，公元 534 年的这场游行就很特殊了：贝利撒留直接从家步行前往战车竞技场，在他前面的，是经历长途运输后抵达都城的战利品，而这批战利品正是盖萨里克在公元 455 年洗劫罗马时所得的财物。其中，摆在尊贵位置上的是一座纯金的七杈烛台，它是提图斯皇帝在一世纪时与帝国犹太行省的暴民（犹太人）作战之后带回罗马的。

查士丁尼时代的地中海世界，在许多方面都会让现代人感到实打实地陌生与奇特。但是，无处不在的犹太人，总是能带回一些让人熟悉的特征。根据某些记载，六世纪时帝国公民中的犹太人可能不下总人口的 10%；不过，对于习惯了中世纪和当代犹太人形象（商人、学者、医生）的现代读者来说，他们会觉得惊诧，因为那时的犹太人，混迹于各行各业、三教九流之中。在古典时代晚期的记录中出现的犹太人，常会从事渔夫、演员、农民与水手的工作。五世纪的托勒密主教——昔兰尼的辛奈西斯——描述过从亚历山大港到巴勒斯坦的一趟很滑稽却又很糟糕的航程。当时他所搭乘的小船上，有一群犹太水手，船长也是个不靠谱的犹太人。周五那天的黄昏，眼看一场暴风雨就要摧毁小船，这位船长却把舵柄给扔了……[①][18]

  当然，情况也并非总是如此。几千年来，犹太人与其故乡的民族文化联系比罗马人与罗马的联系要紧密得多，而无论是经由强迫移民还是自愿同化，这些联系的破裂对犹太人所造成的伤害都比向东迁都带给罗马人的创伤更大。公元 534 年，贝利撒留将烛台带回君士坦丁堡的旅程，代表着犹太人会因此进入地中海，开始异乡的生活。究其根源，就是因为一千年前从巴比伦回归故土的流亡者，曾在耶路撒冷建造过一座圣殿[②]，而这支金烛台当时就守护在这座圣殿之中。被尼布甲尼撒王打败并驱逐之后，流亡于巴比伦的犹太人并没有建造圣殿；诗篇 137 篇写道："我们曾在巴比伦的河边坐下，一追想锡安就哭了。"其中描述的就是，因为禁止进入犹太地，犹太人甚至无法进行礼拜时的核心仪式，即吟唱圣歌。因此，当波斯人打败巴比伦人并允许被流放的犹太贵族（包括世袭的圣殿祭司成员）返回故乡之后，他们的首要任务便是重建、翻新圣殿，包括安设礼拜仪式上需要并且只能由祭司点燃和清洁的烛台。在经历过战争、叛乱，甚至塞琉古希腊王朝的短暂征服之后，圣殿和烛台已经成为了整个民族在信仰上的焦点，哪怕他们已经不在犹太地生活了，这一点也没有改变过。甚至连公元一世纪的哲学家亚历山大的斐洛这位完全被希腊化的犹太人，每年也不得不向负责维护圣殿的大祭司们捐献一半的舍客勒。那些犹太的大祭司们不仅负责圣殿的维护工作；只要犹太教仍旧还是个等级

---

① 犹太教的安息日是从周五傍晚日落开始，持续到周六晚上天黑之后。按犹太教规，安息日不能从事任何劳作。——译注

② 恰巧就建在所罗门圣殿的原址上，而那座圣殿，就是传闻中查士丁尼在圣索菲亚大教堂完工时夸下的那句海口的灵感来源。

森严的国教，那么他们也就是这个民族的绝对君主。他们一直保有这样的身份，直到公元一世纪的叛乱结束时，圣殿被毁，马萨达战役失败，耶路撒冷的战利品也被罗马夺走。

摧毁这座圣殿的常胜将军提图斯，即帝国后来的皇帝（其设在罗马的凯旋门上，也有被盗烛台的图案，因此犹太人曾长期拒绝从此门经过），希望借此"彻底消灭犹太宗教"。但是，他的想法却被否定了（不仅仅被否定，而且还遭到了驳斥），因为在随后的几个世纪里，事实证明，恰恰是罗马帝国对于犹太人的生存而言至关重要。尽管罗马帝国希望抹杀犹太人的民族身份（以至于将耶路撒冷重新命名为爱利亚加比多连，将犹太行省改名为巴勒斯坦[19]），但是"促成犹太人在巴勒斯坦战败的动因，也正是推动其流离故土，聚居自治，建立国中之国，实现犹太民族复兴的动因"。[20]罗马的军队虽摧毁了耶路撒冷的圣殿，但罗马法律却也规定要宗教宽容。在犹太人大流散期间，帝国为他们提供了保护，还保护了他们兴建的礼拜场所，即犹太教堂。

从提图斯到查士丁尼的这几个世纪里，犹太教堂就像金烛台一样，在地中海迁移漂泊。这样的漂泊也让它们发生了改变。犹太教的圣殿依赖由一批世袭祭司主持的圣礼活动，包括礼拜服装、血祭等，也只有他们，才有权利进入所罗门圣殿中的至圣所。这支围绕着圣殿兴起的宗教民族，在时间、空间上距离耶路撒冷越久、越远，就越会演变成一个由职业的文士所主宰的民族。到三世纪，这些文士已经将口头法令转录为律法文集《密西拿》。到五世纪末，侍奉于耶路撒冷的文士们（后称拉比）撰写了两部《塔木德经》中的第一部；六世纪末，身在波斯的拉比们又完成了这本注释法典中的第二部。

随着文士们对法律文本的掌控力不断受到重视，世袭教职的影响力就相对减弱了。从公元85年起，罗马便通过犹太族长制来管理散居的犹太人。所谓犹太族长制，即保留了原圣殿大祭司部分领导职能的家族王朝；譬如，他们可以征收税款，然后再转交给帝国。但到五世纪三十年代，随着汪达尔人开始了对北非的征服，阿提拉接过了匈人的领导权，族长职位出现空缺，犹太人的本族管理权便被转移到了文士们的手中。换句话说，占帝国人口 10% 的犹太人被交到了我们现在所熟知的拉比们的手中。

因此，公元 534 年，当贝利撒留走向竞技场时，在他前面的那支七权烛台，因为象征着犹太人与其圣殿间的紧密联系，瞬间就被查士丁尼的犹太臣民认了出来。1936 年，奥地利小说家兼剧作家斯蒂芬·茨威格设想出了这样的场景：君士坦丁堡的拉比说服了皇帝，将烛台送还至它在耶路撒冷的家中：

> "我的王啊，你的统治，你的城市，岌岌可危。不要专横自负，试图保留从未有人能够守住的圣物。巴比伦强盛富足，罗马、迦太基也实力不俗，但是那藏匿烛台的殿宇已然栋榱崩折，包围着它的墙壁也成了断瓦残土。"
>
> 在思索了片刻之后，查士丁尼干巴巴地说道："就这样吧。把这东西从迦太基的战利品中取出，送回耶路撒冷。"[21]

在宗教方面，这位皇帝素来以不宽容而著称。尽管此时的犹太人所遭受的宗教不宽容远没有欧洲中世纪时期那样可怕，但是他们还是受到了职业和专业上的限制；自狄奥多西时代起，帝国便禁止建造新的犹太教堂；查士丁尼的《新编》法令第 146 条规定，拉比不得担任教师。[22] 不过，显然他也确实打算把收回来的烛台放到耶路撒冷的教堂里，以此证明基督教的胜利。这支金烛台，在经历了异教将军的抄没、阿里乌派蛮族的盗窃之后，终于被一位信仰基督教的帝王送回，迈上了还乡之路的最后一程。

在征服了盖利默并得到烛台之后，贝利撒留以其皇帝的名义夺取了汪达尔战役中的另一项战利品：一座名义上由东哥特人统治的西西里要塞。东哥特统治者就此给出的回应是："朋友之间会以仲裁的形式解决纷争，而敌人之间，才会有战争。因此，我们会将此事呈交给查士丁尼大帝，并按照他所认为的合法、公正的方式进行仲裁。"[23]——这种表态是拖延敷衍的外交典范。而写下这句话的作者，则是另一位杰出的女性。可以说，杰出女性行使政治权力的事儿，在整个第六世纪都算得上有唱有和。

这位女性的崛起，是一个历史的意外。在应付起外交事件时，查士丁尼表现得就像作战中的贝利撒留一样技艺娴熟；可尽管如此，他也常会因为一些意料之外的事情而举棋不定。在他的鼓动下，叔父查士丁收养了盖萨里克的女婿尤塔里克，甚至还任命这位未来的东哥特国王为罗马执政官，以此作为与东哥特人恢复和平友好关系的第一步。然而公元 522 年，尤塔里克却意外去世了，这就扰乱了查士丁尼的如意算盘。此时，他的遗孀阿玛拉逊莎作为狄奥多里克之女、法兰克国王的侄女，当起了儿子阿塔拉里克的摄政女王，成为了意大利全境的实际统治者。

阿玛拉逊莎和她丈夫一样，都是热爱罗马的人，但这种喜爱远不能抵挡哥特贵族的要求。东哥特的"男爵"们坚信他们未来的国王不应接受罗马式教育，而是要接受哥特式教育，其中显然包括大量的打斗和狂饮训练。阿玛拉逊莎被迫放弃了儿子的教养权，但却拒绝放弃摄政权。她开始与查士丁尼通信，并且在回应贝利撒留对西西里堡垒的声索时，也把这位皇帝搬了出来。

当拉文纳的哥特宫廷里出现了会让自己陷入危险的阴谋时，这位女王迫切地加紧了与查士丁尼的通信。为了应对这样的险境，她便与那位皇帝一起密谋策划了起来：只要皇帝向她提供保护，阿玛拉逊莎愿意横贯亚得里亚海，将国库的全部财富——约三百万苏勒德斯金币，这可是十吨以上的贵金属——搬到伊利里亚的城市底拉西乌姆

（今阿尔巴尼亚境内）。[24] 皇帝应允了她，但公元 534 年年初，在阿玛拉逊莎逃出都城之前，她的儿子便死于吉本所说的"过早纵欲"。她对于王权的所有权因此也便荡然无存了。于是，这位足智多谋的女人便提议与她的表弟狄奥达哈德结盟，后者也接受了这个提议，并于当年稍晚的时候，娶了这位东哥特的摄政女王。

阿玛拉逊莎准确地觉察到了哥特宫廷中的危险，但却误判了危险的源头：狄奥达哈德之所以娶她，是为了要背叛她，并将她囚禁起来。关押这位女王的城堡，就建在托斯卡纳山区、博尔塞纳湖中的马尔塔纳岛上。在阿玛拉逊莎的故事当中，马尔塔纳便是最后一幕的背景。尽管关于具体细节以及谁是凶手等信息已经不得而知，但毫无疑问的是，这位曾经的东哥特女王在监禁期间确实遭人谋杀了。对于阿玛拉逊莎，吉本是这样描述的："在大约二十八岁的时候，她在思想与容貌上的天赋就已经完美成熟了。阿玛拉逊莎的美貌因其男子般的见识、活力与决心而显得更加灵动，甚至可能抵抗过一位皇帝的征服，这令狄奥多拉满心忧惧。"[25] 吉本的表述显然出自普罗科匹厄斯以及其他人的指控：阿玛拉逊莎被杀是狄奥多拉吩咐人做的。据说，这位皇后之所以会如此做，是因为害怕她的魅惑及其与查士丁尼之间日益亲密的关系；她还给狄奥达哈德捎信说，如果他的表姐被处决，是不会有人反对的。①

对于关注嫉妒政治的历史学家（在这方面，没人超得过普罗科匹

---

① 在历史叙述当中，有些情节主线是十分常见的，以至于它们似乎表明，这其中有着支配人类历史的不可阻挡的规律，或者至少是叙事惯例。在人们最喜欢的故事当中，就有一个说的是一位美丽标致且见多识广的公主倒在了自己的男爵与嫉妒的邻国女王所设计的阴谋下。这个脍炙人口的故事的主人公便是玛丽·斯图亚特。这位苏格兰的前女王信仰天主教，母语为法语。而她的结局也是怪异地重演了阿玛拉逊莎的生平：被信仰长老会的领主出卖，又被伊丽莎白一世依法处决。

厄斯）来说，阿玛拉逊莎去世的那年真算得上是多事之秋。同年，贝利撒留的妻子安东尼娜对她的养子塞奥多西产生了强烈迷恋。与贝利撒留一起从非洲回来以后，她便抓住一切机会将这种迷恋转化到肉体关系上。思虑不周的安东尼娜并没有想到自己的女仆马其顿会将她的不忠行为告诉贝利撒留。按照普罗科匹厄斯的记载，这事的结果是可以预见的：将军在得知此事之后，便派兵去杀塞奥多西。而当士兵们跟丢了待宰的猎物之后，贝利撒留便开始对安东尼娜大发雷霆。可是，盛怒的劲头一经消解，贝利撒留便原谅了妻子。这里所谓的消解，意思是说他的怒气被性爱转移了，因为这位将军唯一的弱点似乎就是妻子那无可置疑的魅力。在原谅了她之后，贝利撒留说出了线人的名字，而安东尼娜在得知了告密者的名字之后，便割下了马其顿的舌头，并将剩下的整个身体切成小块，扔进了地中海里。然而，就像普罗科匹厄斯笔下的许多其他有关狄奥多拉和安东尼娜的暴戾故事一样（普罗科匹厄斯虽然把它们都写了下来，但却从未敢发表过。这些故事都记录在一本名为《轶事》或《秘史》的书卷中，直到十七世纪才被发现），我们不能对此照单全收。普罗科匹厄斯属于最为保守的那类男人：他生来就是小贵族中的一员，从气质上看，他有着希腊化的严谨，而在职业上，他又是一名律师。因此，几个因素综合下来的结果就是，他会是一个将历史先例放在一切之上的史学家。单说这些女性天资聪颖、足智多谋，又太过接近军政大权，这已然很令人担忧了，再加上这两位都出身于马戏演员的家庭，更是会让人心生厌恶。所以即便历史学家的本能阻止了普罗科匹厄斯去编造对安东尼娜和狄奥多拉的诽谤中伤，但是发表那些已经广为流传的绯闻，肯定对他还是件很有诱惑力的事情。结果《秘史》在揭露其讽刺对象的同时，也同样袒露了作者的心思意念及其自身的世界。

说到底，狄奥多拉是否有理由嫉妒阿玛拉逊莎，可能与安东尼娜是否忠诚的真相一样，都已无关紧要。阿玛拉逊莎的死给了查士丁尼挥兵西进意大利的借口——在名义上，意大利这片土地上的国王是效忠于皇帝的，但实际上，这里自狄奥多里克以来，便已经是一个独立的哥特王国了。经此一事之后，皇帝便决意将帝国在此地的权威从虚转实，而他所依仗的，便是在尼卡暴动期间保卫皇权的两位将军。公元535年秋，查士丁尼命令伊利里亚的军事统帅、大元帅蒙达斯为先锋，进军哥特人控制的达尔马提亚领土，同时又派贝利撒留率领一支队伍前往西西里岛，而这支队伍的兵员人数比前次战胜汪达尔人的远征军还少。

然而，在抵达西西里岛之前，这位将军却又不得不转头南下。贝利撒留在回都城庆祝胜利之时，曾命令副官所罗门负责指挥留在迦太基的队伍，不曾想这支队伍却在此时叛变了。所罗门与普罗科匹厄斯一起逃了出来，并在逃往西西里岛的途中，将叛变的消息带给了贝利撒留。这位将军当即决定南下非洲。一到那里，他便重新恢复了秩序。接着，他又从自己的扈从队中挑选了一百名军士，回到了西西里岛岸边，回到了此时已经在战舰上躁动不安的军队中。

转眼到了12月，此时贝利撒留的四千兵丁已经占领了意大利的巴勒莫，这位将军再次展示出的对于战地几何与战斗心理的非凡把握，令人叹为观止。因为意识到无法从陆地一侧进入城寨（岛上最大的城寨仍然掌握在哥特人手中），贝利撒留命令舰队驶入港口，舰队中每艘战船的桅杆最高处都配有一队弓箭手。这是一种将经典的步兵作战目标应用到海军战术中的创新战法，也即，要占领高地。由于投射部队所处的地理位置更高，在重力的作用下，他们比对手更具优势，所以贝利撒留预计岛上的驻军会感到恐慌。结果不出所料，他们果然恐慌地交出了城寨。在控制了巴勒莫之后，贝利撒留便能够占领叙拉古，并实质上将西西里岛收归皇权控制。

即便是在攻陷巴勒莫和叙拉古之前，帝国军队在西西里岛上的存在，无论其规模大小，已经促使狄奥达哈德与查士丁尼重新展开了和平谈判，而这很可能本就是此次入侵行动的战略理由。不过，公元535年年底，因为达尔马提亚的哥特军队在战斗中击杀了蒙达斯，狄奥达哈德的腰杆便又挺了起来。查士丁尼也因此铁了心，下令抽调一支新的军队驻守伊利里亚，并且让贝利撒留率兵深入意大利。因此，公元536年春，贝利撒留便带着他的部队穿过了墨西拿海峡，向意大利这片靴子形的国土进发。贝利撒留沿着意大利的西海岸进军，左侧是他的舰队。到了夏季，他已位于距离罗马120英里外的那不勒斯城门口，一座建造在维苏威火山笼罩下的新城。那不勒斯，即为"新城"之意。

那不勒斯城的战役是对贝利撒留的斗志与智慧的考验。几个星期以来，这座城市中的居民与入侵的罗马军队进行了顽强的战斗，其中反抗最猛烈的莫过于那不勒斯的犹太人，他们的好战与其说是忠诚于狄奥达哈德治下的哥特人，不如说是惧怕来自查士丁尼的迫害。在这方面，他们有着相当多的经历，因为贝利撒留在北非的管制与其皇帝查士丁尼的政策一般无二，都是坚决地推行正统教派，不容许其他异教的威胁。在这片之前由汪达尔人统治的领地里，他们不仅禁止人们信奉反正统的教派，就连该地区的犹太教堂也迅速地被基督教堂所取代。

城市的高墙加上顽强的抵抗，使得那不勒斯变得固若金汤，直到贝利撒留的一名亲兵发现了一条为该市供水的高架渡槽。因为已经废弃，这里无人看守，并且落在城市的防御半径之外。于是，贝利撒留便命令一队工兵扩大渡槽直径，使之可以容纳列队行进的全副武装的士兵。他们遵令而行，在城市防御军的眼皮底下，用刮刀代替镐铲类的器具，将声音降到了最低的同时，在城墙下方开辟出了一条路线。

然而，由于渡槽有封盖，没有人知道它最终会通向城内的哪个位置。经过数周的隧道挖掘之后，贝利撒留麾下数百名最优秀的士兵向着城市中央爬行了近一英里，但是，在爬到重见天日的位置之前，他们并不知道自己身在何处。最后，抵达了出口的他们，发现自己离地面有 20 英尺高，旁边便是一位单身女性的私宅。在俘虏了这名女子之后，他们系好安全带，从高架渡槽上爬了下来，并占领了城市的北塔，结束了围城之战。对于这次胜利，君士坦丁堡的回应是很热切的。查士丁尼写道："我们拥有良好的愿望：愿上帝应许我们恢复罗马先民当年在这两片大洋区域所拥有的最大统治辖区，重新统一后来因为疏忽而逐渐丢失的领地。"[26]

然而哥特人治下的意大利王室就不那么高兴了。那不勒斯被攻陷之后，东哥特人终于厌倦了反复无常、缺少军事功绩的狄奥达哈德。一个月后，他便遭到废黜。同年 12 月，他被自己手下的一名贵族杀害。取而代之的，是另一位名叫维蒂吉斯的贵族。

对于意大利来说，公元 536 年 12 月是一个十分忙碌的月份：12 月 9 日，贝利撒留应罗马主教西尔维留斯（后世在回溯历史时方称其为教皇）的邀请前往罗马。当这位主教为其打开城门之后，贝利撒留便率兵沿着拉丁道一路向北行进，从城市西南角的亚西那里亚门进入了这座永恒之城。此次进城的军队主要是由伊利里亚人、匈人和摩尔人组成的，领导他们的将军是位色雷斯人；再说他们效忠的帝国，从其政治中心的位置来看，君士坦丁堡到黑海的距离要比到地中海近得多，但这些都不能说明什么。此时，罗马城的人口也只有奥古斯都时代的一个零头，这一点也无关紧要。重要的是，在罗慕路斯·奥古斯都政权被推翻了六十年之后，罗马再一次成为了帝国的一部分。

罗马还能以皇城的身份存续多久，这是一个问题。贝利撒留麾下此时只有三千骑兵，他原本带来的兵力中，有两千军士已被派遣到意大利的其他城市执行驻军任务，可即便如此，当他们进入罗马城时也并未遭到任何抵抗，城中原有的东哥特驻军早已离开。① 但是，守住这座城市却是另外一回事儿。罗马的防御边界，主要由奥勒良皇帝在三世纪时建造的城墙所构成，这圈围墙长达十二英里，这就意味着，即使让每位士兵都负责放哨的话，那么每个人也要负责把守二十多英尺长的、漏洞百出的城墙。即便贝利撒留立即着手营建了护城河与倾斜城墙，想要以传统的方式保卫这座城市显然也是不可能的。

任何有关围城的记载都会不可避免地被拿来与《伊利亚特》作比较，而荷马的继任者中很少有人能比普罗科匹厄斯更了解其文学滥觞，因为普罗科匹厄斯站在贝利撒留的视角上观察过为了这座城市而进行的每场战斗。他创作了一部荷马式的传奇，而在准备叙事时，之所以会倾注心血、小心谨慎，部分原因是这座圣彼得与奥古斯都之城虽然失去了大部分的战略价值，但却仍旧保留着巨大的象征意义。对这位尤为保守的历史学家而言，事实上，罗马令人印象最深刻的特征，不是其作为帝国、教会，乃至共和国的象征，而是其保有着希腊罗马历史上的伟大遗存，尤其是特洛伊战争的战利品，比如传说中由奥德修斯从特洛伊城夺走的帕拉斯·雅典娜塑像，以及埃涅阿斯逃离燃烧的特洛伊城时所搭乘的"奇妙的……超越了所有描述"的那艘船。27

保存这些文物、遗迹的家园太大了，就算是五万人之众的哥特大军也无法将其围得水泄不通。当然，对于想要依仗区区几千兵丁来全面掌控防务的贝利撒留来说，这座城池就更大了。即便是他将军队都集中在城市的十四个大门（另有数个小门）之上，每个城门也分不到多少兵力，所以他便下令将多数的大门都紧闭起来。刚刚封完城门，

---

① 或者说，大部分都离开了；一位名叫琉德里斯的哥特指挥官留了下来，负责正式交出城市的钥匙……就是纯粹地交一下钥匙而已。后来，贝利撒留将他和钥匙一起送到了君士坦丁堡。

维蒂吉斯的大军便已兵临城下，分作六个营地，围绕着城市的北郭构成了半圆形的布局，为第一场攻城之战做着准备。[28]

这场冲突与君士坦丁大帝打过的最著名的战役发生在同一地点，也即米尔维安大桥之上。贝利撒留建造了一座防卫塔来保卫这座大桥，并且还安排了部分雇佣兵值守在这里。虽然他们也是防卫军队的一分子，但却不是最可靠的那部分，因为他们刚瞥见哥特军队的身影便立马弃塔而逃。因为此事，率领数百骑兵巡逻的贝利撒留在回程的路上大感震惊，他不得不向城墙撤退，却又发现回去的道路被挡住了。生命受到威胁的贝利撒留临阵指挥，胯下骑着一匹脸上带有独特白星印记的战马。因为敌人之前就知道他的坐骑特征，于是数十名哥特士兵便集中火力朝他猛攻。"我想在这个世界上，迄今为止，他所表现出的英勇应当是前无古人的……那他所面对的哥特士兵有千人之多，不过凑巧的是，贝利撒留那天既没有受伤，也没有被飞箭击中。"[29]

在接下来几周到几个月的时间里，维蒂吉斯与贝利撒留仿佛进入了国际象棋比赛的中局，这也是所有的围城战都会遭遇的局面。因为贝利撒留在台伯河上串起了一条铁索，维蒂吉斯便无法再发动河道进攻，于是他便摧毁了为罗马城内的磨坊提供水力驱动的渡槽。作为应对，贝利撒留把磨面机装到了台伯河的船只上，以此摧毁了维蒂吉斯试图让驻军挨饿的盘算。他"在河两岸系好绳索，并尽可能地把绳索拉紧，然后将相隔两英尺远的两艘船并排系在绳上，这样河水便能从两船间的空隙流过，带着巨大的能量倾泻而下……凭借着河水的动能，所有的飞轮都一个接一个地独立旋转了起来，进而带动飞轮所连接的磨面机运转，为这座城市磨出足量的面粉"。[30]当哥特人把残砖碎瓦往台伯河里乱扔，妄图卡住磨面机时，贝利撒留便拉伸开台伯河上的铁索，进而把扔进水里的砖瓦都拦截在河的上游。

因为抛给贝利撒留的绝粮计未能奏效，维蒂吉斯只得转而对城市发起正面攻击。他命令工程师们建造了四座巨大的牛拉攻城塔：塔身的框架设计牢固，以便将攻城锤悬挂在内部的链条之上。① 当哥特人把攻城锤推向城墙之际，贝利撒留爬上了面敌侧城墙上的射击平台，隔着很远的距离，用自己的弓箭射杀了两名哥特军官，这极大地提振了部队的士气。这位将军的演示与其说是在吹嘘自夸，倒不如说是在示范应当如何瞄准拉攻城塔的牛。在认识到这一点之后，皇家的弓箭手们就能够遏制住敌人的进攻了。当维蒂吉斯对新近强化防御后的哈德良墓（即今圣天使城堡）展开攻击时，贝利撒留的士兵已经损毁了墓顶的雕像，并用它们作为投掷的武器，借以挫败哥特人的攻击。

战事的进展果然如料想的一样：每当哥特步兵试图攀登罗马城墙时，贝利撒留的骑兵都会从侧门出击，以骑射部队击退来犯的哥特骑兵，然后再用长矛攻击孤立无援的步兵。即便如此，兵力上压倒性的优势还是让维蒂吉斯占尽便宜，以至于贝利撒留不得不上报皇帝请求增援，"人毕竟不能把一切都交托给命运，因为命运本身并不总会沿着相同的道路一直走下去"。[31]

现代读者应当仔细分析这句话。求援信（几乎可以肯定的是，这封信是由普罗科匹厄斯起草的）所提到的"命运"，在意思上与单纯的"运气"并不相同。这实际上是再一次向命运女神祈求，而这里的命运女神便是波伊提乌在《哲学的慰藉》中所提到的新柏拉图主义式的人物。所以，此处也就是在提醒诸位，六世纪距离西方知识传统的

---

① 实际上，罗马之围，宛如六世纪军事器械的展示场：除了维蒂吉斯的攻城锤之外，此次军事行动中的特色器械还包括蝎炮（普罗科匹厄斯称其为"石弓"，作为巨型弓，它射出的巨箭，尾翼上附的不是羽毛，而是薄木片）；弩炮（用坚固的木头制成的弹射器，一端安着一个弹弓，另一端插在扭曲的粗缆绳中，缆绳的扭力能将动能传递给机械装置的臂）；以及名为"狼"的防御设施，它在本质上是一个20英尺高的十字梁框架结构，每个直角的榫卯结构上都装有外突的尖棒，当有敌军接近城墙破口时，带尖棒的十字梁便会像吊桥一样从高处坠下，相当致命。

支撑点有多么地近。此时，正统派的神学家，可以在就基督论中最神秘的观点展开辩论的同时，援引先知的异象、女先知的预言、特尔斐神谕……以及命运女神。

然而，普罗科匹厄斯和贝利撒留对于预兆的留意，并没有影响他们关注围城战当中的细节。在维蒂吉斯占领了罗马的奥斯蒂亚港口后，他终于能够封锁运往罗马的食物了。伴随着饥饿的来临，承诺的增援部队却没能抵达，罗马市民也变得焦躁不安。因此，当贝利撒留截获西尔维留斯寄给维蒂吉斯的信件，得知这位曾经的盟友提出要为维蒂吉斯再次打开城门时，他便立即采取了行动。这位主教因为仇视皇后所倡导的一性论，早已获罪于狄奥多拉，此时他更是遭到了逮捕，并被带到了贝利撒留设在蘋丘宫殿的军事总部。在那里，这位主教受到了安东尼娜的接见，她直接点破了他试图转投哥特人的事实。然后，这位主教便被剥去华服，穿上普通修士的服装，剃了相应的发型。接着，他们又命其从下属身边走过，让所有人都看清楚背叛的代价。

西尔维留斯的第五纵队倒台以后，维蒂吉斯同意暂时休战，以便其重新集结队伍。贝利撒留利用这次停战期，获得了补给品和一支数千人的增援部队，其中包含了伊苏利亚步兵和色雷斯骑兵。当战斗再次打响时，交战的规模变得更为节制；双方各出几十名兵丁，主要是骑马交锋（因此，便可在适当的时候拒绝战斗），但多数的冲突都会变成一对一的决斗。这很贴合普罗科匹厄斯刻意遵循的荷马式风格——他用不少篇幅讲述了贝利撒留的一位卫兵的故事。这位名叫乔萨曼蒂斯的匈人战士，因为哥特人的背信行为而受伤，于是便展开了血腥报复。而这场报复的结局，便是在自己战友的眼皮底下，与十几名甚至更多的敌人一起同归于尽。

尽管贝利撒留完全有能力进行一对一决斗，就像围城战一开始他从米尔维安大桥撤退时表现得那样，但将军本人首先得是一名军人，然后才能算作战士，他要更像奥德修斯而不是阿喀琉斯。贝利撒留那军人式的德行（他的实用主义、活力与领导能力）帮助罗马这边维持了长时间的防御与生存，以至于连哥特人自己也被其拖入饥荒状态：用普罗科匹厄斯的话来说，就是"尽管名义上他们还在围城，但实际上他们是被对手给围困了"。[32]

因为维蒂吉斯在用尽突袭、封锁、要诈等手段后仍未能攻下城池，并且他也无力继续供养那支规模甚大的军队，所以此时的他开始转向谈判。

考虑到几个月以来的流血征战，普罗科匹厄斯对谈判的描述读来有些奇怪。维蒂吉斯首先坚定地维护着哥特人地位的合法性，认为狄奥多里克在意大利建立哥特政权是遵照芝诺皇帝本人的吩咐行事。作为对这一论述的支撑，维蒂吉斯援引了这样的事实，即哥特人并未颁布自己的法律，而是优先遵守罗马的所有法律。他指出，尽管他们信仰的是阿里乌教派，但是哥特人在行事时，也会采用尊重正统基督徒的方式。维蒂吉斯还提出将西西里岛划给贝利撒留。鉴于帝国军队已经占领了该岛屿，贝利撒留的回应是，将不列颠岛划给哥特人，毕竟这座岛屿已经有一个世纪都不在帝国的统治之下了。贝利撒留的意思很清楚：他们还不如把君士坦丁堡，或者是月亮划给他呢。

所以尽管谈判并没有解决任何问题，但是贝利撒留却相信主动权已经转到了他的手上。于是，他抓住时机，派遣手下的一名副官率领两千骑兵前往托斯卡纳执行突袭任务。尽管收到的军令是要避免进行大规模集结或兴建防御工事，但是这位姓名奇特的将官嗜血者约翰，却是"一个极为勇敢且高效的人，他在困难面前毫不退缩，在日常生活中也始终展示出某种节俭朴素的能力，能够承受任何野蛮人或普通士兵都无法忍受的苦难"。[33] 在接到命令以后，他立即直扑哥特人的都城拉文纳而去——为了支援罗马的围城战，此时拉文纳城中的哥特驻军已经消耗殆尽。

在得知自己的都城受到攻击以后，维蒂吉斯便试图对罗马发动最后几次进攻。其中的最后一场战役和第一次一样，都发生在君士坦丁与马克森提乌斯战斗过的地方，即米尔维安大桥。这场战斗"与之前任何一场的结果都是一样的"。[34]所有的努力都以失败告终。公元538年3月12日，在对守城兵丁不足四千的罗马进行了一年的围攻之后，曾经坐拥五万兵力的强大哥特军队，因为不堪疾病与饥饿的侵扰，选择了撤退。[35]

为了赶走贝利撒留，维蒂吉斯不光把都城的兵力搬空了，还把自己的王后玛瑟逊莎也撇在了城中。玛瑟逊莎是阿玛拉逊莎的女儿，也是狄奥多里克的外孙女。当约翰及其麾下骑兵抵达拉文纳后，王后对这位色雷斯籍将官一见倾心，提出了"联姻、献城"的结盟请求。[36]可是，不等两人的计划实现，维蒂吉斯便赶了回来。此时的他，不仅要面对约翰率领的突袭队，还要对抗另一支新近抵达意大利的帝国军队。这支军队由一位亚美尼亚太监统领。在查士丁尼收复帝国旧土的军事行动当中，这位太监是众将军中唯一能与贝利撒留相提并论的。

人们对于纳尔塞斯的早年经历所知甚少，甚至连他如何会成为太监也不清楚，不知道是出于对年轻奴隶的阉割，还是其父母的刻意"安排"，抑或是生下来本就不育的缘故。[37]但是，论及这位波斯亚美尼亚籍侍臣出身的将军，人们在其身体素质上倒是有不少的共识，阿亚塞阿斯说他"纤瘦文弱"[38]，吉本说他那副"虚弱瘦小的身板"[39]常被拿来反衬贝利撒留的强壮体格。事实上，这两位将军之间的对比，在后世的观察者眼中太过具有吸引力了：一位是高大英俊、爱妻如命的青年，另一位是五短身材、毫不起眼的太监；因为反差太大，后人更是通过虚构对纳尔塞斯的描述来强化这一点，比如说他口齿不清、罗锅驼背，凡此种种。但这两位将军的共同点却似乎是更为重要的，那便是：聪明过人的智慧、对查士丁尼的忠贞不贰，以及在战争上的天赋。

在率军抵达意大利之前，纳尔塞斯的职业角色更像是一位官员而不是帝国的将军。当查士丁尼令其作为密探向尼卡骚乱中的暴动者行贿并散布虚假信息时，他已经五十多岁了，并且在朝中也拥有了一定的权力。皇帝的做法，显然体现了他对这位宦官的信任。而这种信任既归功于纳尔塞斯的特殊身份，也归功于他那久经考验的忠诚。就像那些独身的牧师一样，太监在为上级奉献自身时，也不必考虑家庭需求的影响。此外，按照普罗科匹厄斯的说法，纳尔塞斯也是位一性论的信仰者，因此他可能也受到了狄奥多拉的青睐。最终，这位亚美尼亚人在皇宫内侍的位阶上一路高升，一直爬到了君士坦丁堡政治等级制度的最高位，即内廷的侍卫长。他也因此得到了皇帝的宠爱，成为了贵族阶级和帝国评议会的成员[40]。

但是他却仍旧不太可能成为将军，因为他在年逾半百之际，才开始首次担任军事指挥。在率领一万士兵抵达意大利时，纳尔塞斯可能已年近花甲了。虽然在名义上，他得听命于贝利撒留，但是他却很快就与这位色雷斯籍统帅起了冲突。而直接导致两人冲突的，便是嗜血者约翰。此时的约翰虽然已被维蒂吉斯围困在阿里米努姆（即今里米尼），但他却仍旧想着要与其王后玛瑟逊莎联姻。尽管约翰在大部分的突袭中都取得了胜利，但他也在诸多战当中赢得了"胆大包天、聚敛无厌"的名声[41]，而这样的贪得无厌也让他自陷危局。当贝利撒留还在琢磨应当营救还是惩戒这位下属的时候，纳尔塞斯却替约翰说起了好话，贝利撒留便只好有些不情愿地组建了一支救援队，打破了维蒂吉斯的围攻。因为被困而颇显憔悴的约翰，在表达问候时也显得无甚热情：他并未感谢贝利撒留的营救，却公开表示了对纳尔塞斯的感激，这件事便将查士丁尼麾下两位最得力的干将推向了终生的竞争。

两人的矛盾并未妨碍两支军队向维蒂吉斯开战，一座座城市因此落入查士丁尼部队的手中。罗马军队在农村和城镇中的掠夺，导致了严酷的饥荒，甚至出现了人吃人的惨剧。普罗科匹厄斯几乎是从临床医学的角度描述了这里的饥民："他们的皮肤变得非常干燥，比其他任何东西都更像皮革……他们的肤色从铁青变成了黑色，（并且）好像燃尽了的火把。"[42] 不过，意大利战争当中最大的人间惨剧不是饥饿，而是屠杀。而这场屠杀的受害者，便是米兰市内的居民。

米兰城最早的建立者，是来自阿尔卑斯山位于意大利一侧的山南高卢地区中的部落。公元前 222 年，该山脉法国一侧的山北高卢地区也被并入罗马共和国。米兰古称墨狄奥拉农，是戴克里先皇帝统治下的帝国首都，是颇有威望的安博罗削主教领导下的教权中心，也曾是意大利代牧主教座的所在地。这座城市也经历过数次战争的洗劫。公元 452 年，阿提拉率领的匈人军队攻打过此地；公元 539 年，贝利撒留的副官蒙迪拉斯又占领了这里。也是在这一年的晚些时候，当维蒂吉斯围攻米兰之际，纳尔塞斯便派了一支军队，在约翰率领下，赶来此地解围。约翰所率的军队从安科纳的西北方向前往米兰，却在波河南岸停了下来，因为他们害怕哥特军队就埋伏在河对岸等着他们。被困于米兰城的驻军指挥官偷偷地给贝利撒留带了一封信，得信之后，贝利撒留便下令救援纵队继续前进。但是约翰却抗命不遵，表示只有纳尔塞斯发了话，他才会前进：那种不服管的特质再一次地达到了新的高度。在贝利撒留的恳请之下，纳尔塞斯才同意接管此事，但这样来回传信所耽误的工夫，却给围困在城中的居民带来了灾难性的后果，饥不择食的他们已经沦落到了吃老鼠充饥的地步。

米兰百姓唯一的希望就落在了城内剩余的帝国军队身上，可将士们自己的饮食也没有好到哪去。围攻这座城市的哥特军队也知道这一点，并且拟出了对应的劝降提议：城内的驻军可以投降以自保，但是对于城内平民的安全，他们却无法保证。当驻军指挥蒙迪拉斯接到这个提议时，他呼吁自己的士兵予以拒绝，因为他知道，这样做会不可避免地导致一场大屠杀。然而，他的讲演术却无法匹配他的正直气节，守城驻军叛逃，哥特人摧毁了米兰。虽然普罗科匹厄斯笔下的三十万死难者显然是一种夸张，但其他的记载也清晰地表明，当时的平民确实遭到了肆意杀戮。因为屠城的缘故，这座意大利半岛上的第二大城市曾经短暂地消亡过。

米兰毁灭的后果之一是，纳尔塞斯与贝利撒留之间出现了一系列冲突性的相互责难。另一个后果是查士丁尼的回应，他将纳尔塞斯召了回去。因为没有了分权指挥的干扰，贝利撒留便继续向拉文纳推进；在向北进军的过程中，他还通过突袭或围城战术，步步为营地夺取了波谷中的每个哥特据点。到公元 539 年年底，在遍寻盟友的尝试失败之后，维蒂吉斯感觉到围绕着都城的"绳套"收得越来越紧，他最终落到了别无选择的境地……至少他是这么认为的。事实上，越来越不耐烦的查士丁尼，已经派遣使者带着为维蒂吉斯拟好的合约细节前往意大利。该合约让哥特统治者继续保有波河以北的意大利疆土，而皇帝则保有对其余一切的直接治权。毫无疑问，如果维蒂吉斯能够看到这份合约的话，他肯定是会欣然接受的。

然而，最先看到这份合约的是贝利撒留，他因为这种不能取得全胜的前景而大为光火。[43] 事实上，怒火中烧的他甚至违抗了皇帝的命令。然而，正如后续事件证明的那样，他的违抗恰恰成全了皇帝真正的心愿。得知维蒂吉斯已然彻底被困之后，贝利撒留一直期盼着哥特谈判使者的到来；许久之后，前来谈判的使者却给出了一个意想不到的提议：哥特人准备向贝利撒留投降，条件是他得做他们的国王。作为战术谋略，这位色雷斯将军接受了敌人的王权，以其新统治者的身份进军拉文纳，并且得到了当地居民的欢呼。

第一次看到意大利的哥特人都城时，普罗科匹厄斯最初，也最深刻的印象是："每天都在发生美妙的事情"，[44] 因为每个早晨潮汐河口的水流都会将城市变成一座岛屿，每个夜晚又把它重新接回意大利的土地上……这种现象不仅仅会引人好奇，而且也说明了当年霍诺留在察觉到米兰不利于防御之后，为何会将都城搬到此地。

对于从那时算起的多数游客来说，拉文纳最引人注目的还是其中的建筑。拉文纳的文化宝藏包括狄奥多里克大帝的陵墓和圣维塔教堂，这座教堂当中还保留着仅存的查士丁尼和狄奥多拉的镶嵌画像。不过从某些方面来说，拉文纳最重要的建筑宝库便是位于城市东北部的一座八面砖砌结构，这座建筑与其东北方向上的两所大教堂相去不远。其中四个侧面带有半圆形的后殿，瓷砖嵌就的屋顶冠于其上。至于这位曾经暂时当过哥特国王的色雷斯将军有没有造访过该建筑，史书上并未记载。但是如果他来到建筑的西北角，进入殿内，便会看到其中安设的原初装饰，尤其是洗礼用的圣水盘。毕竟这里是一个洗礼堂。曾经的洗礼活动都是在露天场所进行，是皈依基督教的一个简单的入会仪式，但是到了这里，它就成了每年一次的、庄严的复活节仪式。[45] 拉文纳被征服后不久，圣水盘就被抢走，洗礼堂里的所有装饰摆设也都被劫掠一空。只有这个建筑架构剩了下来。在阿里乌教派创始人被逐出教会的一千七百多年之后，任何进入这里的人都可以举目望天，体悟该教派的信仰核心。

拉文纳的阿里乌洗礼堂之所以会有这个名字，是为了将其与五世纪中叶，也即五十年前建造的正统教洗礼堂区分开来。阿里乌洗礼堂的湿壁画式天花板呈现了艺术史上最稀有的奇迹之一：用简单的视觉效果表现最复杂的神学争论。在这座洗礼堂内，耶稣的画像是赤身露体的，水浸到了他的腰部，但他的生殖器却明显可见。画作中的耶稣面朝东方，十二位使徒则靠在一个空的宝座附近。这也符合阿里乌派的教义，即耶稣只有在受洗的时候才拥有了神性。[46]

阿里乌洗礼堂注定要见证阿里乌派在意大利统治的终结：这位将军进入拉文纳几天后，便弃绝了哥特人赋予的短暂王权，并将其前任维蒂吉斯用锁链捆绑，押赴君士坦丁堡。如果维蒂吉斯能够解读建筑中蕴含的讽刺意味，他可能会对君士坦丁堡这座都城中最显眼的皇帝雕像评论一二。该雕像是一尊立在圆柱上的骑马纪念碑，上面覆盖着青铜，它的"颜色比纯金更柔和，且在价值上也不逊色于等重的银子"。[47] 雕像就放在元老院外、广场上方的皇宫北边。值得注意的是，雕像中的查士丁尼身跨战马，左手拿着一个圆球体，装束得宛如《荷马史诗》中的战士。另有三尊雕塑摆在查士丁尼雕像的下方，象征着"三位异教国王跪在查士丁尼皇帝的面前，将城市交到他的手中"。[①][48]

征服意大利的行动尾声，是由普罗科匹厄斯撰写的："战事得胜的根本，靠的不是人类的智慧或者其他各方面的卓越，而是因为总有某种神圣力量的存在，这股力量能够扭转人类的目的，转变时局，进而扫清障碍，让应该发生的事情顺利发生。"[49] 在仅仅两年的时间里，查士丁尼便重新统一了帝国的核心领地，尽管他又在叙利亚边境与波斯人再次发生了冲突，但是他有理由相信：自己能在皇位上再坐个几十年，他所统一的国土能与其建造的教堂、编撰的法典一样，再存续数百年的时光。

尽管查士丁尼的帝星似乎永远处于上升期，但他的领衔大臣却仍然是帝国最受鄙视的人。古典时代晚期，几乎没有人会像约翰那样遭到持续不断的辱骂，但是无论是同时代的批评家还是后世的史学家，他们对于约翰的敌意都比不上他的两位最大的敌人：狄奥多拉和贝利撒留。这两位之所以会引来约翰的憎恶，是因为他们与查士丁尼之间的亲密关系。因此，他会栽在安东尼娜的手里，这一点都不奇怪——毕竟安东尼娜既是狄奥多拉的密友，又是贝利撒留的夫人。

公元 541 年春，安东尼娜发现了这位卡帕多西亚人的弱点，那便是他的女儿尤菲米娅。约翰非常溺爱这个女儿，用一位历史学家的话

---

① 《荷马史诗》中的希腊战士，本身就是"异教"的象征。上文所说的讽刺，指的可能就是这一点。——译注

来说，这是"在其令人厌恶的性格当中唯一友善可亲的特征⁵⁰"。显然，他给予女儿的爱胜过了自己的精明。于是，安东尼娜便告诉尤菲米娅，贝利撒留感觉皇帝不仅不器重他，并且还没有给予他相应的回报，以奖赏他在征服北非汪达尔人和意大利哥特人时所取得的巨大战功。她之所以如此说，是为了在她精心挑选的"土地"上播种。多年以来，尤菲米娅一直都在听着父亲对皇室夫妻的怨恨；因此，她更愿意去相信任何有关这对夫妻的坏话，而不是去怀疑说话人的动机。安东尼娜无情地利用了这个女孩的弱点，告诉她：贝利撒留之所以没有起兵反叛，就是因为缺少来自文官重臣，比如令尊约翰的支持。

不过，虽然人们可以理解其女儿缺乏怀疑的精神，但是这位父亲在一听说二人的谈话内容后便轻易采信的缘故，只能是因为他的野心已经彻底蒙蔽了他。①因为约翰不仅同意与安东尼娜秘密会面，而且还按照她的条件，把密会的地点选在了迦克墩的一幢别墅里。他不仅是在她的地盘上与之碰面，而且还肆无忌惮地说出了准备为皇位而战的宣言；他不仅把叛国的话讲了出来，而且在说这话时还被人听了去。

当然，安东尼娜从头到尾都是和狄奥多拉一起合作完成此事的。在约翰同意密会之后，这位皇后为他的倒台加了最后一把劲，因为正是她派出了两位皇帝最信任的人员——纳尔塞斯和宫廷卫队指挥马塞勒斯。这两人躲在墙后，不仅偷听到了约翰叛国的言论，并且还试图将他当场逮捕。尽管约翰暂时脱离了两人的利剑，但他的话也足以使皇帝将其定罪。于是，查士丁尼流放了自己的领衔大臣。结果，这样的做法却将约翰放到了某种微生物能够触及的范围以外，而这种微生物的毒性可是强大到了足以撼动整个地中海世界。

----

① 应当指出的是，虽然普罗科匹厄斯（在供皇帝阅览的、名为《战争史》的查士丁尼王朝史中）并没有批评安东尼娜利用约翰女儿来唆使其行动的计划，他却严厉地谴责（在《轶事》中）她发假誓，让尤菲米娅和约翰相信她的动机是纯粹的，或者至少是对她言之凿凿地背信弃义提出了批评。

六世纪时，一艘从亚历山大港起航前往君士坦丁堡的船只，在顺风顺水的情况下，可能会在四到六天后首次靠岸于基克拉泽斯群岛的一座岛屿的岸边。从那里出发，它会穿过北部的岬角与尼西罗斯岛形成的海峡，进入一个海湾。在海湾中，它要沿着安纳托利亚海岸前行，直至抵达马尔马拉海和帝国的首都。假使一帆风顺，这艘船在海上航行的时间应当会在十到十四天左右。

请设想这样一艘海船，它于公元542年春起锚。停留在亚历山大港的两周时间里，船上装载了一批粮食，以及船坞中最常见的累赘：老鼠。没有人会在意这种不起眼的东西。老鼠，哪怕是死老鼠，在水手眼中就和晒斑一样，毫不稀奇。当然，跳蚤也是种常见的玩意儿。

离开亚历山大港一天后，一名水手说自己头痛、发烧，双腿和后背也有痛感。第二天，又有两个人病倒了。之前生病的水手注意到自己的腹股沟开始肿胀疼痛。病痛折磨下的水手们神志不清，说话含混，仿佛喝醉了一般。他们的眼睛充血，皮肤下的血液也淤积了起来，导致手指与脚趾发黑。到了第三天，病情就更重了。他们出现了幻觉；一名水手跳进了海里，或许是因为幻象所致，或许是只想缓解一下周身的灼热感。没有人知道具体原因，他的舌头早在自杀之前就肿胀不堪，已经说不清话了。到第四天，船上只有一名水手还活着。他把船停在了哈利卡那索斯的岸边，尖叫着逃离了这艘受诅咒的运粮船……但那叫嚷声并不大，因为他已经开始咯血了。临死之前，他就这么一直跑到了最近的村庄里。

现在，请把这样的航行经历乘以一百艘、五百艘船，再乘上一千个港口。还要另加一万辆牛车。

瘟疫的恶魔要现世了。

第三部

细　菌

第七章 "机缘与数字的后嗣"

> 微生物如今会对我们如此感兴趣，这事儿并不奇怪。因为在所有有机体的碳氢化合物都已经处于有序的状态下，人体便是这些微小生命形式的理想食物来源。在其与热动平衡的长期斗争中，细菌将我们视作其自生系统维护的源头。[1]
>
> ——琳·马古利斯及多里昂·萨根

拉文纳陷落一千一百多年后的某一天，在其西北方向六百英里开外的城市中，有一个人端坐在桌子旁，把眼睛放到一架早期显微镜镜管的一端，看到了些前所未见的东西。这人名叫安东尼·范·列文虎克，他是荷兰代夫特市的一位镜片打磨师。当时，做荷兰人与制造镜片都是很受敬重的事情。十七世纪最后的二十五年里，荷兰正处在煊赫一时的鼎盛时期，而经过精密加工的玻璃被证明是前所未有的伟大科学工具之一，以至于诸如列文虎克和巴鲁赫·斯宾诺莎等镜片打磨师所采用的秘方常常会随着他们的去世而失传。从伦敦到威尼斯，天文学家与舰队司令都不惜花重金购买望远镜，但是列文虎克却决定将其敏锐的观察力从其国家的广阔海域上（一位同时代人在描绘十七世纪的荷兰帝国时，重复了维吉尔的话语，说它"拥有全能者在创世时所划定的全部疆界"[2]）移开，转向一滴水中的熙熙攘攘的大千世界。列文虎克后来写道："每当发现任何了不得的东西时，我都觉得自己有责任将发现写在报纸上，以便分享给所有有创造力的人。"1683年，《自然科学会报》上刊出了一张图象，图象上面再现了他的发现。

画面中的生物极小，已经达到了他的镜头所能分辨的极限值。列文虎克将这些有机体称之为"微动物"。

在列文虎克之后，过了一百年，丹麦科学家奥托·弗里德里希·穆勒将卡罗勒斯·林奈的二名法系统应用到了列文虎克所发现的生物身上。那之后又是一百年，十九世纪的法国人路易·巴斯德发现了微小生物体在致病方面的复杂性。但是直到 1872 年，德国科学家费迪南德·朱利叶斯·科恩才首次将这种杆状生物命名为细菌，这一名称来自希腊语中的职员一词，即"baktron"。尽管科恩、巴斯德和列文虎克都没有意识到这一点，但是他们所感兴趣的东西，确实是地球的第一种生命形式，而且几乎也肯定会是最后一种。用古生物学家斯蒂芬·杰伊·古尔德的话来说，就是"从所有可能的、合理的、公道的标准来看，细菌始终都是地球上最主要的生命形式"。[3]

假如地球上的第一种生物与罗马的最后一位大帝之间，真的存在一种能够关联起来的路径，而不仅仅是文学上的杜撰，那么我们在判定这条路径的发端时，总归会显得有些武断……大多数古典时代晚期的历史学家都倾向于忽略所有恶魔般的疾病的重要性，而选择用更传统的叙事元素来讲述古典文明的末日故事。他们的偏好是可以理解的。因为乍看之下，历史记载似乎怎么也说不到那些没有历史感甚至是没有自我意识的生物，其中演绎的故事怎么着也轮不到它们来当主角。

然而，既然是乍看，就难免会失真。从达尔文算起，所有伟大的生物科学家的关键见解之一便是：哪怕单细胞生物的历史也得算作历史。从某种意义上来说，它的历史同样不可重复、不可预测，但并非不受约束。生命的历史，当然也就像人类历史一样，会经过一个受自然法则限制的通道：例如，鸟翼的尺寸是不能违反立方体定律的。当然，它的发展范围也会受限于既定的选择。一旦生存策略被选定，无论是文明还是物种，都无法毫不费力地改变它，若非如此，一滴水便可以再次沿原路折回，回到一条干道分为两条支流的初始位置。赫拉克利特有句名言：一个人不能两次踏入同一条河流，这对于进化和历史而言，都是正确的论述。民族的起源就像物种的起源一样，总会是独一无二的。

遍览所有关于生命科学的文本，无论它们难易程度如何，其中专门讨论细菌的段落，都必然包含着诸多的起源故事，当然也本该如此。古生物学家经常会把地球生命首次萌芽的时间往前推，而他们的许多发现至今仍然存在争议。不过，这些专业人员虽然会继续就细节展开争论，但是在大局上，他们早就达成了共识：三十多亿年前，地球上出现了首个可识别的细菌生命；十五亿年后，诞生了第一个有核细胞；五亿七千万至七亿年前，出现了第一个多细胞生命。随后又过了三亿年，那些被称为恐龙的大型爬行动物便现身了。恐龙灭绝六千万年以后，一群双足灵长类动物从东非外迁，最终创造了语言，发现了火种，并且有了建立帝国的念望。这就意味着，近二十亿年来，细菌不仅是创造之王，更是创造本身。

然而，当进化生物学家写到接下来的十五亿年时，他们更倾向于将注意力转移到细菌的后代身上，包括：有孔虫、硅藻、鱼类、开花植物、食肉爬行动物和哺乳动物，并且他们会用自己的方式来复现这样的卡通画面：一条原始鱼类爬上海滩，依次变成了两栖动物、树懒、大猩猩、尼安德特人，最后在画面的最右边，进化出一位身板笔挺的现代人。可以肯定的是，现代进化生物学家通常都会不厌其烦地提醒读者，进化不是渐进式的，动物并不比植物"高级"，变形虫与蓝鲸一样，都是自然选择的奇迹。但即便如此，任何将细菌放在根部或者置于中心的生命之树的图片，都有可能忽略一些相当重要的事情：

在其后代出现之后，细菌并没有立马停止进化。

它们到现在都没有停止过进化。

当鼠疫杆菌这个恶魔开始进入进化的最后阶段时，它的直系祖先可能就生活在尼罗河和孟加拉湾之间的某个地方。[①] 不过就目前而言，采用该生物的视角来分析问题可能会更有帮助。也就是说，它就生活在一个更受限制的空间当中，即哺乳动物的肠道。就像三十五亿年前的所有细菌一样，它非常小，小到接近生命本身的极限。把五十个这样的细菌，一个接一个地垒在一起，大约才相当于一美元钞票的厚度。按照自然选择的记录卡分类，这种最终会被称作假结核耶尔森氏菌的细菌是一种非常成功的有机体，它分布广泛、数量巨大，并且对宿主而言也是无害的，以至于其能够在同一个宿主的肠道中存活几十年，最多也只会带来像小感冒一样的胃疼而已。

就像其所有的细菌祖先一样，假结核耶尔森氏菌也拥有改变的天赋。该细菌的单细胞中有四千个基因，这其中包含的数十个序列能够允许遗传密码段在基因组上的不同位置间移动，并从其他细菌、病毒甚至是那些（像手稿的松散页面般）在细菌液态层中漂浮的 DNA 中获取新的遗传信息。

只有当这些密码片段在生长与繁殖这类兹事体大的活动中提供了优势时，它们才算是有用的。但是，由于假结核耶尔森氏菌无法知道特定的密码是否真的有用，所以它们不得不依靠大数定律来寻找选择优势，或是从别处窃取现成的密码，又或者在复制时将错误的字符引入其密码簿中。众所周知，"只要猴子数量足够多，总会有能把《钦定版圣经》打出来的"。这句谚语中所要求的试错次数，远低于细菌为了打造出新的有机体而寻找必要蓝图的努力。

---

① 关于原始鼠疫出现的流域位置，还有更多的争论，具体请参见第 181—184 页。

然而，新的细菌种类却仍然每天、每时、每刻都在出现。

在与其他生物共存的这十亿多年中，细菌一直在持续进化（在其他生命形式出现之前，它们自己也进化了大约十亿多年），但生命通史却并不怎么关注细菌进化的"第二幕"，这一点倒是颇为奇怪。之所以会有这种重视不足的情况，部分责任应划归分类学。从列文虎克时代到十九世纪中叶，分类学家与其他人一样，都讲究以人类为本位，进而将所有活物都归到植物界或动物界；因此，细菌要么会被定为前者，要么就划在后者的范围当中。拥有行动自由的是动物；那些具有光合作用功能的便是植物。1862 年，德国生物学家恩斯特·海克尔指出，被他称作原生生物的微生物应当拥有与植物和动物相同的地位；但是，直到二十世纪三十年代，原生生物才被广泛地认定为动植物之外的第三界。

然而，微生物被提升到与动植物相同的地位，也就令单细胞生物的分类法变得过于简单了。自达尔文以来，属、科、门等分类学类别带给人们的知识就是其中的成员都应当有一个共同的祖先，这就像家谱一样：关系近的堂表亲拥有相同的（外）祖父母，远房的堂表亲拥有相同的（外）曾祖父母。不过，对于单细胞生命来说，纯粹的形态学手段（哺乳动物有毛皮，昆虫有几丁质）又是种过于生硬的分类方式。这是因为生物之间最基本的区别不是动物之间有无脊椎的差异，甚至也不是动植物之间的差异，而是有无细胞核（即生命的内核）的区别。内核这个词，在希腊语中写作 karys，所以用以描述没有细胞核的生物的希腊词便是 prokaryotic（原核生物），这个名词最初写作 procariotique。作为术语，该名词是由法国海洋生物学家爱德华·查顿在二十世纪三十年创造出来的，而有细胞核的生物则被称作 eukaryotic（真核生物）。细菌属于原核生物，而其他几乎所有的东西，从酵母到大象，都是真核生物。这一认知导致了第五界的创立，将保留了原生生物名称的单细胞真核生物与原核生物划分开了。因此，在二十世纪七十年代尘埃落定之际，生命的分层树结构中共有两个域——原核生物与真核生物，以及五个界：植物界、动物界、真菌界、原生生物界和细菌界。[①]

不过，要想准确了解细菌的地位，就需要花费更多的努力。早在自然选择等基础理论或生物化学等工具出现之前，依据形态差异（腿与翅膀、鳞片与皮肤）对生物进行分类的生命科学就已经变得很系统了。如今，这种偏见仍旧存在，从而大大低估了细菌所表现出的变异性。单细胞生物的体形差异，明显不如同科不同种的昆虫来得丰富多彩，这是因为细菌也会为了适应进化生态位而进化；但是它们在进化时，通常不会改变物理形状，而是会改变自己的化学构成。要了解这种差异，不妨设想一下为身处北极气象站的科学家提供支持这项极具挑战性的工作：与其聘请机械工程师来打造供暖和通风系统，不如配制一种能够改变人体内部体温的药丸，使之能够应对零摄氏度以下的气温。细菌是个糟烂的机械师，却是一位出色的化学家，从呼吸到光合作用再到消化，它们几乎是科学界已知的所有代谢反应的开创者。[4]

当然，这并不是说，它的所有创造都是具有建设性的。

所有的生命形式都带有一种决定性的特征，那便是能够以新的、有意思的方式组合出遗传材料的集合。在人类重新组合 DNA 的相对

---

① 或者不然。1977 年，当时身在耶鲁的微生物学家卡尔·沃斯宣布发现了第三域，即生活在极端环境中的微生物谱系。就比如说大洋底部的高热开口吧，那里的水压极高，以至于哪怕是在三百华氏度的高温下，海水仍然保持着液态。由于如今这些生命形式的生存条件被认为是模仿了早期无氧状态下的地球上的生命条件，因此沃斯将它们命名为原始细菌。随后的发现表明，实际上，原始细菌（有时也称古细菌）与真核生物之间的关系比和细菌之间的关系更为密切。但由于两者都属于细菌学家的研究对象，因此，本书会将它们统称为细菌（bacteria，首字母小写）。

短暂的两百万年里，有一千亿个独特版本的人类曾在地球上出现过。相比于其后辈而言，细菌不仅参与进化的时间更长，而且它们从前代那里获取遗传材料的手段，也比后辈们丰富了好几倍。准确地说，应当是丰富了三倍，因为细菌拥有以三种不同方式获取基因的能力。细菌在获取基因时所用的第一种也是最常用的方法，便是接合，即通过被称为菌毛的毛发状性器官实现细胞与细胞间的直接接触。第二种方法是转导——在转导过程中，菌毛会被病毒所取代，而病毒本身又是蛋白质外壳中的一些 DNA，它能够在细菌之间传递基因。其三，由于"仅"通过这两种获取方法还不能满足细菌对新遗传物质的贪婪胃口，许多细菌还会收集质粒（在细菌环境中漂浮的 DNA），这一基因获取方法被称为转化。

这种多管齐下的繁殖策略具有深远的影响。几乎所有其他的生命物种都只能与同一物种的成员共享遗传物质（有时也可以与密切相关的物种共享，比如马和驴便可以交配繁殖）。但由于细菌（如大肠杆菌）会收集游离的 DNA 或病毒携带的 DNA，所以可供其挑选有用代码的"繁殖"种群就不单只是其他的大肠杆菌而已了。在贪婪的细菌细胞可以研究使用的代码库中，包含了地球上所有的其他细菌，以及相当一部分的病毒。因此，根据伟大的进化生物学家恩斯特·迈尔的定义，既然物种都是有生殖隔离的群体，那么各种细菌就根本不能算是独立物种。

人们可能会认为，在创造新型与改良型物种时，被统称为"水平进化"的接合、转导和转化带给细菌的优势就足以让其睥睨远超其他生命形式了。如果你这样想的话，那就错了，因为细菌（就像其他生物一样）还拥有另外一种途径：通过保留有用的突变，它们也可以垂直进化。从本质上来说，突变在遗传密码当中就好比是印刷错误，它通常是由辐射等环境创伤引发的。当然，无论发生在细菌还是在人类身上，大多数突变要么是中性的，要么就是有害的；毕竟，拼写错误不会为任何文档添加有用信息。但是，如果文档足够长，其中有一个或多个错误，实际上反倒可能会给作品增色，而哪怕是在相对较短且错误率较高的作品中，有些错字也会构成俏皮的妙语。一个带有很高突变率的足够大的群体，当然也会催生一些令人愉快的意外——只要基数够大，哪怕是百分比并不高，但是这个绝对值仍然还是相当可观的。

在细菌界，种群的规模和繁殖率都高得惊人。任何物种的突变率都是通过找到突变概率在单代繁殖之后便大于50%的种群大小来计算的，而对于大多数细菌来说，这个种群的大小也就刚刚一百出头的样子。由于一杯海水能包含数十亿个细菌，这些细菌每三十分钟左右便可以繁殖一代，所以每隔二十四小时就出现有用突变的可能性接近百分之百。

这里的"有用"，当然是对于细菌而言的。

早在查士丁尼完成从巴尔干的故乡到继承君士坦丁堡皇位的这段历程之前（可能早在数千年前吧），假结核耶尔森氏菌便已经完全改组了它的DNA。以任何标准来说，它都是一个新的有机体了。至于其中的垂直进化与水平演化的结合方式与结合原因，就很难说清了。对于细菌而言，繁殖能力在所有的生理需求当中，属于最基本的诉求，甚至比其生存本能还要强大。即便如此，只要该物种依旧只能在消化系统中生存，那么其繁殖能力就要受到旅行能力的限制——通常情况下，它们都是经由过程相对缓慢且本身靠不住的动物粪便播撒来传播的。如果细菌对繁殖的痴迷能像查士丁尼再度统一帝国的梦想一样，那么这种特定的细菌便可以找出一个更优越的运输方法，从一个宿主转移到另一个宿主的身上……用病理学的语言来说，就是一种载体，一种在生物体之间转移病原体的载体。没有人知道细菌在投身于这个理想的载体之前，经历过多少次的错误尝试。然后有一天，它终于找到了这个理想载体。

跳蚤。

尽管至少在六千五百万年前跳蚤就已经进化出来了，[①] 但首个对其进行详细研究的人，也正是发现细菌的安东尼·范·列文虎克，这也是历史当中的一次无伤大雅的讽刺。列文虎克曾这样写道："这种微小且受人鄙夷的生物……（被）赋予了所有大型动物一般的完整生命。"[5] 他的这句话其实低估了跳蚤。这些微小的虫子（最小的只有0.01 毫米长）能够让任何的跳蚤马戏团都自愧不如。欧洲兔蚤会与宿主高度同步，雌性的跳蚤只有生活在怀孕的雌兔身上时，自己才会怀孕。而当雌兔分娩时，跳蚤也会跟着分娩，新生的跳蚤随即便会在小兔子的身上找到一个安乐窝。

凭借着强大的腿部力量，这种无翅昆虫能够跳到两英尺高，而且它还可以用腿部末端的钩子勾住动物宿主。拥有移动能力的跳蚤，显然可以充当细菌从一个宿主转移到另一个宿主身上的运输工具。不过对细菌来说，宿主到宿主的转移，只是其行程的一半；而另一半可能就更重要了，即要从宿主的体外进入其体内的通道。事实上，虽然载体在动，但跳蚤却几乎是一动不动地趴在那里的。舌蝇和蚊子是导致昏睡病和疟疾的细菌所依托的、移动性极强的载体；但是跳蚤，尤其是喜欢啮齿动物的跳蚤，很可能会在一只动物宿主的身上终老一生。因此，对于细菌来说，真正重要的不是载体的腿，而是它的嘴。成功在载体必须具备穿透宿主皮肤而将细菌带入动物体内的能力，这是种必要条件，也是跳蚤进化得非常好的一种特征。跳蚤会对假结核耶尔森氏菌产生独特的吸引力，是因为它的饮食习惯，而不是它的活动性：作为一种吸血虫，它的嘴部两侧有两个柳叶刀状的尖刺，即所谓的口器；口器能将该昆虫的双泵（食窦泵、咽泵）系统直接连接到储存哺乳动物血液的腹囊上。

---

① 在两亿年前的沉积物中发现过类似于现代跳蚤的化石。

而要将假结核耶尔森氏菌转变成一种可以依靠跳蚤搭载的细菌，需要花费好一番功夫。由于细菌形式和功能在本质上是相同的，那么形成新型与改进型的有机体就意味着其获得了一系列新的功能；也就是说，相应的遗传密码已被重写。要进化为生活在哺乳动物消化系统中的细菌，就需要其基因允许它生活在与跳蚤的中肠迥然不同的环境中。跳蚤的中肠内会生成一种物质，将杆状细菌压成球体，然后再将其消化掉。而在其重构项目的某个阶段，假结核耶尔森氏菌获得了新的 DNA 代码，这段代码中包含着能够制造出名为 YMT 蛋白质（耶尔森氏菌鼠毒素）的指令，而这种指令又可以关闭跳蚤的防御机制。[6]但是，跳蚤的中肠只能作为细菌的停留地，它还需要一条通道，以便进入跳蚤吮吸的血液之中。为此，它就必须关闭能够制造出附着在跳蚤胃部的蛋白质的基因，或者说，关闭制造那些毒性极强的蛋白质的基因，进而确保跳蚤在将其传播出去之前不会被毒死。最后，要成为真正高效的旅行者，细菌需要像顺利抵达新宿主的身体时一样，成功地离开跳蚤的消化系统。细菌的出口是跳蚤的前肠，这种膨节里面排列着七排互锁的刺毛，控制着流入跳蚤尾部的血液。通过获取另一段用于构建 HMS 蛋白质（血红素储存位点）的代码，细菌学会了如何利用血液制造出一种胶水（一种生物膜，如牙菌斑）[7]。使用这种生物膜，细菌能够聚在一处，将跳蚤的胃与食物分隔开来，这不仅会导致跳蚤疯狂进食，以防自己被饿死，并且还会将其前肠整个从内到外翻过来，迫使已经进入跳蚤身体的血液流出来。[8]

威廉·詹姆斯有句名言：人与人之间并没有多少区别，但是仅有的那一点区别却是非常重要的。假结核耶尔森氏菌与其后继有机体之间的差异也是非常小的。或者，更准确地说，是与其后继有机体群。鼠疫杆菌的形式不止一种，但就其具体的种类数量而言，人们尚未达成一致意见。法国生物学家勒内·德维尼亚特有些武断地区分了鼠疫杆菌基因组的三种不同且微妙的变异。它们是古老变种（源自查士丁尼瘟疫)、中世纪变种(与十四至十六世纪的瘟疫有关)和东方变种(来自第三次大流行,主要在中国肆虐)。尽管无法切实地追溯这三种菌株的真正年代(如下所述,它们的发源地也是有些模糊的),但即使到了今天,这种分类法还在被广泛使用着。这种划分不仅基于这三种流行病的历史亲缘关系,而且也基于其生化特征———一种能够发酵甘油,一种可以将硝酸盐转化为亚硝酸盐,另一种则兼具前两个特征(更令人困惑的是被称为田鼠型鼠疫的第四个变种,它既不能发酵硝酸盐,也无法在慢性的状态下导致体型比啮齿类动物更大的动物生病)。在这三类生物变异当中,至少有 35 种不同的菌株或谱系已被确定;由法国微生物学家米歇尔·德兰古领导的一支团队,从法国南部桑斯附近的一座六世纪的万人坑中挖掘出了六十具骸骨,在随后对其进行的牙髓研究中,他们令人信服地论证,公元 540 年离开贝鲁西亚的恶魔来自鼠疫的东方变种。[9] 参与苏联生物武器研究项目的科学家则给出了一种不同的分类方案,他们按照宿主哺乳动物(和跳蚤)的类型,将菌株分为土拨鼠瘟疫、沙鼠瘟疫、鼠疫和黄鼠瘟疫。

比起鼠疫杆菌的多变特征或者其与亲本有机体的高度相似性(共享 95% 的遗传密码),更令人吃惊的是,在新有机体的遗传物质当中,只有很小一部分是全新的,即 32 个基因与两个质粒。[10] 与其相对无害的亲本相比,这个恶魔的最明显的不同便是它的有害性:鼠疫杆菌当中缺少 317 个假结核耶尔森氏菌中的基因,它们是被细菌基因组的片段(插入因子)给删除的,而这些片段的功能就是扰乱基因序列。在短短几百年的时间里,它们转换了几百个基因的位置,删去了另外的几百个基因,并且又添加了几十个;在此基础上,假结核耶尔森氏菌终于催生出了一个全新的菌种。又一组随机的基因赌注中了头奖;用复杂度理论家斯图尔特·考夫曼的话来说,这是一个自我维持的系统:"机缘与数字的后嗣,纷至沓来。"[11]

此时,鼠疫杆菌能够传播到跳蚤将其带往的任何地方。但问题是，携带它们的是哪种跳蚤呢？如今已经证实的鼠疫杆菌载体有数十种跳蚤，但第一种也是最成功的一种，便是林奈分类法中所谓的印度鼠蚤。① 与大多数跳蚤一样，印度鼠蚤也是种惊人的繁殖者；终其一生，这种跳蚤会产下近四百个卵。此外，它的生命周期是相对较短的，从卵、幼虫、蛹到成虫的整个阶段，只需要两周时间。尽管如此，如果必要的话，处在蛹期的印度鼠蚤，仍然能在垃圾堆和孵化的老巢中，生存长达一年的时间。更重要的是，比起其他任何类型的跳蚤，印度鼠蚤的前肠被细菌菌落成功阻塞的时间会更短，往往都用不到五天时间。从细菌的角度来看，这个特征既是好消息又是坏消息：饥饿既会让印度鼠蚤对任何移动的活物狂咬乱啃，也会导致其预期寿命明显减短。此时，依旧足智多谋的鼠疫杆菌可能已经将这一点转化为它的优势了。六十年前，根据生物学家阿尔伯特·劳伦斯·伯勒斯的假设，这种细菌之所以会存在于数十种不同跳蚤中的原因之一，就是那些不太容易被细菌菌落阻塞的跳蚤可以长期供养鼠疫杆菌的种群：[12] 一些蚤类在被感染之后可以存活一年多的时间，从而成为细菌及其基因的战略储备库。[13]

正如我们所知的那样，基因对于生命而言是非常重要的，以至于一些进化生物学家的名言，比如那位最著名的理查德·道金斯，时常会被人挂在嘴边：有机体不过是基因用来确保自身繁殖的载体。但基因不是全部。DNA 的重新排序是很有必要的，但光靠这一点还不够。

---

① 还有些人主张，喜欢以人类为宿主的人蚤是疫病的携带者，疾病控制中心的肯尼斯·盖奇就是这种理论最著名的拥护者之一。尽管这一观点在俄罗斯很受欢迎，但在其他地方却仍然存在争议，主要是因为这种疾病非常罕见。如果人蚤成了主要的携带者，那么人类将会普遍成为这种疾病的宿主。此外，尽管我们只能透过历史轶事的迷雾来考察所有被称作前科学时代的流行病学的记述，但迷雾背后所显现的疫病模式（如死亡率在大、小家庭中的随机分布）并不支持我们去认可人蚤的重要性。如果人蚤是主要携带者，那么那些大家庭当中的死亡率肯定会更高。

控制化学或人类的行为与反应网络的另一个最低要求，就是自我与其他一切事物之间的边界。生命是需要依靠细胞壁来守护和界定的。

细菌的定义依据，当然也在于它们的细胞壁。也就是说，当施加结晶紫染色液后，细胞膜变为紫色且保持这种状态的，便是革兰氏阳性菌；而在施用另一种溶液时，变为粉红色的细菌则是革兰氏阴性菌。这种术语①的出现并不只为了方便命名。细菌最早的进化进展之一，是产生一层厚厚的碳水化合聚合物（糖类的一种奇特名称）的细胞壁，经由蛋白质连接之后，这些聚合物有效地形成一种叫做肽聚糖的巨大分子。经过很长的时间之后，不同种类的细菌会将肽聚糖包裹在脂肪、蛋白质和碳水化合物的组合当中。这种组合不仅能抵抗紫染色液，还能让革兰氏阴性菌更顽强地抵御针对细胞壁肽聚糖糖蛋白的攻击。

膜的作用不仅仅是提供保护，更不只是自我与环境之间的必要边界标记。细菌细胞膜最初的功能，也许不过就是调节能量的运动，使之进入到细菌细胞当中。从那个相对简单的作用开始，直到如今的细菌，这两者之间的区别远远大于披屋与大教堂之间的差异。如今的细菌构筑起了异常复杂的细胞壁，以维持数十种正在进行的化学反应。其中的每一个反应都迫使细胞壁允许一些环境分子的进入，同时允许一些细胞分子逃逸。为了控制这种运动，细胞壁结合了由导水管和泵组成的动态系统，以便将营养物质移入和移出细菌细胞；有些泵会使用带电分子将带着相反电荷的分子推入或拉入细胞。其他系统会使用蛋白质打开细胞壁中的通道，但它们也只允许一种材料进出。还有一些系统则聚合了一长串能够彼此传递氨基酸的蛋白质，而其他蛋白质的作用，便是确保膜通道的畅通。

---

① 这与公制克（gram）无关，它是根据 1884 年发现这一现象的丹麦医生汉斯·克里斯蒂安·革兰（Gram）的名字命名的。

尽管最早的细菌细胞壁比如今的要简单得多，但是在三十多亿年的时间里，它们所包含的细菌的大小却几乎没有变化。这是因为细菌的大小（直径约一到两微米，是书中逗点直径的三百分之一），属于数学上的平方立方定律中的一个函数。如上所述，因为生命的基本化学反应需要分子从膜的外部移动到内部的细胞质当中，所以表面积与体积的比率越高，对它们而言也就越有利。细胞工厂中的情况与金属车间里的情形是一样的，装货码头离制造机械越近，能够运出工厂的货物也就越多。

　　而且细胞工厂的数量还不少。经过三十多亿年的扩张，细菌已经进入地球生态系统当中的每一个可能的生态位，只要水仍旧以液态的形式呈现（即使是在大洋底部几百度的高热开口附近，因为压力极大的缘故，这里的水仍旧是液态的），那么细菌就会茁壮成长。[14] 原核生物不仅是地球上数量最丰富的生命类型，且在质量方面，它也是最大的群体；事实上，每十磅海洋生物中，就有九磅属于原核生物。因此，在这个星球上，细菌拥有最大和最不挑剔的胃口也就不足为奇了。细菌会"吃掉"无机化学物质、阳光、其他细菌，以及每一种行走、游泳、飞行或爬行的生物。但直到"最近"——在细菌的历史中只是沧海一粟——它们才产生了 种将动物视为食物的基因组合。

　　在最基本的层面上，地球上的所有生物吃的都是同一种食物：复合三磷酸腺苷或称 ATP，它能将能量储存在化学键中，这也是二磷酸腺苷（ADP）与 ATP 之间的区别。就像使用飞轮给电池充电一样，每将一个 ADP 分子转化为一个 ATP 分子，就会"消耗"八大卡能量，但是这个能量并没有消失。当这个循环逆转时，它就会以能量的形式被释放出来。这个循环的历程，就是将糖转化为能量的三个反应过程中的关键，是一种强大的能量马达，即便是在智人等后来出现的物种当中，它也仍旧属于黄金定律。如今，这个过程通常被称为三羧酸（或柠檬酸）循环。1937 年，避难中的德国化学家汉斯·阿道夫·克雷普斯曾经描述过将乙酸和草酰乙酸转化为柠檬酸进而形成高能磷酸键的十几个步骤，并给这套步骤冠上了自己的名字。从那以后，克雷普斯循环便以其错综复杂的特性折磨着一代代的中学生。

我们可以通过两种不同的方式来生成三磷酸腺苷，一种是依靠光养的生物体，它们能将阳光转化为 ATP，具体转化过程是使用被称为叶绿素的绿色色素吸收单个光子中所包含的能量，从而将叶绿素转化为三磷酸腺苷分子；而除光养生物体之外的另外一种方式则是化能生物体。包括人类在内的现代化能生物，都是通过消耗光合作用的生物及其他的化能生物（如沙拉和汉堡）来产生三磷酸腺苷的。虽然看似很简单，但这并不是生命最基础的饮食计划。地球最早的生命形式比光合作用的出现至少早了数亿年。拥有实验证据的首个饮食策略就是简单的氧化反应，即从硫、氮、氢元素中释放出高能的电子。而在食物链的上一阶，便是细菌代谢（发酵）早期地球上自然产生的有机化合物。发酵糖的技术能够释放可用于生存和生长的能量，并且留下能量较少的酸性物质，如今的细菌也仍然在沿用这种主流技巧：让牛奶变酸的乳酸是吞噬乳糖的细菌的残留物；而那些会在食用葡萄中的果糖之后留下酒精的细菌，也是运用了相同的发酵糖分的技能。

然而，从自然界获得的糖却只能供单次使用，若是以它为食，其含量便会急剧下降。这就给早期细菌留下了一个迫在眉睫的资源减少问题。面对这个问题，一些特别有创造力的细菌发展出了光合作用，将太阳能与大气中的氢元素结合了起来。相比于将三磷酸腺苷直接生吞入腹，它们会将它用作燃料，带动内部的"发动机"，使之能够经由二氧化碳和氢气制造出糖。可以想见，这样的话，细菌就能获得一种近乎无限的资源了。所以在很长的一段时间内，哪怕是最贪吃的细菌，也对这种方式感到满意。

细菌在地球上走过了二十亿年的进化之后，终于有了一些伙伴。在首个真核生物形成之后又过了十亿年，此时的细菌很可能已经学会了如何吞吃其他的细菌，并将它们转化为特殊的能量发生器（如真核植物中的叶绿体和动物中的线粒体）[1]，这样的进化扩大了细菌的进食菜单。在距今五点七亿到八亿年前的历史上的某个时刻——按照细菌的时间标准的话，大概也就是在上周的样子——地球上的生命就变得更复杂了。古典神话当中的一个不朽之作就是泰坦的故事。泰坦是地球上的第一任统治者，他们的国王克罗诺斯吃掉了自己的孩子。和克罗诺斯一样，地球上的第一种生命形式也即将进化出自己未来所需的食品柜。

它们所占据的星球已经完全被细菌和单细胞真核生物的活动改头换面了。光合[2]蓝藻（在较早的文本当中，它们被称为蓝绿藻，即便它们不是藻类，而且通常也不是蓝色或绿色的）已经在毫无防御能力的地球上释放出了可以想见的最具腐蚀性的物质之一：游离氧。此前在地球生物族群中占据绝大多数的"厌氧"细菌因此面临灭绝，它们被永远地弃置在了海底等没有游离氧的栖息地中。与此同时，其他细菌则在地球表面的土壤中固定了氮元素，这也使得那些需要更多光合作用的植物得以生长起来。

从其他方面来看，任何熟悉现代地球的人都无法辨认出此时的地球，这是由于有另一个巨大的变化引擎对这颗星球进行了改造。与板

---

[1] 伟大的进化理论家琳·马古利斯首次论证了植物和动物细胞的关键要素（前者是叶绿体，后者是线粒体，也即人类细胞当中作为能量工厂的细胞器）事实上是细菌细胞，而在过去的十五亿年中，它们已被共生性地整合到了更大的细胞当中。尽管进化论者约翰·梅纳德·史密斯称线粒体为"被膜包裹的奴隶"，但这并不是说，对于真核生物源自原核生物的理论就没有批评的论调。乌普萨拉大学教授查尔斯·加布里埃尔·库兰认为，真核生物与原核生物拥有共同的祖先……它们是在一棵尚未被发现的分类树上的两个独立分支。

[2] 最早进行光合作用的细菌是不产氧的。也就是说，它们不会产生氧气作为新陈代谢的副产品。只有蓝藻（以及后来的植物）才促成了地球含氧的大气形式。

块构造的缓慢进程相比，自然选择快得宛如快进的视频一般；巨大的大陆板块以每年几英寸的速度移动着，在耗费了一亿年的时间之后，才完成了一次环球旅行。六亿年前，几乎所有的板块都是聚集在南极周围的一大块陆地的一部分。现代地质学家将这块超大陆称为罗迪尼亚，将覆盖这颗星球其余地方的海洋称为泛大洋——这两大块区域共同构成了寒武纪大爆发的地点，进而将多细胞生物引入了这个世界。

大爆发是唯一能够形容该过程的词汇：不仅门的数量从不到六个增加到了近四十个，而且地球的总生物量也增加到了与如今基本相当的水平。[15] 三亿五千万年来，生物体之间基本上就是在互换这个保持恒定的生物质总吨位。①

就原生动物（单细胞真核生物）成为后生动物或多细胞生物的那一时刻而言，最为广泛接受的理论假设是，前者的菌落被证明为一种适应性的改进，随着时间的推移，它们不再是独立细胞的菌落，而是成为了单独的有机体。因此，最初的后生动物很可能会非常像海绵或变形虫，它们在本质上是一组相对相似的细胞。而它们会聚集在一起的原因是，这样能够极大地提高自己吞噬单细胞祖先的能力。就像在它们之前的真核生物一样，后生动物也可以变得更大、更多样化，从而扩展到空的且更有吸引力的生态位中。几代历史学家的行动证明，人们是无法抗拒将这种组合与人类社会的发展进行比较的，他们所持有的一个观点是，这就好比拿家庭和部落相比，拿部落与王国相比，拿王国与帝国相比，而在这种比较当中，前者总是会居于劣势的。

然而，如果将视角稍作转变，便会发现，反映在所有那些多细胞植物、昆虫、鱼类和脊椎动物中的进化多样性的爆发，不仅为后生动物带来了优势，也同样为细菌带来了好处，特别是为细菌的饮食提供

---

① 或者也许不然；目前流行的一种理论是，在非常高的温度下，生活在地球表面以下的厌氧菌的重量应当等于或超过了地表生物的总质量。

了便利。从这个角度来看，人类的食物链和人类本身对细菌而言，只不过是将食物提炼成更紧凑、更高效的浓缩包，就像牛排不过是青草中的太阳能经过牛的消耗之后浓缩出来的食物形式。

从第一批光合作用者到贝鲁西亚尸体中的细菌，中间所间隔的细菌世代数，应当在 10 到 11 次方之间，比之于智人和我们最古老的真核祖先之间所间隔的世代，后者大概差了六个数量级。这段漫长到几乎无法想象的时间催生了令人恐惧的、复杂的生存武器，比如能让细菌在下述场景中存活的硬壳：零摄氏度以下的冰川；压力极高以至于附近海水高达五百摄氏度的海底开口；像超浓硫酸一般具有强烈腐蚀性的环境；以及更加恶劣的生存之所——印度鼠蚤的消化系统。

选择这种特定的消化系统具有重大的意义。跳蚤所选择的宿主都是非常明确的。猫蚤只有在找不到猫的情况下，才会跳到狗身上。而那些更挑剔的物种，比如蒙大拿山蚤和松鼠蚤，它们永远都只会选择岩松鼠。或者再比如人蚤，在长达千代的人类历史中，它们始终都是与人相伴的。从细菌的角度来看，理想的跳蚤就是那些拥有完美宿主的跳蚤。这种完美的宿主，需要拥有足够高的种群密度和足够快的繁殖周期，以便能够为其提供大量且稳定的全新住所。

而印度鼠蚤的首选宿主便是老鼠。

第八章　"如此简单的始端"

> 生命及其若干能力，原来是由造物主注入少数类型或一个类型中去的，而在这个行星按照引力的既定法则继续运行的时候，最美丽的和最奇异的类型从如此简单的始端，过去曾经，而且现今还在进化着——生命作如是观，何其壮丽恢弘。

> ——查尔斯·达尔文《物种起源》

作为人类历史上最致命的疾病之一，腺鼠疫凭借其恐怖程度，已经在实质上成为流行病的一种象征。然而这种疫病却不会在人与人之间直接传播——至少在其最常见的形式当中，不会出现人对人的传染。这恰恰体现了语言描述的吊诡。腺鼠疫是一种动物传染病，这种疫病发端于土拨鼠、沙鼠等动物种群，并且直到今天它还是这些种群身上的慢性病。[①] 然而，哪怕是将其他所有瘟疫携带者的历史重要性加在一起，恐怕也难以超越老鼠所造成的影响。

欧洲境内有两种不同的老鼠。迄今为止，褐家鼠仍旧是数量最多、最主要的鼠种。另外一种老鼠，是生活在六世纪地中海沿岸地区的黑鼠，而地中海黑鼠的活动范围很少会深入到距离海岸一英里远的内陆地区。它们是从印度西南部（它们首次出现在化石记录中的地方）的果阿转运港搭乘运送黑胡椒的船只来到帝国境内的。[1] 自抵达

---

① 正如温蒂·奥伦特在她的著作《瘟疫》当中所记录的那样，1910 年，六万名中国东北捕兽者从土拨鼠皮中感染了腺鼠疫。

以来，黑鼠的活动范围便始终都在这块地方。胡椒船必然将这种定栖的生物远远地带到了好望角，从那里出发，它们可以搭船经由连接尼罗河与红海的运河，向北进入地中海。而这条运河也是分别由大流士、托勒密和图拉真分段建造的。[2]

不管怎样，黑鼠确实来到了这里；经考古学家证实，在罗马统治时期的整个欧洲，始终都能见到它们的踪迹。在科西嘉岛四散的沼泽地里，仓鸮们留下了证据，证明自己对老鼠幼崽的喜爱。而这座岛的历史，可以追溯到布匿战争期间罗马对此地的征服。在阿姆斯特丹附近，在英国境内，在莱茵河畔，在意大利、西班牙和法国全境，都发现过公元一世纪的鼠骨——带鹰出征的罗马军团无论打到哪里，都会带着供其食用的老鼠。[3]

老鼠并不是自愿迁徙的动物。正常老鼠在其生命周期（通常是两年左右）内活动的最远距离不超过200米的极限值；这就意味着，八英寸长的老鼠在一个世纪的漫长时间里，分布范围也蔓延不到15公里之外。然而只要有人，老鼠就不必独自旅行。所以，它们总是与人类相伴而生的。与人类伴生的老鼠成群结队，与它们的种群密度相比，摩肩接踵的香港也空旷得好像无人的澳大利亚内陆一般。据报道，艾奥瓦州农场的老鼠数量激增期间，每英亩的种群密度超过了一千只，东非的老鼠数量也经常超过每英亩八百只。[4] 这种数量激增的动物，可不是挑吃拣喝的主儿，它们和山羊一样都是杂食性动物。它们会吞吃一切基于植物的东西，从现成的种子、坚果、树叶和水果，到纸张、肥皂和蜂蜡等不太可能的选择，[5] 还会进食鸡蛋、小鸡仔、猪，甚至是羊羔。在那些描绘老鼠对其历史影响的人类看来，它们最重要的饮食选择是粮食，而粮食也是诱使老鼠迁徙的根本原因。一只老鼠每年能吃五十磅的粮食，而被其糟蹋掉的粮食会是这个数字的两倍。因此，从埃及前往罗马和君士坦丁堡的运粮船队，以及将粮食运送到罗马殖民地的马车，既是撑起整个帝国结构的支柱，也是致病病原体传播的途径。[6]

老鼠在海上的活动是很容易想象出来的。不过，鼠传疾病的蔓延范围，却比罗马商船所能到达的范围更广，虽说我们运用一定的常识，不难描绘出它们的迁徙路径。对老鼠而言，搭乘马车迁徙总会比搭在马背上要舒服，而且可以肯定的是，老鼠那种有时看似神出鬼没的现身模式——尤其是在高卢地区——与那些铺设得足以容纳马车的罗马道路是密切相关的。[7]历史学家迈克尔·麦考密克写道："老鼠在欧洲的扩散似乎越来越像是罗马征服过程中不可或缺的一部分。"[8]

即便如此，细菌之所以会选择老鼠做宿主，与其说是看重其分布范围，倒不如说是相中了它的种群密度。从进化的角度来看，细菌更喜欢彼此之间能够高效传播的宿主种群，以便细菌的自我维系。相应地，这一点取决于在正常的个体活动范围内（八分之一英里）生活的老鼠数量，以及该群体中对这种疾病高度易感的老鼠所占的百分比。研究人员普遍认为，能够做到自主维持细菌循环的神奇数字是每平方公里内有六千只老鼠，即每英亩内约有二十五只——这个数字对黑鼠而言，是很容易做到的。一旦达到了这样的种群密度，我们就可以开始做相关的计算了：雌鼠在任何时候都是处于发情期的，它们每年能够分娩三到七次，每次产崽的数量最多能够达到二十只，而每只幼崽在出生后不到三个月的时间内[9]，便可以自行繁殖了，这就使得像鼠疫杆菌这样的跳蚤传播性细菌可以定期接触到健康的新宿主，以取代垂死的原宿主。

这也就是细菌为何最终会成为病原体的原因。鼠蚤具有定栖的特征，而老鼠也拥有同样的生活方式，二者搭配起来，实质上迫使鼠疫杆菌成为了杀手：由于跳蚤依赖活老鼠的温暖血液，所以除非宿主老鼠死亡，否则它没有理由会跳到另一只老鼠的身上。[10]事实上，在适应选择压力的过程中，这种恶魔变得更加邪恶了，因为它需要自己的宿主存活足够长的时间，以便细菌能够在老鼠死亡、离开宿主之前进行繁殖。为了维持生死之间的平衡，鼠疫杆菌表现出了同时兼顾多项任务的协调能力。它能制造出一种特殊的蛋白质，使得其所催生的毒素（专业名称为脂质 A）在哺乳动物体温下的毒性低于常温状态下的毒性。这样做的结果是，老鼠在被感染后的五到六天内是不会出现症状的，只有在疾病的后期阶段，因为细菌数量过于庞大，这群可怜的宿主才会因为胆管阻塞、严重肿胀而最终死亡。

杀死老鼠是细菌的宿命。从这个角度来看，智人群体中的腺鼠疫也不过是种"附带事件"而已。"附带事件"一词是英国桑格中心的朱利安·帕克希尔在描述该疫病时的说法，他于 2001 年完成了该细菌的基因组测序。不过，这又是一个独特的、致命性的附带事件，因为该瘟疫与人类历史有着很大的关系。从人类起源于东非的那一刻算起，在坦桑尼亚和埃塞俄比亚的发源盆地中，人口增长就注定会比世界其他地方的增长要慢得多，因为他们的周遭环绕着地球上最丰富的病理微生物群，这种环境就如同是进化中的一张堆满致命毛绒玩具的婴儿床。[11]

早期人类面临的危害往往分为两类。第一类是主要源于肠虫和其他多细胞生命的非洲寄生虫大流行病。尽管从结果来看，它们不会导致人体免疫系统产生抗体，[①]但疫病本身却又具有自我修正功能。一旦宿主数量下降到阈值水平以下，流行病也就跟着消失了。当然，宿主数量的减少并不一定是因为大量死亡；哪怕当地的居民密度不变，许多非洲寄生虫导致的疲乏困倦仍然会减少传染的机会。换句话说，当人们因为感到疲倦而不愿走动、不再想出门时，也就不会将携带的钩虫传播给邻居了。[12]第二类是由能够引起抗原反应的微生物（即多数细菌和病毒）所触发的疾病。受到选择压力的影响，这些疾病会与其宿主生物达成妥协。其中最著名的例子是由水痘疱疹菌病毒引起的儿童水痘病。对大多数人来说，水痘不但影响温和，几乎从未造成过宿主死亡，而且它还可以以潜伏的形式留在宿主体内，并传播到其神经系统组织，直到几十年过后，才以带状疱疹这种形式出现。

---

① 有关抗原反应的更多信息，请参阅第九章。

因此，在比较疾病时，根据经验法则我们通常可以合理假设，病理影响越温和，两种生物接触共生和相互进化的时间也就越长。由此推出，那些生命周期进化最不完善的疾病（也即会害死宿主的疾病）都是比较新的。它们也更加依赖高度密集的宿主群体；至于将人类当作宿主，也就是最近一万年以来的事情。在这段时期，农业和定居的群体出现了，人类也走上了文明的道路。[13] 例如，在居住人口少于五十万的人群中，麻疹便会消失，因为在繁殖后代之前，它们要么已经害死了所有人，要么就已经让整个群体出现免疫了。[14]

　　另一方面，以上两种进化修正对于鼠疫杆菌来说，都是不起作用的。因为鼠疫作为一种动物传染病，在经过进化后，它的目标并不是为了在人体内存活，而是要生存在动物宿主的体内；所以说，人类是几乎不可能从自己的种群中根除这种疾病的。此外，它也没有必要去降低自身的毒性，以求与人类宿主共存。对于这种细菌而言，唯一重要的动物只有老鼠而已。

　　另一方面，对人类而言最重要的鼠类特征，就是居住在其社区附近的本地老鼠种群的数量和规模：老鼠越多，风险越大。老鼠数量的波动与两个因素相关：食物的供应与环境的干湿程度。在气温较低、降水增加的季节里，老鼠的数量也会增加；气温较高、降水较少的季节里，老鼠的数量就会减少。因此，任何可能导致食物供应增加或气温降低的因素，都有助于解释为什么直到公元 541 年鼠疫杆菌才会在贝鲁西亚出现。恰好，研究人员也记录到了出现在那个时候的降温现象。①

　　老鼠种群数量的增加是人类感染鼠疫风险的变量之一，而另外一个奇怪的变量，是这些种群中易受感染的老鼠所占的百分比。每只老鼠身上都有数百只甚至数千只跳蚤；其中，八分之一的跳蚤前肠中是带有鼠疫杆菌的，而那些被感染的跳蚤每叮咬一次老鼠，都会向这种

----

①　关于六世纪气候变化的更多信息，请参见第九章。

啮齿动物的血液中注入多达两万个细菌细胞。然而，无论是因为天生免疫系统强健，还是由于对疾病有了获得性免疫力，总之，并不是本地种群中的所有老鼠都很容易受到鼠疫的感染。因此，易感染性也成了该疾病算式当中的关键变量。当易感染老鼠占不到总数的一半时，该疫病流窜到人类身上的压力就很低了；而当这个数字大于 80% 时，人类就会不可避免地面临被感染的压力。所以说，可计算的感染"能力"是在上下波动的，但这个数字也永远都不会降到零值以下。[15]

　　简而言之，受感染的老鼠数量越多，种群崩溃的风险就越大，因此挨饿的大批跳蚤便会萌生出疯狂撕咬的欲望。此外，虽然跳蚤几乎总会选择特定物种进食，但是在饥饿的驱使下，任何动物都不太可能会挑食。在这种情况下，马、狗，甚至是骆驼都成了印度鼠蚤的目标。不过，在跳蚤的世界中，最容易获得的温血食物就是与老鼠相伴而居的人类。随之而来的，便是人类的流行病了。

　　在查士丁尼大流行现世之前，古典时代早期的医生便记录过多次瘟疫。公元前六世纪，希波克拉底便描述并诊断出了破伤风、腮腺炎，可能还有疟疾（尽管他认为这种病是由于饮用死水而引起的）等流行病。关于公元前 430 年雅典瘟疫所带来的病症，修昔底德也曾做过非常详细的描述（即便如此，学者们仍就其病原体争论了数千年）。由于这种疫病在人与人之间具有明显的传染性（导致治疗该疾病的医生大量死亡），所以长期以来，研究人员一直怀疑它并非是腺鼠疫，不过，它又确实伴有"头部高热、眼睛红肿发炎、喉咙或舌头等器官流血，并散发出不自然的恶臭味道"。在这些症状过后，感染者会出现喷嚏、声音嘶哑等问题，之后便是胸口疼痛，继而引发剧烈咳嗽。[16] 直到 2006 年 1 月，一个研究团队才宣布，他们在那个时期的牙髓化石中找到了肠道沙门氏菌的踪迹，证实了该疫病是由这种细菌所导致的伤寒症。

　　当然，从亚实突的单次瘟疫到降在法老身上的十灾，《圣经》算得上是名副其实的疾病目录了。正如《耶利米哀歌》中所描述的那样，耶路撒冷是疾病受害者的家园。公元前六世纪，当尼布甲尼撒王围攻这座圣城时，其中的患病者"面貌比煤炭更黑，以致在街上无人认识；他们的皮肤紧贴骨头，枯干如同槁木……"皮肤变黑肯定是由于坏血病在最后阶段所引起的皮下出血。《圣经》中的"麻风病"出现得非常频繁而且描述也多有矛盾，以至于没有人会觉得它与现代医生诊断出的汉森病是同一种疾病。通常情况下，《利未记》记载的麻风病在定义上更接近于对牛皮癣或湿疹的描述。

公元前 396 年，当时在叙拉古城墙前扎营的迦太基军队也遭受了一场瘟疫，伴有痢疾、皮肤脓疱及其他症状。公元一世纪的罗马医学编年史家塞尔苏斯非常详细地记述过疟疾的暴发情况。同样是在一世纪，以弗所人鲁弗斯描摹出了一场听起来很像黑死病的区域性瘟疫暴发。然而，古典时代晚期最严重的两次疫病，应当是公元 165 年的安东尼瘟疫，以及公元 251—266 年的西普里安瘟疫。在这两场瘟疫中，前者的周期为十五年，源自曾在美索不达米亚平原征战的马可·奥勒留军团，将其带到地中海地区的正是该军团当中的士兵；而后者，则是一场以迦太基主教命名的疫病。令人沮丧的是，虽然在安东尼瘟疫期间，出现了有史以来最有影响力的医学作家盖伦，但是他就以上两种疫病所做的记录，都不足以让我们判断出它们的性质。而如今对这两种疾病的一致认知是：第一种是天花，第二种是麻疹。之所以会得出这样的结论，一部分原因是新大陆的人在没有任何获得性免疫力的情况下曾经接触过这两种疾病，而他们的悲惨经历是有完备的文献记录的；另一部分原因是基于流行病学的经验法则，即现代儿童疾病是更危险的疾病版本在经过共同进化之后形成的产物。当然，这两种疫病都是很危险的，它们杀死了罗马波斯商队路线上的几十万乃至几百万人；[17] 在那些大城当中，它们每天会夺走数千人的生命，甚至可能也加速了三世纪危机的发生。[18]

无论其病因或后果如何，历史上（以及史前）的疾病也都与现代流行病学所使用的数学模型相吻合，而后者又取决于一个单一的量值，即被一个处于传染期的病原体携带者所感染的人数的平均值。在该模型的简化版本当中，流行病学家所谓的基本再生数或称 R_0，是三个不同变量的乘积：

1. 接触率，c

2. 感染期，d

3. 病原体从传染源转移到易感宿主的概率，p

因此，平均接触次数便是 c 乘以 d 的乘积，而 R_0 则是 c 乘以 d 乘以 p 的乘积。

平均而言，在疫病的传染性消失之前，如果受感染者又催生出了另一个带有传染性的病例，那么 R_0 便等于 1。这种疾病便是地方性疾病，但在根本上却是不稳定的；只需吹灰之力，便可将它推到流行病的程度。在《引爆点》一书中，马尔科姆·格拉德威尔就做了一个有名的假设：某种无法治愈的流感病毒被 1 000 名加拿大人带到了纽约。他将这种特定毒株的传播概率假设为 2%，并且还将接触率假定为每天 50 人；然后，他还通过将传染期与病症的周期相统一（即"一天就能治愈的小病"）对这个案例做了简化。在这种情况下，该疫病就处于完美的平衡状态了：1 000 名加拿大人每二十四小时接触 50 000 名纽约人；其中的 2% 即 1 000 人染上了流感。这样，每二十四小时，有 1 000 人得病，也就有 1 000 人痊愈。此时，$R_0 = 1$。但是如果给每个人的接触率多增加哪怕 5 个人，即从每天接触 50 人增加到每天 55 人，那么此时，R_0 就会大于 1……之前的平衡也就转化成了一场流行病，因为每一天都会比前一天出现更多的病例，而这个状况会一直持续到易感者数量因为获得性免疫或死亡而有所下降为止。[19]

用于计算 R_0 的每一个变量都拥有完全相同的影响力。任何增加感染期或接触率的情况都可能将地方性疾病转变成流行病。对腺鼠疫等具有两种中间媒介的疫病来说，接触率，即 c，是跳蚤与老鼠的种群数量变化的产物；也就是说，哪怕只是老鼠的种群数量有了小幅增加，最终也会带来巨大的流行病学影响。六世纪三十年代后期的全球气候变化已经被各种文献所广泛记载。对于原本已经泛滥的老鼠而言，气温降低是一种有利条件，能够加速其种群数量的增长，使之跨过每平方公里 6 000 只的门槛。[20] 还有一个变量是易感染性，即细菌从源头转向宿主的概率，这对于感染能力来说，是一种更强、更明显的指标。出于各种原因，易感老鼠的比例是有可能发生变化的，而在介于两场动物流行病之间的时段里，这种变化是必然出现的。鼠疫杆菌在老鼠种群当中肆虐的年份里，有些老鼠会因此死亡，有些却能够存活下来。当然，幸存下来的种群之中，容易被该病原体感染的老鼠数量就比较少了。相反，在没有出现动物流行病的年份里，当年的老鼠种群中所包含的易感染者的数量便会更多。因此，在没有疫病的情况下，任何既定种群中的易感老鼠的百分比都是会增加的。[21]

在易感染性增高的同时，任何会导致某个地区老鼠数量激增的因素，都会带来爆炸式的厄运。对于陷入爆炸当中的文明而言，其后果也必然会是灾难性的。

两架 120 英尺长的飞机以每小时数百英里的速度在空中穿行过无尽的区域后猛烈相撞，这种事情是极不可思议的。即便如此，每年还是会发生个一两次。部分原因是因为飞行中的飞机数量庞大，但最主要的原因在于，为了以高效的方式前往目的地，飞机所沿循的飞行路径并不是随机的，而是要使用特定的受限航线。同样，尽管需要病原体、两种不同的动物载体，以及时空交叉点方面的协调，但罗马帝国与腺鼠疫的碰撞并不像数据统计显示的那般不可能。其实，同时包含细菌、跳蚤、老鼠与人类的区域不仅没有无限多个，反而少到了屈指可数的地步。

那些毕生寻找腺鼠疫发源地的学者和科学家往往会从当下开始着

手进行调查，然后尽可能巧妙地一步一步推导还原过去。在当今世界，这种疾病常年存在于数十个盆地中的动物种群之中，[①] 但是其中只有三个盆地的疫病历史达到了百年以上，而且它们与戴维内特的三种鼠疫杆菌变异株恰好匹配。考虑到在这场大戏的所有参演者（细菌、跳蚤、老鼠与人类）当中，鼠疫杆菌是出场时间最晚的角色，人们似乎可以肯定，它的进化之所就在以下三个地点中的一个：喜马拉雅山麓、从中国向西延伸的大草原，或者东非的五大湖。

多年以来，人口统计学家约西亚·考克斯·罗素一直是大草原起源说最狂热的拥护者。直到今天，仍然还有人持守着这种观点。然而，考虑到在公元 610 年之前，从蒙古到乌克兰的广袤草原中并没有任何有关鼠疫的真正证据，[22] 而直到十四世纪第二次大流行病摧毁欧洲之前，相关证据依然寥寥无几，因此罗素的观点是相当不可信的。而要在印度和非洲之间做出选择就更加困难了。波林·艾伦曾有力地论证了鼠疫的印度血统，她所援引的证据是在往返于埃塞俄比亚与印度之间的数千艘货船上，黑鼠以偷渡者的身份完成了西迁的旅程。[23] 然而，历史学家彼得·萨里斯敏锐地观察到，与地中海相比，印度与中国间的距离要近得多，而且与中国的接触也多得多，但是中国出现腺鼠疫的时间至少比亚历山大港晚了六十年。对于此事，萨里斯并没有给予过多的权重，因为埃塞俄比亚和印度之间的海上航线比印度与中国之间的陆路连接更为通畅。然而，继亚历山大港与君士坦丁堡之后，波斯也遭遇了瘟疫。而这个帝国却正好就横跨在前面两座城市与中国之间的陆地通道之上。如果印度真的是这种瘟疫的发源地，那么它肯定是个喜欢迂回前进的恶魔。在印度现身之后，它传播到了非洲

---

① 当鼠疫等动物传染病在动物种群中呈现长期状态（既不会消失也不会快速传播）时，它就会被称作地方性动物病。当鼠疫杆菌寄生在与人类共生的动物群体（绝大多数是老鼠）中时，它引起的疾病就会被称为鼠疫；而当其存身在野生动物体内时，它所引发的便是森林鼠疫。

和中国，然后却绕过波斯，直接向地中海扑了过去。[24]

另一种理论认为，瘟疫起源于法老时代的埃及。当时，印度鼠蚤从其最爱的物种非洲草鼠身上跳到了来自印度的移民物种黑鼠身上。[25]至于那些千奇百怪的疾病起源假说，其中有一种源自弗雷德·霍伊尔和钱德拉·维克拉玛辛格的著作《我们在宇宙中的位置》。它假定瘟疫的源头是在外星球，而它的周期性可以用太阳黑子等活动做出最佳解释。相比之下，还有一种更具说服力的观点，虽然缺乏现代流行病学家的那种复杂理论知识，但是根据同时代的编年史家埃瓦格里乌斯·索克拉蒂斯的记载，这种疾病"正如传闻所言，它源自埃塞俄比亚，并相继在全世界传播开来"。[26]

（俄波涅、埃西纳、托尼基和拉普塔是六世纪时东非的四大港口城市，大卫·凯斯曾经对它们做过考察，而他的考察便为瘟疫起源于非洲的说法提供了一些推论性的数据。如今这些城市已经消亡，但在古代世界中，它们曾经是最大的象牙供应地。每年，产自五千头大象身上、多达五十吨的珍贵象牙都会沿尼罗河一路北上。他推断，如果瘟疫起源于东非，那么人们肯定会从象牙生产中看到鼠疫所带来的影响，至少他就发现了苗头。从公元 400 年到 540 年，在总计约四十万件的象牙制品中，有一百二十件重要的象牙艺术品被保留了下来；而从公元 540 年到 700 年，人们保留下来的象牙制品却只有六件。[27]）

如果恶魔源自非洲塔纳湖以南和鲁道夫湖以北的肥沃山谷之中——这片土地从来都是新物种的摇篮，就好比艾奥瓦州是玉米的摇篮一样——它必然会选择跟着其跳蚤与老鼠宿主向北进发，经红海或尼罗河逆流而上，穿过青、白尼罗河在喀土穆的交汇处，驶过将上、下埃及分开的六道大瀑布，然后向北到达贝鲁西亚、亚历山大和地中海。

想要了解鼠疫杆菌的独特地位及其造成的疾病，就如同要探究许多其他事物一样，都绕不开地中海这个关键。在六世纪的那些满是腹股沟淋巴结炎的尸体抵达尼罗河河口之前，细菌病原体已经折磨了人类数万年的时间。但是它们中的任何一种都没有横扫整个已知的世界，并且还在终结数千万生命的同时，阻止了数千万新生命的诞生。至于原因，简单说来，就是传播速度跟不上。

在这个恶魔抵达尼罗河口的贝鲁西亚之前，文明的疾病大体上一直是和文明本身同步传播的。当地的人口能够并且也确实出现了增长，他们甚至还建起了疆域达到数千平方公里的帝国（阿卡德帝国、埃及帝国、苏美尔帝国、巴比伦帝国、波斯帝国）。但是，他们的商旅与军队的行进速度通常却很慢，慢到足以限制疾病的传播。这就像火灾一样，任何有毒的病原体要么会被控制，要么就会消耗掉所有可用的燃料，所以注定是无法长时间自我维系的。直到近代早期，陆上贸易的速度都非常缓慢，所以新疾病的传播要想快过共同进化适应的速度，那么它唯一能够依靠的方式，便是经由水路扩散，无论这种水路指的是内海还是江河。

因此，第一次大流行病会袭击地中海而不是美索不达米亚或中国文明，似乎便是种难以避免的必然选择了。著名的比利时历史学家亨利·皮雷纳用笔花哨，却又准确无误地记录道："在那个壮观的人类架构（即罗马帝国）中，有着诸多的特征，其中最引人注目也是最重要的一点，就是它的地中海特性……作为'我们的海'，地中海这个词汇便是思想、宗教和商业的载体。"[28] 当然，人们也可以用更世俗的眼光来看待水路运输相较于陆路运输在时间和成本方面的巨大优势。走水路将一蒲式耳小麦从巴勒斯坦运往西班牙的费用比用牛车将其运送七十五英里所需的费用还低，这不仅显明了这片内海的关键意义，还同样证实了内河航道的无比重要性。五个世纪以来，埃及都是皇家的粮仓，这不仅得益于其农场的生产力，还有赖于其得天独厚的地理位置：它的所有耕地排布在尼罗河或运河的附近。

公元 540 年，在尼罗河三角洲这个古代世界中最大的河流综合体的终点上，一位比亚历山大更伟大的征服者即将到来。

第九章 "上帝愤怒之火"

540—542

1883 年，世界上第一位自称的不可知论者、"达尔文的斗牛犬"、维多利亚时代的博物学家、作家托马斯·亨利·赫胥黎轻描淡写地叙述了他从地中海看到的亚历山大港。"那片从东到西、一望无际的平坦海岸上，没有任何值得一提的地势起伏，唯有贫瘠裸露的沙丘偶尔来打破这平直的线条。再没有什么比这样的景致更乏味的了。"[1] 之所以会有这番描述，很大程度上应归功于这样的事实，即这座海港是个建造在平坦海岸上的城市。到赫胥黎写下这句话的时候，距离这座城市的鼎盛时期，已经过去一千多年了。公元前 332 年，马其顿帝国的征服者敕令其私人建筑师狄诺克拉底在古埃及城市拉考提斯的遗址上营建一座港口，并以自己的名字为这座港城命名。从一开始，亚历山大就打算将这里建成世界上最伟大的大都市之一。在其去世九年之后，这位雄主的部将兼总督托勒密一世，建立了以自己的姓名为国号的帝国，并将此地定为了首都。除此之外，托勒密还在此兴办了博学园。作为一座伟大的学府，博学园里曾经走出的名人包括欧几里得、阿基米德、普罗提诺和天文学家托勒密。

到六世纪时，亚历山大城的学术声誉江河日下，而基督教的地位却出谷迁乔、日渐隆盛。公元 45 年，圣马可开始在城内传道，感召了第一位信徒。虽说起步寒微，但这座港口还是成为了公认的五大教区之一。这种此消彼长的联系并非巧合；从公元 391 年到 415 年的近三十年间，基督徒们摧毁了博学园图书馆①和亚历山大的塞拉潘神庙（为塞拉皮斯这种异教崇拜营建的"教堂"，也是托勒密王朝的宗教中心）；最后，一群信仰基督教的暴徒还杀掉了新柏拉图主义哲学家海帕蒂亚。在这段时间里，这座城市经历了将"世俗"学术与天启性的宗教混合在一起的严重后果。

不过情况并非一直如此。公元前三世纪期间，就在亚历山大法洛斯岛，古代世界奇迹之一大灯塔的所在地，《希伯来圣经》被首次译为希腊语，这也是亚历山大港成为当时世界上犹太人最多之地的直接原因，而且希腊化程度最高。相传《圣经》至少由七十位被关在不同房间的拉比译出，尽管如此，译文却如出一辙；同时，他们还译出了完全相同的《所罗门智训》——一本将希腊哲学与《摩西五经》相结合的匿名著作。钟情于历史中奇特联系的人们会发现，虽然《所罗门智训》从未成为犹太人的经典著作，但是它的确将智慧的化身传给了后世，并促成了上帝与人之间的对话。其匿名作者将书中主角取名为索菲亚；而作为该角色最宏伟的纪念碑，圣索菲亚大教堂已然成了君士坦丁堡与亚历山大港之间的一种颇为隐晦却更加持久的联系。

当然，两地的联系也不仅仅只有这一个方面。基督教也许能让亚历山大远离某些类型的哲学思考，但无法妨碍其在商业上的重要性。据六世纪编年史记载："君士坦丁堡……主要是由亚历山大港提供给

---

① 在亚历山大城的这座宏大的图书馆中，馆藏书籍的丢失摧毁引发了许许多多的传说。人们最早将这个责任推到了尤利乌斯·恺撒的军团身上。最近，更是有虚假的毁谤言论表示，它们是被七世纪的伊斯兰侵略者放火焚毁的。后一种传言之所以会长盛不衰，要部分归咎于一段据信出自哈里发奥马尔的名言，以及这段名言中的可怕逻辑。人们错误地认为是奥马尔下令摧毁该图书馆的，原因在于其相信馆内的藏书，要么是些与《古兰经》相斥的异端邪说，要么就是对《古兰经》内容的多余重复。事实上，古典世界的许多伟大著作（埃斯库罗斯和阿里斯托芬的喜剧、阿基米德的科学著作）之所以会丢失散佚，原因其实很简单也很俗气：这些内容是写在羊皮纸、莎草纸和普通纸张上的，因此必然会有朽坏分解的情况。

养的；同样，帝国东部地区亦由其供养，特别是为帝国军队与波斯人的战争提供后勤支持，因为除了壮美富庶的埃及之外，没有其他省份能够满足这样的需求了。"[2] 亚历山大港的船只在整个地中海范围内运输的可不只是食物而已，食物甚至都算不上是最重要的产品："有这么一种东西，它只能在亚历山大及其辖区内生产；没有了它，市内的宫廷与私营企业都无法开展有效的管理；事实上，如果没有这东西，整个人类几乎就不可能存在。是什么让我们如此推崇呢？那就是该市制造并出口到全世界，向世人展示着其重要性的纸张；因为有纸张产出的缘故，亚历山大比所有的城市与行省的地位都高，但是它却毫无保留地将这种优势分享给了其他地方。"[3]

粮食、纸张、石油、象牙、奴隶。公元 540 年，亚历山大港的庞大商船队，正盼着再次迎来大量的出口需求，然后沿着非洲的东海岸北上。当时，这座港口的官称为埃及附近的亚历山大，而非埃及的亚历山大。而此时的尼罗河三角洲，却已成为了黑鼠种群激增泛滥的地方。[4]

沿尼罗河向北航行，总会经过贝鲁西亚和亚历山大。这条大河从中非东部的山脉流下，向北流入赫胥黎所谓的那个乏味单调的"平坦海岸"。携带着病菌向北进发的印度鼠蚤，面临着一个不确定的未来。这是因为跳蚤只能在 59—68 华氏度（15—20 摄氏度）的温度范围内保持活跃；向北奔流的尼罗河，在穿过苏丹和埃及之后的海拔下降会导致平均气温上升，使之远远高出这种细菌宿主的最佳生存环境。另一方面，鼠疫杆菌很容易在跳蚤体内凝结，形成阻塞物，进而驱使跳蚤去疯狂撕咬其能够接触到的一切生物；但是，只要气温超过了 75 华氏度（约 23.9 摄氏度），这种细菌结块的速度便会下降。由跳蚤活动和细菌阻塞所划定的温度范围，致使该疾病在数百年甚至数千年的时间里都一直被局限在东非地区。[5] 当然，它们也注定只能留在这里，除非有某种原因导致气温在数年时间内急剧下降，继而再恢复正常。所以说，这种气候变化的时机是非常重要的。

在没有历史记录的情况下，确定物体年代的最知名的科学方法可能就是测量特定的碳同位素。这种同位素具有放射性，它能以非常规律的速度衰变为更加稳定的同位素。碳十四定年法也是有局限性的，其中就包括无法准确确定无机材料的年代；但从精确程度来看，这种方法是非常适合于测定真正古老的物件的，因为对于这些东西来说，五十年到一百年的误差因子是完全可以接受的。至于那些以千年而非百万年为单位的年代测量，就得使用另一种更为精确的方法了。在众多的定年方式中，有一种称作树轮年代学的专业方法，即测量树木年轮的数量和大小。许多种类的树木每年都会增加一个年轮，而在四季分明的温带气候中，这些年轮的宽度会因各年的气候而出现差异。因此，就史前建筑中的木材来说，其年轮数量反映的是树木在被砍伐时的准确年龄，而且，通过将这些年轮的不同宽度与已知的基准温度（从历史文献、其他树木等处获取）进行比较，便可以得出树木被砍的准确日期，进而计算出其用于建造时的准确年代。例如，一棵拥有三百圈年轮的树，在被砍伐时便是三百岁；如果其第 134、135 和 136 个年轮的宽度情况与公元 750 年、751 年和 752 年的既定温度是相匹配的，那么这棵树便肯定是在公元 916 年被砍伐的。

　　这个过程也可以逆向操作；也就是说，使用已经明确砍伐日期的树木，便能以惊人的准确度计算出特定年份的温度。在过去十年的时间里，一位名叫麦克·贝利的爱尔兰树木年代学家记录了六世纪三十年代中后期气温短期下降的情况。[6] 从斯堪的纳维亚的树木年轮中，显然可以推断出，当时的夏季平均气温比正常情况低了至少 1.5 摄氏度（3 华氏度）……事实上，这样的气温下降就足以破除之前的气候路障，从而使跳蚤与其所携带的病菌能够跳脱被局限的热带区域。

　　造成这种暂时性气候变化的可能原因是，当时出现了一层尘幔，将大量的遮光颗粒吹入了高空大气之中。虽然研究人员已经就六世纪三十年代后期存在这样的尘幔达成了普遍共识，但却并未就其来源形成一致意见。贝利倾向于将流星雨看作可能的成因："我的观点是，我们受到了彗星撞击，当然不是一颗完整的彗星，否则也就不会有人类存在了，而只是一颗彗星的一部分。"[7] 他还引用同时代的历史记录佐证了自己的观点。虽然我们应该对于目击大型彗星的历史记载持怀疑态度——有时候彗星似乎就像日出一样司空见惯——但传说中伴随着亚瑟王这位传奇君主的离世而坠落的彗星，与在普罗科匹厄斯所著的历史中连续露面"四十多天"的那颗文献记录更加翔实的"剑鱼"彗星[8]，都正好出现在了这个时间段内：亚瑟王去世的日期虽说法不一，但却都集中在公元537、539或542年，而普罗科匹厄斯所记录的彗星也陨落于公元539年。（普罗科匹厄斯也认为，从536年到537年的这一整年间，"太阳洒落的光芒很暗淡……看起来非常像是日食状态下的太阳，因为它所散发的光束并不清朗。"）[9]

导致尘幔出现的另一个可能的原因是火山爆发，也即大卫·凯斯在《大灾难》这本书中提到的"大灾难"。凯斯还专门描绘了苏门答腊岛上的喀拉喀托火山大爆发的情况，而赞成将火山活动作为气候变化原因的也不止他一人。戈达德太空研究所的气候学家理查德·斯托瑟斯也强烈主张，导致各种尘幔出现的原因便是火山活动，他把每次重大瘟疫的暴发都与特定的火山喷发以及随之而来的二氧化硫传播关联了起来。二氧化硫在与水结合时，会形成硫酸。在这种情况下，空气中的水蒸气便会将这种气体转化成阻挡阳光的酸性颗粒，而当这些颗粒遇见高空急流时，便会在几天之内传遍全球。此时，这种硫酸浮质气罩，会像树木年轮一样留下足迹：在从格陵兰岛与南极洲的永久冰层中钻取冰芯时，人们能从挖出的冰芯中找到一层因为它们而产生的酸性冰。鉴于两块冰芯样本之间的地理距离很远，因此我们可以合理假设，这种影响是全球性的。[10]

不管尘幔形成的原因是什么，被其遮掉一部分的太阳光确实会给老鼠、跳蚤和细菌打开一个足够大的气候窗口，使之能够向北前往贝鲁西亚与亚历山大港。①

　　达尔文选择论的支持者与反对者都倾向于举最良性的适应为例来支持各自的立场。创造论一方（那些自称支持智创论即 ID 的人群）最爱用的例子是人眼或猎鹰翅膀等复杂结构——这些适应的中间形态看似毫无进化优势，因此它们必然是被从无生有地创造出来的。在智创论的拥护者看来，该理论在细菌领域的反映就是微型生物的推进装置，堪称了不起的有机马达，也即鞭毛。

　　作为智创论的重要代表之一，迈克尔·贝希经常会谈及鞭毛。它是一个由四十多个独立部分组成的集合，包括转子、轴承和一个钩挂在轴承外环上的螺旋形的"螺旋桨"。而该螺旋桨的发动机，正如细菌所创造出的一切物质一样，也要归功于物理化学的作用：当带正电的质子穿过细菌膜时，电荷会驱动轴承外环，从而使螺旋桨以高达每分钟 15 000 转的速度旋转。既然——至少从智创论的角度来看是这样的——只有当所有的构件都就位了之后，鞭毛的组成部分才能够发挥推进装置的作用，那么对于自然选择而言，这就构成了一个挑战；如果没有了发动机或者转动轴承，那么这个螺旋桨只不过就是蛋白质而已。根据这一理论，鞭毛的"不可化约的复杂性"明确证明了其背后有一个创造性的智慧存在。

　　智创论的弱点（我倾向于将其称为："不可化约的弱点"）是假设鞭毛（或眼睛、翅膀）的组成部分始终都只有一个目的，而这个目的也只能通过其他部分的补充参与才能实现。那么，人们因此就会想要知道构成 III 型分泌系统的智慧设计是什么。所谓的 III 型分泌系统，是一种在鼠疫杆菌细胞膜外发现的"多管火炮发射系统"。而人们之

---

① 另外一条航线上，也有一些精力充沛的追随者，这条航线上的老鼠也是向北行进，不过它们所沿循的流域却不是尼罗河，而是作为红海贸易的一部分，跟着前文提到的象牙制品一起去往北地。

所以会好奇于它的智慧设计，是因为用以驱动能动菌鞭毛的质子泵也同样在 III 型分泌系统中被细菌用作传递手段，借以攻破受害者的保护罩……而且这两种泵都还拥有一个共同的祖先。[11]

这类细菌，尤其是鼠疫杆菌，使用与制造舷外发动机相同的部件，已经开发出了非常复杂的攻城机。而它们的存在，实际上就证明了其中蕴含着自然选择的力量，而非智慧设计的大能。III 型分泌系统作为一种必备武器，帮助攻克了因为人类与微生物之间长达数百万年的军备竞赛而产生的极其复杂的防御。免疫学家通常将这些防御分为两个能够有序协同运作的系统：先天（或称非特异性）系统与适应性（或称特异性）系统。

首先，先天系统是一组围墙，用以保卫外来入侵者可能会潜入的人体区域。皮肤本身就是这个系统中的一部分。此外，它还包括黏膜、唾液和眼泪中的抗菌酶，以及消化系统中使细菌难以附着在胃肠道各处上的酸性物质。

身体的"纵深防御"机制几乎就像鲁布·戈德堡机械一般复杂。病原体入侵时的第一反应人员会负责控制住入侵者，同时提醒更加机动、更为强大的力量前来摧毁它们。这种防御起始于一种始终存于循环系统中的蛋白质，即 Toll 样受体或称 TLR。"Toll"一词在德语中的意思是"奇怪的"，之所以会使用这一词汇，是因为应用它的昆虫学家首先注意到了缺乏该样受体的果蝇往往会出现一些特别奇怪的身体扭曲，比如头朝后等。[12]目前，人体中已经鉴定出十几种不同的TLR：例如 TLR3 能够识别病毒的遗传物质；TLR5 则可以识别出鞭毛蛋白（细菌用来制造鞭状尾巴的蛋白质）。

被激活后的 TLR 及其周围的（其机理仍未完全为人所知）肥大细胞会召唤另一组被统称为细胞因子的蛋白质。每个细胞因子的独特形状使其能够与入侵细菌中所包含的受体蛋白相结合，就好像一条小猎犬抓着一只老鼠一般。这种结合行为仿佛触发了一座警钟，将边防部队

（被称为白细胞和吞噬细胞的循环抗菌免疫细胞）召唤到细菌入侵的部位，进而导致人体遭受感染后的第一组明显症状：血流量增加引起的表皮发红；因为免疫细胞集聚而引发的肿胀；随着下丘脑的恒温器被调高，感染者开始发热（以提升免疫细胞的表现）；还有因为局部神经压迫而产生的疼痛。所有这些症状合在一起，就形成了所谓的"炎症"。

有时候，炎症反应会失控，边防部队便会因此发疯，同时杀掉病人和入侵的病菌；如果病人体内出现了过量的 α 肿瘤坏死因子，那么这种细胞便会把炎症推向感染性休克，乃至于死亡。但是，如果它能够正常发挥作用，那么免疫细胞不仅会吞噬并杀死大部分的入侵细菌，① 还会将它们传送到淋巴系统。此时，免疫系统的野战军便可以在这条信使通道上发起决定性的战斗。

作为身体的适应性免疫系统，这些野战部队由 T 淋巴细胞组成，这种特化细胞已经"学会"了对特定的入侵做出反应：B 淋巴细胞负责产生抗体，且这种抗体的表面还带着"抓手"，会固定住病原细胞表面上与之相铆合的分子把手，而后 T 细胞便会在入侵细胞的膜上打孔。即便是在入侵的病原体被摧毁之后，其他的 B 细胞和 T 细胞也会在后面记住这些入侵者的身份。这些记忆细胞的价值，是以时间来衡量的；当身体首次遇到新型入侵病菌时，那些新的自适应细胞可能会需要长达两周的时间来进行"训练"，但是一旦记忆细胞记录了催生这些病菌的模型，自适应细胞只需一到两天的"训练"便可从容地展开应对了。这就是人体依靠免疫力来对抗多种疾病的方式。

可以肯定的是，这是一套强大的防御措施。有了它们，人体的重要器官便可以与其周遭的细菌海洋相隔绝，而且在出现病菌入侵时，它们也可以防止入侵者找到可以附着的地方，并且用特化与非特化的

---

① 有时，吞噬作用还会在入侵病菌的身上涂上一种叫做噬菌素的物质，该名词在希腊语中有"调味汁"的意思。经过调味后的入侵细菌在吞噬细胞的眼中会显得更加可口。

武器库进行攻击，甚至可以让入侵者聚在一起，以便轻松高效地消灭它们。至少，按道理讲它们是应当发挥相应作用的。"在遭遇敌人之后，任何作战计划都将失效"，这句古老的军事格言应当铭刻在鼠疫杆菌的遗传密码当中。

当然，经证实，人体的第一道防线对于这种细菌是起不了作用的，因为它们将印度鼠蚤的两个内颚叶用作了自己的攻城锤。然而，鼠疫杆菌真正的聪明之处却显露于人体防御墙以内的空间当中。正常情况下，构成细菌外膜的脂肪–蛋白质–碳水化合物分子，也即专业上所谓的脂多糖或 LPS 之于人体内的 Toll 样受体，就像红布之于斗牛一般。当 TLR4 遇到像革兰氏阴性菌之类的带有 LPS 外壳特征的入侵者时，细胞因子就会开始运转，随后催生出象征身体防御被激活的炎症。但是，一般的革兰氏阴性菌是没有耶尔森氏菌外膜蛋白的。

耶氏菌外蛋白（即耶尔森氏菌外膜蛋白）是由鼠疫耶尔森氏菌外膜分泌的一组极为可怕的化合物，它们已经进化到几乎可以对抗人体免疫系统的所有防御措施。例如，耶氏菌外蛋白 J 会阻止细胞因子的产生。没有了细胞因子，也就没有能向免疫系统其他部分发出攻击警告的信使了。另外，还有一种耶氏菌外蛋白 H。它虽然仍旧允许被称为吞噬体的囊泡形成，但却会导致吞噬细胞用以黏附入侵细菌的蛋白质失活。这样的话，尽管吞噬细胞能将细菌带入淋巴系统，但却无法在带入的过程中将其杀死。[13]

虽说大多数的耶氏菌外蛋白都致力于确保细菌存活下去，但其中至少有一种蛋白会变成潜在的宿主杀手。虽然人们尚未明确耶氏菌外蛋白 M 的确切作用，但是它在与凝血酶结合之后，结合体便会干扰宿主体血小板形成的能力，而血小板是有效免疫反应所必需的成分。同时，鼠疫杆菌的某个质粒，即该细菌内自由活动的部分，还包含了一组被称作纤溶酶原激活蛋白酶的指令。顾名思义，纤溶酶原激活蛋白酶会将纤溶酶原（血纤维蛋白溶解酶原）转化为能够消化血纤维蛋白并防止血液凝固的血纤维蛋白溶酶。这两种破坏作用在血液凝固机制中的组合会导致血栓形成和出血（这种综合征被称作 DIC，即弥散性血管内凝血），并且也可能会导致坏疽，甚至是死亡。这种疫病晚期阶段的受害者会四肢发黑，手指和脚趾的部分尤为严重，这样的症状就为后来的流行病催生出了一个令人难忘的名字：黑死病。

然而，通常情况下，这种细菌都很好地隐藏在试图吞噬它的白细胞当中，以至于受害者在入侵的病菌达到目标之前，是不会注意到任何症状的。而该病菌的目标，便是蔓延到人体内的整个淋巴系统。淋巴系统会充当鼠疫杆菌细胞通行所需的完美高速公路。该细菌会在人体内迅速繁殖，并且以同样迅捷的速度将人体蛋白质转变为更多的细菌。一旦进入淋巴系统，大量的细菌就会导致淋巴结肿胀、发热、变软。事实上，因为淋巴细胞肿胀得太过严重，它们自身的细胞壁便会破裂，而因此流出的液体便会在细胞中形成水肿。最后的结果，便是腹股沟淋巴结炎。有时候，这种炎性水肿会变成败血症；这就好像蛇蜕皮一般，淋巴组织首先会促使细胞脱落，然后是周围的肌肉，直至深入骨骼。[14]

不过，与即将带来的攻击相比，细菌对淋巴系统的侵袭只能算是小场面。鼠疫杆菌那极长的突刺顶端，装备着其全副的毒素，而这种毒素便是已知的最强效的毒药。

细菌能够产生的毒素有两类。第一类称为外毒素，是这两类毒素中毒性较强的一种，仅需低至百万分之一克的剂量便可以杀掉一个体重两百磅的人。无论是智创论的拥趸，还是相信每种表达行为在某种程度上都算是适应的达尔文主义者，都会因为这种致命物质的存在而受到挑战。因为大多数细菌的生命都会跟着宿主的死亡而终结，所以产毒的细菌似乎是没有繁殖优势的……可事实却不然。因为这类细菌中的许多（如果不是大多数的话）甚至都可以不需要宿主，而（可能更能说明问题的是）当其生活在人类宿主体内时，它们呈现的外形虽然会与产生毒素的表亲相同，但其本身却没有了产毒的能力。[15] 用威廉·麦克尼尔的话来说就是：想要知道细菌为何（从进化的角度来看）会产生毒素，就像是在问它们为何会催生出治疗的药物一样；在这两种情况下，人们都无法切实地看到上帝或自然选择的力量。

不过，虽然无人能自信地给出外毒素存在的理由，但是关于它们的结构、活性与非凡的特异性，我们却已经掌握了大量的信息。例如，破伤风梭菌的毒素只会攻击神经系统，破坏抑制肌肉收缩的突触，从而引起痉挛性麻痹；霍乱肠毒素会刺激胃肠道中的一种酶，进而导致其分泌水分，使感染者脱水身亡；葡萄球菌毒素会激起免疫系统的炎症反应，导致呕吐和高烧症状。

外毒素虽然强大，但却会产生抗原，因此它们是能够被人体的免疫系统击败的。而与之相对的内毒素，虽然毒性更小，但却更加稳定。

鼠疫杆菌的致命性来自由其细胞壁中的脂多糖分解而产生的内毒素。脂多糖外壁不仅对于确保每个独立细菌存活的所有外膜功能而言不可或缺，并且它也像是自杀式炸弹袭击者所穿戴的一圈炸药一样，是细菌最为强大的武器……用诺贝尔奖获得者、生物学家彼得·梅达沃的话来说，脂多糖"可能是最复杂的已知化学物质"。[16] 如果说由脂多糖所产生的内毒素是鼠疫杆菌那根突刺的矛尖，那么统称为脂质A的六种（有时是七种）脂肪酸便是那矛尖的矛尖了。[①]

脂质A是真正将跳蚤叮咬变成腺鼠疫的物质。一旦嵌有脂质A的细胞壁被破坏（假如吞噬细胞在到达淋巴系统时没有破坏掉这细胞壁，那么细菌细胞就会在III型分泌系统释放的蛋白质的帮助下进行自我破坏），脂肪酸就会被释放。在这些自杀式炸弹袭击细菌的作用下，免疫系统会生出过量的最强力的物质，其中包括能够释放溶菌酶的生物酶和肿瘤坏死因子（TNF）。而其后果便是致人休克，甚至死亡。这种机制所拥有的

———————————

① 化学专业人士请注意，准确的描述是：磷酸化的N-乙酰葡糖胺（NAG）二聚物与六七个饱和脂肪酸相连，其中的一些是与NAG直接相连的，剩下的则是与其他的脂肪酸相连接。

"邪恶之美"（并没有其他更贴切的词）在于，细菌是能够在抵达淋巴系统之后再释放脂质 A 的；这样的话，淋巴系统也就能够将释放出的毒素传遍患者全身了。通常情况下，这套机制的运作都很完美，以至于当细菌传遍整个人体的时候，受害者才会出现最初的症状："伤寒、寒战、高烧"；而"肝、脾和淋巴腺已经不再是人体的器官了，它们成了瘟疫的组织，成了在几乎纯培养环境下的鼠疫细菌的组织"。[17]

细菌首选的传播路径便是淋巴系统，其管道会延伸到腋下、腹股沟和喉咙中的淋巴结。有时候，这条高速公路还会通向肺部，在这种情况下，受害者会开始生痰，而在痰液出现积血之前，患者是不会有更多症状的。但是过不了几天，腺鼠疫就会变成肺鼠疫……结果就是，那些小到看不见的颗粒此时便能够从一个人类受害者传播到另一个，而且这种颗粒的传染性与毒性也是极强极大的。哪怕只吸入一个颗粒，也会造成 100% 的死亡率。在接触到鼠疫杆菌后的五到三十一天内，患者便会出现感染，之后，死亡也就只是时间问题而已了。鼠疫感染者的平均死亡周期为十七天。

但是究竟有多少人丧生呢？就如同瘟疫的所有其他方面一样，其受害者的数量也是在不断变化当中的。直到二十世纪八十年代后期，教科书上还将查士丁尼瘟疫造成的死亡人数定为一亿，但是这个数字可能比实际情况至少高出了三倍。无独有偶，1969 年，托马斯·亨利·霍林斯沃斯将最先进的数学流行病学与历史记录结合了起来，估算出当时在总人口为五十万八千人的君士坦丁堡城内，因为瘟疫而丧生的有二十四万四千人之多。[18] 不过，在他的假设中，当时出现在这座都城的疫病形式是致死率高达 100% 的肺鼠疫，而不是致死率"仅有"40% 的腺鼠疫。根据感染肺鼠疫或腺鼠疫的受害者的百分比，以及瘟疫在现代肆虐时所得出的颇有问题的死亡率估值（1896—1917 年，印度的鼠疫死亡率低于 10%[19]），在公元 542 年疫情最严重的三个月里，死亡人数的范围应当在六万到二十万之间。哪怕是看这个范围中的下限值，它所代表的也是在正常死亡率（即每天二三十人）的基础上出现的灾难性增长。①

公元 542 年春夏之交，帝国都城的近十万名居民只剩下几周的时间可活了。

> 这种疾病总是从沿海地区发端，然后蔓延到内陆的。20
>
> ——普罗科匹厄斯《战争史》第二卷第二十二章第 8 页

这次疫病与往常一样，也是从码头那里发端的。一周周的时间过去了，这场发源于码头的瘟疫无情地肆虐着，仿佛上涨的浪潮一般，见证着上帝对其子民的审判。这次疫病的源头并不是瘴气（或者一些受害者宣称在患病之前所见到的超自然生物），而是将跳蚤带进每家每户的老鼠，对此普罗科匹厄斯并不知晓。这座城市的地理环境也成了老鼠的共谋者；君士坦丁大帝之所以会受到启发，将这座城市命名为新罗马，其中的一个原因是，它与罗马城一样，也拥有七座山丘。而每座山的山麓位置都是疫病最先侵扰的地方。在这里罹难的人们并不能向山顶区的居民发出什么有用的警告，因为山顶上的这群人，也不过就是住在同一条沉船的顶层甲板上而已，迟早也是会被吞没的。

最好的证据便是第一波流行的高峰只持续了四个月，因为老鼠与人类的数量都急剧下降了，所以在那之后，鼠疫杆菌也就无法再继续传播了。但在这一百天的时间里，君士坦丁堡俨然成了通往地狱的大门。每一天，城中都会有一两千甚至是五千居民（占疫前总人口的1%）被感染。感染者在发烧一天之后，接着可能就会出现长达一周的神志不清。腋下、腹股沟、耳后都会出现能长到甜瓜般大小的淋巴结肿块。当血肿渗入肿胀淋巴腺的神经末梢后，还会引发剧痛。有时候，腹股沟淋巴肿块会爆开，流出散发阵阵恶臭的白细胞，而这种白

---

① 作为对照，2002 年，在人口基数为 700 万的纽约市内，平均每日的死亡人数为 159 人。

细胞就是所谓的脓液。这种瘟疫有时还会变成现代流行病学家所说的"败血症"；受害者会因为内出血引发的呕血而死亡，且内出血形成的速度甚至比腹股沟淋巴结炎还要快。那些感染了败血性鼠疫的人可能还算是幸运的；尽管他们都死了（腺鼠疫感染者的死亡率只有40%到70%，但败血性鼠疫感染者的死亡率则是100%），但至少他们走得都很快。他们并没有遭受一周或更长时间的疼痛折磨，也没有像君士坦丁堡成千上万的公民一样投海自杀，以此结束身体上的痛楚。

当垂死的身体无法用富氧的血液替换缺氧的血液时，感染者喉咙周围的肌肉酸性便会增加。受影响的肌肉会出现抽搐，并且发出颇有特点的干涩、颤抖的声音。在君士坦丁的这座城市之中，正常生活时的喧嚣已经被每天上千名垂死病人的喉鸣声所取代。

如果说在面临细菌攻击时，单个生物体的第一道防线便是其先天免疫系统，那么在当时以及现今的世界中，社会层面的第一反应人员便是城市中的医生了。在查士丁尼时代，医学界与天主教会一样，都有着严格明确的阶层。其中，级别最高的是帝国的宫廷医师，他们本人差不多也都是贵族，爵位等级为伯爵。在他们之下，是帝国的公共医生，他们的服务费用由各自所在的城市支付。五世纪初期，这群公共医生当中地位最高的，就是罗马的公共医师（法律规定，他们要"切实地照顾穷人，而不是主要……服务于富人"[21]）。而在他们之下，地位与收入最低的，便是私人医生了。

医生的学历与其地位几乎是同样重要的。正如律师们会到贝里图斯/贝鲁特的法学院进修一样，医生们也将亚历山大作为其修学的地方。在这里，专业的医学教师会提供为期四年的学习课程[22]，这些教师都是接受过专业训练的从业者，他们不仅是学者，在面临疑难杂症时，也是必不可少的顾问人员。[23]亚历山大这座城市，竟然成了医生与疾病共同的启航港口，真的是太讽刺了。

无论修习的地方是亚历山大还是其他城市，君士坦丁堡的医生所接受的培训，主要就是深入研究二世纪哲学医学家盖伦的著作。一千多年来，盖伦始终都是地中海世界的重要医学权威。不过，在处理感染性疾病时，盖伦的体液疾病理论却起不了什么作用，而对于致命的瘟疫来说，这种理论更是无济于事，但是在病人护理方面，他的那些弟子们却是有些资源可用的。六世纪时，已知世界中的最伟大的医生虽然并不都是寓居京城，但至少他们都在查士丁尼帝国境内，这其中就包括阿米达的埃提乌斯和特拉勒斯的亚历山大（伟大建筑师安提莫斯的兄弟，最终定居于罗马）。[24] 亚历山大及其同时代的医生所用的药典在很大程度上都偏重于咒语、民间偏方和护身符等，其中甚至包括使用角斗士的血来治疗癫痫症。[25] 自帝国建立以来，冷水疗法始终都是种颇为流行的治疗方法（据说奥古斯都就特别喜欢这种疗法），而在利奥皇帝统治时期，当时最著名的医生雅各布斯也因为热衷于将这种疗法当做万灵方，而得到了"灵神"的外号。另一种广受欢迎的临床做法是运用被圣徒，最好是被隐修者祝福过的材料来治疗疾病。这里所谓的"祝福"，亦可称作赐福，往往不过就是一位圣洁的苦修士所接触过的灰尘或红土而已。[26] 其他的疗疾之物还包括魔法护身符和戒指（上面通常带有《圣经》中的所罗门王的形象。）

　　冷水、圣徒的遗物和魔法护身符只能提供安慰剂般的缓解作用，不过和安慰剂一样，它们通常也没什么害处。但古典时代晚期的医师们所了解的药物就是另外一回事了。他们花了大量的时间去接受药物使用方面的培训，尽管在这些培训当中仍然还有魔法巫术方面的内容。盖伦的药品分类，也是基于并不严格的感应巫术；对于其背后的理论，七世纪的塞维利亚主教圣依西多禄描述道："每一种治疗方法都是通过使用相反性质或相似性质的药物来实现的。所谓相反，（我们的意思是说）用热来治疗寒症或用湿来治疗干燥疾病。"[27] 不过，相反疗法与相似疗法通常用的都是强效的生物碱，如曼德拉草和颠茄中的阿托品；

以及通便药物，如碱式醋酸铜（碱性碳酸铜）或"罂粟汁"；所有这些药物都在六世纪的君士坦丁堡得到了广泛使用[28]。相比之下，七世纪亚历山大的医生埃伊纳的保罗对人体的伤害就小得多，不过他的医治所起到的效果也同样是很有限的，因为他竟然相信像黄油这样的普通物质会有助于减轻由瘟疫特有的腹股沟淋巴结炎所导致的肿胀。[29]

对于原始的医疗实践，现代读者不要因为时下的优越感而沾沾自喜。医师兼作家刘易斯·托马斯在回忆起二十世纪上半叶（托马斯博士1933年从医学院毕业，之后一直从事医学实践，直至六十年后与世长辞）所接受的医学教育时，针对当时有限的医学治疗课程，写下了这样感人肺腑的文字：1933年，医生的工作就是要去"诊断，寻找尽可能好的护理方式，向患者与家属解释一切，并且还要随时待命"。[30]从这个角度来说，他的理解更接近于亚历山大在其十二卷本的《治疗学》中所描述的医学惯例，而不是二战期间所采用的医学实践。现代医生会对使用咒语和民间偏方的疗法感到震惊，但是，他们也会发现，亚历山大所描述的医学方法很眼熟，尤其是他对 peira（经验）的那种尊重，也即愿意尝试任何方法减轻病患不适的临床医生的经验……即便有时这意味着要对不愿口服或直肠用药的病人采用神符的方式来治疗疼痛。[31]

古典时代晚期的医师所面临的局限性一直延续到了二十世纪的后辈身上，因为在发现广谱抗生素之前，对于致命性的感染，他们唯一能够依靠的武器就只有人体自身的免疫系统。[①]在那些恐怖的岁月里，有三分之一的受害者（那些运气好、身体棒、免疫系统强大的人）在感染鼠疫之后存活了下来，而皇帝本人也在这批幸存者之列。

---

① 即便是青霉素这种最著名的发现，也无益于抗击鼠疫，因为这类抗生素是通过阻断肽聚糖合成时所需要的酶（转肽酶及其他酶类）来发挥作用的，而肽聚糖却只用于形成革兰氏阳性菌的细胞壁。针对革兰氏阴性菌（如鼠疫杆菌）的那种含有脂多糖的外膜，我们就得使用主要来自四环素系列的抗生素进行治疗，而青霉素并不在该系列之中。

查士丁尼的感染与幸存，证明了疫病传播媒介的平等主义特性以及皇帝自身防御能力的强大。有关查士丁尼病情的具体进展，史书中并无记录。不过，在由该疾病的内毒素所引起的无法控制的炎症反应之中，皇帝本人似乎逃过了最糟糕的阶段。结果就是，虽然他在死亡边缘徘徊了数周时间（在此期间，狄奥多拉妥善地统治着整个帝国）而且还经常被传驾崩，但查士丁尼还是在疾病和庸医乱诊的厄难中幸存了下来。

对于那些试图临床治疗这种疾病的医生而言，与他们可怜的治疗工具相比，其控制疫病传播的能力也只能说是略胜一筹。六世纪时，很多人都尝试过经由传统的卫生措施（包括隔离）来应对传染疾病，不过从效果上来看，这种做法仍存在着很多问题；当锡永主教尼古拉斯禁止农民在集市日进入其城镇，想要以此限制疾病传播时，他差点就遭到了市政当局的逮捕，因为后者认为，他这样做是想制造饥荒以抬高物价。[32] 相比之下，作为古典时代晚期的另一项重大医学创新，医院的设立却更有成效，它的应用也更加广泛。医院是从基督教的朝圣者客栈发展而来的，作为治疗中心、收容所和救济院的组合体，从四世纪后期开始，它们便从犹太地的原址上传到了罗马、以弗所以及君士坦丁堡。其中规模最大的，便是由圣约翰·克里索斯托在担任都城主教期间建造并配置工作人员的那些院所。[33]

查士丁尼本人终止了直接支付给医生的国家补贴，并将他们转归给医院，那时候的医院在功能上很像现在的医疗中心。[34] 其中最大的一家，便是圣潘捷列伊蒙医院。它建造在狄奥多拉回到君士坦丁堡后、尚未发迹之前所居住的房屋原址之上；根据传说，在遇见查士丁尼之前，这位皇后曾在这里织布纺线。尽管君士坦丁堡城中的医院都很大，但是在短短几周的时间里，它们就被塞满了遭逢疫病的受害者。面对这群病患，人们除了在掩埋尸骨之前为其做好安置之外，便无能为力了。

君士坦丁堡半岛像字母 C 的底部一样，曲卧在博斯普鲁斯海峡的南端。在该都城的第一座山丘之上，矗立着竞技场、圣索菲亚大教堂和皇帝的宫苑。就在这座小山上，查士丁尼与众大臣目睹了都城遭受的破坏。像君士坦丁堡这样的大城，每天正常的死亡率估计在三十人上下。如果把这个数字再增加两个数量级，那些前往天国的亡者就会给抚慰其魂灵的人们带来沉重的工作负担。五十年之后，都尔主教额我略在描述这场瘟疫时写道：

> 棺材和棺材架很快就用光了，因此人们便不得不把六名甚至更多的亡者埋在同一座坟墓里。仅在某个主日，抬进圣彼得大教堂（在克莱蒙）的尸体就有300具。[35]

与查士丁尼所面临的问题相比，这些还算不得什么。在很短的时间内，尸体就填满了都城既有的墓地，接着是每一寸新辟的土地；金角湾对面的希凯也建起了巨大的新坟场。与此同时，被埋入坟冢的人口也很快就超过了能够挖坟的人数，也就是那些仍然健康，且不用每时每刻都要看护感染者的人群。虽说埋葬逝者一直都是家庭的责任，但查士丁尼却无法忽视这个问题。他选派了一位名叫西奥多罗斯的大臣来探寻解决方案。在这座信奉基督教的城市里，火葬是行不通的。于是，西奥多罗斯把目光转向了城墙。

君士坦丁大帝去世八十年后，就在阿拉里克的哥特军队洗劫了罗马城之时，东罗马帝国皇帝狄奥多西的大臣们开始大量建造城墙，以包围和保护皇城，使之免遭类似的厄运。狄奥多西城墙的大致走向是从北向南，保护城市半岛的东部地区免受来自陆地方向的进攻。城墙的高度都在20英尺以上，时常会高达30英尺。每隔180英尺，就会建造一座60英尺高的方塔，君士坦丁堡的弓箭手可以从这里保卫这座城市，使之免受任何蛮族的攻击。希凯的墓地也同样被这样的方塔包围着，在西奥多罗斯的指示下，查士丁尼的军队拆除了数十座方塔的顶部，并在塔内填满了死者的尸体。对于这种做法，普罗科匹厄斯写道："结果，恶臭弥漫了整座城市，使城内的居民更加痛苦，尤其是当风从那块区域吹来的时候，更是臭不可闻。"

实际上，收拢死尸是在这座城市的街面上唯一还能见到的职业，除此之外，街市上便再无人烟。因为瘟疫，城内面包店的烤炉再没有燃起来过。查士丁尼之前还建造了数十个粮仓和蓄水池，将其用作抵抗另一场尼卡暴动的保险，但是既然没能够将小麦和水做成面包的面包师，那么这种谨慎就显得无甚意义了。"不错，在一座曾经充满各色美物的城市里，饥饿终究还是猖狂肆虐了起来……"[36]对于一种拥有直接传染路径的流行病而言，没有了人与人之间的接触，这个恶魔本该在几天内便身衰力竭。然而，饿死的人类却为老鼠和跳蚤带来了新的、巨大的食物来源。

与查士丁尼统治时期发生的许多事件一样，记录瘟疫降临的最生动的编年史也是出自普罗科匹厄斯的手笔。作为历史学家，他最大的天赋可能就是有幸参与了那个时代最重要的事件。这并不是在贬低他的其它能力，包括他忠于史实的精确描写和明晰的散文格式、有意识地模仿修昔底德的文风（尽管对于荷马式的夸张有着明显的偏爱）。当然，这样说也丝毫没有肯定他坚持秉持公正立场的意思，因为无论是在《建筑论》当中（一部对于查士丁尼的建筑成就的谄媚歌颂），还是在《轶事》（或称《秘史》）当中（一份恶狠狠地历数皇帝、皇后以及其他所有人道德缺陷的黑记录），他都没能展现出那般品质。①

尽管如此，在名为《战争史》的八卷巨著当中，他凭借接近其偶像修昔底德的创作水平，获得了吉本的赞美："他笔下的事实是从士兵、政治家和旅行者的个人经历与自由对话中收集而来的；他的写

---

① 虽然《建筑论》是在普罗科匹厄斯生前出版的，但出于显而易见的原因，直到 1623 年，一位名叫尼科洛·阿拉曼尼的梵蒂冈图书管理员才在馆内发现了那本真正"隐秘"的史书：《轶事》。

作不断追求并经常展现出笔力和口才上的优点。"[37] 在《战争史》中，他对瘟疫的描述，始于下面这段著名的文字：

这期间，发生了一场瘟疫，整个人类都濒临毁灭。对于从天而降的所有其他灾难，胆子大的人们，可能会就其原因给出一些解释，例如那些精于此道的人会在这些问题上提出种种理论，因为他们喜欢编造人们根本无法理解的缘由。然而说到这场灾难，除了把它推给上帝之外，人们很难再用言语来表达或者在脑海中去构想出任何成因。[38]

而其对疾病本身的描述更是堪称临床描写的典范：

（病患）"突然发烧，（尽管）与之前相比，他们身体的颜色并没有什么变化，也没有想象中的那么烫，但患者表现出的虚弱倦怠令其本人与接诊医生都感到极度的危险……有些病患会在当天发病，有些人是在第二天，剩下的也都过不了几天，便会出现横痃（腹股沟淋巴结炎）的症状，肿块会出现在腹股沟、腋下等地方，有时候还会出现在耳朵旁边、大腿的不同位置……随后，一些感染者会深度昏迷，有些人还会陷入严重的神志不清……他们患上了失眠症，还出现了各种扭曲的幻觉……而在那些既没有昏迷也没有神志不清的病例中，患者的肿块会变成坏疽，一些不堪疼痛的病人甚至会因此自杀。"[39]

我们不妨将上述描写拿来与一千五百年后编写的流行病学教材比较一番：

患者发病突然，伴有伤寒和寒战，其体温会升高至 102 至

103 华氏度……出现严重、剧烈的头痛，四肢、背部和腹部也时发疼痛。（病患）可能会畏光，或者，随着疼痛性横痃的加重，开始在床上采取一些能够减轻肿块压力的姿势。感染者会变得迷糊、烦躁、易怒或麻木，说话含混不清，仿佛醉酒一般（正如普罗科匹厄斯所言："舌头也没能逃过一劫……他们口齿不清、语无伦次，且说话困难。"）患者会难以入睡，有时还会陷入狂野、疯狂的状态。他们的血液会渗入皮下，回流到肠胃或肾脏之中。在一两天的时间内，感染者会因为各种休克症状而精疲力竭。他们的体温可能会下降，并且在发病第三天有所好转，但这却只是一种假象。因为翌日，他们的状况就会恶化，不久便会撒手人寰。大多数患者会在发病后的三到六天内死亡。[40]

在现代读者看来，这样一份针对恶魔肆虐情形所做的精确目击者陈述，显然是很宝贵的。事实上，正因为其价值太过明显，所以才常常会被人视作理所当然。不过，在决意撰写编年史之际，普罗科匹厄斯那种录著实事的理念便已经在攻击之下开始式微，而这种攻击就源自从宗教乃至末世论的角度出发对历史事件所做的另一种愈发流行的解读。那些想要通过更清晰的视角去审视六世纪的人们，或许应当感谢普罗科匹厄斯的背景及其所受过的专业训练，因为这些东西放大了一种他个性中所固有的保守主义。尽管普罗科匹厄斯也常常按捺不住地要去记录对同时代的许多人而言可谓家常便饭的超自然预兆和预言，但这位律师出身的历史学家，因为受过太多亲希腊思想的影响，所以还是决意谨守其偶像修昔底德的文学价值观。

作为现代最著名的普罗科匹厄斯传记作家之一，詹姆斯·艾伦·斯图尔特·埃文斯认为，这位历史学家是口音、家世和教育选择的产物，而正是同样的选择组合，培养出了统治那个后世帝国的几代英国人。正因如此，可以预见的是，普罗科匹厄斯必然会偏执地反对那些缺乏高贵特质的"暴发户",比如查士丁尼,以及情况更为吻合的狄奥多拉。

事实上,这位历史学家所秉持的保守主义是非常极端的,以至于比起恺撒的军团,他在字里行间反倒更加尊重列奥尼达治下的斯巴达人;而相比于奥古斯都、图拉真或距其年代更近的帝王,他也更喜欢去引用特洛伊的传奇英雄,比如埃涅阿斯和狄俄墨德斯(公元 536 年12 月,陪同贝利撒留抵达罗马之后,普罗科匹厄斯讲述的第一个故事中便出现了此人)。论起查士丁尼统治期间知识分子从古典时代到中世纪的过渡传承,没有哪位编年史家比普罗科匹厄斯更适合做范例。

不过,除了他的文字,所有关于瘟疫的记述也都是发人深省的。在瘟疫到达君士坦丁堡时,另一位来自地中海东岸的律师出身的历史学家埃瓦格里乌斯·索克拉蒂斯还只是一个待在叙利亚老家的男孩。不过,对于恶魔在随后几年的传播情况,他还是以受害者的特殊身份,做出了出色的描写:

> 根据目前已有的消息,(瘟疫)发端于埃塞俄比亚,并且接连传到了整个世界;据我推测,没有哪儿的人们躲过了疾病的影响。一些城市受灾严重,人口大幅减少;但在有些地方,瘟疫的手脚却轻柔得多。它并没有从某个固定的时间开始,也没有统一的消退日期;无论春夏秋冬、节气时令,它就那般悄然又突兀地出现在某个地方……这场灾难降临时,我患上了横痃,当时的我还只是个学童。后来,在不同的年月里它又卷土重来,带走了我的孩子们、我的妻子并许多亲戚,家中的用人和乡间的仆户都没能幸免于难。[41]

鉴于他反映出的瘟疫破坏程度与恶魔带给他的人身伤害,人们只能说,埃瓦格里乌斯的描写已经算是非常冷静了。虽然他所信奉的正统教派素来宣扬世界末日论,但埃瓦格里乌斯在论述该疾病时,还是因为受到其希腊先辈的影响,表现出了相当的克制。

然而，并不是所有的瘟疫记录都绕得开宗教影响。早在公元251—266 年的瘟疫期间，迦太基主教居普良便曾以"杀尽凡人，让上帝分辨良莠"的主题公开布道，为这场毁灭其城市的疫病欢呼："这场瘟疫是极为合适的，也是极为必要的……正义之人蒙召，得享天堂果实；恶人却要被下到阴间，饱受折磨。"[42] 三百年后，当瘟疫抵达君士坦丁堡和地中海东部地区时，人们也能读到这样的文字：

> 在这最后一千年，即第七个千禧年里，波斯王国将被除灭，以实玛利的子孙会走出雅士里布的沙漠，他们都要在加布·奥特拉姆塔聚集……此时，我见到了四位施行惩罚的首领：破坏与破坏者、毁灭与毁灭者，他们在地上抽签。波斯人的土地被交到破坏的手中，任其损毁，其中的居民听凭其关押、屠戮、蹂躏；叙利亚被撇在破坏的剑下，其中的居民听凭其关押、屠戮；西西里岛被摆在毁灭和他的刀剑底下，其中的居民任其关押、屠戮；罗马帝国也握在了破坏的手中，其中的居民任其关押、屠戮。[43]

关于这场瘟疫，最发人深省的描述可能就源自以弗所的约翰。他是修道会的成员，说的是叙利亚语，并且还以一性论者自居。因此，当正统教派的领袖在君士坦丁堡掌管教权时，他便常会在一系列的迫害中沦为难民。不过，在其他时候，尤其是他最中意的狄奥多拉统治时期，他便会享有很高的地位，甚至在小亚细亚的以弗所被升为主教。根据他自己的夸张估算，他曾一个人为安纳托利亚高原上的七万名异教徒施洗。要说他是一位"热情胜过了优雅的作家"，这样的论断并不算无风起浪。[44]

如今，约翰所著的《教会史》仅有一些片段留存了下来。但是，其中有关瘟疫的记载，却仍然是同时代此类描述中最长且最具有末世意味的。如果将约翰拿来与普罗科匹厄斯做比较，便能得到一个先知

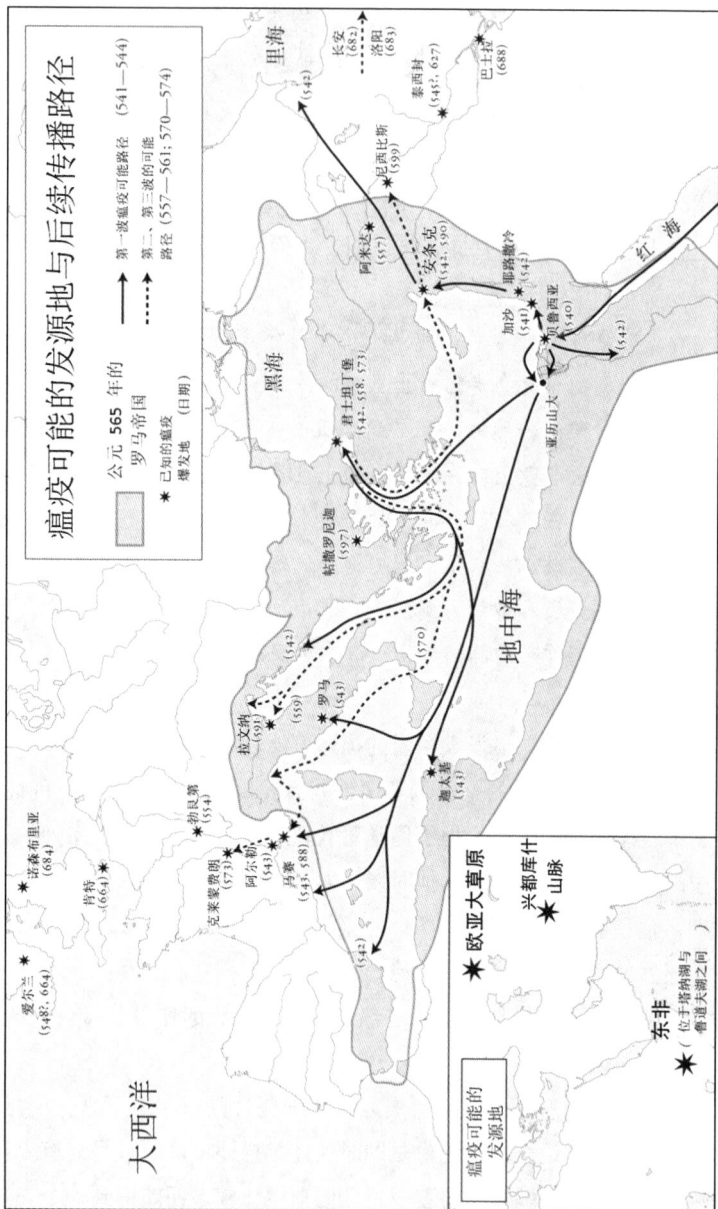

瘟疫可能的发源地与后续传播路径

公元 565 年的
罗马帝国

已知的瘟疫
爆发地

第一波瘟疫可能路径 （541—544）

第二波、第三波的可能
路径 （557—561；570—574）

★（日期）

瘟疫可能的
发源地

★ 欧亚大草原

★ 兴都库什 山脉

★ 东非
（位于塔纳湖与
鲁道夫湖之间）

里海

长安
(682)

洛阳
(681)

泰西封
(542；637)

巴士拉
(688)

红海

君士坦丁堡
(542；558；571)

昆西比斯
(591)

阿米达
(577)

安条克
(542；590)

耶路撒冷
(542)

加沙
(541)

贝鲁西亚
(540)

(542)

亚历山大

黑海

帖撒罗尼迦
(597)

(570)

(559)

罗马
(543)

(542)

拉文纳
(591)

那不勒斯
(543)

诺森布里亚
(684)

肯特
(664)

克莱蒙费朗
(571)

阿尔勒
(543；588)

勃艮第
(544)

马赛
(543；588)

爱尔兰
(548；664)

大西洋

地中海

· 208 ·

的预言胜过"命运"的实例：

> 因为这些事的缘故，先知（在这种情况下，应当是《耶利米哀歌》的作者）可能会哭泣道："我有祸了，不是因为众民的儿女遭受了毁灭，而是因为所有可居住的地方都荒凉了，人的住处都已经被罪恶败坏；我哭泣，是因为整个世界已经荒凉了好久，其中再也找不见居住的人。"[45]

以及超自然力量已经取代了自然的存在：

> 当这场瘟疫从一个地方传到另一个地方时，许多人看到了铜船状的东西，那些坐在船中的（人影）像是被砍去了脑袋。他们在海面上行走，手中握着铜杖。无论他们要往哪里去，你总是能看到他们的身影。这些人影很可怕，却又随处可见，尤其是在晚上。他们如同闪光的青铜和跳动的火焰一般，会突然闪现；黝黑无头的身子坐在闪闪发光的小船上，在海面上疾驰而去，看到这一幕的人，多半都会被吓得魂飞魄散。[46]

在现代人的眼中，约翰的编年史读起来像是准确的临床报告与末日意象之间的一种不太可能的结合。但在其同时代的人看来，这位传教士愿意用专业的术语来描述苦难，而不是将其作为一种救赎的方式，这样的做法纯粹是在表达一性论的教义。约翰（及许多一性论者）相信，耶稣的人性与神性之间是无法割裂开来的，这样的论点可不仅仅只是空洞的神学论述，它还要求人们尊重对疾病所做的务实理解。这种病魔是会杀掉感染者并致其毁容，但这并不能作为上帝不喜悦的证据，因为在一性论的世界中，现实中的一切都可以被接受。[47]或许正是出于这个原因，约翰的编年史中还有一个更加独特的比喻手法，竭力尝试在瘟疫笼罩之下去寻求一线希望：

> 尽管（瘟疫）很可怕、很剧烈，也很严重，但我们却不应只是将其看作威胁与愤怒的标志，而是要同时把它当做恩典的象征，或是悔改的呼喊。因为这一灾害……是悄然而至的，就好像是被派往各国、各城的无数信使一般，它的脚步遍及每个地方，仿佛有人在说："回头吧，悔改吧……因为看呐，我来了……"
>
> 就像在挪亚的时代一样，当那蒙福之人及其家小听到威胁与浩劫的信息时，他很惧怕，却没有忽视它，而是留心建好了方舟……当今的时代也是如此。就像那位蒙福之人一样，许多人都设法在几天内用布施的善举为自己建造出船只，这些船只可以载着他们驶过上帝盛怒的洪水。[48]

无论其观点如何，约翰对细节的处理都是非常写实的。当瘟疫抵达君士坦丁堡后，他写道："在脖子或手臂上挂好写有姓名的标签之前，人们是绝不会走出家门的"，[49]这样的做法可以在感染者突然暴毙之后，用以识别其身份。或许，我们能够想象出这样一幅乱葬坑中的奇特景象：堆满尸体的土坑中，活人必须在层层叠叠的尸体上头齐步走，只有这样做，才能更高效地将尸体压入有限的空间当中。约翰写道：

> 尽管人们的灵魂应当安守体内，而不是浪费在痛苦的哀悼当中，但是谁能谈论或叙述这般可怕的景象，谁又能睁眼看着这样的葬礼呢？沉重的罪孽足以摧毁亚当的子孙，可是，因这罪孽痛苦哀悼又有何益处呢？能够幸存下来、亲眼得见上帝"忿怒的酒榨"①，这样的人应当如何，又要用怎样的话语、赞美诗、挽歌和哀叹来悼念亡者呢？[50]

---

① 直接引自《启示录》十四章第十九节。

第四部

大流行病

第十章 "一个不守法的人"

523—545

从疫病在都城暴发的那个夏天算起，往前推二十年，一位来自波斯宫廷的使者，揣着份旨在促进两大帝国和平的文件，来到了君士坦丁堡。这两个帝国的边界也定义着各自文明的界限。当时的波斯帝国统治者喀瓦德在文件中提议罗马帝国皇帝查士丁收养其儿子，也即帝国的准继承者库思老。

当然，这种收养只是象征性的。喀瓦德做出提议的时间是公元523年，当时的库思老至少也有25岁了。但这种收养方式，是经由漫长的罗马历史确立认可的一种常规做法，其源头可以追溯到罗马的第一位皇帝：屋大维正因为被尤利乌斯·恺撒所收养，才得以进入后三头同盟，并从这里发迹，最终在名义上的罗马共和国里建立起了至高无上的权威。因为有先例，皇帝、内廷和元老院都认真考虑了喀瓦德的提议；而且，如果不是因为执政官普罗科鲁斯的一句话，他们还差点玉成此事。普罗科鲁斯指出，这样的收养可能会导致波斯人拥有罗马皇位的合法继承权。有鉴于这样的风险，查士丁（或者说，是代表该皇帝的查士丁尼）拒绝了这项提议。

这一插曲开启了史上最非凡的双人合传，因为在接下来的四十年里，库思老与查士丁尼都活成了彼此的镜子，二人之间形成了一种无限回溯，即其中一人每采取一个动作，都会触发另一个做出稍有变更的类似行动。此时，若用"密不可分"这种陈词滥调来描述这两个人，显然是颇为熨帖的。

任何情况下的历史事件都可能将这两人联系起来；毕竟，他们是拥有共同边界的两个伟大帝国的统治者。而且，正如库思老所担心的那样，当时的两个帝国也都面临着许多相同蛮族的威胁。但是，可以用来解释其二重身现象的境遇因素只能到此为止了——几乎所有曾经提笔写到过这两个人的作家，都看到了这一奇特现象，而他们中间的许多人都觉得自己必须要选择站队了。约翰·巴格内尔·伯里就是一个恰当的例子，他敏锐地察觉到："在库思老①和查士丁尼的长期竞争当中，无论看贤德，还是看运气，优势总是倒向野蛮人②这边的。"[1]

撇开对两人的排位不谈，1923年，伯里在撰写此书时所使用的"野蛮人"一词，在当时乃至六世纪那会儿都是不恰当的。然而，自希罗多德开始，还是有一长串的历史学家都用过该词汇。约翰也不过是最近的一位使用者而已。他们笔下的"野蛮人"指的是地中海以东地区的"亚洲"统治者。其实，美索不达米亚平原西部与欧洲诞生前的希腊及罗马文明的最东端之间并没有很明显的物理边界，但是地理因素仍然在一定程度上导致了两地之间长达千年的冲突。站在希腊或罗马这边的视角上，从今黎巴嫩与以色列的地中海沿岸开始的地形地貌会自西向东地迅速抬升，连接着一条南北向的山系，其中包括了阿曼诺斯山脉、黎巴嫩山区与犹太丘陵。因为在距地中海沿岸不足50英里的范围内，出现了由这些山脉所造成的屏障（有些山峰的高度超过了7 500英尺/2 500米），所以绵亘于其群山之中的河谷也便有了相当重要的意义。这些河流之中最重要的两条，便是位于最北端的欧朗提斯河与利塔尼河，它们从山脉中间穿流而过，而后汇入地中海（另

---

① 用西方语言写作的历史学家对库思老的名字使用了六种不同的拼写，其中包括 Cyrus、Chosroes、Xusro 和 Khosro。

② 此处的"野蛮人"是指库思老。传统西方史学会将所有非希腊—罗马民族都视为野蛮人。——译注

外还有条向南流入死海的河流，那便是著名的约旦河）。在群山的东部，是平均海拔 1 500 英尺的约旦和叙利亚高原。高原的地势自西向东缓缓降低，待到伊拉克境内时，只比海平面略微高出了一点点。[2]

这种地势变化的结果是，西部地区土壤肥沃，北方河谷更为富饶，不过这片沃野在向东延伸时，旋即便会与沙漠相接。制图师们常会将带有相同特征的地理区域连接起来；人们最熟悉的可能就是指示高度的等高线图。另外，还有气象学家用来显示恒定气压（等压线）或恒定温度（等温线）的线条。而划分美索不达米亚平原的相关线条则应该是等雨量线……即表示降水量一致的线条。在等雨量图中，过了欧朗提斯和约旦河谷，便是 200 毫米的等雨量线，跨过此线，年降雨量就跌破了 200 毫米——即略少于八英寸。而八英寸代表的是一个极限数值：在没有灌溉的情况下，降雨量低于这个值的地方是无法耕种的。这样的劣势，必然会带来种种不良的影响。就像水的存在定义了随着海上贸易与殖民化行动而扩张的地中海帝国的内部边界一样，从该地区的文明诞生之日起，水的缺失便定义了美索不达米亚帝国的边界。根据高中地理知识，此地也有"新月沃土"之称。在新月区域向内凹的一侧，勾勒着一条 200 毫米的等雨量线。而降水量更低的沙漠地带，便位于底格里斯河与幼发拉底河河谷的北侧和东侧。[3]

公元前 2200 年左右，萨尔贡大帝在美索不达米亚平原上创立了多民族的阿卡德帝国，后来，汉谟拉比的巴比伦帝国与辛那赫里布的亚述王国也都在这里得到了稳步发展。有鉴于此，人们很容易便能证实，此地区的帝国统治总是在 200 毫米的等雨量线范围内建立起来的。即便是居住在伊朗高地的薛西斯、大流士和居鲁士治下的阿契美尼德帝国，也都曾在郁郁葱葱的美索不达米亚平原上设立过都城。而其都城的具体选址，便是近东地区最重要的城市之一：苏萨。两千年来，新月沃土与其地中海邻国的统治者之间的关系，一直处在无视与征服战争的循环当中，进而给西方文化带来了首次与敌人划清界限的机会。公元前 331

年，亚历山大在高加米拉战役中击败了大流士。在那之后的一个世纪里，美索不达米亚的统治者便在文化上从属于控制了地中海的希腊语使用者。亚历山大死后，由马其顿将军塞琉古·尼卡特所建立的王朝显然也是亲希腊的，这一点并不令人意外。一个世纪后，安息帝国逐渐取代塞琉古王朝；虽然他们与新兴的、充满生机的地中海罗马帝国有过一些重大的战争，但安息人却仍然也是地中海文化的崇拜者。

两地之间一直处在这样的关系当中，直到三世纪时，美索不达米亚与罗马一样，也要去面对足以撼动帝国的危机。而其结局也与罗马如出一辙：这个帝国变得更加强大，但却也与从前不一样了。

公元 224 年，在伊朗高原上的法尔斯家族中，一位名叫阿尔达希尔·帕帕坎的小贵族决意起兵反抗其安息领主，并很快就取而代之，建立了萨珊王朝。此时，距离亚历山大·塞维鲁被暗杀、罗马三世纪危机开始还有十年的时间。为了使自己的统治合法化，这位伊朗人自称与该地区有史以来最著名的统治王朝一脉相承，言说自己是居鲁士大帝所开创的阿契美尼德王朝的后裔。帕帕坎与萨珊的称呼，都是其假古人威风、捏造故事的线索。后来，在帝国钦定的编年史中，讲述了一位名叫帕帕卡的阿契美尼德国王的故事。这位国王因为梦见其牧羊人萨珊的儿子会统治世界，于是便心生一计，将自己的女儿（有些记载说是妻子，其中包括阿亚塞阿斯于六世纪所修的史书）嫁给了萨珊。相比之下，现代历史学家更加认同的情形就没有这么浪漫了，他们觉得萨珊很可能是一位法尔斯家族的小贵族，帕帕卡是其儿子，而阿尔达希尔则是他的孙子。不管这其中的故事如何，这个家族都为后代留下了一种语言和一个民族的名字，那便是波斯语和波斯族。他们还为后代留下了在应对西方邻国时应当采取的一种新的攻击态度。

公元 260 年击败并俘获瓦勒良皇帝的沙普尔一世，曾将自己描述为"伊朗与外族的万王之王、诸神之主……伊朗人的万王之王、诸神之主，帕帕坎之孙，王者，伊朗帝国之君主"。[4] 阿米阿努斯·马尔切

萨珊波斯
与丝绸之路

利努斯也曾在其所著史书中引用过沙普尔二世的一封信，这位国王在信中也自称为"万王之王、星辰之友、日月之兄"。[5] 从小贵族到地区性皇族，再到沙普尔自称的一系列头衔，这种演变象征着其对萨珊波斯帝国的信心。此时的帝国西部边境延伸到了亚美尼亚——这个地区最终就像十八世纪的波兰一样被一分为二，罗马与波斯各执一半。而其东部边境则深入到今天的阿富汗，并且在穿越了开伯尔山口之后，进入了巴基斯坦，或者是那时候所谓的库什地区。

到四世纪时，两个伟大的帝国变得愈发相似。在二者最后几百年的历史中，罗马与波斯之间可比较的点随处可见，多到我们需要对信奉"相似即相同"的历史理论保持警惕的程度。尽管如此，在描写两个帝国在第四、第五世纪的历史时，人们仍旧绕不开它们所面临的共同压力。这些压力，一方面来自国家与宗教之间充满矛盾的联合，另一方面源自从欧亚草原过来的骑射手。

根据某些可能被夸大了的衡量标准，"在已知的世界宗教中，祆教是最古老的一种，它对人类的直接和间接影响，可能比任何其他的单一信仰都要大。"[6] 该宗教的模糊历史可以追溯到公元前六世纪，它的创始人是琐罗亚斯德（通常，更准确的称呼是查拉图斯特拉），而其教义也包括了救赎、"最后审判"时的复活与信徒的永生，[7] 这些内容都比基督教早了六个世纪。祆教是极端的二元宗教，该宗教的神义论通过假设至善神祇阿胡拉·玛兹达与黑暗之神阿里曼之间的永恒冲突来解释罪恶的存在。实际上，在被亚历山大征服之后，① 这种二元论宗教便被逐出了阿塞拜疆／伊朗地区，也即琐罗亚斯德的故乡，流亡长达五百年之久，而且原本可能是要一直流亡下去的。萨珊王朝的

---

① 印度北部作为该宗教的流放地，至今仍是现代世界中最大的祆教社区，其信仰者被称为帕西人……即波斯人。

开国者们是在没有正统宗教的情况下掌权的。要说他们真有什么共同宗教信仰的话，那这套宗教很可能是由美索不达米亚的摩尼所创立的一种融合教派，融入了灵知派、密特拉教、基督教甚至是佛教元素。当巴赫拉姆一世登上萨珊王朝的王位时，他驱逐了摩尼本人，取缔了摩尼教，并将祆教立为国教。[8]

就像君士坦丁拥抱基督教的情形一样，设立国教的后果是巨大的。由此衍生出的一种相对固定的出生种姓制度成为了波斯的国家政策。[9]按照该政策，社会等级分作祭司、士兵、学者、工匠四类。人们普遍认为在由巴赫拉姆首席祭司撰写的"坦萨尔书信"中，有这样的规定："除非发现我们中间的某个人具有杰出的才能，否则便不得从一个（出生种姓）过渡到另一个（出生种姓）。"[10]此时，营建好萨珊王朝时期的一些最具特色的建筑形式（即用火和光来象征阿胡拉·玛兹达善性的"火神殿"）成为了帝国的当务之急。"显然，每位国王都拥有自己的圣火。在其统治之初，对应的圣火便会在可移动的祭坛上被点燃。"[11]而且，波斯这里也同罗马一样，等级森严的祭司或法师，就像是负责地区宗教管理的基督教主教一般，也会积累起庞大的潜在政治权力。

如果波斯舞台上并未出现另一组演员，那么这种权力可能始终都会是潜在的，永远也无法兑现。对于罗马而言，这群演员与强大的神职人员之间爆发的教义冲突一样，可谓十分眼熟。如果说萨珊王朝能够拥有自己的君士坦丁，那么它必然也就会遭遇自己的阿提拉。

与阿提拉的先祖一样，关于五世纪中叶抵达波斯帝国边境的嚈哒人或"白匈"人，历史文献中也没有多少记载。独特的民族名称，并没有为他们赢来更多的关注；说到中亚草原上的所有住民，在公元前二世纪时，他们被同时代的编年史统称为斯基泰人；到了公元四世纪，他们又被统称为匈人（而从十世纪到十四世纪，这里的每位住民又都曾经被冠以突厥人、鞑靼人或蒙古人的称呼）。与匈人一样，嚈哒人可能也是起源于阿尔泰山脉，并且使用的亦是阿尔泰语系中的某种语言；当然，他们同样也可能不起源于该山脉，说的也是不同的语言。但不管怎样，他们在四世纪后期的某个时候征服了作为波斯藩属的贵霜帝国，到了五世纪，又对波斯王国构成了明显的威胁。

公元457年，卑路斯，这位新的"万王之王"登上皇位，此时帝国面临的危险也达到了顶峰。在某次讨伐性的远征战斗中，卑路斯失败被俘，在白匈人的手上受尽羞辱——在顾问的劝说下，这位国王面朝象征着阿胡拉·玛兹达的朝阳鞠躬，好让匈人以为他是俯伏拜倒在他们的身前。但这个计划却并未奏效。后来，接到波斯赎金的匈人将其遣送回国，并且还斥责了他一番。

显然，卑路斯并没有接受这番斥责。因为公元484年，这位波斯国王便卷土重来，再战白匈人。不过这一次，他又败在了嚈哒人的阴谋诡计之下：白匈人在其防线前挖了一条战壕，并用芦苇与泥土掩盖，于是冲入战壕的整支波斯军队就只能任人宰割了。经此一役，卑路斯不仅一败涂地，而且还战死疆场了。万念俱灰之际，他扯下了耳边配饰的大珍珠，以免白匈人将其作为战利品夺了回去。[12]

作为卑路斯最小的儿子，喀瓦德（普罗科匹厄斯提到，当时的他才三十岁）也成为了他的继承人，不过他要接掌的王位却已经是摇摇欲坠了。年轻的王子不仅面临着来自草原的大肆侵略，而且还面临着日益躁动的贵族和如日中天的法师团体。为了平衡各种势力，这位新统治者开始起用一批民粹主义的宗教改革者。而被他选中的，便是玛兹达克教派。作为祆教祭司玛兹达克创立的分支派系，该教派的教义包括财富的重新分配、自由恋爱（普罗科匹厄斯称之为群交）以及最重要的一点：法师与贵族不再享有权力。

不出所料，贵族们开始反抗喀瓦德，并监禁了这位新国王。身陷囹圄之后，喀瓦德说服妻子通过向狱卒提供性贿赂，进入了自己所在的监房。而后，他便乔装成妻子的模样，开始了可耻的逃亡。这场逃亡行动为其带来了一位新的盟友，那便是向其提出有偿援助的白匈人。显然，白匈人的服务是可以赊欠的。不过，等到要赎回欠票的时候，喀瓦德却无力偿付了，于是他便试图通过向君士坦丁堡的君主阿纳斯塔修斯皇帝借钱来筹措这笔款项。在被罗马皇帝拒绝之后，喀瓦德"表示，是（罗马人）导致了匈人的入侵，致使匈人掠夺并毁坏了他们的家园"。[13] 于是，公元 502 年，他便对罗马帝国的领土发动袭击，旨在窃取他未能借用的财物。等到这位波斯国王稳定了与匈人的关系，并且做出和平姿态，提议阿纳斯塔修斯的继任者、查士丁皇帝收养波斯王储之际，曾经安宁的美索不达米亚边境变得越来越不稳定了。

在这些古典时代晚期的大戏开演 1 500 多年之后，我们如今需要绞尽脑汁，才能诠释出那些定义了查士丁尼世界的奇特概念。即便如此，我们与那个世界之间还是有许多的文化连续性的。但是，就波斯最后一位伟大的统治者库思老大帝所宰治的帝国而言，这种连续性可就不存在了。萨珊王朝并不知道，在不到一个世纪之后，伊斯兰便会大军压境，彻底毁灭波斯帝国，开启人类历史上最大的文化断层之一，顺带再改写一遍前朝的历史，因为这本就是征服者所享有的特权。在所有后来的编年史中，库思老的形象之所以会如此高大的原因之一是，在伊斯兰教创立前，伊朗几乎所有的建筑发展、军事胜利或文化成就，常常都被算作他一个人的功绩——将波斯帝国曾经的辉煌归于一面大旗之下，总归是一种相对讨巧的手法。[14]

不过，这并不是库思老名扬四海的唯一原因。不少人认为，如今存放在埃尔米塔日博物馆的一只银盘上，镌刻着最能生动代表库思老形象的图案。图案以中规中矩的平面形式展示了被权贵围绕的统治者形象；同时，这位国王还身跨战马，向后转身，手持弓箭，朝着两只公羊[15] 射出了传统中所谓的安息回马箭。这幅图案提醒世人，作为波斯最后一位伟大的统治者，库思老身上背负着历代先王所托付的重担。

虽说库思老的几位兄长也拥有与其相当的波斯王位继承权，但是当他到了二十出头的年纪时，库思老（出生日期不详，据传约在公元496年）除了王位继承人的身份之外，手中还掌握了实际的权柄。事实上，在与查士丁尼的几十处相似点中，就有这么一条：库思老也是在登基之前便已经掌握了国家的政局。公元528年，库思老作为尚未登基的王储，发现父亲的玛兹达克派盟友正在密谋推翻王室。翌年，在忠诚、愤怒与彰显王霸之气的意念推动之下，这位王子逮捕、拷打并处决了玛兹达克；随后，他又对其追随者展开了大屠杀。（后来，玛兹达克教派也为伊斯兰教的不同政见者什叶派提供了灵感来源。）[16]

那时候，库思老对查士丁尼的终生执念已然成型。这位国王似乎极度渴望"回报"查士丁朝廷对喀瓦德收养提议的轻视，这一点给后世的历代读者都留下了难以磨灭的印象。不管是不是夸大其词（因为有关库思老统治的许多波斯历史，都被萨珊王朝的阿拉伯终结者损毁或改写了，而且其中有大量的信息都取自普罗科匹厄斯和阿亚塞阿斯等西方编年史家的作品），在玛兹达克教派大屠杀之后，他似乎等来了第一次复仇的机会，而这个机会却是从一个不太可能的地方萌生出来的。

到查士丁尼即位时，由柏拉图本人创立的雅典学院在过去的一千年中，一直是世界上最伟大的哲学研究中心。这座学院不仅久负盛名，并且还异常富有，充斥着异教之风。但是，对于一位热衷于合法统治、正统宗教和黄金的帝王来说，所有这一切都会成为挑衅。公元529年，作为禁止异教教育政策的一部分，[17]帝国下令关停了雅典学院，并向其中的教职员工发放了退休金，对他们做了重新安置。而在这群教员之中，有七人接受了库思老的聘任，前往在萨珊王朝首都泰西封重建的雅典学院，并要在那里将柏拉图及其后辈的作品翻译成波斯语。这七人分别是：学院院长达马希乌斯、辛普利修斯、尤拉米乌斯、普里西安、赫米亚斯、戴奥基尼斯和伊西多尔。[18]

回想起来，这些学者似乎有点天真；依靠柏拉图思想过活的他们，因为受到这样的邀请而满心感动。用阿亚塞阿斯的话来说，他们相信寄来邀请的那方国度，便是"公义至上的'柏拉图的哲人王'所统辖的领地"。[19] 然而，库思老确实比多数人都更有资格声索这一头衔。最初被称作《库思老功绩录》的《武功记》一书曾援引该国王的原话道："对国王而言，最可耻的事情便是蔑视学习与畏惧科学。"[20] 作为印证，普里西安曾经写过一本《致库思老的哲学答疑》。在这些移居他乡的学者存世不多的作品之中，这本书可算作一部经典的新柏拉图主义异教著作，其中涉及了自然历史、本体论和身心关系等内容。该作品的创作背景就是发生在库思老宫廷的哲学辩论，书中之所以将国王作为对话者之一，就是为了阿谀奉承——不过，这种奉承对于一位从未以哲学家自称的国王来说，是毫无意义的。

普里西安的著作虽然影响不大，但却充分证明，尽管由于波斯与罗马帝国强推正统国教（后者显然比前者执行得更好）的缘故，西方哲学研究的基本载体遭遇了巨大的障碍，但它还是找到了一条东进之路。虽说这位哲人王为外籍柏拉图主义者所提供的归宿只是暂时的（因为思念故乡，所有的学者都于公元 532 年回到了雅典），[①] 但是这种做法还是提醒世人，那些在雅典生根又经美索不达米亚培植的种子，在被中世纪的欧洲重新认知之前，还是沿着一些未被重视的路径扩散开了。其中的一条途径更是穿过了萨珊王朝的宫廷。

公元 531 年 9 月，喀瓦德去世。时年三十五岁的库思老为这一刻做了十年的准备。他成功地操纵了朝中的贵族，并且妥善处理了那些不利的言论，其中就包括要让其兄长取代他成为"伊朗与整个有形世界的君主……神明钦定的保护者，有形造物的导师"。[21]

---

① 根据阿亚塞阿斯的说法，波斯生活当中最不寻常和最令人作呕的方面是"即使一个男人能够并且也确实有任意数量的妻子，但人们仍然可以厚颜无耻地通奸"。

公元 532 年，因为收取了 11 000 磅黄金的缘故，名义上承担保护高加索免受蛮族入侵之责的库思老与查士丁尼签署了所谓的永久和平条约。此时的查士丁尼在经历过尼卡暴动之后，重新拾起了自信。他也希望在向西方派兵之际，能够免于东部受敌的困境。由于许多存世的历史记载都是从罗马人的角度撰写的，因此在此条约生效后的七年时间里，有关库思老及其帝国的信息是很少的。不过，这其中的一个合理的猜测是，波斯帝国的这位新统治者此时主要致力于国内的改革，其中包括改革帝国的行政管理、军队、国库和都城。在库思老看来，这些方面都必须紧密相连。库思老留存于世的格言不多，但其中有一条确实是出自他本人之口："王位靠军队，军队靠收入，收入靠农业，农业靠公正。"[22] 初登大宝之际，库思老所继承的常备军由一位大元帅统管，其中包含了骑兵、步兵和其他侍从，总数约有七万。[23] 后来，这位新的"万王之王"将其治下的广阔疆域重新划分为四个大区，每个区域由一支军队镇守，每支军队设有一位统管的总司令，或称斯帕巴德（军团长）；每个区域内的民事管理则由总督负责，总督又称巴杜斯潘（地方长官），需要服从于斯帕巴德。尽管在等级上处于劣势，但地方长官（或者更准确地说，是其作为税官时的效率能否有所提升）似乎才是库思老重组管理架构的对象。这就与查士丁尼最初选择并长久聘任卡帕多西亚人约翰的做法是一样的。库思老意识到，自己必须暂且搁置帝国的野心，直至其拥有了足以负担扩张的财力为止。比库思老晚 500 年的一位阿拉伯编年史家曾经援引这位国王的说法道："我……召集了官员与纳税人，并且从他们的困惑中意识到，除了公平征税并确定好每个城镇、每个街区以及每个人的税率之外，别无其他的解决之法。"[24]

凭借高效且普遍为纳税者所认可的稳定税收收入，库思老开始将注意力转移到帝国的军队身上。事实证明，他的军事改革不仅更为深入，而且也更加持久。在之前的君主统治下，波斯军队宛如中世纪欧洲的封建征募兵一般，即拥有田产的贵族会提供并武装自己的士兵，而这种军队也包含了从弓箭手到野战军官的完整架构。当库思老的财力允许其直接设置军队指挥体系时，他便立刻着手实施了改革。然而，被他拿来支付麾下的"骑士"（或称"德坎"）的却不是黄金，而是土地。无论是偶然决定还是其刻意为之，德坎的崛起都为帝国带来了一个新的地主阶级（尽管其所拥有的土地相对较小，通常是库思老作为封地中划拨给他们的一个个村庄）。[25] 这群拥有了土地的新兴地主不仅能为国王提供军事服务，而且还成长为一批终将在未来帮助管理帝国的官僚。

而在此之前，他们经历的统招统训、享有的统一装备，会将他们塑造成一支纪律更加严明、行动更具成效的军队。到了六世纪，波斯军队已经完成了专业化的改造。这支军队，就像查士丁尼治下的罗马军团一样，以号称"长生军"的重骑兵为核心。贝利撒留在达拉之战中击败的正是一个旅的长生军。他们的武装都是统一的，并且还装备有"头盔、锁子甲（钵罗钵语或中古波斯语称作"griwban"）、胸甲、铠甲、臂铠甲（abdast）、腰带、护腿（ran-ban）、长矛、剑、战斧、狼牙棒，盛有两把弓、两根弓弦的弓箱，装有三十支羽箭的箭袋，两根备用的弓弦、投枪、马甲……一根套索（karmand），以及配有石弹的投石器"。[26]

查士丁尼的将军们不久便会明白，军队是库思老借以实现其野心的工具，而不是目标。虽说训练、装备与支撑这支军队消耗了这位"万王之王"的大部分精力，但他却仍然能够抽出时间照管帝国生活的方方面面。从宗教到天文学领域，处处都留下了他的印记。事实上，即便是其伊斯兰的继承者们筑起了历史高墙，却也无法遮挡库思老那高耸的成就之塔。他的骑士体系被征服波斯的阿拉伯人保留了下来，并且最终会成为欧洲封建家臣体系的模型（更多的是基于趋同进化，而不是拥有共同的血统）。同样，虽然祆教的圣书《阿维斯陀》是在库思老的统治下编纂的，但是在阿拉伯征服波斯的战争中被更好地保存了下来的，却是他所赞助的波斯民族史诗《诸王之书》（赫瓦泰纳马克）定本；库思老去世数百年后，伊朗最伟大的诗人菲尔多西复写了这部著作，并命名为《列王纪》（Shah-Nameh）。[27] 此外，库思老还资助了天文学，在其统治期间制作的星表 zaij-I-Shahriyar 一直沿用了几个世纪。同样，他在贡德沙普尔所建立的伟大医学院也是"后世所有伊斯兰医学院与医院的建造典范"。[①][28]

人们无法想象没有了君士坦丁堡的查士丁尼；同样地，忒息丰（罗马人称之为泰西封）王城对于库思老而言，也拥有着举足轻重的地位：他既造就了泰西封，也为泰西封所造就。泰西封建造在亚述古城俄庇斯的遗址之上，它毗邻底格里斯河，横跨连接着亚述都城苏萨的"御道"。 俄庇斯城曾先后被巴比伦与波斯第一帝国接掌，后来又落到了塞琉古王朝的手中。而塞琉古帝国，便是在马其顿王国的征服者亚历山大去世之后，由其麾下大将塞琉古所建立的政权。不过，塞琉古却并未定都于俄庇斯城，而是在其所在的河流对岸修建了新都塞琉西亚，并在这座新的王都之中，开启了对又一个短命帝国的统治。当安息帝国取代了塞琉古王朝之后，他们便将俄庇斯城定为帝国西京泰西封的所在地。后来，萨珊王朝又征服了安息帝国，并将安息的这座地区中心立为自己的国都——与其在伊朗高原上的贫瘠故乡相比，富饶的美索不达米亚诸省让他们更为满意。

由于在位置上靠近罗马帝国的东部边界，泰西封几乎成了一个无法抗拒的诱人目标。公元二世纪时，这座城市在图拉真、路奇乌斯·维鲁斯，以及塞普蒂米乌斯·塞维鲁的军事行动中被攻占了三次

---

① 贡德沙普尔之所以会声名鹊起的原因之一，是库思老相信帝国最先进的医学就位于其从属王国库什的东部地区，于是他便派遣御医到印度收集梵文医学文献。至少从传说来看，他不仅寻回了一座医学图书馆，还有一袋子小塑像和一块半黑半白、由六十四个格子组成的方形板。在这位"万王之王"的政治成就当中，国际象棋算是最不起眼的，但它却又是留给中世纪的最为历久不衰的遗产之一。

（罗马的塞维鲁凯旋门就是为了纪念该皇帝于公元 198 年占领了泰西封）。公元 283 年，这座城市又被卡鲁斯皇帝再次攻占。背教者尤利安也曾因攻城失败而战死于撤退途中。

那时，在波斯、安息与萨珊王朝的交替过程中，泰西封已然成为第一座屹立千年的古城。所以，它也必然会是座壮观的非凡之城。如今，由库思老建造的宏伟宫殿只剩下了塔克基思拉，即泰西封大拱门。该拱门高 115 英尺、宽 82 英尺、深 150 英尺，在圣路易斯拱门建成之前，它曾经是世界上最大的无支撑抛物线拱门，并且至今也仍是跨度最大的无支撑砖砌建筑。曾经的塔克基思拉是进入宫殿大厅（或称作伊旺）的入口，伊旺的上方有一个桶形穹顶，地板上则铺着长度近三百英尺的巨大丝绸地毯，地毯上描绘的是一座花园，上面绣着金丝与珍珠。按照惯例，地毯被称作"库思老的春天"，以此来纪念它要反映的主题。1977 年，为了向这块传奇的地毯致敬，作曲家莫顿·费尔德曼创作了一首钢琴与小提琴奏鸣曲，并命名为"库思老的春天"。七世纪后期，当泰西封被洗劫一空之后，阿拉伯历史学家详细描述了这块地毯、宫墙上镀金的镶嵌画，以及排列在底壁那里的七彩大理石。

宫殿装饰是已知的萨珊王朝的最高艺术，其最具特色、最为典范的形式便是建筑——不朽的建筑。[29] 然而，与查士丁尼国都中的宏伟建筑，尤其是圣索菲亚大教堂相比，它的不同之处在于，从美学的重要性上来看，萨珊式建筑的逻辑结构远不及其内部装饰。而它们所应用的装饰，通常都是花卉或简单的几何式图案。[30] 从科瓦多尔到坎大哈，伊斯兰艺术中随处可见的程式化的几何图形，如今都还带有该教创立前萨珊波斯王朝的花卉与几何风格的印记。

与君士坦丁堡一样，泰西封同时也是一个知识、文学、宗教和商业中心。在古典时代晚期，此地的贸易，尤其是以丝绸和艺术品为代表的高利润奢侈品国际贸易出现了巨大扩张。库思老的帝国"主导了印度洋、中亚和南俄罗斯的国际贸易"，[31] 而萨珊王朝最著名的纹饰，即传说中被称为西摩格的凤鸟，也被广泛装饰在了从伊朗高原到印度与中国的艺术品上。[32]

哲人王、建造者、勇士王子、医生与天文学家的资助者——哪怕没有成为查士丁尼在镜子里的分身，库思老也会享有煊赫的威名（他也配得上自己阿努希尔万的姓氏，该姓氏意为"不朽的灵魂"）。不过，仍然可以肯定的一点是，虽然这两位统治者的想法始终相近，但是直到公元 539 年，他们的生命才再次出现了交集。那一年，两个身穿法衣的阿里乌教士来到了位于泰西封的库思老宫廷。事实上，他们是代表东哥特国王维蒂吉斯前来劝说这位波斯统治者开辟第二战线，共同对抗查士丁尼的。此时，维蒂吉斯的军队正在西线向波河河谷进发。库思老接待了他们（按照普罗科匹厄斯的说法，他是在招揽他们），并且同时还会见了提出类似请求的亚美尼亚代表。在历史上作为缓冲国家的亚美尼亚，为了自己的生存选择了不结盟的战略。然而，查士丁尼对亚美尼亚叛乱的回应，却将他们推到了波斯阵营，叛乱中杀死某位罗马支持者的凶手们也逃进了波斯。除了这些之外，诱使库思老采取行动的原因还包括，他相信查士丁尼正在试图收买波斯的阿拉伯盟友—— 拉赫姆王国。

自三世纪以来，萨珊王朝的统治者始终都在支持一个占据叙利亚沙漠战略要地的阿拉伯部落，这支部落所占领的沙漠南端远到今天的沙特阿拉伯北部。部落的首领（巴努·拉赫姆，西方语言写作拉赫姆）既要防备辖区内阿拉伯人的袭击，又有义务去制衡罗马帝国的大国阴谋。相对应地，罗马帝国出于完全相同的考量，也在此地安排了自己的代理人，即萨利希德部族。作为极端虔诚的基督徒，该部族从狄奥多西时代开始，便代表帝国与波斯人争战。[33]

然而，公元 529 年，查士丁尼却用另一个信奉基督教的阿拉伯部落取代了萨利希德。被其拣选的新部落便是建立了加萨尼王国的阿兹德人。在卡利尼库斯战役中，查士丁尼任命贝利撒留的阿拉伯副将哈里斯·伊本·贾巴拉作为藩王或帝国代表。而之后的十五年里，受两位领主的气场以及宗主国大国政策的驱使，拉赫姆王国与加萨尼王国打了一场残酷的代理人之战。用同时代编年史家的话来说，加萨尼王国的国主哈里斯会"让叙利亚的所有游牧部落都感到敬畏和恐惧"；[34] 而根据普罗科匹厄斯的说法，他的对手蒙齐尔·伊本·努尔曼"在战争方面也是最为谨慎、最为老到的，他不仅完全忠诚于波斯人，而且精力也异常地充沛——是一位能在五十年的时间里迫使罗马屈膝的能人"。[35]

因此，当查士丁尼派出两名使者来裁决哈里斯与蒙齐尔之间的争端时，库思老不仅将之视为挑衅，更把它当成了开战理由。在盘算是否要打破那个取名不慎的"永久和平"条约时，波斯统治者必须要审慎衡量开战的实际收益与潜在成本：想要两个大国彼此对抗，以便坐收渔利的那些缓冲国领袖的感激之情；以及败在罗马军队手上的可能性。而在他看来，吃败仗的概率似乎正处于历史的最低点，因为查士丁尼最优秀的将军都在忙着应付意大利和北非的战事——此时的贝利撒留正率兵前往拉文纳，而帝国东部最强大的战士西塔斯，也在攻打亚美尼亚的一场战役中被杀。无论如何，开战的风险似乎都是可控的。于是，库思老便对查士丁尼宣战，而这场战争一打，便打到了公元545年。

在这场最新的、旷日持久的罗马波斯战争中，第一幕的场景便是库思老率军沿着幼发拉底河左岸进入叙利亚，旨在夺取叙利亚北部沙漠中的城市苏拉。他们最终的取胜，靠的不是强攻突击，而是阴谋诡计。在迷惑了这座城市的主教之后，波斯军队便派兵护送其返回城内。城内的防卫军因为误信了主教的乐观汇报，而任凭城门洞开了好一会儿工夫。结果，波斯人便趁机在地上放置了石头、木块等物，致使城门无法关闭，他们的骑兵也因此顺利地进入了城中。似乎是为了证明这场战争至少部分是出于私人恩怨，库思老在占领了第一座帝国城市之后，便立马将查士丁尼的总督派往君士坦丁堡，特别嘱咐他告知皇帝，波斯的统治者要在叙利亚横行无阻了。

苏拉城内相对有限的战利品刺激了库思老的胃口，他开始带兵西进，前往安条克谋取更为丰富的战争收益。

作为塞琉古帝国最富有的城市，安条克在公元前一世纪被罗马征服之后，仍旧保持着原本的重要性，它在基督教的教史上也占有很高的位置。四世纪的阿里乌教派与六世纪的一性论，都是从此地兴起的。同时，这里更是摩普绥提亚的狄奥多尔等《圣经》直译主义者①的故乡；在担任君士坦丁堡主教之前，圣约翰·克里索斯托也曾做过这座城市的主教。上述这两人在思想上都与根植于亚历山大的更为古老的基督教神学分庭抗礼。凭借着坐落于欧朗提斯河河口的地理位置，安条克连通着地中海和美索不达米亚平原。作为帝国最东端的大都市，安条克已经成为了贸易和制造中心，得天独厚的地理位置让这里变得颇为富庶。该城市掌握的业务还包括对从波斯中间商那里购买的厚重的中国丝绸进行二次重织，使之变成地中海上流社会钟爱的薄纱制品。

靠近东方的地理位置在带来财富的同时，也让安条克变得易受攻击。早在库思老之前，这里就已经引起了波斯的注意。三世纪中叶，阿尔达希尔的儿子沙普尔成了第一个征服这座城市的萨珊皇帝。而当查士丁尼收到库思老带兵侵犯的消息时，他便派遣一队士兵前往安条克评估这座城市的战况。负责指挥这支队伍的便是皇帝的堂弟日耳曼努斯。

用普罗科匹厄斯的话来说，日耳曼努斯"拥有上天赋予的最优秀的品质，他的手段非凡卓绝；因为一方面，在战争中的他，不仅是骁勇善战的将领，而且还足智多谋、行事独立；另一方面，在和平与发展期间，他也深知应如何坚定地维护帝国的法律与制度。作为法

---

① 圣经直译主义，是指一种认为应当按《圣经》的字面意思理解圣经，不对其做隐喻或象征式解读的思想。——译注

官，他公正无私……他的性情令人印象深刻，他的举止也极为严谨认真……他友好和善、富有魅力"。[36] 即便是在《秘史》一书中，普罗科匹厄斯对日耳曼努斯也只有赞美，这可能是出于怒气交换定律的缘故：普罗科匹厄斯鄙视狄奥多拉，而狄奥多拉又厌恶日耳曼努斯。普罗科匹厄斯之所以会厌恶狄奥多拉，其中至少有部分原因在于查士丁尼决定让一位出身并不光彩的女人来做皇后，而正是这种不光彩的出身催生了一系列非常紧张的姻亲关系，比如日耳曼努斯迎娶的便是阿尼契家族的帕萨拉，但阿尼契却是帝国最高贵的家族之一。[37]

虽然为狄奥多拉所厌恶，但日耳曼努斯还是留住了查士丁尼的信任。探查安条克之后，他回奏君士坦丁堡的朝廷说，从专业的军事角度分析，这里的地势并不适合防守：城市的一侧有块高度几乎与城墙相同的巨石，而巨石所在区域未被纳入城市的防务之中。因此，如果面对的是一支足够庞大的围城大军，他们便会将这块巨石作为攻城塔与天梯的组合，这是一条无法抵挡的进入市中心的道路。他得出的结论也是很难回避的：由于波斯人的目标是掠夺而不是征服，因此比起鲜血而言，黄金便成了保住城市的更好的代价。但是，安条克的主教与总督却不接受这种逻辑，他们决意抵抗库思老，并要求日耳曼努斯留下来，帮助城市做好防务。由于自己的建议遭到了轻视，加上他坚信自己手下的小队无法帮助安条克，于是，在库思老大军压境之前，显然并不担心被骂懦夫的日耳曼努斯带着手下的士兵，一起逃离了这座城市。

当然，看到自己的预言成真之后，他也不可能会有很大的满足感。库思老提出，只要献上一千磅黄金，他便会离开这座城市；但安条克却拒绝了他的要求，并奋起反抗。很快地，城中的卫队便被击败，城市本身也被洗劫一空，成千上万的居民被杀，或沦为仆役。普罗科匹厄斯写道：

> 我不明白为何上帝的旨意是将一个人或一处地方的命运高

举，然后再无缘无故地把它们抛下……按说，在他手上成就的一切事情都是有原因的，可是他却仍旧亲眼看着安条克葬送在了最不洁之人的手中。[38]

每次轻松得胜之后，库思老都会变得更加自信。于是，这位意气风发的波斯皇帝便率军向东北进发，惦记着要从途中每座有城墙的城市勒索钱财。因为有了安条克的前车之鉴，他根本就不再需要奋力激战。埃德萨献上了两百磅黄金，达拉城给了一千磅白银。公元541年，库思老回到了位于美索不达米亚平原上的住所，深信自己已经赢得了吹嘘的权利。这种夸耀的形式与其本人一样，独具特色：他在泰西封附近建造了一座新城，并将从安条克带回的俘虏安置在了这座模拟其故乡形制而建的城市里。他在城中配备了竞技场与公共浴室，又将这座新城命名为库思老的安条克（更确切、更狂傲的称呼是库思老优化后的安条克）。

翌年，这位波斯人又想要去攫取罗马的黄金了，于是他便再次率领侵略军横渡了幼发拉底河。但这一次，他却碰上了上次远行时没有遇到过的两个障碍。其中之一便是贝利撒留；查士丁尼将其从非洲与意大利的征服战中召回，并令其前往东方，再次对战波斯军队。在普罗科匹厄斯的叙述中，这位色雷斯的将军让手下最优秀的六千名士兵换上了平民的装束，以表明他们完全没把波斯军队放在眼里。因此受骗的库思老便将军队撤回了幼发拉底河对岸。二十世纪，贝利撒留最著名的崇拜者巴兹尔·利德尔·哈特曾经说过，这位将军已经展示出了"应当如何激怒西方的蛮族军队，让他们沉溺于发动直接攻击的本能"，而在对待波斯人时，他又采用了不同的方法："起初，他利用了波斯人面对拜占庭帝国的优越感，而后，当波斯人懂得了忌惮他时，贝利撒留便将他们的谨慎用作战胜他们的手段。"[39] 不过，即便没有查士丁尼麾下最伟大的将军从中拦阻，库思老的远征之路也会遇到问题。

正如约翰·巴格内尔·伯里在八十年前所写的那样："有一个与罗马人无关的充分理由促使他不得不返回波斯,那便是瘟疫的暴发。"[40]

现代学者通过审慎查阅包括墓碑与公证遗嘱等一切资料,追溯了瘟疫向东传播的路径。在贝鲁西亚之后,正如以弗所的约翰所记录的那样,疫病于公元 541 年的最后一个季度到达了地中海沿海城市加沙。在内盖夫地区中的城市乃萨纳(位于加沙的正南方向,沿着一条横贯中东沙漠的干涸或湿浅河床的路线)和贝尔谢巴,学者们通过考察十几个独立的墓志铭,追踪了在这一整年里,老鼠、跳蚤和病菌向南迁移的历程;与此同时,瘟疫也在向北蔓延,抵达了沿海城市亚实基伦、阿什杜德与利河伯[41]。公元 542 年年初,根据一份当时的记载,某位基督教的隐修士曾于此时逃到耶路撒冷城外的犹太山,逃开了那正在蹂躏圣城的"巨大而又极为可怕的死亡"。[42]是年稍晚的时候,已经被库思老的士兵洗劫一空的安条克城又迎来了一波鼠疫杆菌的袭击:"在整个地区与安条克城内,人们的腹股沟与腋窝都染了疾,他们都快死了……"[43]

尽管进行了如此仔细的研究,但 1 500 年来,在历史记录中日积月累的各种歪曲,还是引发了有关瘟疫路径、影响甚至是来源的争论。虽然几乎没有任何历史学家会忽略大流行病的事实,但有些人还是会质疑其中的邪恶病原体与导致腺鼠疫的病原体是否相同。

对于大流行病的病因,人们至今仍有争议。而这其中的原因,解释起来多少又有些曲折。既然人们普遍认为,人类所经历的三次瘟疫大流行拥有相同的来源,那么任何能够促使人们对其中一次疫病产生怀疑的东西,也都会给另外两次疫病投下疑云。在二十世纪八十年代初进行的首次成因调查中,历史学家格雷厄姆·特威格使用当时认定的十四世纪北欧许多地区没有黑鼠的观点来证明黑死病是炭疽病,而不是瘟疫。[44]而将该论点扩展到六世纪大流行的做法,就好比是用探讨二战原因的历史研究来重新评估一战的原因。其他的一些研究还曾利用英国教区的死亡记录来质疑黑死病感染性的持续时间，以及从感染源转移到易感宿主的概率。因为这两个用于计算该疫病基本再生数的变量不同于十九世纪瘟疫再现时为人所知的情况，所以这些研究者便再次回溯性地认定，既然现代瘟疫与中世纪瘟疫的表现并不相同，那么我们对于古典时代晚期的瘟疫，也应当持怀疑态度。[45] 另外，就定栖的啮齿动物宿主而言，它们传播疫病的速度实在是太过迅速了，并且受害者坟墓中所发现的鼠疫杆菌 DNA 数量也相对较少，这样的事实也佐证了他们的观点。

然而，虽说有关这种疾病的修正主义论点很高明，且有理有据，但是它却只说服了少数的历史学家，同时还惹恼了更多的历史学者。面对挑衅，人们依托细菌的分子历史，[46] 尤其是其生态分子历史，整理出了支持鼠疫杆菌的更有说服力的论据。[47]

而这些论据居然还有问世的必要——这件事情本身，未免多少会让人感到奇怪，因为埃瓦格里乌斯和普罗科匹厄斯等历史学家早就对这种疾病最具特征性的标志（腹股沟淋巴肿块）做了极其精确的描述，何况他们与这种疫病的距离更是近在咫尺。那年秋天，波斯军中出现了腹股沟淋巴肿块，这种疾病与贝利撒留的将才　起，迫使库思老再度横跨幼发拉底河，回到自己的领地。此时，这里暂时还没有疫病出现。一年后，也就是公元 543 年，库思老入侵了罗马属亚美尼亚（即今阿塞拜疆），但却没能与查士丁尼派来和谈的大使会面，因为有位使团人员在赶来和谈的途中便染上了瘟疫。出于对瘟疫的畏惧，这位波斯统治者便立即"放弃了阿达毕迦农（注：阿塞拜疆），并带着他的整支军队前往亚述……"[48]

库思老之所以能够一次次地探索瘟疫肆虐的疆域，然后再撤退到暂时还没有疫病出现的领土，部分原因在于罗马与萨珊波斯之间定下的、可以追溯到戴克里先时期的商贸限制。将罗马与美索不达米亚之间的贸易控制在尼西比斯和卡利尼库斯等自由贸易区内的做法，限制了波斯与瘟疫接触的机会，因为作为疫病最重要的传播媒介，黑鼠一直都生活在人类商业路线的附近。[1] 人们大可以猜测，库思老与疾病之间相对隔离的状态是否让他在每年入侵罗马领土时变得更加好战，但是，没有人会去怀疑他对发动继续侵略的渴望。公元544年，他再次越过了幼发拉底河，而这一次的目标，便是围攻埃德萨城。

尽管在古典时代晚期，埃德萨城远不如帝国东部边境的其他城市那么为人所知，但在围困此地之后，波斯人便了解到了此类城市绿洲的特定性质：它们催生商业、精神与知识财富的能力；它们对渴望获取上述财富的掠夺者的吸引力；以及能够用以防卫和攻击它们的战略。六世纪时的战争，与其说是野战部队之间相互对决的故事，不如说是那些高筑围墙保卫财富的城市的故事。

论及埃德萨最大的宝藏，视角不同，得出的答案自然也就不同。凝视这座城市，波斯人看到的是黄金；查士丁尼的臣民却看到了基督的切实印记。当普罗科匹厄斯将库思老围困埃德萨的行动，描述为一场"并非与查士丁尼或其他人，而是与基督徒信仰的上帝"[49] 之间的战斗时，他所暗指的是埃德萨在基督教历史上广为人知的地位。根据传说，这座城池中曾有一位名叫阿布加尔的王子，他患有严重的痛风。后来，有一位传教士在犹太行省加利利城的某个地方奇迹般地医治了他的病痛。因此，王子便写信给这位教士，邀请他搬往埃德萨城，因为在原来的住地那里，他并不受人尊敬，而到了埃德萨城，他便会享有应得的尊重。这位传教士拒绝了王子的提议，不过他也在回信中保证，王子将再不会受到痛风的困扰。

五个世纪后，人们给这封信追加了一个附言道：这座城市也永远

---

① 由贸易壁垒筑成的"堤坝"是临时的，它只能让疫病的河流暂时改道。有关瘟疫后来在美索不达米亚平原出现的更多信息，请参阅第十三章。

不会倒塌。城中的居民甚至还把这话刻在了城门之上。公元503年，喀瓦德在对阿纳斯塔修斯开战时，曾经攻打过这里。那时，这个传说充分鼓舞了城内的防卫者，埃德萨的主教阿雷奥宾杜斯向喀瓦德发出信函道："您也看到了，这座城市既不是您的，也不属于阿纳斯塔修斯。它既蒙受了基督的赐福，便能够抵挡您的大军。"[50]

这座基督之城，便在今土耳其的尚勒乌尔法省内。如今，这里成了许多修道院的所在地以及叙利亚哲学的发源地。之所以会如此，部分原因就在于它与耶稣之间的神秘联系。与这座城市相关的最著名的教士雅各布·巴拉迪乌斯，曾经用自己的姓名命名了叙利亚雅各派教会。公元542年的某个时候，他接受祝圣，成为了埃德萨的主教。在这样的大疫之年出任主教，并不是一种巧合。作为雅各布的资助人，加萨尼王朝的哈里斯·伊本·贾巴拉（雅各布的真名叫做叶儿孤卜·白尔德仪，他与这位国王都是一性论派的基督徒），曾向狄奥多拉这位帝国最著名的一性论者提出了祝圣雅各布的请求。在查士丁尼身染疫病之时，狄奥多拉便是帝国最强大的存在。同为一性论信徒，雅各布因此得到的回报，便是获准展开一场激进的皈依运动。而这次运动的目的，就是要在整个叙利亚和埃及建立起并行的一性论主教管区。这样的做法再次挫败了查士丁尼统　教义的愿望。[51]

埃德萨还是一座富饶的贸易城市，它地理位置优越：城市的公路体系北至亚美尼亚、东抵尼西比斯，在与原本的丝绸之路会合之后，甚至能够通往中国。因此，公元544年，当库思老围攻这座城市时，他索求的只是城中的财物。不过，五万磅黄金对埃德萨而言显然是无法承受的数额。于是，埃德萨人便用另一种形式展开了对这座城池的防卫。他们又一次发出了信函。但这次的结果，却是大军围城。

有关古代攻城战的电影，与许多其他题材一样，总是会误导如今的观众。在电影中，石弩会将巨石投向城墙，成群结队的兵丁也会朝着巨大的城门扔出攻城槌。这些画面确实很吸人眼球，但古典时代晚

期的现实情况是，在攻城战术中，最重要的武器便是铁铲。因为城墙
会给攻城者带来高度上的劣势，特别是那些使用投掷武器的攻城者还
必须克服重力和防卫军的双重影响，所以查士丁尼的围城军队常会使
用铁铲筑起与目标城墙高度齐平的壁垒。另外还有一种更为常见的做
法，就是在城墙下面开挖出长长的隧道，甚至于还要像公元 539 年围
攻黑海城市佩特拉时那样，费力拆除城墙的基石。公元 544 年，库思
老在围困埃德萨时，便试图建造一堵与城墙等高的对战壁垒。

> 围城第八天，他（库思老）制定出了在城市围墙外搭建假山
> 的设计。因此，他从附近地区砍伐了大量的树木，并将其连枝带
> 叶地堆放在城墙前的一个正方形区域中。[52]

埃德萨的守军在意识到危险之后，便从城内开挖，一直挖到了假
山的下方。他们"掏出了其中的木石泥土，并挖出了一块房屋大小的
空间。然后他们又把最容易燃烧的那种树干扔在里面，并用雪松油和
大量的硫黄、沥青将其浸透"。[53]当波斯人发起进攻时，埃德萨人便
点燃了这个巨大的燃料堆。

望着从假山的每个缝隙中喷出的烟雾与火焰，波斯将官们亲眼见
证了其攻城器械和攻城计划的崩溃。埃德萨人挽救了这座城市的命运，
然后象征性地给了库思老一笔费用，好让这个祸害尽快地滚回波斯。

七世纪时，波斯帝国覆灭，帝国臣民对库思老的所有描述也随之
消散；因此，他们会如何评述库思老，已经不得而知。如今，库思老
的历史声誉主要来自同时代的罗马历史学家，而他们对于库思老的表
现，也是褒贬不一的。在普罗科匹厄斯的《战争史》里，库思老是一
个大反派；在这位最保守的历史学家看来，库思老是一个"不守法之
人……异常喜欢创新"。[54]阿亚塞阿斯则对库思老所谓的哲学修养不屑

一顾，基本上他就是在说，真正的修养，靠的是顽强拼搏的欧洲人，而不是慵懒倦怠的亚洲人。但以弗所的约翰却写道，库思老"是一个行事谨慎又拥有智慧的人，他一生都在努力收集所有关于教义的宗教书籍，并在阅读、研究之后，确定哪些是真实的、明智的，哪些是愚蠢的。"他进一步指出，库思老认为，基督教《圣经》是高过其他书籍的，并称其"真实睿智，远胜其他宗教"。[55] 同时代的其他描述也部分印证了这一点，因为他曾允许自己众妻妾当中的一位成为基督徒。

最重要的是，在罗马的地中海超级大国转变为前现代的欧洲独立国家的道路上，库思老在众多决定力量之中，绝对占有一席之地。尽管相比于罗马的文化影响，人们更难看得出波斯的文化影响（通常情况下，波斯的文化遗产都被其阿拉伯的征服者所接掌并保存了下来），但是萨珊王朝的政治影响却仍然是显而易见的：查士丁尼重新统一帝国的计划最终会走向失败，他们算得上是促成这场失败的同谋，甚至可能还是颇为关键的因素。同样重要的是，如果不是瘟疫对美索不达米亚造成了严重的破坏，那么七世纪时，阿拉伯人想要飞速地征服波斯帝国，那是根本做不到的事情。

与恶魔保持距离的前提下，库思老趁机入侵罗马领土、谋求利益的行动，已经持续了四年。不过，瘟疫也只能被拖延这么长的时间了。以弗所的约翰与埃德萨的雅各布·巴拉迪乌斯都记录了自公元 545 年起开始在库思老的美索不达米亚领地内出现的瘟疫以及瘟疫所招致的农业危机。这场"饥荒、瘟疫、疯狂与愤怒"持续了整整两年时间。[56]

当其在先前的东部边界之外站稳脚跟之后，瘟疫便蔓延到了所有有老鼠活动的波斯内部贸易路线附近：公元 557 年，阿米达（今土耳其迪亚巴克尔）遭灾，死亡人数达到了 35 000[57] 之众，之后的两年里，疫病又再度暴发。这里稍有问题的一点是，瘟疫重返安条克城（公元 590 年之前，该城又两度遭受瘟疫侵袭）的可能日期及其抵达尼西比斯的日期。对此人们最为准确的猜测是，这两座城市均于公元

560 年迎来了恶魔。根据尼西比斯的以利亚所做的记载，瘟疫于公元
599 年袭扰了他的城市，叙利亚人迈克尔也记录了公元 626 年在巴勒
斯坦暴发的致命疫情。

到七世纪中叶，有关美索不达米亚和伊朗瘟疫的希腊文、拉丁文
与波斯文的记载，得到了更详细的阿拉伯编年史的补充，而且针对腺
鼠疫，阿拉伯语还定义了一个更为具体的名称：ta'un，因而其记录的
准确性有所提升，但却也没有淡化先前历史记载中的恐怖成分。即便
是在萨珊王朝末期，这种恐怖也是依旧存在的。因为鼠疫杆菌并不会
格外敬重哪种宗教，所以，对于这种细菌而言，伊斯兰教对祆教的征
服并没有多大意义。根据现代历史学家的记录，公元 627 年以后，瘟
疫曾经六次卷土重来，其中包括 627—628 年在泰西封暴发的西拉威
瘟疫；摧毁了两万五千名阿拉伯军士的安瓦斯（耶路撒冷附近的以马
忤斯）瘟疫；以及伊嗣俟瘟疫。公元 688—689 年，号称"洪流"的
贾里夫瘟疫袭击了巴士拉城，据说它在三天之内杀死了二十多万人。
即便是撇开常会出现的夸张成分不谈，这个数字也能够说明当时的死
亡人数是很可观的。[58]

朴素写实、毫不夸张是埃瓦格里乌斯·索克拉蒂斯的修史风格。
他曾亲眼目睹瘟疫四度袭扰安条克，并且几乎带走了其整个家庭中的
所有成员：

正如我先前说过的那样，这场灾祸已经两度降临，持续了五十年
的时间，其规模超过了之前的所有灾难。斐罗斯屈拉特（公元二世纪
的希腊智者）也曾因为发生在那个时代的瘟疫持续了十五年时间而感
到讶异。瘟疫卷土重来的日子是不确定的，因为它的行动要看上帝的
旨意。[59]

第十一章　"极大恩典"

545—664

　　当世界上（到那时为止）有史以来最大的一场暴力冲突——一战——宣告结束时，获胜的协约国（其所遭受的损失与他们所战败的三国同盟一样，都是很大的）在凡尔赛会面，以确定战后的世界格局。据报道，面对美国总统伍德罗·威尔逊热切倡导的、颇为模糊的"民族自决权"，当时的法国总理乔治·克列孟梭询问道："每一个小语种都必须有自己的国家吗？"

　　凡尔赛会议的与会各方将理想的结果与务实的现实政治相结合，最终带来了一场更加残酷的动荡。那之后的 1951 年，欧洲六国，即法国、西德、意大利、比利时、卢森堡与荷兰在法国巴黎会面，缔结了一个名称拙劣的组织：欧洲煤钢共同体，这个共同体就是按照设想，有朝一日会成为欧洲合众国的组织前身。五十年后，该组织从最初的共同体（其"欧洲共同市场"的称谓更加为人所知）发展成为拥有二十五个成员国的欧洲联盟。在该联盟框架内，人们使用共同的货币，能够免护照入境。同时，他们还设立了基本的跨国立法机构。因为已经开始将自己视为统一欧洲国家的公民，这群人甚至还制定了宪法。在对待民族独立的问题上，这群人并不像克列孟梭那样有什么金句，但态度上的轻蔑却与克氏如出一辙。同样，他们也并不擅长解读自己的历史时刻；2005 年，当各成员国有机会去批准欧洲统一的最后举措时，法国人与荷兰人断然拒绝了这样的机遇。

在查士丁尼最后一次尝试恢复罗马原有疆域的之前与之后，欧洲大陆的历史可以被简单视作向心脉冲与离心脉冲之间的角力。不过，将这二者都比作"脉冲"，又是在错误地暗示一种虚假的相似性。欧洲分化与欧洲统一之间的根本差异在于，组织的解体总会比其联合要更容易。想对抗人类熵值的力量，就像要对抗热力学的熵值一样，是需要提供能量的。

虽然许多灵长类物种组成的社会单位都比人类的家庭更大（灵长类动物学家称它们为族群），但是没有人真正了解人类是如何又是何时开始走上从族群到部落再到王国之路的。当然，这种茫然不知并不能阻止那些热衷于提出相关理论的古人类学家。而在他们当中，有些人所提的理论更是极具说服力的。目前流行的一种观点认为，71 000年前的一场火山爆发（比那场被认为是引发六世纪三十年代初世界气候变化的火山爆发大得多）导致地球出现了长达千年的冰河时代。在这个时代，合作是很受欢迎的生存方式，也只有那些能够形成较大社会组织的人类才能幸存下来。①

人类不仅从冰河时代中幸存下来，而且还开枝散叶。大约四万到七万年前，人口增长及人类地理活动的范围都到了最低点，按照最乐观的估计，当时的全球人口可能也只有几千人而已。不管是因为部落的形成，还是伴随着部落的形成，最终，智人还是跨过了这个瓶颈，其数量也出现了连续七百个世纪的增长。在这期间，只有偶尔发生的生态灾难（如大流行病），才会打破这样的增长状态。而就在那几百个世纪当中，世界某处的部落发展成了王国，甚至是民族。

从部落到王国的诸多步骤比从族群到部落的过程还要复杂。从亚

---

① 火山爆发与气候变化为何会频频被称为人类历史的动力（大卫·凯斯的《大灾难》便是最近的一个例子），只能留待下一本书来探讨了，但这似乎也是源自这种地质灾害留下的清晰而又持久的足迹。

马孙的采猎者部落到欧洲议会，各个层面的人类组织，都是因为自身的利益与面临的胁迫而聚集在一起的。尽管前者充分解释了从物种选择到经济行为，或许还有部落形成的原因，但王国却始终是武力的产物，而且通常是要依靠暴力的。

然而，如果说精明地使用武力是这其中唯一的关键变量，那么使用最为广泛的欧洲语言，应当就是匈奴语了。一张六世纪的西欧地图显示，该区域曾经充斥着各种令人眼花缭乱的原始方国，他们都雄心勃勃地想要建成一个独立的国家，而这样的抱负在罗马的霸权之下是无法实现的。

哥特人、阿兰人、伦巴第人、勃艮第人、撒克逊人、日耳曼人、图林根人、弗里斯兰人、盎格鲁人、苏维汇人和朱特人（甚至连从不介意详述细节的吉本，也称他们为"那些名称晦涩的粗野部落……只会虚耗记忆，扰乱读者的注意力"[2]）共同参与了一场锦标赛，这场赛事的赢家只有少数几个，输家却会有好几十个。回顾起来，在这次比赛的前几轮中，明显出现了一个很热门的选手。普罗科匹厄斯称其为"一个在刚开始时并没有多少影响力的野蛮民族"。[3] 或许是为了和前辈区别开来，阿亚塞阿斯则认为他们"很有教养，开化程度也很高。除了着装风格不雅、语言奇特之外，几乎与我们是一样的"。[4] 在查士丁尼之后，这群人会与罗马帝国残存的半壁江山，也即后世所谓的拜占庭帝国一道，主导基督教世界四百年的时间。这群后来的统治者，便是法兰克人。

在尤利乌斯·恺撒将高卢行省纳入共和国版图之际，当时的罗马还不在皇权的统治之下。那之后的四百年里，高卢居民成了帝国同化程度最高的公民。拉丁文化对他们的吸引力既得益于该文化自身的优势，也是因为罗马军团一直常驻在莱茵河畔，注视着对岸的一举一动。而蛰伏在河流对岸的，便是塔西陀所谓的"凶猛的日耳曼人……

他们总盼着要用满是森林与泥沼的荒僻之地换取高卢的财富与沃土"。[5]高卢人一直保持着对罗马的亲善，哪怕是三世纪危机、戴克里先及君士坦丁的内战，甚至是艰难的五世纪（正是在此期间，帝国西部的皇帝霍诺留将西哥特人带来的麻烦转嫁给了高卢南部地区），都没能改变这一点。

虽然生活在今低地国家的法兰克人比旁边的高卢人所受到的罗马影响要少得多，但是他们在罗马的军事史上却仍然占有一席之地。事实上，他们曾在好几处战场上，与罗马军队之间有过对抗或联合。公元 359 年，背教者尤利安曾经战败过他们；公元 451 年，他们又与埃提乌斯一起打败过阿提拉。沙隆战役中，埃提乌斯的盟友便是法兰克国王墨洛温，而以后者的名字命名的王朝也会统治该民族四百年的时间。但是真正将法兰克民族置于地图之上的人（或者更准确地说，是真正重绘了地图的人），则是墨洛温的孙子克洛维。

公元 481 年，年仅 15 岁的克洛维继承了墨洛温王朝的王位——或者至少也是继承了其中的一部分，因为法兰克人在传承王位时，会将原本的国土分割给已逝国王的众位王子。而这个男孩所承袭的领地便是仅包含今比利时领土的萨利安国。五年前，最后一位西罗马帝国皇帝被废。虽然过去几十年来，这个帝国仅仅享有名义上的统治权，但随着它正式宣告终结，西方各地还是涌现出了一批地方性的小国，而这批小国的君主，多半宣称自己乃是得到了那个统治此地长达五个世纪的帝国之钦命授权。在他们当中，有位名叫夏克立乌斯的小王。他之所以会进入史册的原因，就在于克洛维将其选作首个征服对象。在此之前，夏克立乌斯曾经统治帝国高卢行省的部分地区长达十年之久。而当克洛维打过来时，他便离开了位于苏瓦松的王宫，逃到了图卢兹。此时的图卢兹，经霍诺留皇帝授权，已经被西哥特人统管了七十年的时间。

到公元 496 年，这位时年 30 岁的国王巩固了自己对墨洛温王朝的统治，并以通婚的形式，与勃艮第国王和东哥特统治者狄奥多里克大帝建立了联盟。他迎娶了勃艮第国王的侄女，并将自己的妹妹嫁给了狄奥多里克。通常，这类联盟的目标便是增强领土的安全性，而克洛维的目的显然也是如此。不过，他在应用政治婚姻时所采取的方式却是一般人难以想象的：当这位法兰克的国王面临着一个日耳曼部落（他们分布在从阿尔萨斯-洛林到科隆市管辖的区域内）的入侵时（再次强调，日耳曼一词并不是要暗示什么；或许这里沿用该民族当时的称谓，称其为阿拉曼人更好），克洛维既没有求助他在勃艮第的叔叔，也没有麻烦东哥特的妹夫，而是转身求告他妻子的上帝。

直到那时，克洛维仍旧持守着祖先传下来的异教信仰。但是，当祈祷得到应允之后，他的反应便与 184 年前的君士坦丁如出一辙：他不仅自己皈依了基督教，而且立即为他的数千名士兵施了洗。都尔的额我略主教作为法兰克最伟大的历史学家，记述了克洛维的祷告：

> 他祷告说："耶稣基督，克洛蒂尔德（克洛维的妻子，尽管其勃艮第家族所统摄的朝廷信仰的是阿里乌教派，但不知为何，这位公主接受的却是迦克墩公会议规定的教义）坚信你是永生上帝的儿子，你愿意帮助那些身陷苦难之人，将胜利赐给相信你的人。我诚心实意，渴想你的荣光，祈求你的护佑。"[6]

随后，他便接受了洗礼：

> 他就像一位新版的君士坦丁，走向洗礼池，准备洗去旧麻风所留下的伤疤，用流水洁净长期积聚在身上的肮脏污秽。[7]

与君士坦丁大帝本人相比，克洛维更加无法容忍基督论的神学细节。他最出名的一条神学评论是："如果当时（耶稣受难时）我便统领着勇敢的法兰克人，定会为他所遭受的伤害展开报复。"[8]虽然如此，但他在接受基督教时，选择的还是承认"基督拥有神人二性"的迦克墩信经。就这样的结果而言，在五世纪向六世纪过渡的这段时期，由于阿纳斯塔修斯认同一性论，哥特人尊崇的又是阿里乌教派，所以放眼从大西洋到博斯普鲁斯海峡的这一整片区域，克洛维是唯一一位信奉正统天主教的君王。

这位法兰克国王及其主教的教派联合带来了诸多的影响（包括对大部分的法国后续历史的影响），而其直接的后果也是至关重要的。因着这样的联合，在这片终将成为法国的土地上，出现了两大社会支柱，即法兰克国王与高卢罗马主教。虽然双方都充满警惕地关注着彼此的特权，但是为了建立一个拥有统一领土、共同宗教和共同语言的联盟，他们还是走到了一起。

但是，这样的联盟并不意味着他们要像查士丁尼那样，让两地的民众采用共同的法律。在克洛维与其主教之间的权宜之计中，规定了身在高卢罗马地区的臣民（在有法官列席的情况下，人们显然可以通过自由选择来决定其所要依从的法律）可以选择遵从不久便会由君士坦丁堡的特里波尼安所编纂的罗马法，也可以选择遵从《萨利克法》，而这两套法律在司法拷问、决斗裁判和赎罪金上的规定都是不同的。克洛维统治下的法兰克臣民则必须服从《萨利克法》。该法典常常会被描述为"给花钱买命的行径提供了便利"，因为它规定：谋杀的代价就是罚款，且其中的一半要上缴国家。任何对法律的不合理性感兴趣的人，都不会忽略《萨利克法》为不同受害者所设定的不同罚款金额："杀掉一位能够与国王一同坐席的、尊贵的外省人，可能需要赔偿 300 枚金币，但是，如果被杀的是个卑贱的罗马人，那就只需赔100 枚，甚至 50 枚金币即可。"[9]

虽说建立一个法兰克王国并不意味着要执行单一的法兰克法律，但是它却预示着要剪除拥有其他建国抱负的所有人，尤其是当这些抱负还伴随着异端基督教信仰的时候。公元 500 年，克洛维宣布对信仰阿里乌教派的勃艮第人拥有统治权；公元 506 年，他征服了阿基坦。翌年，在普瓦捷战役中，他击败并驱逐了阿拉里克二世所统治的西哥特人，终结了其在高卢建立哥特王朝的梦想。此时的克洛维以巴黎为都城，统治着从比牛斯山脉到卢瓦尔河，再到莱茵河部分地区的广阔疆域。这个法兰克王国正在顺利地开疆拓土，使现代法国在继承其国名的同时，也拥有与如今相当的领土面积。

公元 511 年，克洛维去世，此时的法兰克国境之外只剩下了北部的布列塔尼族、东部的勃艮第王国，以及普罗旺斯地区（为狄奥多里克所封锁）。他的四个儿子继承了王位，每位王子都选择了不同的地方定都。克洛维留给儿子们的是一个正在成形的强大王国，这主要是因为他还给他们留下了一份与法兰克主教的正式协议。按照协议的规定，王权与教权之间有了明确的界限。公元 532 年，库思老继承了波斯王位，君士坦丁堡爆发了尼卡暴动，克洛维的两个儿子希尔德贝特和克洛泰尔也征服了勃艮第并吞并了他们的王国。公元 536 年，为了搬来救兵，对抗贝利撒留的侵略军，东哥特国王维蒂吉斯也将普罗旺斯割让给了法兰克人。

割让普罗旺斯换取的帮助来得并不及时。当查士丁尼开始入侵意大利半岛时，这位足智多谋的皇帝通过外交、宗教团结（法兰克人与罗马人一样，信奉的都是正统教派，而哥特人信仰的则是阿里乌教派）与贿赂相结合的方式，将法兰克人拖在了其与东哥特的斗争之外。[10] 普罗科匹厄斯曾详细引用过一封很可能属于伪造的信件，是查士丁尼写给高卢地区的法兰克人的，信中说："哥特人使用暴力占领了**本属于我们的**（着重强调）意大利……你们也应该加入我们一方作战，因为你们与我们一样，不仅拥有同样反对阿里乌教派观点的正统基督教信仰，而且对哥特人也同样怀有恨意。"[11]

公元 538 年，贝利撒留受困于罗马城内。这时，克洛维的孙子提乌德贝尔向哥特人提供了一些援助。不过，为了不让查士丁尼知道自己暗中支持信仰阿里乌教派的东哥特人，他决定不使用自家的法兰克士兵。相反，他派出了勃艮第的军队，还撒谎说那支部队属于擅自行动，以此来掩盖自己参与其中的事实，"因为勃艮第军队是自发加入战争的，而不是接到了他提乌德贝尔的命令"。[12] 然而，在米兰被毁之后，提乌德贝尔却率领一支规模更大的法兰克亲兵进入了意大利，并于公元 539 年在提契诺境内渡过波河，先后打败了兵力相对较少的东哥特人和罗马人（此时，率领罗马军队的便是颇有雄心但却时运不济的嗜血者约翰）。然而，因为法兰克军队用来洗濯和饮用的是同一个水源，他们便没能躲开这种做法带来的危险，成千上万的将士死于痢疾。此外，这次入侵还缺乏后勤支持，不可能取得多大战果，只能算是一场大规模的突袭（法兰克人没有能力，也不想与查士丁尼开战）。所以，当贝利撒留写信给提乌德贝尔，毫不含糊地让他要么自己滚回高卢，要么就得和他贝利撒留一较高下时，这位国王便率军回到了故土。

公元 543 年，瘟疫造访了阿尔勒，这是它出现在高卢地区的首次记录。就在一年前，它才刚刚毁掉君士坦丁堡。正如额我略主教所描述的那样："瘟疫在高卢各地肆意传播，导致病人的腹股沟出现了严重肿胀……"[13] 但这只是一个开头。三十年后，瘟疫以更猛烈的气势在克莱蒙费朗镇暴发开来：

> 这场瘟疫最终开始疯狂蔓延，在整个区域害死了很多人，倒地的尸体也多到不计其数。棺材和墓碑都出现了严重短缺，人们不得不把十几具乃至更多的尸体埋进同一个墓穴里。仅在某个礼拜日当天，抬进圣彼得教堂的就有三百具尸体，死亡降临得是如此迅速。人们的腹股沟或腋窝会出现被蛇咬过一般的开放性创

伤，有了这种创口之后，人很快也就中毒死了，大约在第二天或第三天便会断气。[14]

继里昂、布尔日、索恩河畔沙隆和第戎之后，公元 588 年，这个恶魔又往马赛奔袭而去。此时，法兰克国王贡特朗来到了附近的一座村镇，而且根据额我略的记载，他通过建议村民只吃大麦面包、只喝净水，还成功阻止了瘟疫的进入。在额我略的编年史中，代祷的力量屡见不鲜。两年后，瘟疫摧毁了维维尔和阿维尼翁，"席卷了高卢行省的蒂塔地区，但多亏了圣加仑的代祷（他带领教区内的居民进行了长达五十多英里的大斋节游行），它在克莱蒙费朗并未造成人员伤亡。瘟疫算是熬了过去，负责看守的牧人也没有眼睁睁地看着羊群被吞噬，这真是极大的恩典。"[15]

对罗马和波斯帝国来说，恶魔进入地中海还标志着一个转折点的到来；不过大流行究竟是促成了这一转折，还是仅仅加速了其到来，就此人们依然可以展开一番理性的争辩。在瘟疫到来之前，所有的迹象都表明，这两个帝国的人口都在增长，而且增长迅速。从巴尔干半岛到叙利亚，到处都找得到这种人口增长的证据。比如在安条克以东地区，"如今这里虽是沙漠地带"，[16] 但那时却活跃着许许多多的村庄。在此期间，图卢兹和米兰都扩建了城墙，这就是人口增长的明确迹象，而且——如前所述——阿纳斯塔修斯统治下的帝国的税收也在以惊人的速度增长。[17] 后来"出现的实际情况是（尽管一些历史学家仍然拒绝承认），在整个环地中海地区，古典时代一直存续着的城市都萎缩了，然后便消失了"。[18] 在短短两年的时间里，查士丁尼的 2 600 万臣民中至少有 400 万人①丧生，此后帝国的人口持续减少，

---

① 数字来自沃伦·崔德戈德的《拜占庭国家与社会史》，其中不包括意大利、非洲和西班牙的大部分地区。

到六世纪末，更是降到了1 700万以下。

恶魔对法兰克人以及不受查士丁尼直接统治的西欧地区也同样造成了毁灭性的打击，但就影响的性质而言，两者还是有所不同的。在瘟疫过后的几个世纪里，法兰克王国一步步主导欧洲的故事，是以军事或教义冲突的戏剧形式呈现的，其中将士与教士所扮演的都是最重要的角色。然而，稍微转换一下视角，这部大戏的主角便不再是国王和教皇，而成了那些农民。

由于距离和气候的原因，高卢和勃艮第的农民在帝国经济当中所占据的位置并不重要。地中海干、湿两季的气候特点（10月至4月凉爽多雨，5月至9月炎热干燥）决定了整个区域内适宜栽种的核心作物有三种：小麦（和些许大麦）、葡萄和橄榄。最早从事地中海贸易的古希腊人与迈锡尼人所种的便是这三种作物，但由于所经营的耕地十分贫瘠，他们很早就学会了如何以亩产价值高的商品（如酒和橄榄油）为依托，用三类作物中的两类，来换取大部分来自埃及地区的粮食。[19]

北方的"蛮族"疆域因为气候不同，农业生产力也低得多。北欧和西欧的土壤更冷、更潮湿，这就意味着在那里种植小麦比种植燕麦和大麦等耐寒作物要困难。而葡萄的栽培也仅限于如今仍能产出雷司令与波尔多的小气候区。当然，橄榄是根本种不出来的；北方人膳食中的脂肪靠的是黄油和猪油。因此，高卢人（以及日耳曼人、波罗的海人和撒克逊人）出产不了太多罗马人需要的东西，只有木材、肉类、奴隶和一些金属而已。帝国之所以会在莱茵河与多瑙河建立边界，并不是因为商业或农业的缘故，而是出于军事的需要。[20]在与西部的哥特人、北部的匈人和东部的波斯人同时作战时，一旦军费因这里的防御而增加，那么在君士坦丁堡看来，统治这些地区（主要是高卢和德国南部，这些地方是无法从海上加强防御的）的成本可就高得有些不划算了；[21]所以，缓慢地撤出这些地方是帝国必然的选择。在帝国撤出与瘟疫到来之间的几个世纪里，这些领地就是现实世界中的发展中国家在六世纪时所对应的区域。

瘟疫对人口数量与人口统计学造成了雪崩一般的严重冲击。当然，这些冲击也并不都是能够预测的。例如，在流行病期间，风险最大的幼年人群体的死亡率实际上是低于成年人的，这是因为他们的体型相对较小，所以留给跳蚤的活动空间也小了很多。鉴于只有一小部分跳蚤携带着鼠疫杆菌，因此在较大的身体上出现的跳蚤叮咬次数越多，被感染的机会也就越大。[22] 出于不太为人所知的原因，修道院的死亡率似乎也是远高于预期值的，所以瘟疫也导致数百座修道院人丁凋零。然而，这其中持续时间最长的，还是对于西欧经济农业根基的冲击，其深远的影响为瘟疫后的世界塑造了一个三足鼎立的政治架构，即新兴伊斯兰王国掌控下的美索不达米亚与北非政权，作为罗马帝国继承者的拜占庭，以及法兰克王国。上述三个帝国的人口都出现了锐减，这既是由于和瘟疫有关的直接死亡，也是因为随后而来的出生率下降。九世纪及之后，三者的人口都有显著增加，但却只有西欧地区的人口在此期间增加了两倍。从不列颠到莱茵河再到斯堪的纳维亚半岛，[23] 人口爆炸的情况无处不在，但是，由于历史上最为人知的农业革命之一，瘟疫过后，这场人口竞赛的明确赢家说的既不是阿拉伯语，也不是德语或希腊语，而是拉丁语。[24]

当然，人们无法像了解普瓦捷战役的日期那样，明确地"知道"这样的结果。将经济分析应用于古典时代晚期商贸活动的零星记录，是件很棘手的事情。然而，从哥伦比亚大学的罗纳德·芬德利和斯德哥尔摩大学的马茨·伦达尔这两位发展经济学家在 2003 年发表的一篇推理巧妙的论文中，我们还是可以看到这样的分析，尽管其立论是建立在若干简化之上。芬德利和伦达尔假设所有的产出都源自农业，唯一的投入便是劳动力和土地，而在瘟疫出现之前，各要素处于均衡状态（死亡率和生育率保持平衡）。[25] 在这样的模型中，严格来说，只有农民才有生产力；其他所有人，尤其是城市居民和军队，都不是生产者。

虽说瘟疫并没有改变耕地数量，但它却大大减少了农民的数量。农民太少而耕地过多的情况会产生可预见的后果，即扭曲晚期罗马帝国经济中的两类"输入"成分。相对于土地来说，劳动力稀缺会导致佣工费用上涨；"富人似乎会变穷，而穷人会变富有。"[26] 不断上涨的工资以及因此出现的经济繁荣，会带来人口的增长——此时如果不扩大耕地面积，人们就无法养活自己。鉴于劳动力变得比起耕种的土地还要稀缺，地主（该词汇的词源从这里也就得到印证了）将佃农与土地捆绑在一起的能力就被严重削弱了。于是，在数千年的时间里，农民第一次获得了能够继承、遗赠和离开土地的权利。[27]

想要恢复旧的土地人口比例，还需要等上几个世纪。那时候，东部地区已经无法再进行农业方面的创新了，但这一领域的变革却在欧洲西部和北部得到了蓬勃发展。直到公元 600 年左右，北欧的农业产量仍然还是相对较低的。那时，一种能够将一道犁沟翻向另一道犁沟、杀死杂草并使栽种的作物旺盛生长的铧式犁从中国传了进来。为了解决瘟疫造成的农业人口锐减问题，[28] 一些有抱负的农民，便想做出一种省人力的农具，使之能够凭借自身的重量，破开高卢的土地。铧式犁的引入引发了一系列其他的变化：因为用马拉犁的效果更好（至少在马轭发明之后是这样的），农民就不得不种植燕麦来饲养马匹。考虑到燕麦的必要性，他们发明了一种三田轮作系统，以此取代了之前的"种植一块、休耕一块"的两田耕作系统。在三田系统中，一块田地可以在秋季播种小麦或黑麦，一块可以在春季播种燕麦或大麦，另一块田地便可以休耕了，这就意味着，耕种的效率也会跟着提高 50%。三田系统生产的燕麦足够将牲畜变成一种可饲养的经济"作物"；事实上，它们也成了现代欧洲形成前最重要的农产品之一。

过剩的食物与牲畜引来了"狼群",也催生了"猎狼犬":两者都是战士,前者掠夺由欧洲高生产力的新农民所创造的财物,后者的角色便是展开护卫。有了更多的财富之后,人们便可以购买战马、盔甲和长矛等更强大的攻击与防御工具,这样也就促使装甲骑士(欧洲版的贝利撒留重骑兵)站上了军事食物链的顶端。[29]

　　四十多年前,历史学家林恩·怀特认为"马镫和犁"决定了现代欧洲的道路。而对某些人来说,瘟疫及其后遗症的影响甚至还不止于此。怀特还认为,瘟疫时代过后的大规模森林清除工程(一场基督教世界内的十字军东征,用以摧毁异教崇拜的那些树木繁盛的圣所[30]),开辟了足量的耕地,从而使接下来几个世纪的欧洲人口爆炸成为可能。[①] 无论是地中海的那些已经开辟过的土地,还是美索不达米亚周围的沙漠地区,都已无法再继续扩大"耕种边界"了。只有西欧拥有着潜在可耕种土地的地形优势,而这种潜在耕地便是以欧洲大森林的形式呈现的。的确,瘟疫的冲击不仅重塑了欧洲的政治版图,也彻底改变了欧洲的环境版图。[31] 阿尔卑斯山以北的土地上,经历过由瘟疫引起的人口数量锐减之后,又迎来了长达一个世纪之久的人口激增。这种变化所催生的不可避免的后果是,权力开始从地中海向北流动,因为在人口增长最多的地区,那些居民虽然在精神上敬重罗马,但是通常他们又效忠于法兰克国王。[32]

　　在诺森布里亚王国林迪斯法恩主教区的郊外,有一座已经沦为废

---

① 弗吉尼亚大学的威廉·鲁迪曼认为,欧洲大森林的砍伐是人类造成大气二氧化碳增加的悠久的历史源头,这是对"伴随流行病而出现的大规模人类死亡"的回应(《人类疾病和全球变冷》,《科学美国人》杂志,2005 年 3 月刊),尤其是查士丁尼瘟疫。因此,二十一世纪全球变暖的起源可以追溯到六世纪中叶导致全球变冷的尘幔——反讽爱好者们必然能够从中获得某种知性满足感。

墟的小庄园，当地人将其称作耶韦灵。这座仅由四栋建筑组成的庄园建于公元六世纪三十年代初，建成不到五十年后便被废弃。庄园中的居民是死了，还是逃了，已不得而知。我们只知道，在该庄园中，有一栋用作谷仓的建筑，里面还配有标志性的仓房和扬场用的风门。这就表明，那里的确是存放粮食的地方。因为有存粮，便有了老鼠。[33]因为有老鼠，恶魔也就跟着来了。

上一个冰河时代的终结导致了海平面的上升，连接不列颠岛与欧洲大陆的路桥也随之消失了。自那以后，六千年的时光里，该岛屿一直都行走在一条颇为独立的道路上。尽管这里曾经历过一波波的大陆移民潮，并且还从欧洲大陆购买过琥珀和贵金属等高价值的物品，但在公元前 54 年，尤利乌斯·恺撒开始征服此地的战争开始时，不列颠岛与地中海世界还是相对独立的两个区域。两个世纪后，罗马以三个军团 15 000 人的兵力在哈德良皇帝修筑防御墙的地峡那里完成了对不列颠的占领。另外，从威尔士到苏格兰，或者至少是到泰恩河河畔，罗马还安排了三倍数量的辅助军队来推进罗马法在此地的执行。这些军队是要吃饱的，而罗马人为此征收的粮食税也为大量的粮食贸易提供了动力。随着时间的推移，这种贸易自然会成为引发传染病的危险诱饵。

不列颠岛的地理环境确实有助于其免受帝国三世纪危机中最糟糕的暴行，因此这里保持了相当的繁荣程度，并且还成为了本地土匪（主要是苏格兰人）的劫掠目标。一个已经从莱茵河边界撤退的帝国，当然也就无法再去保卫不列颠岛上的更多边缘领土了，于是公元 410 年，霍诺留皇帝结束了罗马在此地长达四个世纪的统治，在没有收到当地请求的情况下，将守卫不列颠城市的责任交还到他们自己手里。在由此引发的混乱当中，一位名叫沃蒂根的军阀爬上了巅峰位置。尽管他的军事天赋是毋庸置疑的，但其之所以会被世人铭记，是因为他犯了不列颠历史上最大的战略错误。公元 430 年左右的某个时候，他向当时居住在今荷兰地区的一群撒克逊人派遣了一批使臣，邀请他们移居到英格兰的西部，并在那里担负起驻军职责。就像邀请哥特人跨过多瑙河的瓦伦斯皇帝一样，他在有生之年看到了这一错误的恶果，却没能在有生之年亡羊补牢。当随后兴起的内战以巴顿山（蒙斯贝多尼克斯）之役告终时，[1] 不列颠岛已经沿着东西轴向泾渭分明地分成了两个王国，即：海上贸易历史悠久（西部的富足可以追溯到建造巨石阵的威塞克斯国王）的罗马—凯尔特西部王国，和东部的撒克逊王国。历史证明，分布广泛的粮食生产基础设施和海上贸易文化的结合让不列颠居民的健康受到了威胁。当然，对于爱尔兰的民众来说亦是如此。

到六世纪时，尽管爱尔兰在地理上的孤立程度比不列颠还要大，但几个世纪以来，它对地中海的航运商而言，都是个活跃的商业伙伴，因为双方经常会进行陶器、布料，当然还有粮食方面的交易。[34]由于地处颇受欢迎的海运航线之上，这里也成了恶魔的必经之地。因此，六世纪四十年代中期，爱尔兰会一次次地经历流行病的摧残，这一点丝毫不会令人惊讶。即便如此，我们也无法确定这种疾病是否就是腺鼠疫——根据泰格纳赫年鉴，在描述"blefed"这种造成大量死亡的疫病时[35]，其中也并未提到腹股沟淋巴结炎。

鼠疫这个恶魔离东部地中海越远，历史文献中有关它的记载也就越不清晰。公元六世纪四十年代，爱尔兰和不列颠出现的瘟疫，已经被 120 年后此地重发的疫情所遮盖；论及越过英吉利海峡和爱尔兰海的鼠疫杆菌，其大多数已知的行程记录，都与公元 664 年的瘟疫相关。在一些爱尔兰编年史中，该地区的瘟疫是以 Buidhe Conaill 的形式出现的，而对这个疫病名称的最佳翻译便是"黄色终点"。这样的

---

[1]　由一位名叫安布罗休斯·奥理安的罗马—不列颠军官撰写，也是亚瑟王周边故事来源的热门选项。

术语，不仅无法让人联想到鼠疫，反而会令人感到困惑。因为黄疸更像是疟疾的症状，而并非是源自腺鼠疫。恶魔前往不列颠岛的记录更是出了名的模糊不清。尽管有人估计说，有三分之一的爱尔兰人口被感染了，但这些数据大部分都来自野史。其中，经确认的受害者包括智者圣艾勒兰和圣乌尔坦，后者更是在瘟疫中幸存了下来，并为没有染上瘟疫的孩子们建造了一座孤儿院。[36]

关于英格兰与七世纪瘟疫的故事，我们主要是通过一个人的作品了解的。这个人在诺森布里亚王国中那座极为富庶的韦尔茅斯-雅罗修道院出生、长大，凭借着天生的才华与修道院创始人积累下的宏大图书馆，他很可能已经成为那时候最有学问的存在。他还撰写了十多部著作，内容涵盖从地理到音乐学等诸多领域。而这位名叫比德的修士（生前，他还并未被称作"尊者"）所写过的最知名的著作，便是于公元 731 年，在其去世前几年才完成的《英吉利教会史》。

论及这场瘟疫，比德写道："（它）到处肆虐，造成了剧烈的破坏……（并且）以残酷的破坏力蹂躏了不列颠和爱尔兰。"[37]那时，恶魔早已在爱尔兰绝迹，只是偶尔还会零星地在地中海现身。但它却在英格兰猖獗了两年时间，直到公元 666 年才止歇。公元 664 年，在不列颠岛的八位主教中，有四位死于瘟疫，肯特与诺森布里亚的国王也因此丧命。二十年后，即公元 684 年，它又卷土重来，再次摧残了诺森布里亚王国，并且几乎除灭了林迪斯法恩主教区的所有信众。公元 697 年，爱奥那修道院院长阿多曼写道："在我们的时代，（这是一场）两次摧毁世界大部分地区的巨大死亡。"[38]

作为神职人员，上述这两位修士和修道院院长，都是可靠的记录者。比德的读者们一定会注意到他在撰写历史时的谨慎语气；尽管他的观点带有宗教性，但那却不是世界末日般的论调。他对这种疾病的描述，虽然达不到普罗科匹厄斯的水准（甚至不及额我略），但却特意提到了圣卡斯伯特身上出现的"大腿肿胀"。[39]即便如此，由于缺乏墓志或丧葬材料的证实，现代历史学家仍需要进行大量的推论研究，以试图确定六世纪与七世纪的瘟疫范围和毒性。事实上，修道院（包括惠特比与林迪斯法恩）因为主要地处海岸或河口位置的缘故，加上又会为船上的老鼠提供多个入口，所以便"极容易受到感染"[40]，这也就是普罗科匹厄斯所谓的"瘟疫总是从沿海地区发端"。虽然无处不在的粮食贸易（国王与领主世世代代都以粮食的形式收取地租）无法证明瘟疫的存在，但它却仍然提供了一个有趣的线索。

四世纪时，除了完全国有的数千艘桨帆船，帝国曾经特许过一个世袭的航运公会（拉丁语称作 corpora naviculariorum）来提供额外支持，帮助将非洲的粮食运往罗马。[41] 而在那之后，开创地中海粮食贸易的酒商和油商，又建立起了完全开放的海上贸易模式。这种贸易模式的结果是，地中海的贸易系统得到了充分扩张，以至于连不列颠和爱尔兰也被纳入其中，这就为疾病提供了传播的网络。[42] 最后，虽然就爱尔兰与英格兰的"大死亡"，人们无法得知其规模，但其存在却是可以肯定的。位于萨默塞特郡卡莫顿镇的墓地中有 115 具骷髅，其中包括了 40 名儿童，他们都是被匆忙地埋葬在了浅浅的坟茔之中：[43] 就像那些在高卢、非洲、美索不达米亚和意大利的弟兄们一样，他们成为了世界第一场大流行病，按照某种衡量标准来说，也是最致命的大流行病的受害者。

第十二章 "解不开的线"

548—558

公元 540 年，贝利撒留用计促使拉文纳的东哥特人投降，以此结束了一场战役，但他却没能结束帝国与东哥特之间的战争。从某种程度上说，他这次得胜的性质（自己假装答应做东哥特人的王）还让查士丁尼的疑心病大发，于是这位皇帝便将自己最善战的（因此也是最具威胁的）将军召回了君士坦丁堡。

皇帝的决策不仅将其最强大的军事资产挪出了战场，还导致这条战线失去了最高统帅。这种决策的结果是可以预见的；虽说贝利撒留能够凭借着这位吝啬君主所给的小规模军队取得胜利，但他的继任者却做不到这一点；因此，用以确保帝国胜利的清扫行动很快就崩溃了。身处意大利的占领军在拉文纳、佛罗伦萨、罗马以及威尼斯潟湖的周围（威尼斯城要到公元 558 年才建立）部署了卫戍部队，这样做的主要目的是为派往半岛的帝国收税官提供支持，以便将收缴的税金用于此地的战事。当然，作为驻地军人，这群士兵还能够从战利品中大捞一笔。与此同时，公元 540 年投降之后重返家园的哥特军队，也开始在波河以北重整旗鼓。他们的领袖，是维蒂吉斯的继任者伊狄巴德。这位国王在一场反对查士丁尼占领军的起义行动中取得了一些胜利，但是，他在掌权几个月之后，却被自己的一名侍卫给暗杀了。接替他作王的埃拉里克本打算偷偷叛变，投靠查士丁尼，但当投敌的计划曝光之后，这位新君便被伊狄巴德的侄子托提拉给刺杀了，而他的王位也落到了这位年轻而又富有魅力的军人手中。

托提拉紧紧抓住了让帝国军队血债血偿的时机。公元542年春，托提拉在维罗纳打败了罗马的讨伐大军后，跨过波河，向托斯卡纳进军；本该与其对峙的罗马驻军此时却躲到了坚固的城墙后面，为这位新登基的东哥特国王带来了灵活性和主动性上的优势。利用这两种优势，托提拉绕过了意大利中部和罗马城，向南进军，以期占领普利亚（意大利的靴子）并围困那不勒斯。在经过几次失败无用的解围尝试之后，那不勒斯于公元543年春投降。翌年，托提拉巩固了自己的胜利果实，而帝国军队也并没有加以阻止，反而是加快了掠夺的速度。东哥特人在意大利南北两端各占了半岛三分之一的区域，并且还实现了有效统治。自此，托提拉的暴动已经成为了一场全面性的反叛，而这位国王的下一个目标便是罗马城。不过，他为此选择的武器并不是攻城槌或攻城塔，而是一封写给城内贵族的信件。信中，他重申了在狄奥多里克统治之下罗马人所享有的繁荣，并将之与查士丁尼重新获得主权后罗马的相对贫困做了比较。这种比较也得到了罗马人的认同。于是，公元544年春，当托提拉率领一支象征性的军队向北进军时，他觉得自己肯定会受到欢迎，并以解放者而非征服者的身份进入这座永恒之城。

尝试以不流血的方式征服罗马的确能为托提拉的名声增光添彩；不过，他这么做，倒也并不算是完全出乎意料。在成功围困那不勒斯期间，这位哥特人对城中的居民也都是以礼相待，不仅允许他们保留自己的财宝，甚至还允许元老院成员的家属自由离开。当然，这些都是刻意模仿贝利撒留在从北非到意大利阿尔卑斯山区的军事行动中，为了赢得当地民心而采取的做法。托提拉不可思议地将狡黠的外交技能与蛮族的作战本领结合起来，这可能也解释了中世纪的日耳曼人为何会高度敬重这位将领。他们将他认作伟大的浪漫主义英雄之一（通常还会以巴杜伊拉这个名字来称呼他）。当然，这种形象的历史真实性是成问题的——相较于他对非阿里乌派教士的残忍[1]，人们更容易记住托提拉对那不勒斯人的宽容——但与其能带给人们的精神共鸣相比，这个问题并不重要。因为将东哥特人视为其黄金时代的祖先而感到自豪的日耳曼人，会将托提拉／巴杜伊拉看作另一位狄奥多里克，而后者在他们眼中更是一位极具吸引力的先祖。日耳曼人给狄奥多里克冠上了狄特里希·冯·贝安的尊号，并且还在一部十三世纪的无名史诗中将其塑造成了英雄。这部史诗便是后来催生了瓦格纳那部伟大歌剧的《尼伯龙根之歌》。

　　托提拉向罗马进军的行动并非没有引起君士坦丁堡的注意。同年晚些时候，眼看自己很难巩固几年前刚在意大利取得的统治权，查士丁尼便针对最近的哥特威胁做出了条件反射式的回应：他派出了贝利撒留。不过这一次，贝利撒留依然没有多少兵力可用。整支远征军只有四千人，并且还都是些装备简陋、未经训练的新兵。率领这支不起眼的军队抵达意大利之后，贝利撒留发现，城内剩下的大部分帝国驻军，要么躲了起来，要么已经叛逃到了敌军阵营。于是，他便起草了一封奏疏，向查士丁尼求援道："如果您只需把贝利撒留送到意大利便满足了，那么我们的任务也就完成了。然而，如果您的意志是战胜敌人，那么就得把我的枪兵和护卫"——贝利撒留指的是他的亲兵随从，他的扈从队——"以及一大批匈人战士立即派往意大利战场。"①②因为他所面临的兵员不足，可并不仅仅是因为有逃兵的缘故。

　　在瘟疫到来之前，查士丁尼王朝的经济已经承受了一些严重的压力。尽管皇帝西征的目的从来都不是经济需求，但波斯战争及北非和意大利的远征行动已经将他从阿纳斯塔修斯那里继承来的三十二万磅

---

① 不幸的是，贝利撒留选择了嗜血者约翰来做信使。尽管约翰信誓旦旦地承诺，他会带着求来的军队速速返回，但这位一心缔结姻缘的军官（想起了自己对玛瑟逊莎的求爱曾因拉文纳城外聚集的哥特军队而被扰乱），决定先花一个月的时间来求爱，并且最终也与另一位皇室成员结了婚，这位新娘便是查士丁尼的堂弟日耳曼努斯的女儿。

黄金消耗了大半。而且（再次提醒世人，征服战这种事是很少能够做到以战养战的）除了北非的一些汪达尔领地之外，新增领土的管理成本也远远高于它们所上缴的税收。[3]

战争会拖累一个国家的经济，而大流行病给经济带来的创伤就更严重了。关于恶魔所带来的经济损失，查士丁尼的回应可以作为最好的证据：公元544年3月，当库思老围攻埃德萨、托提拉向北进军罗马时，查士丁尼发布了一项"关于规范熟练劳动力"的法令；在该法令中，他将熟练劳动力的受佣价格和工资等级冻结在了瘟疫前的水平上：

> 有鉴于我们承蒙天父上帝的仁慈而遭受的惩戒（即瘟疫），可以得知，人们……习惯了放纵贪婪，总是索求双倍或三倍的雇佣价格和工资，这与古代所盛行的习俗是相反的，而这场灾难原本应该让这群人有所收敛。因此，我们决意禁绝每个人心中的强烈贪欲……以后，任何行业、职业或农业领域中的商人、工人和匠人都不得收取比自古盛行的旧例还要高的雇佣价格和工资。[4]

就像所有这类冻结价格和工资的做法一样，查士丁尼的法令不但没有解决问题，反倒加重了问题。燃料、食物、包括武器与兵丁在内的战争必需品（对一个正在东西两线作战的帝国来说，这些东西都是最重要的）此时都出现了更为严重的短缺。

而这种短缺对东哥特人的影响却小得多，所以托提拉是幸运的，因为尽管他曾在公元546年年末试图收买罗马的驻军，但是最终还是不得不选择围困这座城池。与此同时，贝利撒留（和以往一样，征战时的他身边会有安东尼娜的陪同）也试图从罗马城内台伯河下游的波特斯基地发动解围反攻。当然，所有被围攻的滨河城市都是有弱点的，而这个弱点就是河流本身。于是，贝利撒留便立即着手建造火船，以摧毁托提拉的工程师用来拦截台伯河、阻碍其流入城内的拦河埝。火船的效果非常显著，如果不是一场意外导致贝利撒留因为要营救安东尼娜而放弃了进攻，他的军队可能就已经解除围困了。不过到头来，他还是失败了。公元 546 年 12 月 17 日，罗马人向托提拉投降……但此时，投降这件事已经微不足道了，因为当罗马的三千守军四散逃命时，整座永恒之城就只剩下了五百居民，这里成了实打实的幽灵之城[5]。

冬去春来，托提拉已经厌倦了这件几无人烟的战利品（进入罗马之后，他开始摧毁城内的诸多纪念碑，但贝利撒留的一封来信劝阻了他。此时的贝利撒留仍旧扎营在波特斯，他提醒对手"侮辱纪念碑是对世世代代所有人犯下的滔天大罪"[6]）。于是，他便离开了罗马向北进发。如今的罗马城已经三度被弃，一次是守城的罗马驻军，一次是城内的百姓，如今又是哥特征服者。托提拉离开之后，贝利撒留及其麾下军队便又重新进入了城中。

这次围城之战的教训不言而喻：虽然贝利撒留能够骚扰托提拉，但是，在经历了十年的战争，或者更确切地说，是四年的瘟疫之后，他手头剩余的资源已经不足以让他击败后者了。为了向君士坦丁堡证明他的确很需要资源，贝利撒留决定将安东尼娜派回东方的都城，让她去求告好友狄奥多拉而不是多疑的查士丁尼。

150 多年前，英国历史学家查尔斯·爱德华·马莱特在评述狄奥多拉时写道："在文学史上，很少会有比这位著名皇后的命运更加离奇的情节了"。[7]这位皇后精彩的一生常常会盖过她的历史重要性。千百年来，她一直备受崇敬，直到 1683 年一位梵蒂冈的神父发现了《轶事》之后，她的形象才被丑闻所玷污。在普罗科匹厄斯笔下，狄奥多拉的形象是荒淫的，她纵情声色、性欲旺盛，常会花上几小时的时间沐浴身体，每天下午都要小睡，还爱乘坐载有数千名随从的驳船前往其黑海的行宫。这些描绘并没有令她的光环变得黯淡，而是让她此后（乃至今天）所散发出的魅力变得更加复杂。信仰虔诚强烈，同时还兼任最早的女权主义偶像——这样的女人可不多见。

哪怕狄奥多拉那半是圣徒、半是罪人的生平（这么说可不只是修辞，因为狄奥多拉与其丈夫一样，都是东正教教会的圣徒；在圣色尔爵巴克斯教堂的正面，人们还为她写下了这样的话语："上帝加冕的狄奥多拉，她以虔诚装饰自己的思想，不辞辛劳、不遗余力地持续帮助着困苦之人"[8]）不是那么叫人欲罢不能，我们也还是要去关注这位皇后，因为正是她加速了东西方基督教的分裂。

从嫁给查士丁尼的那一刻起，狄奥多拉便立定了自己的事业，那便是要让她在亚历山大宣誓信仰的一性论存续下去。查士丁尼寻求的可能是一性论与迦克墩／天主教正统教派的和解，但狄奥多拉的目标就没有那么崇高了：她希望一性论的大手能够操弄教会权威的杠杆。她也希望在君士坦丁堡等重要的东部主教教区内设立一性论的主教，但却没能成功。教皇阿戈培说服查士丁尼用更正统的人选取代了这些一性论的主教，这种做法也让查士丁尼盼望东西方和解的心愿落了空。可以肯定的是，无论如何，东西方教会的分道扬镳是不可避免的。皇帝和教皇不可能共享教会的领导权——从腓特烈二世到亨利八世，在欧洲史上的十几个不同的时期内，总是会反复出现这个主题。因此，一旦东方的教会在狄奥多拉的支持下主张教义独立，且西方的迦克墩／天主教教会也获得了政治独立（这也是查士丁尼无法在意大利、西班牙巩固胜利果实的直接后果），那么教会未来的方向（罗马天主教在西方，各种东正教的仪式在东方）便不可能有所改变。

鉴于她的宗教偏好及其对宗教事务的巨大影响，人们便能理解，为何教堂中绘制的狄奥多拉形象是最多的。事实上，唯一一会让人感到惊讶的便是，这里所说的教堂竟然并不在君士坦丁堡城内。

作为拉文纳最著名的地标建筑之一，圣维塔教堂在当地吸引的游客量也是最大的。与狄奥多里克墓和两座洗礼堂一样，这座教堂也是一幢相对较小的八角形建筑。它是按照典型的中心布局建造的，但教堂的艺术意义却不在于其结构，而在于其装饰。查士丁尼与狄奥多拉的巨幅镶嵌画面对面地贴在教堂的环形殿上，这不仅证明了这位皇后的美貌（大眼睛、波浪发，楚楚动人的嘴唇），而且也证明了有时会被称作政教合一的帝国哲学：皇权高于教权，因为皇帝是代表基督在人间掌权的。[9]在查士丁尼镶嵌画的四周，簇拥着十二位侍者，他的皇冠上也有光环围绕。狄奥多拉的裙子上还印着三博士的图像。画中的皇帝和皇后都带着献祭之物。正如六十年前的一位历史学家所说的那样："没有其他的艺术作品能像这两幅镶嵌画一样，强烈地传达出拜占庭精神。"[10]这座教堂始建于公元 526 年，也即查士丁尼登基的前一年。就在安东尼娜启程赶赴君士坦丁堡去执行使命的那一年，这座教堂举行了落成典礼。安东尼娜回来得很及时，因为她刚好赶上跟自己的老朋友告别。

公元 548 年 6 月 28 日，狄奥多拉去世，她的死因很可能是癌症。这位驯熊师之女在皇宫之内停灵数日。她身穿紫袍，静静躺在黄金制的灵柩台上，供世人瞻仰。列队从其身旁经过的瞻仰者包括主教、元老、神父，以及君士坦丁堡城内每个贵族家族的主要成员。其中有一位瞻仰者名叫安提莫斯，他是在很久之前便被免职的君士坦丁堡主教。自被免之日起，他便被狄奥多拉藏在了霍米斯达斯宫中[11]。瞻仰队列中还有几十名倡优，她们的衣食住行，一直都是这位皇后的牵挂。最后来到遗体身旁的是查士丁尼本人，他在妻子的颈项处戴上了一条硕大的项链，之后便失声痛哭了起来。

二十一年前，这对新加冕的帝后离开了当时建在圣索菲亚大教堂位置上的原狄奥多西教堂，并带领欢呼雀跃的人群往竞技场走去。而在狄奥多拉以皇后之尊带领的最后一次游行中，人们沿着梅塞大道缓缓前行，经过君士坦丁广场，来到了这座城市的墓地——圣使徒教堂。这座教堂也是威尼斯圣马可堂的建筑范本。当皇后的遗体进入教堂的中殿时，葬礼的负责人高喊道："皇后，安息吧。万王之王、万主之主召唤了你。"葬礼结束后，皇后被安葬在一座巨大的绿色斑岩石棺之中。[12] 整座城市陷入了哀痛，皇帝的悲伤更是超过了众人。北非学者弗拉维乌斯·科里普斯写道："这位老者对一切都漠不关心；他的灵魂已经离开人世了。"[13] 当深爱狄奥多拉的人们因为她的离世而哀恸时，有些人却在欢呼雀跃。这其中就有皇后的宿敌：卡帕多西亚人约翰。他终于获准结束流放，并且回到了君士坦丁堡。

这位卡帕多西亚人深得查士丁尼的感激与喜爱，哪怕在被狄奥多拉和安东尼娜以叛国罪构陷之后，他也没有被处死或监禁。不过，皇帝还是将这位领衔大臣流放到了基齐库斯，并且剥夺了他的头衔和大部分的财富。不过，约翰还是保留了相当规模的财产，足可保证他在流放时，也能过上最舒适的生活。对于查士丁尼来说，这样的惩罚力度已经足够了，可狄奥多拉却不以为然，她将惩罚的双手伸向了约翰的后嗣。读者们会在下一章中看到相应的内容。凭借着到处树敌的能力，约翰又与基齐库斯当地一位名叫尤西比乌斯的主教发生了争执。而当这位主教被人秘密杀害时，约翰立马便遭到了怀疑。虽说派往基齐库斯调查的元老并未查实他的罪行，但这位曾经的御卫队长官还是被剥光衣服，像个普通毛贼一样在大街上遭受鞭笞，并被判乘船发往埃及。相传，在埃及时，他还被迫在船只停靠的海港乞食。抵达埃及之后，他便被监禁了起来。

即便如此，狄奥多拉还是觉得不够。她想让被控谋杀尤西比乌斯的那两个人招供，并在供词中指明约翰才是主谋。然而，哪怕用尽了贿赂、威胁和拷打等方法，她还是没能做到这一点。不过，她还是可以将这位曾经的御卫队长官监禁在一座只有死亡的监牢当中的。约翰拼不过皇后，但活得却比她还长。终于，他以自由人的身份回到了君士坦丁堡，成为了一名穷困潦倒的神父。

因为狄奥多拉的积怨而受损的不止约翰一人。在受害者当中，可能还包括了查士丁尼本人。这位皇帝是剥夺了约翰的职务，但约翰也确实是他最得力的助手之一。"约翰的继任者很少能够挣得什么名声，哪怕连坏名声也没留下。他们也都没有约翰那样的机遇，可以在行政管理的程序中，应用有始有终的强效手腕，给军事行动以支持。"[14]
后来所有的御卫队长官中，成就最显著的，可能就是彼得·巴尔塞姆斯了。正是此人导致了帝国货币的通货膨胀，而除了这点之外，他也注定是个只能被遗忘的存在。[①]

因为狄奥多拉之死而欢呼的另一个敌人也开始了行动，而且他的行动还拖着长长的尾巴。这条尾巴最终会间接地导致东哥特人被征服。我们在说的这位敌对者便是阿塔巴尼。这位将军来自波斯人治下的亚美尼亚。公元538年，他杀害了狄奥多拉的姐夫、查士丁尼的大将西塔斯。

时过境迁，后来的阿塔巴尼转投了罗马，并于公元543年被派往利比亚这块饱受大规模叛乱和瘟疫侵袭的领土："整片土地都被瘟疫和腹股沟肿胀的病症所蹂躏，所以大部分的人都死了。"[15] 在当地的叛乱中丧生的有一位名叫阿雷奥宾杜斯的元老，他的遗孀深深吸引了阿塔巴尼。而后者的求爱方式也包括了替她遭害的丈夫报仇。但是，如果想要与之结婚的话，这位亚美尼亚人需要的可不仅仅是这个小寡妇的感激。因为孀居的普雷耶克塔不仅是富有的贵族，而且还是皇帝本人的侄女，所以阿塔巴尼想要娶她的话，还必须得有皇室的批准。然而，公元546年，当这位亚美尼亚人在查士丁尼和狄奥多拉的面前发出请求时，皇后狄奥多拉不仅拒绝了这位杀害姐夫的凶手，而且还坚持让他守着自己的原配好好过日子。

狄奥多拉死后，阿塔巴尼抛弃了自己的妻子；但那时，普雷耶克塔已经嫁给了别人，这让他的怨恨变成了叛国的行动。于是，这位亚美尼亚人找到了查士丁尼麾下大将日耳曼努斯的长子查士丁，并试图煽动叛乱。

---

① 巴尔塞姆斯在任时的"轻量"金币也并非没有重要性可言。杜兰大学的肯尼思·哈尔计算出，将金币的铸造纯度从24克拉降到20克拉，能够为国库生出多达168 000索利都斯，即2 000磅以上黄金。这个数字几乎够支付与库思老签订的和平条约所规定的年例了。

公元 549 年，导致卡帕多西亚人约翰倒台的可怕历史重演了。在这场新戏之中，查士丁去找了他的父亲，而他父亲又把这个阴谋报告给了护卫队长马塞勒斯。八年前，狄奥多拉找来见证约翰承认其叛国罪行的也正是这位马塞勒斯。然而，他们最后上报给查士丁尼的计划却是，叛乱者不仅要杀掉查士丁尼，还要扶贝利撒留登上皇位。尽管阴谋的策划者是在这位将军不知情的情况下将其牵扯进来的，但是查士丁尼却认为，只要贝利撒留还被公认为帝国最成功的军事领袖，他就会忍不住叛变的。结果，这位皇帝针对安东尼娜的使命给出了一个有悖情理的回应：他从意大利召回了贝利撒留。而且至少从传言来看，回到都城的贝利撒留便陷入了穷困潦倒之中，并且还事实上被软禁了起来。

贝利撒留的倒台可能打消了查士丁尼对其篡位的恐惧，但却没能够帮他进一步地打败托提拉。为此，这位皇帝需要再派一位将军过去。他换了好几个人，按顺序的话，这些人包括：狄奥多里克旧臣佩特鲁斯·马塞利努斯·利贝里乌斯；弹劾了贝利撒留、如今已经重获皇帝宠爱的叛徒阿塔巴尼；以及皇帝的堂弟日耳曼努斯。

公元 550 年，查士丁尼选定了日耳曼努斯。从某种程度上来说，这是因为后者的作战能力是毋庸置疑的。同年，已经鳏居的日耳曼努斯娶了维蒂吉斯的遗孀（也即狄奥多里克的外孙女）玛瑟逊莎。① 这位新任命的将军显然与皇帝一样，都相信哥特人在与包含狄奥多里克外孙女在内的军队作战时会三思而后行，所以便打算把她也带到意大利。然而，等到在塞尔迪卡（今索非亚）集结完军队之后，日耳曼努斯便一病不起，与世长辞了。

集结后的军队就这样留在了塞尔迪卡，因为需要一位新的指挥官，也因为他们还受阻于另一个将在欧洲诞生过程中发挥巨大作用的

① 那时，嗜血者约翰已经娶了日耳曼努斯的女儿贾斯汀娜。因此，他曾经的未婚妻也就成了他的岳母。

武装民族：斯拉夫人。

公元550年，在查士丁尼的远征军遇到斯拉夫人之前，人们对这个民族并没有多少了解。其称呼在整个六世纪的叫法都不一致。他们有时会被称作斯克拉维涅斯人，有时又会被称作保加尔人或保加利亚人。但不管叫什么名字，他们都是追随着哥特人的大迁徙，沿第聂伯河向北移动，然后向西进入易北河流域，最后再向南踏入帝国境内。公元581年，以弗所的约翰记下了斯拉夫人的首次露面，他写道："这个可恶的民族叫做斯拉沃尼亚人，他们占领了希腊全境、塞萨洛尼卡地区以及整个色雷斯。这群人攻城略地、连拔数寨、纵火焚城、大肆蹂躏，奴役占领地的百姓，自己却做主做王。他们将军队主力驻扎在领地之中，以主人的姿态安居其间，仿佛这片土地自古便是他们的一样……"[16]八世纪的帝国皇帝莫里斯在其《战略》一书中是这样描述他们的："自主独立……人口众多且顽强勇敢……善良好客"。同时，他们又"毫无信义……总是彼此不睦，因此哪怕面对着共同的敌人，他们也做不到臣服在某个统治者的麾下团结合作、勠力同心"。[17]

斯拉夫人产生的影响与哥特人相当，甚至还更为持久。公元550年，斯拉夫人横渡多瑙河的直接后果便是推迟了查士丁尼收复意大利的最新尝试。因为他的偏执，查士丁尼失去了自己最厉害的将军，而那位能力可能仅次于贝利撒留的日耳曼努斯也与世长辞了。此时的查士丁尼比以往更需要那种准确无误的伯乐眼光。当然，他也确实是有这种眼光的。公元551年4月，皇帝再次任命的那位最高统帅已经七十多岁了，他不得不将这位将军从其建在卡帕多西亚的养老寓所中召回。按照普罗科匹厄斯的说法，皇帝之所以会做出这种选择，是因为一个预言。在预言中，罗马的统治者会被一位太监打败。但更多的原因可能还是在于查士丁尼本人。因为他在之前便多次看到了在纳尔塞斯身上完美融合的天赋与忠诚。

虽说之前在意大利执行任务时，纳尔塞斯的表现就不错，但他似乎从来就没有贝利撒留那样的天赋，而且这时候他又老了十岁。尽管就纳尔塞斯此后表现出的军事才能的源头，人们有着颇多的猜测（伟大的军事史学家巴塞尔·李德哈特爵士认为他是从书本中学来的）[18]，但无论是大量的阅读，还是之前的领军生涯，都无法教给他太多关于大战略的知识，尤其是此时所需的海战战略。

从布匿战争时期开始，地中海地区的冲突始终都要看哪一方的海军更强，因为促使海上贸易超过陆地贸易的船运技术（同样也运送了携带着瘟疫的老鼠），也为控制着海洋的一方带来了巨大的优势；一位海军史学家甚至还盛赞查士丁尼在开启收复故土的霸业时首先选择了攻打汪达尔人——因为他们是当时唯一真正拥有海军实力的对手。[19]

托提拉比查士丁尼的任何对手都了解海军的重要性。东哥特人不仅投资建造了数十艘战舰，而且还是在帝国商船因为瘟疫而遭受巨大损失的时刻走出这一步的。在纳尔塞斯了结哥特人之前，他需要将军队运往意大利半岛，并在抵达那里之后接收补给。这就意味着他得控制亚得里亚海，而此时的制海权也只能通过一场决定性的战役来获得。

塞纳·伽利卡海战的直接目标是解救被困于安科纳的罗马驻军，该驻军不仅被托提拉的陆军所围困，同时还为其海军力量所封锁。安科纳本身更是具有重要的战略意义，因为纳尔塞斯已经将这里确定为其远征军的集结地。用约翰的话来说，这座城市还在等候着纳尔塞斯的到来："战争在很大程度上取决于对军需官的选择，因为只有肚子饱了，将士们才会有勇气。"[20] 为了打破托提拉舰队的封锁，纳尔塞斯下令将桨帆船划成一排，面对面地朝着托提拉的六十一艘战船发射羽箭和其他投射武器。当哥特人在执行封锁任务时，纳尔塞斯的水兵们却已经花了数月时间来练习近战技能，因此他的桨帆船群便能在足够近的距离内为彼此提供支持，同时又不至于近到妨碍协同作战。一艘又一艘的哥特战船被帝国弓箭手所孤立，并且还遭到了罗马桨帆船的撞击。近五十艘哥特船只被击沉或被缴获。哥特的指挥官们将幸存下来的十一艘战船拖上了岸，并下令放火焚烧，以免落入纳尔塞斯的手中。当他们的水兵与安科纳的围城队伍会合时，这群落败之人的出现对于哥特人的战争大业来说是弊大于利的。因为有了战败的消息，整支军队便决定要撤退了。[21]

托提拉的桨帆船船队被击败之后，哥特人从海上进行骚扰的可能性就被消除了。但是纳尔塞斯还是找不到足够的水手将其军队运往意大利。通常，出于某些可以预见的原因，某类职业总是会比其他行当更容易受到瘟疫的危害：那些生活在封闭的环境当中，离老鼠又近的人群，受害的可能性自然也会更高。拿修士们来说，由于修道院的位置距离港口很近，他们感染恶魔的可能性便超出平均值。与他们一样，水手们也同样遭到了这种疫病的大肆屠戮。因为瘟疫造成的水手不足，纳尔塞斯的军队在向南直插半岛心脏区域之前，不得不改道陆路，向帕多瓦进发。

纳尔塞斯带进意大利的军队规模反映出了查士丁尼首次下定决心，要以强大的兵力实现目标；这支军队的构成也反映出了其统帅作为查士丁尼的使者，在指挥各种蛮族队伍方面的经验：三千赫鲁利骑兵、两千匈人、四千波斯逃兵，一万至一万五千名主要来自色雷斯与伊利里亚的帝国正规军，以及近六千名伦巴第佣兵。

伦巴第人是组成名为苏维汇人的蛮族联盟的部落之一（对古典时代晚期历史贡献最为显著的伦巴第人便是罗马大元帅李希梅尔），在某些解读当中，他们的族名来源于其喜蓄长须的爱好：Langobardi（拉丁语，意为"长胡子"）。当查士丁尼收复意大利时，这个相对喜好和平的部落在皇帝的明确许可之下，开始向南迁徙，占据了今奥地利的大部分地区。到公元 546 年，雄心勃勃的伦巴第国王奥多因建立起了穷兵黩武的原始封建文化，国内的公爵、伯爵之流也开始指挥并武装其家仆队伍，那种喜好和平的心态便一去不复返了。一支征服大军，就像是任何好用的工具一样，要时常打磨操练。于是，奥多因便花了二十年的时间，在与格皮德人的战斗中磨练着他的军队。到纳尔塞斯雇佣他们与托提拉展开决战时，伦巴第佣兵早已凶名在外了。

从地理的角度来说，纳尔塞斯联军采取的行军路线是唯一可行的一条，这既是因为地理因素（只要在波河与阿迪杰河上筑起堤坝，其他的路线很容易就会被淹没，而托提拉也确实这样做了），也是因为未来欧洲国家的边界此时已露出端倪：法兰克人挡住了纳尔塞斯大军的右翼，因为他们不愿意让一支包含了6 000名伦巴第敌军的队伍从境内通过。好在他们收复了安科纳。如此一来，经由安科纳进入那扇通往意大利的"窄门"之后，纳尔塞斯便可以继续从陆地上与对手展开决战了。他毫不犹豫地率领近30 000名士兵赶赴里米尼，又从那里取道前往塔吉纳。此时，托提拉率领的15 000名士兵正在塔吉纳等候着他们的到来。

虽说塔吉纳战役对之后的历史有着重要的影响，但人们对于这场大战却知之甚少。关于纳尔塞斯所采取的路线（人们一致认为他被迫远离了海岸大道，并且还避开了一条易于防御的隧道，而这条隧道本身就是一世纪的罗马工程奇迹）、战斗的实际地点，甚至是战役的名称，如今的人们还在争论不休。普罗科匹厄斯（以及后来的数十位历史学家）称这场战役为"高卢人之墓"战役，以此纪念公元前三世纪时罗马人与高卢人之间所进行的战斗。

无论这场战役的名称是什么，它都开始于两位将军的智斗。纳尔塞斯告诉托提拉，他可以选择投降，或者择日来战（公元486年的苏瓦松战役中，克洛维也让夏克立乌斯做出类似的选择 [22]）。托提拉的回应是，八日之后战场见。不过，这两位将军既谈不上"诚信"，也断然不会"轻信"，因为就在第二天，两军便开始了战斗准备；看着塔吉纳战场上对面军阵的兵员数量，双方的军士都感到惊讶不已。

其中最不惊讶的可能便是纳尔塞斯本人了，因为他的打算始终都是：要诱使这位年轻得多的对手主动来攻，然后将其包围并杀死。用李德哈特的话来说就是，通过进军意大利的心脏区域并妥善选好战争地点，这位亚美尼亚人成功包抄了敌人的侧翼，这显示出了其战略进攻的天赋；在塔吉纳决战期间，他的防御行动也展示出了同样成熟的战术防御天赋。[23] 他安排了大量的盟军骑兵下马作战，并为他们配备长矛，让其守在防线的中央位置。在临时方阵的两侧，他还部署了弓箭手，而其余的骑兵则列队于弓箭手的两侧。其中，左侧的骑兵战队由纳尔塞斯本人亲自率领。

与他们对阵的，便是托提拉的军队。这支大军同样摆开阵列，但兵力却少了一万，因此两翼都为纳尔塞斯的部队所遮蔽。此刻，就在两千名雪中送炭的哥特骑兵全力赶赴战场时，托提拉明白了打拖延战的重要性。因此，几乎可以肯定，他的下一个行动必然会是一种精心策划的拖延战术。不过，人们通常还是从中解读出了更为厚重的隐喻意义，或许就象征着野蛮与文明之间的永恒冲突。

在上午的时间渐近尾声时（纳尔塞斯不想放弃战术防御，哥特人也没有做好进攻准备），托提拉催动战马进入了将两支军队分割开来的无人地带；平心而论，或许托提拉不仅仅是为了推迟不可避免的结局吧：只见这位哥特将军当众开始了自己的骑术表演，并将长矛抛向了空中，像耍弄指挥杖一样，开始抛接旋转了起来。有人怀疑，他的目的是为了要鼓舞哥特大军的士气，同时也是在明确提醒那位七十多岁的对手，自己要年轻得多，精力也充沛得多。然而，在普罗科匹厄斯和无数其他编年史家的眼中，这样的场景也代表了蛮族战士的经典形象：威武雄壮、技艺娴熟、高贵卓越；但他们面对的却是一支专业军队，并且还败给了后者。

当然，托提拉本人也提供了大量的证据来支持人们就其行为所做的这种隐喻性的解读。鉴于纳尔塞斯建立的强大防御阵地及其明显偏爱防御的倾向，人们显然会好奇托提拉为何会如此配合。究其原因，想必便是他太过执着于要维护战士的荣誉感了。首先，他下令骑兵朝着罗马防御阵营的正面发起赢家通吃式的冲锋，并且（出于至今仍然无法解释的原因）还命令他们只能使用手中的长矛作战。这群战士既不得用剑，也不许用弓（更能说明问题），因为弓是懦夫才会用的武器。

中世纪欧洲花了八百年的时间才弄清楚纳尔塞斯在这一天凭直觉所得出的结论：由投射武器部队支援的步战枪兵在作战能力上远远胜过了重骑兵[①]。就比如阿金库尔战役与克雷西会战的法国骑士、巴拉克拉瓦战役中拉格伦男爵所率领的骑兵，他们都因此遭到了可怕的屠杀。而这一次，仅在初次冲锋之际，伤亡的哥特士兵就有六千多名。[24]

这场冲锋过后，塔吉纳战役便结束了，连托提拉也命丧于此。不过，至于与其死亡相关的细节，则因为有多个版本存世而变得模糊不清。有的说，这位哥特领袖殒命于罗马人发射的第一轮飞箭，这或许就能解释其军队在那一天余下的时间里为何会采用令人困惑的战术。还有的说，他是被自己的一位副官误杀，尸体也被带到了一个村庄，并埋葬在一座秘密的坟茔之中。然而，一位哥特妇女却看到了这场葬礼，并将消息透露给了纳尔塞斯的军队。于是，罗马军队便挖出托提拉的尸首，并将其王冠与袍服褪下，献给了查士丁尼。

此时，纳尔塞斯便能自信满满地解散他与伦巴第的联盟了[②]，用

[①] 同样，中世纪骑兵的最初原型便是被贝利撒留和其他罗马将军借鉴转化的波斯重骑兵。早在公元三世纪时，萨珊王朝的艺术中就出现了中世纪立武大赛上最生动的形象——骑士们手持长矛，相互冲击。纳克什鲁斯塔姆古墓石刻所展示的波斯和罗马骑兵也是以这种方式发起冲锋的。（伊迪丝·波拉达，《萨珊王朝的艺术：伊朗视觉艺术》，伊朗商会协会在线文章，2001—2005）

[②] 然而，纳尔塞斯却并没有忘记这群伦巴第佣兵。多年后，查士丁二世承袭了查士丁尼的皇位。但他的妻子索菲娅皇后却侮辱了这位已经退休的将军，告诉他（至少传言如此），作为一个太监，他只适合在侍女堆里打转。为此，纳尔塞斯采取了一种相当隐晦的威胁作为回应，说他会"纺出一根你无法解开的线"，并且也确实这样做了。他邀请伦巴第国王阿尔博因与他曾经的伦巴第盟友返回意大利，随después拿走他们喜欢的东西。不管是真是假，伦巴第人的入侵在意大利半岛的悠久历史上是最具破坏性的一次。（福贝尔，《查士丁尼的太监将军纳尔塞斯：哥特人之锤》）

约翰·巴格内尔·伯里的话来说，伦巴第的佣兵虽然骁勇，但这却不足以弥补他们在纵火、强奸方面的恶习。[25] 而且即便没有他们，纳尔塞斯也可以毫不费力地攻占罗马，因为此时守在城内的只有一小队驻军。而且，这唯一一支会发起抵抗的哥特势力还都守在同一座建筑之内。这座建筑便是哈德良皇帝墓，也即今圣天使城堡；贝利撒留的士兵曾在这里将被损毁的雕像用作投掷武器，击退了哥特人的进攻。到此时，这场战争中的罗马城已经五次易手了。而这最后一次易手，或许也就是最重要的一次。"贝利撒留当初献上的罗马城仍然还是在帝国皇帝的统治之下，而十六年后，当纳尔塞斯入城之际，这座城市却已经成了教皇的罗马。"[26]

此时，距离收复意大利只剩下最后一战了。托提拉的继任者泰阿斯逃离了塔吉纳，并且还召集了 7 000 哥特军队，要在拉克塔里山与帝国进行最后一次对战。这座山头就位于阿马尔菲半岛以北、维苏威火山山脚的平原之上。公元 553 年 3 月，泰阿斯率军与帝国的 15 000 名将士展开对峙。尽管对此次战役的记录，描述了泰阿斯如何使用三块不同的盾牌接住了十多支投枪，最后又在伸手去拿第四块时被击杀，但几乎可以肯定的是，这些描述都是空想出来的。在经历过两天残酷的肉搏战之后，泰阿斯惨死于疆场之上。统治意大利一个世纪的东哥特王国永远地消失了。此时，同为哥特民族的西哥特人仍旧守在更西边的西班牙，而他们的情况也要更好一些。公元 526 年，狄奥多里克去世之后，巴尔蒂王朝的成员再次统治了西哥特王国。但是，到公元 543 年瘟疫降临之后[27]，王国的独立性就开始受到影响了。接连三位西哥特国王遭到暗杀（533 年阿马拉里克遇刺，548 年狄乌蒂斯遇刺，550 年狄乌蒂吉斯遇刺）；不仅如此，王国境内的叛乱还在地方上此起彼伏。公元 551 年，一位名叫阿塔纳吉尔德的西哥特贵族决意反抗阿维拉国王，并呼吁查士丁尼支持他的行动。翌年六月，一支罗马军队在马拉加附近登陆，仅花了几周时间，便于西维尔战役中击败了阿维拉。与此同时，统治着今加利西亚的苏维汇人的敌对王国，也从自五世纪初期信仰的阿里乌教派归向了天主教，这样他们便与罗马帝国一起包围了仍然信奉阿里乌教派的西哥特人。公元 555 年春，查士丁尼的另一支军队在占领卡塔赫纳后，便留在了那里，并在之后的七十年里统辖着西班牙的地中海沿岸。

与查士丁尼的诸多事业一样，西班牙征服的余声也延续了几个世纪。虽然西哥特人仍然控制着西班牙的其余部分，但身为阿里乌教派信仰者，那种被包围的不适感也导致他们在公元 590 年开始了大规模的皈依。不过，那余声也并没有就此止息。公元 711 年，在被阿拉伯人征服之后，阿拉克和阿里乌派西哥特人的继任者们开始播撒天主教的种子。后来，天主教双王费尔南多与伊莎贝拉又带领说西班牙语的阿拉贡人和卡斯蒂利亚人开始了收复失地运动，而且他们的王朝也会在之后长达数百年的时间里主导着欧洲的政治。

纳尔塞斯战胜哥特人的事实是明确无误的，但其所造成的后果却并非如此。那些将哥特人视作阿里乌派异端的人们，自然乐于看到他们的垮台。但后来的史学家们却推测，无论纳尔塞斯将查士丁尼的战略执行得有多好，该战略也不过是将帝国拖入了贫困之中而已。作为这里所说的历史学家中的一员，赫伯特·阿尔伯特·劳伦斯·费舍尔认为，纳尔塞斯战败托提拉的事件决定了欧洲一千年的历史。正如二十世纪哲学家悉尼·胡克所写的那样："无论是错误还是祝福，这一行动对欧洲历史来说，都带有决定性的影响[28]。"

这种影响不仅是决定性的，而且是破坏性的。在连遭瘟疫、饥荒和十六年的战争蹂躏之后，此时的意大利又遇上了另一场灾难：法兰克人卷土重来。公元 553 年春，罗萨与布西林兄弟二人率领一支约 75 000 人的军队穿过阿尔卑斯山，试图趁乱进入意大利。这两位都是法兰克墨洛温王朝的分支国阿勒曼尼（Allemanni）的领袖。（我们在阅读证明历史上确实存在一个日耳曼国家的支撑材料时，总会遇到一些不可避免的、令人困惑的地方，而这个群体，作为法语中"德国"[Allemagne] 一词的词源，便是其中之一。）与其之前并之后的众多将领一样，这两兄弟也误判了对方的统帅，认为他"是一个孱弱瘦小的男人，皇帝寝宫里的太监，习惯了舒适安定的生活"。[29] 起初，他们的评估看起来还挺有先见之明，因为从 553 年一整年到翌年春天，这场穿越意大利中部的南征行动几乎都没有遭到抵抗，他们甚至可以"从容不迫"地进行大肆掠夺。[30]

在罗马城内，纳尔塞斯整合了自己的军队。而进入城内的两兄弟，却将队伍一分为二，分别前往普利亚和坎帕尼亚，以便掠夺更多的财物。这样的行动让罗萨感到很满足，因其在财富上的野心，胜过了对权力的欲望。他认为自己已经获取了一生受用不尽的财富，于是便班师回朝。可是，就在此时，罗萨和整支军队却跟恶魔撞了个满怀，"被一场突如其来的瘟疫消灭殆尽了。"

> 他们的首领（罗萨）失控发狂，开始像疯子一样嘶嚎。他遭受着严重的疟疾，还脸朝上地摔倒在地，口吐白沫，眼睛也出现了严重的扭曲变形……这场瘟疫就这样继续肆虐着，直到整支军队都被其消灭为止。[31]

他的兄弟也不走运；受哥特盟友的奉承，行事冲动的布西林相信了打败纳尔塞斯便可称王的鬼话，决定狠心咬牙，与之前躲避了一年多的军队一决雌雄。在卡普阿附近，纯属逞能的布西林决意不顾后果地鲁莽行事；面对着又一列由弓箭手在两侧护卫的下马骑兵，阿勒曼尼人在发起进攻之前排成纵队阵型。这其实是北方人几个世纪以来一直在使用的一套熟悉的战略。塔西佗称这种策略为"楔形强攻阵式"，他使用拉丁文的"楔形"一词，用来表示纵队的头部被压缩成了一个点；这里所采用的具体战术，就是在距离敌人二三十码的范围内投掷战斧（即所谓的"法兰西斯卡"），然后持剑和长矛展开冲锋。因为阿勒曼尼人与法兰克人一样，腰部以上根本不穿甲，甚至还很少佩戴头盔，因此，可以预见的是，作战的结果必然会十分血腥。当这支北方军队推进到帝国防线内的一处几乎不设防的中心地带时，纳尔塞斯便命令其弓箭手部队向左右两侧转动，这样他们便可以毫无遮拦地向敌人发射飞箭。尽管阿亚塞阿斯对伤亡人数的描述并不可靠（仅 80 名罗马人战死，但幸存下来的法兰克士兵却只有 5 人），但是他也反映了这场大捷的规模。阿亚塞阿斯甚至认为，这场胜利与马拉松战役都是不相上下的。

公元 554 年 8 月 15 日，在收到卡普阿捷报后仅过了几个月，查士丁尼便颁布了一项"国事诏书"——这是罗马法中的一个术语，它所涵盖的法令均由君主颁布，不仅适用范围广，且内容构成也很丰富。由于该术语仅指专制君主所颁布的法案，因此许多《国事诏书》都会涉及继承问题。但查士丁尼的《国事诏书》却更类似于现代立法中的那些大部头的法律文件，其中的条款也涉及从农业价格补贴到消费税再到研究资助的一切内容。公元 554 年的《国事诏书》废除了托提拉的所有法案（并将他称为"暴君"，这里显然并无反讽意味）；在东哥特统治下售出的所有财产都可以赎回，奴隶也要归还给之前的主人。恢复向罗马公民发放免费粮食的救济，拨款修复公共建筑和渡槽，并要向地方上的教授和医生支付工资。帝国对新征服的领土有着明确的管理：西西里岛由君士坦丁堡直接统管，科西嘉岛和撒丁岛由非洲管理，意大利的其余部分也被划分为 11 个行政区。最重要的是，由于那座永恒之城已经成为了"教皇的罗马"，所以就其未来而言，这些地区的总督是需要由当地主教提名的，并且还要以不可撤销的形式将阿里乌派哥特教堂的土地授予迦克墩派 / 天主教信徒。

帝国的军事成功所带来的一个反常效应是，它竟然强化了地中海世界中唯一竞争体制（即教皇和主教）的政治权威。多年以来，查士丁尼一直都乐意利用教会的力量来完成自己统一帝国的梦想。公元 546 年，出于政策考虑和个人虔诚的缘故，他下令清洗异教知识分子——"包括那些杰出高贵之人并一大群语法学家、诡辩家、教士和医生；他们在被发现、被拷打之后，争先恐后地相互告发；他们有些人被殴打，有些人被鞭笞或被投进了监狱……"[32]

然而，我们这里要说的并不是皇帝的虔诚，而是其对主教团之教义权威的维护。公元 553 年 5 月 5 日，查士丁尼要求召开主教会议，以调和基督论辩论中的另一个议题，即关于救主身体不朽坏的问题。在君士坦丁堡公会议（有时也称第五次大公会议）上，查士丁尼所支持的立场是"从其在子宫中实际成形的那一刻起"，[33] 基督的圣体就没有任何改变。从本质上看，他的立场是对一性论的认可，而且就和一性论一样，这种立场也是对有关复活的宗教悖论的回应。埃瓦格里乌斯用比十年前描述瘟疫时还要激烈的笔触，刻画了主教们的反应：他们绝不肯滑入这种近乎异端的立场，而是主张，至少"就自然与无可责备的情感来说"，救主的身体是有感知、会朽坏的。[34]

在所有这类辩论中，我们用启蒙运动之后的思维方式，很难理解人们在攻击和捍卫相应立场时所带有的强烈情感。毫无疑问，这就是为何大多数对辩论的描述都集中在其政治层面上的原因之一，而这种政治层面上的因素也是非常真实的。第五次公会议是东西方出现裂痕的一个非常重要的标志，而这道裂痕也会将罗马天主教 / 迦克墩派、东正教，以及亚美尼亚、叙利亚和埃及等地的一批民族教会 / 一性论教会分隔开来。然而，如果假设其中的争端完全是政治性的，那么就会忽略掉这些信仰问题的重要性。可现实是，查士丁尼明确肯定皇权高于教权的做法既是出于自身利益的考虑，也反映了他的那种虔诚深切的宗教信仰。

虽说查士丁尼掌管着世界上最强大的国家，并且还同样坚信该国家历史主权的合法性及其国家意识形态的优越性，但是他的那种想要通过武力让世界大部分地区都接受该意识形态的做法就很有问题了。尽管这些军事行动在早期阶段确实取得了清一色的成功，并且都还是以很少的兵力实现的胜利，但是被占领的区域终究会变得难以驾驭。在贝利撒留取得早期的胜利之后，"查士丁尼并没有想到军事胜利与最终和平之间存在的令人痛苦的差距。但是，他迟早会从非洲还有其他地方了解到这一点。"[35]

摩尔人的叛乱给查士丁尼带来了第一次教训。在贝利撒留的副官、太监所罗门镇压完他们的叛乱之后，占领当地的军队旋即就兵变了。而当兵变结束（解决方案颇为新奇，它将哗变者与其合法将领之间的战争按时间折算，向叛变的士兵偿付饷银[36]）后，利比亚在"所罗门的强效统治之下，税收稳定、百业兴盛"[37]……这样的一派繁荣，促使利比亚和突尼斯的现代道路、渡槽和堡垒等处都刻上了所罗门的名字。[38]不过，虽说所罗门的侄子们也都成为了利比亚城市的军事统治者，但是他们却证明了才能是无法遗传的。普罗科匹厄斯还奚落过他们中的一位，即的黎波里塔尼亚（今的黎波里）的统治者塞尔吉乌斯，说他"不仅性格愚钝，而且还少不更事，……在众人当中，算是最会吹牛的家伙"。[39]塞尔吉乌斯不仅激怒了刚刚才安定不久的摩尔人，致使他们再次起义，而且惹火了一众雄心勃勃的罗马将士与盟友，其中就包括所罗门以前的护卫冈萨雷斯。这样的混乱一直持续到了公元 548 年。这一年，从查士丁尼看似无尽的将才库中兴起的另一位大将约翰·特洛格利塔，最终平定了这里的叛乱。

同样，从贝利撒留在拉文纳得胜到纳尔塞斯取得塔吉纳大捷，意大利半岛在这十年的光景里也经历了叛乱、饥荒，乃至于瘟疫。这期间死了数十万人；米兰和罗马的人口也大幅锐减。市场被毁；农业生产力遭到破坏。罗马帝国再次经历了那种令人沮丧的熟悉模式：一连串辉煌的军事胜利过后，跟着必然就会有兵变、叛乱以及在平定新征服领土时所经历的一次次失败。因为这个缘故，还催生出了一条颇有说服力的论点：查士丁尼就像塔西佗在《阿古利可拉传》中所斥责的罗马将军一样，他"制造出了一片沙漠，并将其称作和平"。

但是，我们也可以为查士丁尼作出同样有说服力的辩护。在查士丁尼开始收复失地的战争之前，意大利也没能躲过其他战事，它的未来当然也不会是始终和平的。然而，在《国事诏书》颁布之后的五年里，这座半岛却获得了一个难得和平的喘息之机，利比亚与西班牙也享受了同样的福利；而在诺曼人于十一世纪征服该区域之前，君士坦丁堡始终都能以较为和平的方式统治意大利南部地区。事实上，生活在公元 554 年到 558 年期间的所有人可能都会相信，哪怕经历过瘟疫恶魔的蹂躏，查士丁尼统一帝国的大梦也会延续下去，因为他们并不知道，这个恶魔很快便会卷土重来。

实际上，作为大灾之年，公元 558 年的厄难从旧年的 12 月份便开始了。当时，君士坦丁堡遭受了一场强烈的破坏性地震，而这场地震最恶劣的影响，便是导致圣索菲亚大教堂原本的穹顶轰然倒塌。在清理完瓦砾、开始重建作业后不久，瘟疫便再度奔袭而来。

致使瘟疫暴发的种种因素会以极为复杂的方式相互关联，以至于想要预测大流行病的节奏，其运算量哪怕用满屋子的超级计算机也是无法完成的。虽说人们也并非真的完全无法估算气候、跳蚤行为、食物供应和其他十几个会共同导致老鼠种群崩溃的变量，但这也确实是一件难于上青天的事情。经由墓志铭、万人坑和为数不多的目击者描述等并不明晰的证据重建大流行的各种暴发情况之后，人们会发现，腺鼠疫似乎在与地中海接壤的土地上肆虐了两百年，并且它通常还会以十五到二十年为周期分波次来袭[40]。但是由于没有人相信这些记录是详尽无遗的，因此这种明显的波动可能不过就是证据不足的产物罢了。

然而，似乎可以肯定的是，没有什么病魔可以在袭扰君士坦丁堡这种规模的城市之后，不留下任何的记录。不过，此时的普罗科匹厄斯却可能已经死了，或者就是搬到了都城以外的地方。最好的证据便是，他没有记载公元 558 年的瘟疫（也没有记载 557 年圣索菲亚大教堂穹顶所遭遇的破坏）。不过我们还是很幸运，因为他的继任者阿亚塞阿斯做好了相应的记录。

> 如今（瘟疫）又回到了君士坦丁堡，仿佛它原来受到了欺骗，就不应该仓促离开此地一般。许多人就像突然患上了恶性中风一样，随即丢了性命。按照埃及的先知与波斯当今主要的占星家的说法，在无尽的时间进程里，会发生一系列幸事与厄难的循环。这些权威人士想让我们相信，我们目前所经历的就是最糟糕的、最不吉利的循环之一。[41]

所有目击者的描述都表明，与公元 542 年首次出现的疫病相比，这次瘟疫最大的差异，就是它特别"宠爱"年轻人。按照阿亚塞阿斯和约翰·马拉拉斯的说法，在此次瘟疫中死亡最多的便是年轻人。

之所以会出现这种情况，原因也很简单：即便是像鼠疫杆菌这种强大的细菌，也会被做好准备的免疫系统所挫败。与所有的病原体一样，鼠疫杆菌的生命也是一场竞赛，它要在生物体的免疫系统设计出能够将其杀死的 T 细胞之前，在目标生物的体内扎下根来。由于设计与构建的过程需要花上数周时间，因此面对多数的瘟疫感染，人体都是用一般的通用型武器在作战；并且，多数时候，在这场战斗中失败的都是人类一方。不过，如果病菌遭遇了预先存在的蓝图，此时便会出现例外。而这个蓝图就是获得性免疫，即感染者在接触病原体之后被创建出来的记忆 T 细胞。

记忆 T 细胞也是能够被刻意制造出来的。由于担心鼠疫杆菌可能被用作生物武器，免疫学家已经试验了数十种可能的疫苗。最早的疫苗版本，通常都是被弱化了的毒株，而为了达到理想效果，人们需要每三到六个月重新接种一次。有些新的疫苗则不是培育出来的，而是改造后的产物（在这类疫苗中，有一种是利用细菌荚膜上出现的 F1 抗原蛋白样本创制出来的，[42] 还有一种源自 III 型分泌系统使用的 LcrV 蛋白[43]），而这类疫苗的效果似乎也更加持久。不过，通常情况下，教会 T 细胞与 B 细胞记住病原体的最佳方式，就是在瘟疫中幸存下来，这比任何疫苗都更有效。公元 558 年，君士坦丁堡城内 16 岁以上的居民中，有很大一部分人都获得了那种级别的保护，但年龄小于 16 岁的却根本没有这种防护能力。这个恶魔发现，那些在其上次造访之后出生的人群会更加可口，于是，在二月到六月的这段时间里，少年人便成了它的美餐。

到 558 年夏，恶魔最新一轮的传播也快因为"燃料"耗尽而结束了，但是此时，"厄难的循环"却将另一场灾难带到了这座都城：匈人。

此时出场的匈人群体称作库特古尔人，他们是一百年前阿提拉用来恐吓原始欧洲国家的那个民族的近亲。但到六世纪五十年代，这群匈人的军事能力却已经衰弱了，这倒不是说他们战力不行，而是其外交本领不高。

查士丁尼既不是能言善辩的演说家，也不是久经沙场的战士，更不是出类拔萃的神学家（最后这个也许本会成为他的职业选择）。他既不算勇敢无畏，也没有个人魅力。然而，他却是有史以来最伟大的政治家之一，并且还将所治帝国的宏伟愿景与领先对手十几步的能力结合到了一起。这位皇帝复杂的（毋庸说拜占庭式的）外交策略令人眼花缭乱。他已经掌握了战争之外的所有国家政策手段，并发明了一些新的工具；他教养敌国的王子，有时还为他们匹配姻缘，又将头衔、金钱与土地赏赐给他们。他尽可能地让他们皈依基督教，这不仅是因为他全然相信上帝要求他这样去做，而且还因为："接受洗礼实际上也是承认罗马的统治"。[44] 但对库特古尔人，他却采用了另一种方式，即：贿赂一个匈人部落，使之攻打另一个，并告知被攻打的部落，他会赏给他们土地，作为其被进攻部落夺走领地的补偿，而如果发起进攻的部落对最初的交易不满意，他就再拿钱来打发他们。人们将这种方式称之为"买来的和平"并不为过，因为这种策略确实买到了和平，至少在公元558年之前，它都还是有效的。558年冬，多瑙河陷入封冻，三支库特古尔军队在越过防线之后打了进来，两支进入了希腊，一支瞄准了君士坦丁堡。

这第三支军队因为暴行以及所取得的军事成功而为世人铭记。即便是不完全采信后来的史学家所做的过于激愤的回忆，这无疑也是一次异常凶残的入侵：修女们被强奸，新生婴儿也遭到了踩踏。不过，对于皇帝来说，入侵者的恐怖战术却远没有其战略目标那么可怕，因为尽管兵力不足一万，但库特古尔人却比阻挡在他们与君士坦丁堡中间的所有军事力量的规模都大。此时的查士丁尼压根就只剩下两项有军事价值的资产了：第一项是宫廷卫队——御林军骑兵，这支队伍应对起阅兵场上所需的仪容打理时，肯定会比真切对战匈人骑兵的经验要丰富得多。而第二项，则是一位已经53岁的退休将军。

幸运的是，这位将军叫做贝利撒留。

作为曾为皇帝征服了罗马和迦太基的大将，此时的贝利撒留只能使用不到五百名受过训练的士兵来保卫自己的皇城。好在行进的匈人军队还把一群农民逼到了吉凶未卜的都城里。于是，贝利撒留把他们也拉进了队伍之中。然后，他便在城墙外的一处村庄里整合了自己的兵团。

贝利撒留用铁锹赢得的战斗通常比用剑赢来的还多，而这一次，他仍然还打算这么做。到达战场后的头几天里，这支军队在营地周围挖出了一条壕沟。然后，贝利撒留便在匈人前进的路线两侧部署了他的远程"炮兵"——200名投石手和标枪投手。最后，他还给构成部队大部分兵力的农民们配上了木棍（他们唯一的任务，便是弄出声响，好虚张声势，迷惑敌人），并将他们安排在了全副武装的战士身后。

人们当然很想知道，那些未经训练而被征召入伍的农民在与几个世纪以来一直以冷酷著称的战士进行殊死搏斗时会有多么地害怕，而这支匈人队伍在向都城进发时的表现，更是强化了他们的凶名。与挡在他们和匈人之间的专业军人不同，这群农民还没有学会相信贝利撒留对战场的掌控。弓箭手和标枪手的目的有两个：改变匈人攻击时的队伍宽度，防止敌人以更大的态势包抄他们；并且要通过迫使骑射手并排骑行而改变他们的几何阵式，从而使其无法保持高速的射箭频率。战斗开始后，400名匈人骑兵尚未接近目标，就已经战死了。余下的匈人发现，自己面对的似乎是一支严阵以待的大军，于是走为上策。此时，比起面对查士丁尼的刀剑，他许给他们的黄金显然要诱人得多。于是，他们便接受了皇帝几个月之前所提出的金钱诱惑，选择向北撤回多瑙河。贝利撒留的作战技能为他赢得了又一场战斗。

　　当然，查士丁尼靠着自己的精明也赢得了又一场战争。多年来，他不仅贿赂库特古尔人，让他们老老实实地守在多瑙河边，而且还笼络了该部落的死敌，另一支被称作乌提格尔的匈人部族。这位罗马皇帝向乌提格尔人放出消息说，库特古尔人正在撤军的途中，如果他们能够夺下后者掠得的黄金，他本人会非常高兴。[45] 眼看六世纪五十年代就要过去了，但查士丁尼的表现，还是与四十年代初的时候如出一辙：耀武扬威、洋洋得意。

　　然而，这些都是骗人的表象。皇帝在过去20年间建造起来的帝国架构每一天都变得愈发不稳，瘟疫的反复威胁及其催生的原始欧洲国家的野心也都在破坏着这个架构的地基。再说纳尔塞斯，他之所以能够在已收复的西部领土上用"他们解不开的线"来威胁查士丁尼的继任者，部分原因就在于遥远的东方所织就的另一条线：一条丝线。

第十三章 "丝绸之国"

559—565

> 至桓帝延熹九年（公元 166 年），大秦（即罗马）王安敦遣使自日南（今越南中部）徼外献象牙、犀角、玳瑁，始乃一通焉。[1]
>
> ——《后汉书》

公元前 53 年，在卡莱战役中，安息军队打败了克拉苏，这是罗马帝国吃过的最大的败仗之一，其惨烈程度相当于阿德里安堡战役与坎尼会战。安息人在卡莱战役中俘获的罗马战犯后来就定居在中亚的一块区域内，最后这群罗马军团成员又被中国的军队短暂征服并带了回去。虽说没有历史记载，但这群士兵确实是第一批与中国有过接触的罗马人。两百多年后，一支商团离开了罗马治下的地中海帝国，乘船开始了绕行世界的东方旅程。公元 160 年，陆路商道仍然在安息帝国的把持之下，他们对罗马使臣的态度时好时坏、若即若离。因此，为了避开他们，商团使者选择了一条海上路线。为了尽可能地重建贸易关系，这支远行的队伍来到了地中海对岸的亚历山大港，并从该港口向南出发，前往今埃塞俄比亚境内的阿克苏姆王国。而后，他们又从那里搭船渡过印度洋与孟加拉湾，穿越马六甲海峡，向北抵达今河内附近的越南海岸。登岸之后，他们从那里沿东北方向的陆路再走个 600 英里，便会到达当时亚洲人口最多的城市洛阳（也称雒阳），即今河南省境内的东汉都城。

与罗马一样，中国在进入皇帝统治的时代之前，就已经是一个存续了千百年的帝国了。在中国历史上，按传统划分的众多朝代列表中，头一个便是商朝[1]。该王朝的统治起点并不明确，大约在公元前 1600 年左右。相比于商代而言，其继任者周朝的历史记录就好很多了。他们最初是商朝设立在今陕西省境内的一个诸侯国。公元前 1122 至前 1111 年期间，他们经过一系列的征战，废掉了曾经的商朝国主，而后便一直统治到了公元前 255 年。在其统治的最后几百年间（称作"战国"时期，又一个史书中常会用引号括起来的词条），中国与当时在伯利克里治下的雅典一样，都拥有丰富多彩的文化。这期间涌现出来的杰出人物包括军事思想家孙子与哲学家孔子，而后者的拉丁名 Confucius，则更为西方国家所熟知。不过，直到公元前 221 年，始皇帝建立了秦帝国之后，中国才有了第一位真正意义上的皇帝。始皇帝死后不久，他的帝国也消亡了。但接替秦朝的政权却并非如此短命。公元前 202 年到公元 220 年，汉朝统治了始皇帝所建立的传统意义上的"中国"：北至蒙古，南抵交趾。

爱德华·吉本认为，从图密善之死到马可·奥勒留之死的这段时期，是一个人类幸福与社会繁荣出现伟大融合的时代。如果他所描述的不是地中海，而是公元二世纪的亚洲，那么他就很可能把同样的话放在汉人的身上，因为汉民不仅见证了世界上最大规模的灌溉经济以及滴漏、纸张和雕版印刷的发明[2]，而且他们享有的剩余农产品也多到足以支撑巨大的人口爆炸。根据公元二年的帝国人口普查，当时的汉人已经有近 6 000 万之多，这个数字可能相当于同时期罗马帝国全

---

[1]　原文如此。很多西方传统史学家通常会把商朝而非夏朝看作是中国的第一个有明确考古证据的王朝。——译注

[2]　原文如此。雕版印刷术应是唐代的发明。——译注

部人口的总和。[2]（将这两个帝国的百姓加在一起，就占了当时全球近一半的人口。）

泛泛地说，当时的东西方贸易已经有了七百多年的历史；[3] 但是，由两个伟大帝国授权的商业往来却只能追溯到奥古斯都时代。这位罗马帝国皇帝在印度南部靠近今本地治里市的地方组建了一个商贸使团，而该使团的作用当然便是处理中国和印度的商品。[4] 在克劳狄乌斯统治期间，一位名叫阿尼尤斯·普洛卡姆斯的幸运商人乘季风之便，跨过印度洋，抵达了斯里兰卡。于是，到公元一世纪末期，罗马便在斯里兰卡和中国之间建立了一条直接贸易的海上航线。[5]

这类远洋贸易不仅距离很远，而且成本也很高。尽管如此，从那些比较优势高到无以复加的地方，人们还是找到了一些价值极高的货物，让这样的付出变得有意义。十七世纪的锡兰肉桂、十六世纪的秘鲁白银和二十世纪的波斯湾石油，都符合这样的定位。不过，虽说宝石和香料也能稍稍吸引罗马商人的眼球（读者可以回想一下，公元409 年，帝国支付给阿拉里克的保护费中就包括了三千磅胡椒），但它们都不足以补偿那些耗时数年远去中国的航行所需要的费用。关于古典时代晚期在"国际贸易"中占据主导地位的商品，我们可以从托勒密的《地理学指南》一书中找到线索。在该书中，托勒密将中国所统治的疆域称为"赛里斯"。到了查士丁尼时期，这片地方的百姓仍被称作"丝国人"。这种独特的称谓就源自人们给吃桑叶的飞蛾所起的中文名。在林奈分类法中，它们被称作家蚕，而在其幼虫阶段，这种飞蛾多被称作"蚕虫"。

与所有鳞翅目（飞蛾和蝴蝶都属于该目）昆虫一样，家蚕也是很擅于自我变形的：从卵到幼虫到蛹再到飞蛾。然而，只有这其中的一个阶段，可以被确凿无误地认作是改变了人类历史的进程。在从有腿的毛毛虫转化为"鳞翅目"昆虫的过程（鳞翅目分类的命名来源即是"鳞片—翅膀"二词）中，家蚕需要作茧。其作茧之法，就是将两种液态蛋白质结合成一根细丝，而当细丝暴露在空气中时，便会变硬形成茧体。蚕丝的质地极为纤细，以至于用一个茧便能纺出长五百米、重不足一克的丝线。[6]在孔子最先记录下来的一个传说中，蚕的秘密，是由于某个偶然落入茶杯中的蚕茧而被发现的。当时，端着这杯茶水的周朝公主西陵氏①，被蚕茧遇到热水而幻化出的丝线迷住了，因此她也成为了中国丝绸行业的代言人："先蚕娘娘"。不管有没有这样的传说，从西陵氏到罗马使节抵达中国前的几个世纪里，这里的农户学会了养蚕的技术——他们使用桑叶喂养幼虫，并在蚕蛹成熟之前蒸、煮蚕茧，然后再将由此得来的细丝拉拽成可用的丝线（专业术语为"缫丝"）。

几个世纪以来，中国不仅垄断了丝绸生产，而且也不允许丝绸外销。直到公元前一世纪，丝绸才成为东西方贸易的重要货物，因为当时正值草原游牧民族政治重要性提升的阶段，所以丝绸贸易很可能也是这种变化所带来的结果。[7]在向东袭扰稳定的中国疆域时，那个名为匈奴的游牧民族大联盟取得了越来越多的胜利。随着这种变化的出现，中华帝国接受了破财止战的观念。大笔的休战赔款让游牧民族变得富有，也刺激了他们享受文明世界中的奢侈品的需求。到公元50年，这种胃口已经大到要让占据统治地位的汉朝每年回赐包含一万匹丝绸在内的年例。因此，盘踞于中国西部的匈奴地区，很快就充满了这种商品[8]——但如果这群人真像人们常说的那样，果真是无法安抚的匈人的祖先，那么这种纵容的做法，实在是历史的讽刺啊。

长城以西地区出现的丝绸过剩，最终成为陆地贸易的强大诱因；至于陆地贸易的线路，则是一条自古便有的商道。商道上，来往穿行的商队常常会携带着非洲象牙、珠宝和香料等稀罕物。这条贸易商道从长城开始，横穿中国新疆，在进入塔里木沙漠之后，或向北穿过

---

① 此处应指黄帝元妃嫘祖西陵氏，非周朝公主。——译注

吐鲁番，或向南穿过于阗，然后分别经过撒马尔罕、梅尔夫、伊朗北部、泰西封，再沿幼发拉底河北上，最后到达安条克和地中海。[9] 公元一世纪时，丝绸成了这条路线上最为重要的商品。连那些高贵的罗马人也从这种奢华面料的谴责者（塞涅卡写道，"一群群可怜的贫女费力纺织的面料，却被淫妇穿在身上，好让外人看清她罗裙底下的风光。这样的衣着方便了那帮外人，他们也如同这妇人的丈夫一样，对她的身体了如指掌"[10]），变成了疯狂的追捧者。恺撒本人就有一扇丝质遮篷，而且他还为克利奥帕特拉做了件透明的丝衣。韦斯巴芗素来被认作是简朴的罗马贵族的典型代表，但他在庆祝自己的胜利时，照样也穿着丝绸。[11]

对罗马世界来说，丝绸不仅是一种布料，甚至也不仅像黄金那样，是一种有价值的商品。"它具有特殊的意义，是皇帝和贵族的着装，是政治权威不可或缺的象征，也是举行宗教仪式的首要条件。"[12] 这种珍贵的东西非常重要，以至于需要通过法律给予特别的关注；法律限制管控紫色布料印染坊对丝绸的加工，以维护贵族和皇家的这一特权。在查士丁尼重新编纂罗马法之前，帝国的法律就已经将穿戴任何下述物品的行为定为犯罪了，具体包括：金线刺绣的丝质披风、最上乘紫色颜料印染的所有丝质物品，乃至上乘紫色印染的所有丝绸仿制品。[13]

尽管罗马人对这种非凡的纺织品（比亚麻轻，比羊毛结实，几乎还是透明的，卢坎称之为"半透明"）很感兴趣，但是他们却直到二世纪后期才知道了该面料的来源。之所以会有产地方面的困惑，部分原因在于当时在地中海地区已经有了为人所知的少量野蚕丝（这种蚕茧在收集时，上面的蚕丝已被咬断，形成了数十条短丝，不像在蚕蛹还活着的时候收取的蚕茧那样，缫得的是一整根长丝）。普林尼在他的《自然史》中，对野蚕丝的培育有一些奇怪的看法（包括认为蚕蛾会"长出蓬松的毛发，穿上厚厚的外衣来抵御寒冬，还用粗糙的脚把树叶上的绒毛刮下来。它们将这些绒毛压实，形成柔软的包覆物，用脚爪去梳弄它，把它沿纬线方向拉长，像排列梳齿那样，将其一条条地间隔开来，然后再将这些丝裹到自己身上"。）¹⁴ 尽管如此，这样的观点至少也说明了，他知道蚕丝是由会变成飞蛾的蚕造出来的。不过，他也确信中国的面料是一种从树上摘取下来的完全不同的东西："赛里斯人（即中国人）因为取自其森林中的毛织品闻名于世。他们把叶片浸于水中之后，便能从上面梳洗出白色的东西。"¹⁵

抛开蚕丝的起源之谜不谈，或者说正是因着丝绸的神秘起源，在君士坦丁堡成为帝国首都后，这种面料成了帝国最重要的跨境贸易商品。因此，用来采买丝绸的费用也就代表着黄金的大量外流。不过，丝绸贸易还有一个奇特之处，那就是进入帝国的丝绸，有时候是拿丝绸本身来支付的。叙利亚的纺织工人常会拆解中国纺制的厚重丝织品，将其重新纺成薄纱之后，二次出口到中国去。因为这样的缘故，在商业史上持续时间最长的一场骗局当中，一世纪的安息中间商曾设法让其中国客户相信，实际上，罗马人所拥有的蚕比中国家蚕的质量还高；这样的谎言帮助他们避免了丝绸价格的飞涨。¹⁶

然而，到了五世纪初，中国人便非常清楚自己在丝绸交易中的垄断地位和价值了。他们还了解到，自己一直都在和中间商玩博弈，而这群中间商也在竭力保护着自身的地位。在描述中国与罗马（古人称作大秦）的贸易时，五世纪的中国史书中曾如此记载："其王常欲通使于汉，而安息（注：因《后汉书》成书于五世纪，故作者指的应是当时的萨珊帝国）欲以汉缯彩与之交市，故遮阂不得自达¹⁷。"① 六世纪的希腊水手科斯马斯·印第科普莱特斯，是位曾经到访过印度的旅行家。他写了一部名为《基督教世界风土志》的奇特著作（通过重写《圣经》段落来反对地球是球形的共识，他就像六世纪的伊曼纽

---

① 《后汉书》中的此段内容发生于公元二世纪，原文用"安息"并无不妥。——译注

尔·维利科夫斯基一样，想要证明天圆地方的认知）。而在这本书中，出现了下面的一段描述：

> 产丝之国位于印度诸邦中最遥远的地方，当人们进入印度洋时，它位于左侧，但却远在波斯湾和印度人称为赛勒第巴、希腊人称为塔普罗巴奈的岛屿（注：斯里兰卡）以东的地区。这个国家叫秦尼扎，其左侧为海洋所环绕，正如同巴巴利（注：索马里）的右侧被同一海洋所环绕一样。秦尼扎国偏居左隅，所以丝绸商队从陆地上经过各国辗转到达波斯，所需要的时间比较短，而由海路到达波斯，其距离却远得多……这可以解释波斯何以总是积储大量丝绸。[18]

因此，虽说收复帝国西部地区是查士丁尼的首要任务，但在其漫长的统治时间里，他几乎每月都在关注东部的边境，而他在那里的战略目标却不是领土，而是贸易。早在公元525年，这位皇帝就试图让埃塞俄比亚人担任代理买家，从印度人手里采买丝绸了，如此，埃塞俄比亚人"便能赚很多钱，并且也会带来一条让罗马人受惠的途径"，[19]那便是，让罗马人的钱不再落入波斯人的腰包。

不管以何种标准衡量，这都是一大笔钱。按照法规，罗马向波斯人购买的生丝价格为15索币1磅。[20]由于1个索币的重量约为70格令，因此1磅丝绸的成本便为近2.5盎司的黄金；100磅丝绸就是240盎司或20罗马磅（今15磅）的黄金。所以说，中国向西方的罗马每运送1吨丝绸，罗马就要支付400磅的黄金，而这其中很大的一部分都落入了萨珊王朝的中间商手里。虽然就年度贸易总量而言，并没有可靠的文献记载，但可以想见这个数字必然是很庞大的。古典时代晚期的1辆牛车（国家邮驿系统的1个单元）可以运载多达1 500磅的货物[21]，而每年沿着丝绸之路穿越美索不达米亚平原的有数十支车队之多。如果这些车队每年向西运送 40 吨左右的丝绸（这个估值一点也不高），那么每年运往东方的黄金就会多达 8 吨（占查士丁尼即位时整个帝国国库的 7% 以上）。

丝绸贸易对萨珊波斯帝国来说，是一笔巨大的意外之财，也同样是一种巨大的消耗。查士丁尼和库思老大部分的谋略部署都基于两人想要打破或维持现状的需要。这些部署向北一直延伸到了黑海沿岸（伟大的伊朗古代史专家理查德·弗赖伊认为，亚美尼亚和拉齐卡境内的战争"为库思老实现其宏伟梦想拉开了序幕，而这位帝王的梦想，便是控制通往中国的丝绸贸易路线"）[22]，向南则远至埃塞俄比亚。而波斯帝国经济的软肋（也是查士丁尼一生的战略目标），便位于阿拉伯半岛一侧。按照六世纪现实政治的法则，这片土地对两个帝国来说都至关重要，以至于二者都想将其据为己有。

在游览过泰西封城内的库思老皇宫之后，一些同时代的游客写道，这座宫殿设置了三个空闲的宝座：一个留给中亚草原的游牧骑士统治者（大汗）；一个留给中国皇帝；一个留给罗马皇帝。万一这些君主中的任意一位以恳求者的身份来朝见波斯的"万王之王"，他们就可以在对应的王位上落座。这些座位的出现不仅表明了波斯人的傲慢，也显示出了他们的盲目，因为宝座所代表的三个罗盘方向（北、东和西）偏偏忽略了南方，忽略了阿拉伯半岛。而萨珊王朝的最后一幕，恰恰是在那里书写的。

按照普罗科匹厄斯的描述，位于叙利亚沙漠以南的阿拉伯地区"拥有大片完全无人居住的土地，上面除了棕榈树之外，什么也没有生长……"[23]这样的记录并不准确；像麦加这样的城市就是围绕着商队所依赖的绿洲发展壮大的，而在阿拉伯的南部海岸（《圣经》中的"示巴"）上，人类早已定居了数千年的时间。事实上，在伊斯兰教兴起之前，也门是阿拉伯最强大的地方"王国"。也门王国坐拥着由宏伟的马里卜水坝供水的密集型灌溉系统，该水坝是一座五十多英尺高的巨大建筑结构。当大坝闸门开启时，它能将从印度洋雨季中所蓄积的降水灌入数百英里长的运河。事实上，也门这片土地是极具吸引力的，以至于奥古斯都本人在公元前 25 年时，都曾打算过要征服这里。

公元 404 年，历史学家辛奈西斯曾经盛赞过一群阿拉伯士兵的勇敢，称他们"天生就是荷马真正的后裔"。[24]古典时代晚期的一个奇特故事显示，荷美莱特人（也称希木叶尔人）既不是异教徒，也不是基督徒，而是犹太教徒。四世纪后期，一位当地的酋长从麦地那带回了两名拉比，自那以后，这个王国所信奉的一直都是犹太教。到六世纪中叶，信奉犹太教的阿拉伯希木叶尔人统治了也门，这就促使君士坦丁堡和波斯之间开始了最早的代理人战争之一。公元 517 年，希木叶尔国王优素福·阿萨尔·雅塔尔（在阿拉伯传统中被称作德·努瓦斯）屠杀了数百名基督徒，其中大部分的受难者来自埃塞俄比亚，或者说是在当时为世人所知的阿克苏姆。阿克苏姆国王埃拉·阿特谢巴因此兴起了讨伐大军，但却被优素福击败。由于优素福恳请波斯人帮助抵抗信奉基督教的阿克苏姆王国，后者便相对应地找到了查士丁皇帝。答应其请求的查士丁，为阿克苏姆新一轮的入侵战提供了船只和补给。公元 525 年，阿克苏姆人第二次进入了也门。这一次，他们击败并杀掉了优素福，还安排一位阿克苏姆将军代管此地。[25]根据普罗科匹厄斯的描述，阿克苏姆曾派使臣与君士坦丁堡共商讨伐波斯的大计，但那时候，帝国已经选择了一个新的代理人：伽珊尼德王国。

罗马支持的伽珊尼德王国与波斯支持的拉赫姆王国之间之所以会展开长达十五年的战争，其原因是多方面的，[①]但其中有一条肯定是查士丁尼想要规避库思老的丝绸关税；用现代历史学家罗伯特·勃朗

---

① 两国的交战还产生了一些意想不到的后果，包括用先进的军事战术训练大量的阿拉伯士兵。这群士兵将在下个世纪初的时候偿还这笔恩情。

宁的话来说，就是要"控制（红海）海峡……确保（帝国）能够绕过波斯可能进行的封锁……"[26] 然而，即便查士丁尼成功了，通往中国的贸易路线也不会始终都是安全的；这场六世纪的"大博弈"就像十九世纪沙俄与大英帝国的棋局一样，每个为其中一方所执着的举动，都会带来对应的反制措施。只要中国还是丝绸的唯一产地，那么阿拉伯就始终会是一块独一无二的沙漠宝地。

前提是，中国必须得是唯一的丝绸产地。

那座被称为和阗（和田）或于阗的绿洲，就位于塔克拉玛干沙漠极西之地的一众可定居的林岛当中。按照传统，这里就是中国和中亚的分界线。作为丝绸之路上的一站，于阗还标识着印度和中国文明之间的一条相当模糊的边界，是佛教从印度传入中国时所经过的地方之一。因此，于阗自然也是文明所留下的众多潮汐坑之一。所谓潮汐坑，是指几个文明都在其中相互接触并结出硕果的地方（如尼西比斯）。

虽然文明交流的硕果累累，但这块地方却并不平静。于阗一直是汉人、蒙古人、西藏人甚至是莫卧儿人的必争之地。公元751年的怛罗斯之战中，被阿拉伯人击败的大唐军队在撤退时也曾经过这座绿洲。

二十世纪初的历史学家奥莱尔·斯坦因爵士曾翻译过一世纪时丝绸传入于阗的传说[27]——这个传说坐实了养蚕缫丝的保密特性：

> 中国的统治者决不让别人分享他们的财富，于是便严令禁止将桑树种子或蚕卵带出国境。[28]

因此，当一位中国公主爱上并嫁给了于阗的王子（可能是雅利安人，从种族上讲，比起他的中国姻亲，与他的印度祖先更为接近）时，王子便提醒她，如果她还想继续穿丝绸长袍的话，那就最好在嫁妆中添上桑籽和家蚕。[29]

四百年后，历史再度重演。公元 551 至 553 年间的某个时候，两名可能信奉聂斯脱利派的僧侣从于阗的家中出发，来到了查士丁尼的宫廷。他们很清楚，为了避免喂肥波斯人，这位皇帝一直在寻找可行的办法。这两位僧侣……

> 已经确切地了解了如何在罗马人的土地上生产丝绸。于是，皇帝便殷切地询问了许多问题，以便确认他们所说的内容是否属实。两位僧侣向他解释道，某类虫子就是生丝的生产者，大自然教会了它们如何产丝，并且迫使它们不断吐丝。虽然不能将这些蠕虫活着运到（君士坦丁堡），但要将它们的后代偷运过来还是很容易的。他们说，这些蠕虫的后代是由无数的虫卵组成的。蠕虫产卵后，人们能够将虫卵在粪便中埋放很久。然后，只需将它们加热足够长的时间，便能再生出活虫。听完这番话，皇帝便对两人许以重谢，然后就催促他们抓紧按照所说的方式采取行动。[30]

据传，他们在第二次旅行中通过使用空心手杖携带虫卵，结束了波斯对丝绸贸易的钳制；取而代之的情形是，罗马帝国实现了对丝绸生产的垄断。

这事带给泰西封的后果比对君士坦丁堡的影响要严重得多。与中国的丝绸贸易还将持续数个世纪，但波斯中间商收取溢价的能力却被消除了，而波斯每年损失的罗马黄金净值可能要以吨来计量。即便如此，这些影响也比不过在阿拉伯地区发生的变故。公元 554 年，拉赫姆国王阿拉芒达与伽珊尼德国王哈里斯之间的竞争导致前者兵败被杀。这一天在传统上被称为"哈利玛日"（哈利玛是哈里斯国王的女儿，她"将香水洒到（伽珊尼德）阵亡的将士身上，并用亚麻质的裹尸布包裹他们的身体"[31]）。这场战斗也标志着罗马帝国在阿拉伯半岛的影响力开始退场。[32] 公元 563 年，尽管哈里斯到君士坦丁堡会见了查士丁尼，并就传位计划寻求他的支持，但这位皇帝对资助代理人军队保卫不再需要的贸易路线显然没有多少兴趣。[1] 经历过二十年的外交斡旋、战争和瘟疫之后，他早已兴味索然了。

尽管居住在叙利亚的阿拉伯人与地中海地区的其他所有人一样，也都经历了那场瘟疫（六世纪的阿拉伯诗人哈桑·伊本·萨比特将瘟疫描述为"魔神镇尼的蜇刺"[33]），但在阿拉伯半岛上却几乎找不到关于该恶魔的任何记录。人们很可能会争辩说，面对这种在沙漠边界以北区域造成数百万人死亡的疾病时，阿拉伯半岛中部的孤绝环境起到了屏障作用。像沙漠的日间气温这种明显因素可能的确是很重要的；正如我们所了解的那样，促使细菌、老鼠和跳蚤突破大致均衡状态的微妙平衡点仅会出现在一个很狭窄的温度范围内，而只有当这种平衡被打破时，鼠疫杆菌才会跳进其他哺乳动物的种群之中。同样很有说服力的一点是，沙漠贸易中的商旅行动是相对缓慢的（商队比帝国交通中的船只和牛车行进得都慢），这就构成了一条状况欠佳的高速路；而这条路上传播的感染，也会在一个星期左右便消耗殆尽。然而，比所有气候或地形障碍更重要的因素是基本再生数的运算，因为流行病学中最敏感的变量是 c，即接触率。所以说，比起一百英里无人居住的沙漠，阿拉伯半岛相对较低的人口密度算得上是作用更为强大的防火障了。

当然，没有证据并不能说明瘟疫就没有出现过。不过，在被普林尼称作"阿拉伯福地"的这片疆域上，不管曾经发生过什么样的腺鼠疫，可以肯定的是，六世纪时幸存下来的阿拉伯部落是一个适应能力非常强的民族。罗马人和波斯人曾因其凶猛善战而征召他们入伍，对

---

[1] 而哈里斯与其帝国赞助者之间的从属关系，却牢牢印在了人们的记忆中；2004 年 10 月，与西方合作的阿拉伯统治者就被奥萨马·本·拉登指责为"新版的伽珊尼德"。

其进行战术训练，并且还在长达数十年的战争中磨炼了他们。进入七世纪之后，他们已经为筹建自己的帝国做好了准备，这是一个"不能轻易招惹也打不赢"的民族。[34]

在前现代欧洲形成的这条道路上，阿拉伯人表现出的相对活力促使他们成为了最后一个里程碑。那些被西庇阿、恺撒和图拉真征服的各个地区因为罗马法的缘故统一了起来；而一旦该法律的令状无法再继续执行下去，这些地区便会不可避免地合并成不同的王国（尽管正如我们了解的那样，预测最终会形成哪些国家——如形成法兰克王国而不是哥特王国——是件不可能的事情）。然而，在没有共同的人间君主的情况下，要想赋予这些独立国家一个共同的身份，那么就需要给他们一个共同的敌人。

要给欧洲找一个共同的敌人，就要了解阿拉伯人及其发动的旨在击败对手并转变其信仰的征服战争，因为这就是问题的答案，[①] 也是亨利·皮雷纳在其伟大著作《穆罕默德和查理曼》一书中提出的中心论点之一。承袭哈里斯和蒙齐尔政权的阿拉伯人至少在某些方面促进了欧洲（或称基督教世界，这也是几个世纪以来更常用的一种称呼）的形成。我们还要注意，虽然七世纪的阿拉伯军队与六世纪的伊利里亚士兵一样，都没能躲开瘟疫的践踏，并且前者还在泰西封、耶路撒冷和巴士拉都遭受过疫病的袭击，死了数十万人，但相对而言，在阿拉伯沙漠之中的确很少能见到这种恶魔的身影。这就为生长其间的孩子们提供了一个在古典时代晚期少有人能够吹嘘的优势：一座没有瘟疫的家园。

---

① 双方并不总是处于敌对状态；早在阿拉伯的征服战将该民族引领到欧洲边境之前，阿拉伯半岛北部的一个部落就创作出了"乌登"，这是一种将骑士浪漫与基督教贞操相结合的正式爱情诗，也是中世纪骑士爱情的直接祖先。（易尔凡·沙希德，《五世纪的拜占庭和阿拉伯王国》，华盛顿特区：敦巴顿橡树园研究图书馆，1989）

而在欧亚大陆上，唯一可以与罗马或波斯匹敌的另一个帝国，却几乎没有遭到瘟疫的骚扰。中国有幸逃过了恶魔最严酷的蹂躏，这在中华帝国与罗马帝国原本平行的历史当中，甚至可以算作是最重要的区别。这两个帝国都击败并吞并了之前的一些国家，罗马占领了希腊、埃及、迦太基；中国这边遭到兼并的则有燕、齐、魏、赵、楚。两个帝国之前都经历过天花和麻疹的流行病，都遭遇过政治动荡，也都走过了风起云涌的三世纪。六世纪初，中华帝国和查士丁尼治下的帝国一样，同样也被蛮族（所谓的五胡十六国）侵占了原有的领地，并且也是在一位颇具天资、平民出身的皇帝领导下，以极为相似的方式收复了失地。这位皇帝，便是杨坚。①

　　可在此之后，"这两个地区的历史发展却出现了永久性的差异。"[35]坦率地说，这其中的原因就是恶魔的影响。尽管几个世纪以来，有无数的商队往来穿行于从中国西部到地中海东部的商道之上，但他们所携带的却是丝绸，而不是让老鼠在为期两百天的旅途中能够存活下来的粮食。因此，在地中海持续了近两百年的流行病，却被牢牢地限制在了中国的两座城市（即长安和洛阳）之内。

　　到六世纪六十年代时，查士丁尼已经做了四十多年的皇帝。此时，他所统治的疆域比刚继承皇位时的领地要大得多，也脆弱得多：帝国的权威从瓜达尔基维尔河一直延伸到了幼发拉底河；但就在两年前，入侵者的队伍还曾在都城的城墙外安扎过营寨。罗马确实在向意大利和利比亚征税，但保卫这些领土的军队所要耗费的饷银却比税收更多，这就将帝国的管理变成了一台无法自给自足的机器。查士丁尼成功地强化了君主对宗教生活的权威，但一性论派和迦克墩派／天主

---

① 杨坚，后世称作隋文帝，中国隋朝的创始人。与他相伴的妻子看起来也和狄奥多拉一样强大，并且也是丑闻缠身。

教徒之间的冲突仍然一如既往地悬而未决，罗马主教与皇帝以及其他主教之间的关系就更紧张了。最严重的是，由于瘟疫导致的人口下降（与六世纪初的情况相比，到该世纪末，帝国人口减少了 2 500 万），帝国的农业经济基础遭到了严重削弱，以至于此时它能支撑的兵员数量还不及几十年前的三分之一。

军队的战力虽然衰退了，但它的责任却没有减轻；公元 555 年，史称阿瓦尔人的草原民族发动叛乱而遭到了屠杀。两年后，两万名幸存下来的阿瓦尔族人沿着斯基泰人的交通要道向西逃亡，遇到了镇守在黑海北岸的罗马驻军。他们要求获得定居的土地，并被送往君士坦丁堡与查士丁尼会面。身在都城的查士丁尼同意将其认作盟友，但拒绝授予其定居之所。[36] 自匈人以来，草原游牧骑兵始终威胁着帝国的安全，而作为其最新化身的阿瓦尔人自然也让查士丁尼意识到了危险。于是，他便匆忙在战场上部署了足够的兵力来监视这群新的盟友，并且参与重建了保护都城地峡的围墙，因为君士坦丁堡就营建在这条地峡之上。尽管在后一件事上，既没有宝藏可拿，也无法带回战俘，皇帝唯一能够取得的"胜利"便是把墙建好，但是重建围墙的行动还是给查士丁尼带来了相当于凯旋游行和获胜演说的感觉。[37]

公元 561 年，阿瓦尔国王巴颜可汗要求帝国将该族位于多瑙河以北的临时定居点，也即色雷斯的一块区域赏赐给他们，却再次遭到了拒绝。查士丁尼不妥协的态度加上防御工事的阻挠，让这位可汗感到很失望。于是，巴颜便效法之前西迁的匈人、哥特人和汪达尔人的做法，决意从法兰克人的手中获得定居的土地。如果他打的真是这个小算盘，那么他的行动必将再次受挫。被墨洛温王朝的军队打败之后，阿瓦尔人回到了多瑙河下游。他们在那里伺机（等到查士丁尼去世）而动，建立了一个短暂却庞大的帝国。这个帝国一度横跨整个中欧平原，一直延伸到黑海地区——顺带一提，这也是伦巴第人愿意接受纳尔塞斯的邀请，进军意大利的原因之一。[38]

公元 565 年，瘟疫再次向地中海发起进攻，似乎是为了提醒帝国，作为其最强大的敌人，它的威力仍然是不减当年的。正如目击者执事保罗所记录的那样："一场可怕的瘟疫暴发了，利古里亚地区的疫情尤为严重"，[39] 但是瘟疫却并没有在利古里亚停滞不前，而是迅速地向北蔓延，来到了巴伐利亚。此时，这场瘟疫已经肆虐了三十个年头，人们已经看惯了荒芜的房屋、遭弃的孩童和无人掩埋的尸体。尽管如此，保罗的描述却仍然显得很可怕。他写道：世界

> 恢复了古时的寂静：田野里没有声音，也没有牧羊人的哨声……庄稼的收割期已经过了，还在默默地等待着收割的人，放牧区变成了人类的坟场，而人类的栖息地却成了野兽的避难所。[40]

瘟疫针对帝国展开的最新袭击，原本应该会让时年 80 多岁的查士丁尼感到非常焦虑。但在所有的记载当中，此时的皇帝却把更多的时间都投入到了对微妙教义、基督论争议以及教会日历和等级制度等细节的热忱之中。那位让整部罗马法得以重写的帝王，将其晚年都寄托在了诸如主显节日期和违反神职纪律的适当处罚等神学细节之上。公元 563 年 10 月，出于即便是同时代的人也不甚清楚的原因，这位年老的皇帝起身前往安纳托利亚的圣米歇尔教堂朝圣，这可能是几十年来他首次离开都城好几天的时间。[41]

而这也是他最后一次离开都城。在没有意识到鼠疫杆菌在他亲手收复的帝国领土上再度肆虐的情况下，公元 565 年 11 月 14 日，老迈的查士丁尼在毫无预兆的情况下与世长辞。

这位皇帝或许早已衰老无用了；毫无疑问，他比狄奥多拉、日耳曼努斯、约翰、安提莫斯、特里波尼安、普罗科匹厄斯活得都久，甚至比贝利撒留都多活了八个月的时间。在查士丁尼最优秀、最聪明的臣民之中，此时依然健在的，只有以皇帝名义统治着意大利的纳尔塞

斯了。这位宦官还要继续忍受查士丁尼继任者的无能统治；而这位新君的继承资格比当初的查士丁尼还要可疑。在这漫长的一生中，查士丁尼经过了不少劫难，却又都幸存了下来（尤其是二十三年前，他曾受到过鼠疫杆菌的感染）。因此，他比大多数的独裁者都更相信自己的不朽。所以直到去世的那天晚上，这位皇帝都没有指定继任者（日耳曼努斯作为最靠谱的选择，已经死了十五年了），甚至也许到了当晚，他都没有做出选择。后来，作为皇帝假定性选择的唯一见证人，侍寝大臣卡里尼科斯将皇位继承的信息带给了查士丁尼的侄子查士丁二世 [42]。

从查士丁尼与狄奥多拉在原狄奥多西教堂加冕时算起，又过了三十八年，罗马的最后一位大帝躺在了一个有金箔包覆的棺架上供世人瞻仰。一天后，他的尸体被抬出宫殿，跟在后面的便是查士丁与他的妻子索菲亚。都城的主教、元老和其他高官，将军、士兵和哨卫成员都在街道上缓慢地行进着，道路两旁是哀泣的十万市民。查士丁尼的遗体抵达圣使徒教堂之后，被安葬在其"最虔诚的夫人"狄奥多拉旁边的斑岩石棺之中。包裹他的裹尸布就像预先写好的讣告一样，绣满了查士丁尼的文治武功。而裹尸布的材质当然也是丝绸。

这位疯狂的查士丁二世（人们曾一度在其窗户上安装栏杆，以阻止他的自杀意图 [43]）共做了十三年的皇帝，在这期间，他的"成就"包括：伦巴第人肆无忌惮地入侵了意大利，阿瓦尔人在多瑙河建立起了政权，斯拉夫人也侵占了巴尔干半岛和希腊。公元 578 年，索菲亚皇后说服丈夫立提比略将军为继任者。后者的神志虽然清醒，但却与其前任一样，也没能维护好查士丁尼的成就。提比略皇帝自己的继任者则是其最厉害的将军莫里斯。登基后的莫里斯曾在二十年的时间里阻止了情况的恶化，但从某些方面来说，这还是有赖于其波斯对手面临的问题更为严重。事实上，是太过严重了，以至于公元 591 年，库思老二世在面对内部叛乱时，竟然发出与莫里斯结盟的请求。至于结盟的条件，库思老从一系列的糟糕选择当中找出了一个最佳选项，即将亚美尼亚和美索不达米亚的边城送给莫里斯，以换取后者的援助。

莫里斯的成功是偶然的，也是暂时的。罗马帝国历史上最让人眼悉的插曲又一次上演：莫里斯未能确保手下军队的忠诚度。尽管这位皇帝是一位才华横溢的外交家和战略家（他还撰写了有关战争的权威著作《战略》，并且将西部省份规整到总督或主教的管理之下），但他却天真地相信，因为职权而产生出的权威能够取代个人指挥的作用。正因如此，他便将指挥之事交给了随意挑选的下属。所以说，他应当是忘记了戴克里先和查士丁尼的教训，因为前者从不允许军队的驻地距离共治君主太远，而后者安排忠诚的随从拱卫左右的做法在其生前就已经成为传奇。这种疏忽行事的结果显然是可以预见的。公元602年，多瑙河上的帝国军队叛变，选择了一位名叫福卡斯的中级军官作为统领，向君士坦丁堡进发。福卡斯与死灰复燃的蓝党和绿党结盟，将莫里斯及其家人赶到了尼科米底亚。在那里，他处决了莫里斯的子女，还强迫这位皇帝观看了处决流程。直到最终莫里斯本人也被斩首之后，福卡斯才宣布自己是奥古斯都和君士坦丁大帝的继承人。

或者，更准确地说，他应该是卡利古拉和尼禄皇帝的继承人。自从帝国早期最严重的暴政以来，罗马便再没有被如此残暴的皇帝统治过。福卡斯的野蛮残暴不仅是病态的，而且还带有自杀性质；在帝国东部遭到库思老二世攻击的那一刻，福卡斯便从美索不达米亚召回了他最好的将军。而他这样做的目的，就是为了要把这位将军活活烧死。[44]

当然，福卡斯并不是让帝国遭受痛苦的唯一诅咒。事实上，对于大多数人来说，他可能根本就排不上号：公元590年，卷土重来的瘟疫再次袭击了罗马，教皇柏拉奇也因此丧生；他的继任者教宗额我略在就职时，曾要求圣城的居民和他一起参加启应祈祷，祈祷过程中就有80人倒地身死。[45]公元591年，恶魔来到了拉文纳；翌年，便跑到了安条克（埃瓦格里乌斯·索克拉蒂斯的女儿和外孙在这场瘟疫中去世）。公元 597 年，帖撒罗尼迦的圣德米特里写道，"吞噬一切、毁灭一切的瘟疫"降临了他所在的城市。[46] 两年后，尼西比斯的以利亚记载了另一场发生在叙利亚的瘟疫。

在普通民众看来，上帝似乎真的抛弃了罗马帝国。因此，希拉克略的到来对于百姓们来说必然会成为一种拯救和解脱。

作为迦太基总督的儿子，希拉克略被父亲和叔叔选中，领导了对福卡斯发起的海陆联合进攻。公元 610 年，他成功地结束了战事，并登基称帝。那时的王冠，与其说是奖赏，不如说是一种负担，因为阿瓦尔人已经占领了巴尔干半岛，波斯人也扬言要重振库思老·阿努希尔万乃至薛西斯的梦想：公元 611 年，库思老二世的军队占领了安条克；两年后，他们又攻克了大马士革；公元 614 年，波斯人拿下了耶路撒冷，并且还从圣墓教堂将基督受难的文物当作战利品掳了回去。

十二年来，面对这些挫折，希拉克略表现出了非凡的冷静。他利用这段时间巩固了对剩余领土的统治，重建了自己的军队；最重要的是，他还与教会正式建立起了财务联盟。公元 622 年，在复活节星期一的当天，这位皇帝率领着他的新军，开始了征战。在之后的五年中，希拉克略征服了一支又一支的波斯军队，他也相信狄奥多西和君士坦丁的城墙足以保护都城免受萨珊王朝和阿瓦尔人的袭击。公元 627 年，他占领了泰西封，并于 628 年 9 月 14 日，带着库思老二世十四年前从耶路撒冷掳走的真十字架碎片返回了君士坦丁堡。

抗击波斯的战役是希拉克略统治的高潮。当他写完定义古典世界的千年战争的最后一章时，另一个时代开始了。不到六十年前，也即查士丁尼去世五年之后，哈希姆家族生下了一个儿子。这个家族居住在麦加城内，作为一个繁盛的商人家庭，他们主要经营的便是中国丝绸。这个新生儿的名字是阿布·卡西木·穆罕默德·伊本·阿布杜拉·伊本·阿布杜勒-穆塔利卜·伊本·哈希姆，也即真主的使者，穆罕默德。

后记　雅尔穆克

636

戈兰高地是一座呈 V 字形的岩石高原，高原上有纵横交错的峡谷。这些峡谷从北部 9 000 英尺高的黑门山山脚，向下一直延伸到南部的约旦河谷。在高原的东侧，是大马士革平原；在其西侧，一条 2 000 英尺高的山脊将这座高地与加利利海分隔开来。而在这座山脊的最高点上，便是沟壑纵横的雅尔穆克山谷。这座山谷得名于将其冲刷出来的同名河流。雅尔穆克河自西向东流淌，汇入与其相交的约旦河。1967 年 6 月 9 日至 10 日，雅尔穆克山谷成了六日战争期间最后的进攻地点。当时，在阿哈龙·阿夫农与莫迪凯·古尔[1] 两位上校的带领下，以色列军队袭击了北部的叙利亚军队。阿夫农和古尔脚下的战场曾经被千百年前的鲜血（准确地说，是 1 300 年前）浸透，而流血的原因，便是一场长达一千多年的冲突。参与这场冲突的双方军队，则分别来自世界上最年轻的一神教和在其之前的既有宗教。

事实上，两者之间的冲突从未停止过：以色列对战阿拉伯，不列颠对战奥斯曼，十字军对战撒拉森。当一个阿拉伯国家想要在其沙漠家园以北的地方迫使世人承认其权威时，单就地理因素来说（两个崇尚武力的群体占据了相同的疆域），自然便会引起不可避免的冲突；早在公元273 年，沙漠王国帕米拉就曾与罗马帝国相持了一年多的时间。然而，从雅尔穆克的第一次战役开始，战争的原因便不再是地理因素了。那是一种只能依靠暴力，有时甚至连暴力都无法解决的根本性的宗教冲突。

从公元 610 年起，40 岁的穆罕默德便开始领受真主的启示（后来被编入《古兰经》）。三年后，他开始了自己的事工；又过了两年，他对麦加商人的委婉批评激起了后者的强烈反抗。而这场反抗的最终结局，便是希吉拉事件：穆罕默德带领信众于公元 622 年，即伊斯兰①历元年，从麦加搬到了麦地那。公元 630 年，穆罕默德在麦地那建立了自己的政教权威，并在巴德尔之役中击败了曾经的麦加对手阿布·贾赫勒，以凯旋者的姿态回到了麦加城。

两年后，统一了阿拉伯半岛的穆罕默德死在了麦地那。他去世之后，受益于他为巩固伊斯兰国家而追求的一系列王朝联姻，该政权的内部冲突也得到了解决。穆罕默德的第一任继承者，便是他的岳父阿布·伯克尔，即其妻阿伊莎的父亲；而他的第二任继承者（第二位哈里发）便是奥马尔，他又是穆罕默德的另一位妻子哈芙赛的父亲。伊斯兰政权的第三任哈里发，是娶了穆罕默德之女乌姆·库勒苏姆的奥斯曼，而第四任哈里发便是迎娶了其另一个女儿法蒂玛（据说是穆罕默德最喜欢的孩子）的阿里。

在奥马尔率领下，穆斯林大军向北眺望，准备清除为了遏制他们发展而竖立在那里的路障。就像丝绸垄断结束后，因为缺少罗马支持而实力大减的伽珊尼德王国的阿拉伯人一样，拉赫姆王国的阿拉伯人也在其资助者的手上吃了苦头：公元 600 年，在莫里斯帮助之下重新登上皇位的库思老二世监禁并处决了反叛的拉赫姆国王；曾经充任萨珊王朝代理人的拉赫姆王国就这样被波斯人摧毁了军事力量。² 因此，当伊斯兰教的军队入侵叙利亚时，他们很快就于 634 年在希拉城中击败了剩余的拉赫姆人。然后，他们便向右进军，入侵了伊拉克，接着又向左围困了大马士革。

---

① 伊斯兰教通常被翻译为"顺从真主的律法"；因此，皈依该教的信徒便被称作穆斯林（意为"顺从者"）。

数十年的战斗让希拉克略变得衰老虚弱，但他对危险仍然保持着足够的警觉。于是，这位皇帝便派兵攻打入侵者，可是他的军队很快就在耶路撒冷和加沙之间的某个地方被击败了。此时的希拉克略全神贯注地关注着这群人；他在安条克集结了一支更为强大的军队，并将其派往了南方。

我们无法确定在雅尔穆克山谷对战的双方具体兵力如何。据估计，希拉克略远征军的规模在 15 000 到 150 000 之间，甚至比这个人数更多；九世纪的穆斯林历史学家拜拉祖里描述过一支由 200 000 人组成的希腊军队，他们都被锁条连接在一起，以防止有人临阵叛逃；而这支希腊军队面对的则是一支 24 000 人[3]的阿拉伯军队。但几乎可以肯定，这些数字更多的是为了做宣传，而不是准确的实际兵力。罗马帝国招兵的能力已经被恶魔的直接和间接影响（主要因为阿瓦尔人占领了伊利里亚和色雷斯而导致的直接人口损失和土地损失）严重削弱，因此募集三四万人的军队可能就是希拉克略的能力极限了。[4]

此次出征的帝国军队规模并不庞大，但它还是被交由三名指挥官来分管。三支队伍的划分也再次证明了这支军队的多民族特性。瓦汉（某些拼法写作马汉）将军统领亚美尼亚分队（可能规模最大），贾巴拉·伊本·艾哈姆率领剩下来的伽珊尼德人，充任大军先锋。而其余的部队则交由狄奥多雷·特里徐琉斯领导。很显然，这支军队当中并没有人能够真正掌握整体的指挥权。

作为对战方的穆斯林军队就没有这种劣势了。他们的指挥官是自亚历山大以来少数几位从无败绩的常胜将军之一：哈立德·伊本·瓦利德，也即安拉之剑。

哈立德在抵达雅尔穆克时，早已凭借为穆罕默德与之后的两任哈里发所赢得的胜利而战绩彪炳、尊荣无比了。根据传说，公元 528 年，哈立德便直接从先知那里得到了终身称号（和战斗口号）。当时，在与信仰基督教的伽珊尼德人展开的穆厄泰战役中，这位士兵在三名上级军

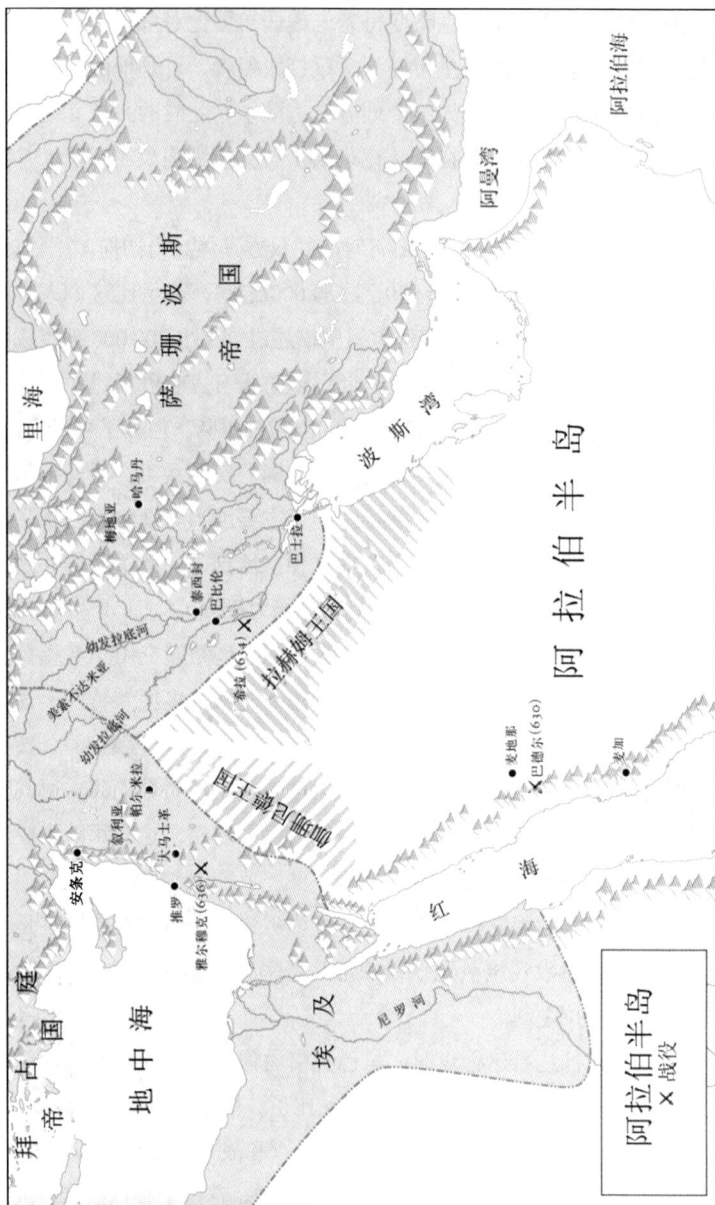

阿拉伯半岛
×战役

里海

拜占庭帝国

地中海

安条克

叙利亚
帕尔米拉

耶路撒冷
雅尔木克(636) ×

推罗

霍尔穆克(636) ×

埃及

尼罗河

萨珊波斯帝国

哈马丹

幼发拉底河

美索不达米亚

底格里斯河

泰西封
巴比伦

巴士拉

希拉(634) ×
拉赫姆王国

波斯湾

阿拉伯半岛

红海

麦地那
巴德尔(610) ×
麦加

阿曼湾

阿拉伯海

· 306 ·

官被杀的情况下带领队伍展开了撤退战。在面对麦地那的百姓时，后者因为没有见到早已习惯的胜利场面而深感失望。于是，故事中的这群百姓便将泥巴扔向归来的战士，并叫嚷说："你们已经逃离了真主的道路。"但穆罕默德却回应说："他们并没有逃跑。哈立德是安拉之剑。"5

凭借超凡的声誉和个人魅力，哈立德能够直接指挥在叙利亚时被分开统帅的伊斯兰部队。他的第一个命令是让部队在大马士革以南的雅尔穆克山谷平原巩固自己的阵地。这座平原即是今约旦和叙利亚的边界。公元 636 年 7 月，当罗马军队抵达此地时，哈立德已经选好了交战地点，并且还根据实际情况部署好了己方的军队：整支穆斯林军队正面朝西，左翼就安置在俯瞰雅尔穆克河的峡谷之上。这样，到达此处的罗马人要么选择拒绝战斗，要么就得在另一道同样雄伟的峡谷前，面向东方部署好己方的阵地。但如果选择后者，罗马军队便将自己投入了一个无法撤退的陷阱，因为后方和右方的峡谷都会阻挡大军撤退的去路。

罗马人也许确实无法脱身，但困兽也是很危险的。在之后几周的时间里，两军都没有展开激烈的战斗，仿佛将军们都了解即将到来的对战是何等的重要，并且也都感受到了压在他们身上的历史分量。另外，罗马的将军们还奉命进行了谈判，并向哈立德送去了巨额贿赂，以劝其回到阿拉伯半岛。在小规模冲突和谈判的交替当中，时间终于来到了交战之前的 8 月 17 日。

从 8 月 17 日到 19 日的三天时间里，双方军队都证明了自己有能力击退对方的进攻；高原的峡谷非常有利于防御，而在配备了弓箭手的情况之下则更是如此。根据某些记载，当时，有一阵来自东方的大风刮来了风暴，将沙子吹进了罗马军队的眼中，从而使哈立德的军队得以发动决定性的进攻。他们击溃了罗马骑兵，并策马屠戮了失去保护的步兵。虽然这个传说很可疑（阿拉伯编年史家并没有这样的记录，而且这样一份献给沙漠勇士的诗意化的礼物也是很值得怀疑的），但当时确实发生了一些迫使一方采取断然行动的事情，可能是因为沙尘暴，也可能是罗马军队的侧翼在掉头时出现了失误。不管出于什么原因，8 月 20 日上午，帝国永远地失去了叙利亚，失去了最古老、最富庶的行省之一。一位九世纪的阿拉伯编年史家描写了希拉克略从安条克返回君士坦丁堡时的情境。这位皇帝与曾经的行省挥手告别，写下了这样的文字："叙利亚啊，愿你平安，对于敌人而言，你是个多么美好的地方啊。"[6]

从罗马帝国的叙利亚行省开始，阿拉伯军队以惊人的速度扩张着自己征服的领地。公元 637 年，伊斯兰军队在卡迪西亚战役中战胜了波斯；翌年，他们便占领了耶路撒冷。641 年，他们攻克泰西封和摩苏尔；642 年，攻占亚历山大；664 年，拿下喀布尔；698 年，吞掉迦太基。公元 708 年，阿拉伯的军队穿过兴都库什山脉进入信德；三年后，他们又渡过直布罗陀海峡[①]，进入了西班牙。到公元 721 年，他们已经征服了塞浦路斯的一半土地，占领了西西里岛的大部分地区，并且还越过了比利牛斯山，摧毁了西哥特王国最后的领土。

面对穆斯林带来的战争浪潮，君士坦丁堡还是屹然挺立了下去，它的地理位置为这座帝国都城提供了保护；还在成形中的北方与西方欧洲诸国同样也挺过了这场风暴。在公元 673 至 678 年和 717 年至 718 年的两次围攻当中，君士坦丁堡都撑了过来，直到 1453 年奥斯曼土耳其的大炮最终轰破了狄奥多西城墙之前，它始终都没有被穆斯林攻克过。但对于基督教徒的进攻，它的防卫能力就没那么强大了。公元 1204 年，这座都城被十字军洗劫；到了这个时候，十字军代表的已不再是一个被称为基督教世界的欧洲超级大国，而是其中的成员国家：德国、法国、英国、威尼斯和匈牙利。

雅尔穆克战役之后又过了一百年，在彼此相去 3 500 英里的两个战场上，阿拉伯军队到达了 "Dar es Islam"，即伊斯兰家园的边界极

---

① 直布罗陀的名字来自一位名叫塔里克的北非籍阿拉伯军队指挥官贾巴尔·塔里克，当时这里被称作塔里克之山。

限。虽然伊斯兰的军队在这两个战场上一胜一负，但这两场战争却都决定了接下来五百年的世界格局。

对于第一场战役，大多数拥有历史知识的读者都不会感到陌生：公元732年，查理·马特①率领人数较少但纪律严明的法兰克步兵打败了曾经碾压非洲、西班牙和波尔多的阿拉伯军队。不到二十年之后，另一场战役在中亚的塔拉斯河河畔展开。齐亚德·伊本·萨里的阿拉伯军队打败了由高仙芝将军率领的大唐军队。图尔和怛罗斯这两场战役与本书开头提出的问题有着明显的关联：为什么在罗马帝国分裂为欧洲国家的同时，中国仍然是一个大一统的国家。

针对这个问题，传统的答案（欧洲，或者更准确地说，基督教世界将自己定义为要与伊斯兰国家死战到底的对立面）很有吸引力，但并不能令人满意。相互敌对的一神教文明之间的冲突在二十一世纪可能会带来一些共鸣，但如果将其倒推到八世纪那会儿，就不能拿来当做开战的原因了。图尔战役与怛罗斯之战的起因，都不是由于基督教、伊斯兰教和儒释道间无法根除的冲突。在图尔战役之前，阿拉伯之所以入侵法国南部，并不是要将更多的地方收归到伊斯兰教法的约束之下，而是因为安达卢斯的也门籍总督，出于更为世俗的欲望，想要惩罚加泰罗尼亚反叛的柏柏尔埃米尔，而其惩罚的途径，就是带兵攻打柏柏尔人的盟友阿基坦公爵。同样，倭马亚哈里发与大唐皇帝的两支军队在今哈萨克斯坦附近展开大战的原因与其说是宗教圣战，不如说是地缘政治。因为野心勃勃的吐蕃人兴风作浪，大唐军队的注意力遭到了分散，从而使阿拉伯人的那种机会主义的掠夺成为了可能。

而且，正如战争本身是特定环境的产物一样，它们之后的历史声誉同样也是后人感怀创造的产物——事实上，这句话可以拿来形容一切被后世当作文明冲突的证据所铭记的东西。比如，为了纪念查理曼

---

① 马特或铁锤查理是他因图尔战役的功绩而获得的称号。

大帝的著名骑士,《罗兰之歌》这首史诗便颂赞了罗兰侯爵在龙塞斯瓦列斯隘口对战摩尔人时进行的最后抵抗,但实际上法兰克人最后一搏的对象并不是阿拉伯人,而是当地的巴斯克人。这事之后又过了几个世纪,随着十字军东征席卷欧洲,当地人才摇身一变,成了撒拉森敌人的典型代表。

而且,人们即便承认伊斯兰教对于基督教世界诞生的重要性,也无法解释基督教世界为何会变成法国、西班牙、英国以及其他的成员国家,而中国虽然在怛罗斯之战过后被永远地从中亚地区(时至今日,仍然是伊斯兰国家)赶了出去,但它却依然是统一的国家。所以,到头来,发生在中欧历史线分歧点上的最突出的事件,仍然不是伊斯兰教,而是瘟疫,是查士丁尼的跳蚤。

这也是本书开篇的第二个问题:大流行本身的重要性。在评估六世纪瘟疫的重要性(即权衡查士丁尼的跳蚤的影响)时,有一种方法就是考察随后的任意世纪,询问在没有那场大流行的情况下,其中最突出的事件是否还会发生,或者是否还会以相同的形式发生。试想:

例如,即便鼠疫杆菌没有从非洲向外扩散,穆罕默德仍然会得到所谓的启示;但是,如果波斯与罗马并未因为病菌而损失数千万人口,他们还会如此轻易地屈服于阿拉伯吗?如果查士丁尼的继任者能够保住他们对西班牙地中海沿岸的控制权(毕竟,直到 625 年,他们都还能做到这一点),或者保住贝利撒留在利比亚征服的土地,进而阻止穆斯林在北非进军,那么,人们不禁要问,哈里发政权在入侵法国之前是否早就已经遭遇阻碍了呢?

而且,即便伊斯兰军队无论如何都能打败古典时代的两大帝国,但如果查理曼大帝没有获得神圣罗马帝国皇帝的尊号,法兰克人又能否成为九世纪的超级大国呢?毕竟,他的皇冠是由一位想要获得法兰克人保护,以免遭受伦巴第人攻击的教皇授予的。而这位教皇之所以会这样做的原因是,他已经不能再指望一个被瘟疫削弱的帝国来保卫意大利了。

又假使法兰克人在任何情况下都能取得政治上的领导地位，那么如果没有瘟疫，他们在商业领域会不会也独占鳌头呢？迈克尔·麦考密克认为，事实上，在八世纪和九世纪期间，西方与东方进行的贸易已经不再是以黄金换丝绸为主了，而是用奴隶来换香料：这是哈里发政权因瘟疫而劳动力短缺所带来的直接结果。[7]

或许，更能说明问题的一点是，当时主导贸易的是威尼斯人，而威尼斯这座城市直到公元 628 年才诞生于世，因为这块潟湖之地成了逃离伦巴第人与瘟疫的避难所。①

到最后，对查士丁尼瘟疫重要性的认识，还是要取决于每个人对欧洲重要性的看法，因为该恶魔不仅催生了欧洲，还促进了人口爆炸，使欧洲大陆在长达千年的时间里成为了历史的中心：没有大流行病，就没有劳动力短缺；没有劳动力短缺，就没有农业革命，欧洲在人口竞赛之中也就无法获胜。（请不要忘记查士丁尼为欧洲未来统治地位所留下的另一项遗产，他所汇编的法律法规使得专制欧洲民族国家以及为其纳税的大地主能够将自己的地位合法化。）

没有神圣罗马帝国，便没有十字军东征，没有百年战争，没有宗教裁判所，没有欧洲殖民地，也没有查理曼大帝、拿破仑或希特勒。当然，我们也没有必要像在某些架空历史小说中那样，去想象一个存续到二十世纪的罗马帝国。假如地中海能像中国那样，在十四世纪之前都不会遭遇鼠疫杆菌，假如罗马帝国能够将查士丁尼的征服成果再多维持一两个世纪——思考这些"假如"会给后续事件带来何种影响，同样也会是很有趣的。

关于古典时代晚期反复出现的腺鼠疫一共爆发了多少波，人们所

---

① 也正是因为威尼斯，我们才有了"隔离"这个词。1377 年，当恶魔再次造访此地时，威尼斯曾经立下了船只四十天内不得进港的规矩。

做的最佳流行病学估算将这个数字定为十八波。这其中，有十三波是在雅尔穆克战役之后暴发的，它们出现的位置也几乎都在君士坦丁堡以东。[8]而那几波破坏了查士丁尼的收复大业并让欧洲诸国得以萌芽的疫病，便是最早暴发的第一批鼠疫（分别发端于 542 年、558 年、590 年、597 年和 618 年）。

或者，事实也许并非如此。影响现代欧洲形成的力量委实是数不过来的，更不用说去做量化分析了。对于这一历史问题并没有唯一的解答；换句话说，就算假结核耶尔森氏菌从未对其基因组做过那几百次改变，欧洲仍有可能会以完全相同的状态呈现于世人眼前。这样的话，三千体问题便仍然还是悬而未决的。

不过，我们还是可以对这个问题做出阐释的。在进行阐释的诸多路径中，有一条显得颇为直截了当，那就是：相信历史变化是线性的，随着时间的推移，可测量的小变化积累起来就能带来巨大的转变。板块构造学、经典进化生物学和长波史学理论都属于线性系统。另一条阐释路径是，相信历史是一段段的之字爬坡路线，是建立在灾难造成的支离破碎之上的历史记录，例如种族灭绝、小行星撞击、海啸和瘟疫。海浪不仅能通过与海岸碰撞的力量留下痕迹，而且它还会通过不断地冲刷回落，在陆地上划出新的通道。查士丁尼瘟疫最为持久的影响并不是其最初的影响，而是经由它那不时复现的余震，重塑了欧洲与地中海的地貌。当恶魔的浪潮冲刷过曾被罗马帝国统治的土地时，它还留下了潮汐坑：在这些独特的地区里，法兰克人、伦巴第人、撒克逊人、斯拉夫人和哥特人等原始民族可以合并成那些被称为法国、西班牙和英格兰的政体……几个世纪过后，他们又形成了意大利、德国与荷兰。面对这样的结果（欧洲的诞生），约西亚·罗素于四十年前写道："在整个地中海—欧洲的复合体中，查理曼大帝、哈伦（拉希德）、伟大的伊苏利亚王朝和马其顿王朝都无法打破由跳蚤、老鼠和杆菌所建立起来的模式。"[9]

1347 年春，热亚那的殖民地、黑海港口城市卡法遭围。此次的侵略队伍中包括了克里米亚蒙古人和威尼斯的士兵……就像其死对头热亚那一样，威尼斯也是自罗马帝国的控制权退出之后，在半岛上兴起的意大利城邦之一。同年十月，一支从被困城市逃离出来的贸易船队抵达了西西里岛的墨西拿港口。所有的船员都被感染或已经死亡，大多数人身上都长着葡萄柚大小的肿块，即腹股沟淋巴肿块。

　　就像是在八百年前预兆着该疾病初次降临的彗星一样，这个恶魔，挑着"大死亡"或"黑死病"的旗号，再次现世。

致　谢

　　几十年编辑出版他人书籍的经历，会让人养成一些坏习惯，比如在拿起一本书时，会想要先去看它的致谢页。这样做，有时是为了了解作者的专业水准，有时是为了了解作者表达感谢的方式。而在写《查士丁尼的天灾》之前，我从未意识到最终感谢为各位作者提供必要帮助的人员，是件多么令人愉快的事。

　　如果没有一流学术图书馆的资源支持，像这样的一本书是无法完成的。当然，普林斯顿大学的图书资源自然是异常丰富的。在普林斯顿的众多资产当中，也包括了图书馆的工作人员，其中，我的第一位也是最重要的向导，便是普林斯顿费尔斯通图书馆的伊丽莎白·班尼特。同样，普林斯顿大学生物学系的凯西·道默与安德鲁·麦坎德什，历史系的库特鲁·阿卡林与克雷格·考德威尔，在指导我使用其他资源，以及勘正从细胞生物学到一性论等专业知识方面，都提供了非常宝贵的支持。在此，我想抓紧补充一句：他们对自上次看到本作品之后出现的错误不承担任何责任。

　　当今世界的许多学者也同样给了我不少的帮助和鼓励，包括狄奥尼西奥斯·斯塔塔科普洛斯、迈克尔·莫罗尼、约翰·麦蒂考特、莱斯特·B.利特尔和大卫·怀特豪斯。如上所述，本书中的精确描写和（或）深刻观点，均来自对他人作品的引述；而那些不准确和不得体的内容，均出自我个人之手。

　　作为一名曾经的编辑，我提醒过许许多多的作者，每个人都需要对自己作品进行修改编辑。很高兴，我自己也有幸收到了来自乔纳森·开普出版社的威尔·苏尔金，更有维京出版社的里克·科特这二位主编的修改提醒。他们有经验、有品味，且为人和善。他们俩各自的工作人员一直也都在提供帮助，并且办事效率极高，其中包括：开普出版社的罗莎琳德·波特；维京出版社的亚历山德拉·卢萨尔迪和劳拉·蒂斯德尔（以及监督本书制作的詹妮弗·泰特）。设计这本书的卡拉·博尔特和创建地图的大卫·林德罗斯让我明白，只要你能找到既了解如何抓住读者眼球又可以俘获读者思想的正确人才，那么即便是最拙劣的文字也可以变得十分优雅。为此，我要感谢这两位的付出。

我真的是非常幸运，因为在很多方面，我自己任职的出版社也为《查士丁尼的天灾》的创作提供了密切支持。但是作为此项目最显著特征的特征之一，我的好运其实是从拥有了世界上最好的经纪人之后才开始的：詹克洛和纳斯比经纪公司的埃里克·西蒙诺夫与塞西尔·巴伦德斯马，在本书创作的各个阶段中，他们始终都是第一批读者以及它的最佳支持者。对于两人的付出，我的感激之情溢于言表。

还要感谢那些友善地阅读手稿、评估封皮设计甚至是权衡标题的家人和朋友，包括大卫·雅各布斯、汤姆·基南、霍莉·戈德堡·斯隆、安·玛格丽特·丹尼尔、我的兄弟加里，我的孩子奎兰、艾玛和亚历克斯，当然还有我的妻子珍妮，她问我"如果你不害怕失败，你会做些什么？"而我给她的答案，便是这本《查士丁尼的天灾》。

参考书目说明

  在《堂吉诃德》的序言中，塞万提斯哀叹，因为书尾缺少书目，这样的缺陷曾令他尴尬无比，以至于妨碍了作品手稿的完成。这个问题一直困扰着他，直到友人建议他去找一本可以想象得到的参考书目最长的著作，然后再将同样的书目列表复制到这本讲述拉曼恰骑士的故事书中。这位朋友说，这样的索引会赋予这本书以一种虚假的，但令人咋舌的重要性——反正也不会有人去一一做核实的。

  对此，《查士丁尼的天灾》的读者们当然可以保留自己的看法。不过，虽然作为此研究项目的一部分，本书参考过数百本书籍和文章（其中大部分都罗列于本书的尾注当中），但是有些涉及古典时代晚期的一般主题和阐释该时代的特定主题的作品，的确是完全无法替代的。所以在探索本书所写的时代时，如果想要复制我所体验到的兴奋感，那么诸位最好都从与我相同的开端做起。

  这本书的灵感源头来自一位前辈的著作，即彼得·布朗的《古典时代晚期的世界》。这本书中包含的麦子对糠秕的比例，在考察那个时代的所有作品当中，应该可以拔得头筹……当然，布朗教授还具有双重优势：他切实地了解关于所写主题的一切，并且在分享这些内容时，显露出了恼人的博学与独特风格。他的任何著作，哪怕是主题范围最窄的书籍，也值得花时间去细读。其他同样专精于这一历史时期的综合性书籍还包括：沃伦·崔德戈德的《拜占庭国家与社会史》；朱利叶斯·诺维奇拜占庭三部曲中的第一卷《拜占庭的新生：从拉丁世界到东方帝国》；艾维尔·卡梅隆的《古典时代晚期的地中海世界》；当然，爱德华·吉本的《罗马帝国衰亡史》与约翰·巴格内尔·伯里的《晚期罗马帝国》中的相关章节，也仍然拥有极强的可读性（并且正如本书的读者业已注意到的那样，这两本书也有很多可以引用的内容）。比吉本和伯里的著作更有帮助的是阿诺德·休·马丁·琼斯撰写的同为巨著的两卷本《晚期罗马帝国：284—602》。我认为，琼斯的著作是唯一一本不用引述其他人便能撰写完成的古典时代晚期的史书。

创作《查士丁尼的天灾》时，有两个特殊的项目占据了独特的地位：《查士丁尼时代剑桥指南》和《古典时代晚期文献》，由彼得·马斯编辑的这两部书籍本身就具有足够强的启发性，而其价值更彰显于它们对数百份新老文本的阐明。当然，同样的话也可以用在由首屈一指的拜占庭研究中心在敦巴顿橡树园研究图书馆及馆藏库出品的几十部专著当中的任何一部上。

说到更为具体的内容，本书特别受益于罗伯特·勃朗宁撰写的查士丁尼与狄奥多拉的合传，还有赫威格·沃尔夫拉姆的《哥特人历史》；劳伦斯·福贝尔的传记作品《查士丁尼的太监将军纳尔塞斯：哥特人之锤》；建筑史学家罗兰德·J.梅因斯通《圣索菲亚大教堂》；托尼·奥诺雷为伟大法学家特里波尼安所写的权威传记，詹姆斯·艾伦·斯图尔特·埃文斯的《普罗科匹厄斯》，以及理查德·弗赖伊的《古代伊朗史》。

在所有涉及腺鼠疫和相应推论主题的数十本书中，有两本特别值得提一下，因为这两本书都非常有用，它们是：温蒂·奥伦特的《瘟疫》和威廉·麦克尼尔的经典著作《瘟疫与人》……几乎可以肯定，这两本书是有史以来论述疾病对人类影响的最佳著作。

毫无疑问，除了以吉本和伯里的著作为工具之外，编写本书时本来并没有其他的工具可用，但是，因为生活在互联网时代，获得工具的方法就容易多了。在数以百计的专门面向本书所议主题的网站中，我得承认，自己在以下网站上花费的时间最多：保罗·哈索尔大量的在线文章和原始资料集、拜占庭研究网页（http：//www.fordham.edu/halsall/byzantium/index.html）和中世纪研究在线参考书全库（http：//www.fordham.edu/halsall/sbook1b.html）；斯蒂芬·穆尔伯格的在线参考书百科全书，尤其是其中关于古典时代晚期的概述（http：//www.nipissingu.ca/department/history/muhlberger/orb/OVINDEX.htm）；以及肯尼斯·托达尔在线微生物百科全书中关于微生物学和流行病学的概述（http：//www.textbookofbacteriology.net/）。

最后，在书目说明中必须要提及的、无论用任何言语都无法表达本人感激之情的，是对瘟疫及其伴随事件做出最早记载的编年史家，包括以弗所的约翰、埃瓦格里乌斯·索克拉蒂斯，以及最重要的，查士丁尼统治时期绝对不可或缺的目击者兼编年史家、律师及活动家、书记员兼批评者，本书真正离不开的史书作者：凯撒里亚的普罗科匹厄斯。

注 释

导语 三千体问题

1. Anthony Pagden, ed. , *The Idea of Europe: From Antiquity to the European Union* (Cambridge: Cambridge University Press, 2002).

前言 贝鲁西亚

1. A. H. M. Jones, *The Later Roman Empire, 284–602* (Baltimore: Johns Hopkins University Press, 1964).

第一章 "世界四大国君"

1. Virgil, *The Aeneid*, trans. John Dryden, edited, with introduction and notes, by Robert Fitzgerald (New York: Macmillan, 1965).
2. Procopius, *History of the Wars*, trans. H. B. Dewing (Cambridge, MA: Harvard University Press, 1914).
3. Cyril Mango, *Byzantium, The Empire of New Rome* (New York: Scribner's, 1980).
4. John Haldon, "Humour and the Everyday in Byzantium" in *Humour, History, and Politics in the Late Antiquity and the Early Middle Ages*, Guy Halsall, ed. (Cambridge: Cambridge University Press, 2002).
5. Cyril Mango, "The Triumphal Way of Constantinople and the Golden Gate" , *Dumbarton Oaks Papers*, no. 54, 2000.
6. A. H. M. Jones, *The Later Roman Empire, 284–602* (Baltimore: Johns Hopkins University Press, 1964).
7. Ibid.
8. Ibid.
9. James Allen Evans, "Introduction to the Early Byzantine: Constantinople and the Basilica of Hagia Sophia" , *Athena Review,* vol. 3, no. 1, 1996.
10. Robert Browning, *Justinian and Theodora* (New York: Praeger, 1971).

11. Jones, *The Later Roman Empire*.

12. Ibid.

13. Ibid.

14. Felipe Fernandez-Armesto, *The Times Illustrated History of Europe* (London: Times Books, 1995).

15. Browning, *Justinian and Theodora*.

16. J. J. Wilkes, *Diocletian's Palace, Split: Residence of a Retired Roman Emperor*, Department of Ancient History and Classical Archaeology Occasional Publications, no. 2, University of Sheffield.

17. Edward Gibbon, *The Decline and Fall of the Roman Empire* (New York: E. P. Dutton, 1952).

18. M. J. Nicasie, *Twilight of Empire: The Roman Army from the Reign of Diocletian Until the Battle of Adrianople* (Amsterdam: J. C. Giegen, 1998). The *Notitia Dignitatum* of the late fourth century "yields the staggering number of more than 200 legions".

19. Jones, *The Later Roman Empire*.

20. Agathias, *The Histories*, vol. 13, trans. Joseph D. Frendo (New York: De Gruyter, 1975).

21. Nicasie, *Twilight of Empire*.

22. Gibbon, *Decline and Fall*, ch. 13.

23. Ibid. , ch. 18.

24. Ibid. , ch. 14.

25. Louis Duchesne, *Early History of the Christian Church* (New York: Longmans Green, 1912–24).

26. Eusebius, *Ecclesiastical History*, trans. Kirsopp Lake (Cambridge, MA: Harvard University Press, 1984). Quoted in Evans, *Procopius*.

27. Michael Whitby and Mary Whitby, trans. , *Chronicon Paschale 284–628 AD* (Liverpool: Liverpool University Press, 1989).

28. Ibid.

29. Pierre Maraval, "The Earliest Phase of Christian Pilgrimage in the Near East", *Dumbarton Oaks Papers*, no. 56, 2003. A number of third-century visitors precede Helena, including Origen of Alexandria, who "visited some sites in search of traces of Jesus" . Constantine's

mother, however, was explicitly on a mission from Bishop Makarios of Jerusalem to seek out the sites of the three key moments in the historical life of Jesus: his birth at Bethlehem, his death at Golgotha, and his resurrection on the Mount of Olives.

30. Procopius, *The Secret History*, trans. G. A. Williamson (New York: Penguin Books, 1966); Tony Honore, *Tribonian* (London: Duckworth Publishing, 1978).

31. Michael Maas, "Roman Questions, Byzantine Answers" in *The Cambridge Companion to the Age of Justinian* (New York: Cambridge University Press, 2005), quoting Kroll's translation of Justinian's *Pragmatic Sanction*.

第二章 "我们不爱任何不文明的存在"

1. Herwig Wolfram, *History of the Goths*, trans. Thomas J. Dunlap (Berkeley: University of California Press, 1988).

2. Charles Christopher Mierow, trans. , *The Gothic History of Jordanes* (Princeton: Princeton University Press, 1915).

3. M. J. Nicasie, *Twilight of Empire: The Roman Army from the Reign of Diocletian Until the Battle of Adrianople* (Amsterdam: J. C. Giegen, 1998).

4. Wolfram, *History of the Goths*.

5. Ibid.

6. Ammianus Marcellinus, *The Later Roman Empire,(354–378)*, trans. Walter Hamilton (New York: Penguin Books, 1986).

7. Ibid.

8. John Keegan, *A History of Warfare* (New York: Knopf, 1993).

9. Marcellinus, *The Later Roman Empire*.

10. Nicasie, *Twilight of Empire*. Some have estimated as many as 200, 000.

11. Marcellinus, *The Later Roman Empire*.

12. Nicasie, *Twilight of Empire*. No one knows the size of either army with great precision. Estimates range from the 20, 000 given above to as much as 45, 000, or even 60, 000. Similarly, the Goths might have been as few as 10, 000.

13. Wolfram, *History of the Goths.*
14. Marcellinus, *The Later Roman Empire.*
15. Nicasie, *Twilight of Empire.*
16. Noel Lenski, *The Cambridge Companion to the Age of Constantine* (New York: Cambridge University Press, 2005).
17. Ibid.
18. Marcellinus, *The Later Roman Empire.*
19. Wolfram, *History of the Goths.*
20. Procopius, *History of the Wars*, III, 1, trans. H. B. Dewing (Cambridge, MA: Harvard University Press, 1914).
21. Wolfram, *History of the Goths.*
22. Edward Gibbon, *The Decline and Fall of the Roman Empire,* ch. 30 (New York: E. P. Dutton, 1952).
23. A. H. M. Jones, *The Later Roman Empire, 284–602* (Baltimore: Johns Hopkins University Press, 1964).
24. Mierow, *Jordanes.*
25. Ibid.
26. Wolfram, *History of the Goths.*
27. Jones, *The Later Roman Empire.* Jones cites the census taken by Gaiseric prior to the crossing into Africa as reported by Victor Vitensis.
28. Marcellinus, *The Later Roman Empire.*
29. R. C. Blockley, *The Fragmentary Classicizing Historians of the Later Roman Empire: Eunapius, Olympiodorus, Priscus, and Malchus*, vol. II, trans. J. B. Bury (Liverpool: Francis Cairns, 1983).
30. Richard Gordon, "Stopping Attila: The Battle of Chalons" , *Military History*, December 2003.
31. Blockley, *Historians of the Later Roman Empire.*
32. Jones, *The Later Roman Empire.*
33. Blockley, *Historians of the Later Roman Empire.*
34. Peter Heather, "The Huns and the End of the Roman Empire in Western Europe" , *English Historical Review*, February 1995.
35. Jones, *The Later Roman Empire.*
36. Kelley Ross, "Rome and Romania" , www. friesian. com/romania. htm.

37. Jones, *The Later Roman Empire*.

38. Wolfram, *History of the Goths*.

39. Thomas Hodgkin, trans. *Letters of Cassiodorus* (London: H. Frowde, 1886).

40. Pope Leo I, "Letter 28. 4" , in *Creeds, Councils, and Controversies* (London: SPCK Publishing, 1966).

41. John Henry Cardinal Newman, *Tracts Theological and Ecclesiastic*, iv, 1874.

42. O. Guenther, ed. , *Collection Avellana (Corpus Scriptorum Ecclesiasticorum, Latinorum*, vol. 35; Vienna, 1895), quoted in Bury.

43. Jones, *The Later Roman Empire*.

第三章 "我们最虔诚的夫人"

1. Peter Brown, *The World of Late Antiquity* (London: Thames & Hudson, 1971). This is sometimes translated as "An impoverished Roman imitates a Goth, and a rich Goth imitates a Roman" .

2. J. B. Bury, *History of the Later Roman Empire,* vol. 2 (New York: Dover, 1958).

3. Anicius Boethius, *The Consolation of Philosophy,* trans. V. E. Watts (New York: Penguin Books, 1980).

4. Felipe Fernandez-Armesto, *Times Illustrated History of Europe* (London: Times Books, 1995).

5. Bury, *History of the Later Roman Empire*.

6. Procopius, *The Secret History*, trans. G. A. Williamson (New York: Penguin Books, 1966).

7. Evagrius Scholasticus, *Ecclesiastical History*, trans. E. Walford (London: H. G. Bohn, 1846).

8. Paul Krueger, *The Digest of Justinian*, trans. Alan Watson (Philadelphia: University of Pennsylvania Press, 1985).

9. Robert Browning, *Justinian and Theodora* (New York: Praeger, 1971).

10. Ibid.

11. A. H. M. Jones, *The Later Roman Empire, 284–602* (Baltimore:

Johns Hopkins University Press, 1964).

12. Alan Cameron, *Circus Factions: Blues and Greens at Rome and Byzantium* (New York: Oxford University Press, 1993).

13. Jones, *The Later Roman Empire.*

14. Theophanes, *Chronicle,* quoted in J. B. Bury, *History of the Later Roman Empire.*

15. Jones, *The Later Roman Empire.*

16. Scholasticus, *Ecclesiastical History.*

17. Browning, *Justinian and Theodora.*

18. Procopius, *The Secret History,* 9. 20.

19. Tony Honore, *Tribonian* (London: Duckworth Publishing, 1978).

20. Browning, *Justinian and Theodora.*

21. Procopius, *History of the Wars*, III, 10, trans. H. B. Dewing (Cambridge, MA: Harvard University Press, 1914).

22. Browning, *Justinian and Theodora.*

23. Ibid.

24. John L. Teall, "The Barbarians in Justinian's Armies", *Speculum*, vol. 40, 1965.

25. Ibid.

26. Bury, *History of the Later Roman Empire.*

27. Erik Hildinger, "Belisarius's Bid for Rome" in *Military History*, October 1999.

28. Procopius, *Wars*, VI, 14.

29. Lawrence Fauber, *Narses: Hammer of the Goths* (New York: St. Martin's, 1990).

30. Procopius, *Wars*, I, 3.

31. Ibid, VI, 14.

第四章 "所罗门，我超过了你"

1. The *Chronicle* of John Malalas says of Justinian, "He established a secure, orderly condition in every city of the Roman state and dispatched sacred rescripts to every city so that rioters or murderers, no matter to

what faction they belonged, were to be punished." Geoffrey Greatrex, "The Nika Riot: A Reappraisal" , *Journal of Hellenic Studies,* 1997.

2. J. B. Bury, *History of the Later Roman Empire,* vol. 2 (New York: Dover, 1958).

3. A. H. M. Jones, *The Later Roman Empire, 284–602* (Baltimore: Johns Hopkins University Press, 1964).

4. Bury, *History of the Later Roman Empire.*

5. Ibid.

6. Procopius, *History of the Wars,* I, 24, 37, trans. H. B. Dewing (Cambridge, MA: Harvard University Press, 1914).

7. Henry Adams, *Mont Saint Michel and Chartres* (New York: Library of America, 1983).

8. Georgio Cedrenus, *Compendium Historiarum,* in R. J. Mainstone, *Hagia Sophia: Architecture, Structure, and Liturgy of Justinian's Great Church* (London: Thames & Hudson, 1988).

9. Mainstone, *Hagia Sophia.*

10. Eusebius, *Vita Constantina,* vol. 20, trans. E. C. Richardson, 1890, quoted in Mainstone, *Hagia Sophia.*

11. A. K. Orlandos, *Byzantine Architecture* (Athens: Archaeological Society at Athens, 1998).

12. Mainstone, *Hagia Sophia.*

13. Adams, *Mont St. Michel and Chartres.*

14. Mainstone, *Hagia Sophia.*

15. John Warren, "Greek Mathematics and the Architects to Justinian" , *Art and Archaeology Research Papers* (London: Coach Publishing, 1976).

16. George Huxley, *Anthemius of Tralles and Later Greek Geometry.*

17. Ilhan Aksit, *Hagia Sophia and Kariye Museum* (Istanbul, nd).

18. Mainstone, *Hagia Sophia.* Mainstone suggests that a few lines in Agathias's *Historia*, written long after the building of the church, describe some additional elements for the original brief, most particularly the requirement that the church be built without wood, in order to make it as fireproof as possible.

19. Procopius, *Buildings,* I, 1 (Cambridge, MA: Loeb Classical Library, 1940).

20. Pero Tafur, *Travels and Adventures* (c. 1455), quoted in John Balfour, Baron Kinross, *Hagia Sophia* (New York: W. W. Norton & Co. , 1972).
21. Mainstone, *Hagia Sophia.*
22. Procopius, *Buildings,* I, I.
23. Bury, *History of the Later Roman Empire*, vol. 2.
24. Orlandos, *Byzantine Architecture.*
25. Paul the Silentiary, quoted in Mainstone, *Hagia Sophia.*
26. Mainstone, *Hagia Sophia.*
27. Ibid.
28. Procopius, *Buildings,* I, I.
29. Ibid.
30. Mainstone, *Hagia Sophia.*
31. Warren, "Greek Mathematics and the Architects to Justinian" .
32. Ibid.
33. Guillermo Rivoira, *Roman Architecture and Its Principles of Construction under the Empire* (Oxford: Clarendon Press, 1925).
34. Agathias, *The Histories*, vol. 8, trans. Joseph D. Frendo (New York: DeGruyter, 1975).
35. Paul the Silentiary, quoted in Lord Kinross, *Hagia Sophia.*
36. Mainstone, *Hagia Sophia.*
37. Evagrius Scholasticus, *Ecclesiastical History*, bk. 4, trans. E. Walford (London: H. G. Bohn, 1846).
38. Agathias, *Histories*, vol. 8.

第五章 "体面生活、不伤害人、让人各得其所"

1. From second-century Syrian Christian apologist Tatian in his *Oratio ad Graecos, in Peter Brown, The World in Late Antiquity* (London: Thames & Hudson, 1971).
2. Tony Honore, *Tribonian* (London: Duckworth Publishing, 1978).
3. Ibid.
4. Caroline Humfress, "Law and Legal Practice in the Age of Justinian" , Michael Mass, ed. , *The Cambridge Companion to the Age of*

Justinian (Cambridge: Cambridge University Press, 2005).

5. Procopius, *History of the Wars,* I, 24. 16, trans. H. B. Dewing (Cambridge, MA: Harvard University Press, 1914).

6. Honore, *Tribonian.*

7. Peter Birks and Grant McLeod, trans. , *Justinian's Institutes* (Ithaca, NY: Cornell University Press, 1987).

8. Quoted in Honore, *Tribonian.*

9. Justinian, *Constitution of 528,* quoted in Robert Browning, *Justinian and Theodora* (New York: Praeger, 1971).

10. Honore, *Tribonian.*

11. Ibid.

12. Ibid.

13. A. P. d'Entreves, *Natural Law: An Introduction to Legal Philosophies* (London: Hutchinson's University Library, 1951), quoted in Justinian, *The Digest of Roman Law* (New York: Penguin, 1989).

14. Will Durant, *The Age of Faith* (New York: Simon & Schuster, 1950).

15. Justinian, *Digest of Roman Law,* trans. C. F. Kolbert (New York: Penguin Books, 1979).

16. E. Stein, *Histoire de Bas-Empire* (Paris: 1959).

17. Henry John Stephen, "A Treatise on the Principles of Pleading in Civil Actions: Comprising a Summary View of the Whole Proceedings in a Suit at Law" (Washington, D. C. : Walter C. Morrison Publishers, 1898).

18. Charles Casassa, "Magister Vacarius 'Hic en Oxonefordia Legem Docuit': An Analysis of the Dissemination of Roman Law in the Middle Ages" . Online, http: //history.eserver.org/dissemination-of-law.txt.

19. Stephen, "A Treatise on the Principles of Pleading in Civil Actions" .

20. Joseph Story, *Commentaries on the Conflict of Laws, Foreign and Domestic, in Regard to Contracts, Rights, and Remedies, and Especially in Regard to Marriages, Divorces, Wills, Successions, and Judgments* (London, 1834), quoted in Stephen, "A Treatise on the Principles of Pleading in Civil Actions" .

21. Honore, *Tribonian.*

22. R. Schoell and G. Kroll, eds. *Institutiae Novellae* from the *Corpus*

Iuris Civilis vol. iii, 6th ed. (Berlin: Apud Weidmannos, 1954).

第六章 "上天赏赐的胜利"

1. R. Schoell and G. Kroll, eds. , *Institutiae Novellae from the Corpus Iuris Civilis* vol. iii, 6th ed. (Berlin: Apud Weidmannos, 1954).

2. Stephen Muhlberger, "Overview of Late Antiquity—The Fifth Century" , Section 2: "Weak Emperors and Warlords" ORB Online Encyclopedia, http: //www.nipissingu.ca/department/history/ MUHLBERGER/ORB/OVC3S2.HTM).

3. A. H. M. Jones, *The Later Roman Empire, 284 –602* (Baltimore: Johns Hopkins University Press, 1964). Jones cites the census taken by Gaiseric prior to the crossing into Africa as reported by Victor Vitensis.

4. Procopius, *History of the Wars*, III, 3, trans. H. B. Dewing (Cambridge, MA: Harvard University Press, 1914).

5. Ibid.

6. Ibid. , III. 4.

7. Jacques Le Goff, *Medieval Civilization, 400–1500* (Oxford: Blackwell Publishers, 1988).

8. Procopius, *Wars*, III, 5.

9. Ibid. , III, 9.

10. Ibid.

11. Jones, *The Later Roman Empire*.

12. Edward Gibbon, *The Decline and Fall of the Roman Empire* (New York: G. P. Dutton, 1952).

13. Procopius, *Wars*, III, 21.

14. Robert Browning, *Justinian and Theodora* (New York: Praeger, 1971); Procopius, Wars, III, 25.

15. Peter Birks and Grant McLeod, trans. , *Justinian's Institutes* (Ithaca, NY: Cornell University Press, 1987).

16. Procopius, *Wars*, IV, 10. 20; Cyril Mango, "The Triumphal Way of Constantinople and the Golden Gate" , *Dumbarton Oaks Papers*, no. 54, 2000.

17. Jones, *The Later Roman Empire*, vol. 2.
18. Bernard Lewis, *The Middle East* (New York: Scribner, 1995).
19. Gershon Cohen, "The Talmudic Age" in *Great Ages and Ideas of the Jewish People*, Leo Schwarz, ed. (New York: Modern Library, 1956).
20. Stefan Zweig, *The Buried Candelabrum* (New York: Viking Press, 1937).
21. Nicholas de Langue, "Jews in the Age of Justinian" , Michael Maas, ed. , *The Cambridge Companion to the Age of Justinian* (Cambridge: Cambridge University Press, 2005).
22. Procopius, *Wars*, IV, s.
23. Browning, *Justinian and Theodora*.
24. Gibbon, *Decline and Fall*, ch. 41.
25. Schoell and Kroll, *Institutae Novellae*.
26. Procopius, *Wars*, VIII, 22. 7.
27. Erik Hildinger, "Belisarius's Bid for Rome" , *Military History*, October 1999.
28. Procopius, *Wars*, V, 18.
29. Ibid. , V, 19.
30. Hildinger, "Belisarius's Bid for Rome" .
31. Procopius, *Wars*, V, 24.
32. Ibid. , *Wars*, VI, 6.
33. Ibid. , *Wars*, VI, 10.
34. Ibid.
35. Hildinger, "Belisarius's Bid for Rome" .
36. Procopius, *Wars*, VI, 10.
37. Lawrence Fauber, *Narses: Hammer of the Goths* (New York: St. Martin's, 1990).
38. Agathias, *The Histories,* trans. Joseph D. Frendo (New York: De Gruyter, 1975).
39. Gibbon, *Decline and Fall*.
40. Fauber, *Narses*.
41. Procopius, *Wars*, VI, 16.
42. Ibid. , VI, 20.
43. Ibid. , VI, 28.

44. Ibid. , V, 1.

45. Annabel Jane Wharton, "Ritual and Reconstructed Meaning: The Neonian Baptistery in Ravenna" , *The Art Bulletin*, vol. 69, no. 3, 1987.

46. UNESCO, *Justification for Inclusion in the World Heritage List.*

47. Procopius, *Buildings* 1. 2 (Cambridge, MA: Loeb Classical Library, 1949).

48. Cyril Mango, "The Triumphal Way of Constantinople and the Golden Gate" , *Dumbarton Oaks Papers* no. 54, 2000.

49. Procopius, *Wars,* VI, 29.

50. J. B. Bury, *History of the Later Roman Empire* (New York: Dover, 1958).

第七章 "机缘与数字的后嗣"

1. Lynn Margulis and Dorian Sagan, *What Is Life?* (New York: Simon & Schuster, 1995).

2. Charles Davenant, quoted in Simon Schama, *The Embarrassment of Riches* (New York: Knopf, 1987).

3. S. J. Gould, *Full House* (New York: Harmony Books, 1996).

4. Kenneth Todar, *Online Encyclopedia of Microbiology,* http: //www. textbookofbacteriology.net.

5. Clifford Dobell, *Antony van Leeuwenhoek and His "Little Animals"* (New York: Dover, 1978).

6. B. Joseph Hinnebusch et al. , "Role of Yersinia Murine Toxin in the Survival of *Yersinia pestis* in the Midgut of the Flea Vector" , *Science,* vol. 296, 2002.

7. C. O. Jarrett et al. "Transmission of *Yersinia pestis* from an Infectious Biofilm in the Flea Vector" , *Journal of Infectious Diseases*, July 2004.

8. Susan Scott and Christopher Duncan, *Biology of Plagues: Evidence from Historical Populations* (Cambridge: Cambridge University Press, 2001).

9. M. Drancourt, V. Roux, L. V. Dang, L. Tran-Hung, D. Castex, V. ChenalFrancisque, et al. "Genotyping, Orientalis-like *Yersinia pestis,* and plague pandemics" . *Emerg. Infect. Dis. ,* vol. 10, no. 9, 2004.

10. V. Chenal-Francisque et al. , "Insights into the Genome Evolution of *Y.*

pestis through Whole Genome Comparison with *Y. pseudotuberculosis"*, *Proceedings of the National Academy of Sciences,* vol. 101, no. 38, 2004.

11. Stuart A. Kauffman, "The Sciences of Complexity and Origins of Order", *PSA: Proceedings of the Biennial Meeting of the Philosophy of Science Association,* Chicago, 1990. Kauffman's favored analogy is not Legos, but buttons and thread.

12. A. L. Burroughs, "Sylvatic Plague Studies: The Vector Efficiency of Nine Species of Fleas Compared with *Xenopsylla Cheopsis"*, *Journal of Hygiene,* vol. 43, 371–396.

13. L. Kartman et al. , "New Knowledge of the Ecology of Sylvatic Plague", *Annals of the New York Academy of Science,* vol. 70: 668–711.

14. Todar, *Online Encyclopedia of Microbiology.*

15. Edward O. Wilson, *The Diversity of Life* (Cambridge, MA: Harvard University Press, 1992).

第八章 "如此简单的始端"

1. D. E. Davis, "The Scarcity of Rats and the Black Death: An Ecological History", *Journal of Interdisciplinary History,* XVI, 1986.

2. Michael McCormick, "Rats, Communications, and Plague: Toward an Ecological History", *Journal of Interdisciplinary History,* vol. 34, no. 1.

3. Ibid.

4. E. LeCompte et al., "Integrative Systematics: Contributions to Phylogeny and Evolution" , in Grant Singleton et al., eds., *Rats, Mice, and People: Rodent Biology and Management* (Canberra: Australian Centre for International Agricultural Research, 2003).

5. R. Nowak, *Walker's Mammals of the World,* vol. 2, fifth ed. (Baltimore: Johns Hopkins University Press, 1991).

6. McCormick, "Rats, Communications, and Plague" .

7. Ibid.

8. Ibid.

9. Nowak, *Mammals of the World.*

10. Wendy Orent, *Plague* (New York: Free Press, 2004).

11. William H. MacNeill, *Plagues and Peoples* (New York: Anchor Books, 1998).

12. Ibid.

13. Ibid.

14. Jared Diamond, *Guns, Germs, and Steel* (New York: W. W. Norton, 1997).

15. M. J. Keeling and C. A. Gilligan, "Metapopulation Dynamics of Bubonic Plague", *Nature,* vol. 207, October 2000.

16. Robert B. Strassler, *The Landmark Thucydides: A Newly Revised Edition of the Robert Crawley Translation* (New York: Free Press, 1996).

17. Richard M. Krause, "The Origin of Plagues, Old and New", *Science,* vol. 257, 1992.

18. McNeill, *Plagues and Peoples.*

19. Malcolm Gladwell, *The Tipping Point* (New York: Little, Brown, 2000).

20. McCormick, "Rats, Communications, and Plague".

21. M. J. Keeling and C. A. Gilligan, "Bubonic Plague", *Proceedings of the Royal Society of London, Biological Sciences*, vol. 267, 2000.

22. McNeill, *Plagues and Peoples.*

23. P. Sarris, "The Justinianic Plague: Origins and Effects", *Continuity and Change*, 17. 2, Cambridge, 2002.

24. Ibid.

25. Eva Panagiotakopulu, "Pharaonic Egypt and the Origins of Plague", *Journal of Biogoography*, vol. 31/2, 2004.

26. Evagrius Scholasticus, *Ecclesiastical History*, book 4, trans. E. Walford (London: H. G. Bohn, 1846).

27. David Keys, *Catastrophe: An Investigation into the Origins of Modern Civilization* (New York: Ballantine Books, 2000).

28. H. Pirenne, *Mohammed and Charlemagne* (London: Allen & Unwin, 1939).

第九章 "上帝愤怒之火"

1. T. H. Huxley, "A Lecture to the Eton Volunteer Corps", *Macmillan's Magazine*, London, 1883.

2. A. A. Vasiliev, trans., *Description of the Entire World* ("Expositio Totius Mundi"), *Seminarium Kondakovium*, 8, 1935.

3. Ibid.

4. Cyril Mango, *Byzantium: The Empire of New Rome* (New York: Scribner's, 1980).

5. Neville G. Brown, *Challenge of Climatic Change* (New York: Routledge, 1999).

6. Mike Baillie, *A Slice Through Time, Dendochronology and Precision Dating* (London: Batsford Publishing, 1995).

7. Nick Nuttall, "Tale of Arthur Points to Comet Catastrophe", *The Times,* September 9, 2000.

8. Procopius, *History of the Wars*, II, 3, trans. H. B. Dewing (Cambridge, MA: Harvard University Press, 1914).

9. Ibid. , IV, 14.

10. Richard B. Stothers, "Volcanic Dry Fogs, Climate Cooling and Plague Pandemics in Europe and the Middle East", *Climatic Change*, vol. 42, no. 4, August 1999.

11. A. Blocker, K. Komoriya, et al. , "Type III Secretion Systems and Bacterial Flagella: Insights into Their Function from Structural Similarities", *Proceedings of the National Academy of Sciences*, March 18, 2003.

12. Luke A. J. O'Neill, "Immunity's Early-Warning System" , *Scientific American*, January 2005.

13. Guy R. Cornelis, "Molecular and Cell Biology Aspects of Plague" , *Proceedings of the National Academy of Sciences*, vol. 97, no. 16, August 2000.

14. Wendy Orent, *Plague* (New York: Free Press, 2004).

15. Kenneth Todar, *Online Encyclopedia of Microbiology*, http: //www. textbookofbacteriology.net.

16. P. B. Medawar, *Aristotle to Zoos* (Cambridge, MA: Harvard University Press, 1983).

17. Orent, *Plague.*

18. T. H. Hollingsworth, *Historical Demography: The Sources of History,* cited

in Dionoysus Stathakopolous, *Famine and Pestilence in the Late Roman and Early Byzantine Empire: A Systematic Survey of Subsistence Crises and Epidemics* (London: Ashgate Publishing, 2004).

19. Peregrine Horden, "Mediterranean Plague in the Age of Justinian" in Michael Maas, *The Cambridge Companion to the Age of Justinian* (Cambridge: Cambridge University Press, 2005).

20. Procopius, *Wars,* II, xxii. 8.

21. A. H. M. Jones, *The Later Roman Empire, 284–602* (Baltimore: Johns Hopkins University Press, 1964).

22. John Duffy, "Byzantine Medicine in the Sixth and Seventh Centuries: Aspects of Teaching and Practice", *Dumbarton Oaks Papers*, no. 38, 1984.

23. Ibid.

24. John Scarborough, "Early Byzantine Pharmacology", *Dumbarton Oaks Papers*, no. 38, 1984.

25. Vivian Nutton, "Galen to Alexander: Medical Practice in Late Antiquity", *Dumbarton Oaks Papers*, 1984.

26. Gary Vikan, "Art, Medicine, and Magic in Early Byzantium", *Dumbarton Oaks Papers*, no. 38, 1984.

27. Isidore of Seville, *On Medicine,* trans. William D. Sharpe, *Transactions of the American Philosophical Society*, vol. 54, 1964.

28. Scarborough, "Early Byzantine Pharmacology".

29. Jerry Stannard, "Aspects of Byzantine Materia Medica, " *Dumbarton Oaks Papers*, no. 38, 1984.

30. Lewis Thomas, *The Fragile Species* (New York: Scribner, 1992).

31. Duffy, "Byzantine Medicine in the Sixth and Seventh Centuries".

32. Nutton, "Galen to Alexander".

33. Ibid.

34. Timothy S. Miller, "Byzantine Hospitals", *Dumbarton Oaks Papers*, no. 38, 1984.

35. J. N. Biraben and Jacques Le Goff, "The Plague in the Early Middle Ages" in *Biology of Man in History*, edited and translated by Robert Forster and Orest Ranum, trans. and eds. (Baltimore: Johns Hopkins University Press, 1975).

36. Procopius, *Wars*, II, 23.
37. Edward Gibbon, *Decline and Fall of the Roman Empire*, ch. 40 (New York: G. P. Dutton, 1952).
38. Procopius, *Wars*, II, 21.
39. Ibid. , II, 22.
40. A. B. Christie, *Infectious Diseases: Epidemiology and Clinical Practice*, 3rd ed. (Edinburgh: Churchill Livingstone, 1969). Quoted in Susan Scott and Christopher Duncan, *Biology of Plagues: Evidence from Historical Populations* (Cambridge: Cambridge University Press, 2001). Note that Scott and Duncan make much of the fact that Christie himself observes that many of these symptoms are those of other severe illnesses, such as malaria, typhus, hemorrhagic viral fevers, and so on. They write that compared with these other diseases, " *the only distinguishing feature is the bubo.* " This is an important point for their thesis regarding the Black Death, but does nothing to suggest that Justinian's Plague was not caused by *Y. pestis,* given the well-documented appearance of the buboes.
41. Evagrius Scholasticus, *Ecclesiastical History*, trans. E. Walford (London: H. G. Bohn, 1846).
42. Cyprian, *De Mortalitate,* trans. Mary Louise Hannon, quoted in McNeill, *Plagues and Peoples.*
43. Andrew Palmer and Sebastian Brock, trans. , *Apocalypse of Pseudo-Methodius,* in *The Seventh Century in the West-Syrian Chronicle* (Liverpool: Liverpool University Press, 1993).
44. Susan Ashbrook Harvey, "Physicians and Ascetics in John of Ephesus: An Expedient Alliance" , *Dumbarton Oaks Papers*, no. 38, 1984.
45. Witold Witakowski, *The Chronicle of Pseudo-Dionysius of Tel-Mahre*, Part III (Liverpool: Liverpool University Press, 1997).
46. Ibid.
47. Harvey, "Physicians and Ascetics" .
48. Witakowski, *Chronicle of Pseudo-Dionysus.*
49. Ibid.
50. Ibid.

第十章 "一个不守法的人"

1. J. B. Bury, *History of the Later Roman Empire*, v. 2 (New York: Dover, 1958).

2. David Kennedy and Derrick Riley, *Rome's Desert Frontier* (Austin: University of Texas Press, 1990).

3. Ibid.

4. Elton L. Daniel, *History of Iran* (New York: Greenwood Publishing, 2000).

5. Ammianus Marcellinus, *The Later Roman Empire (354–378)*, Walter Hamilton, trans. (New York: Penguin Books, 1986).

6. Mary Boyce, *Zoroastrians, Their Religious Beliefs and Practices* (London: Routledge and Kegan Paul, 1979).

7. Ibid.

8. Daniel, *History of Iran*.

9. Ibid.

10. Mary Boyce, trans. *The Letter of Tansar* (Rome: Instituto Italiano per il Medio ed Estremo Oriente, 1968).

11. Richard Frye, *The Heritage of Persia* (Cleveland: World Publishing Co. 1963).

12. Procopius, *History of the Wars*, I, 31, trans. H. B. Dewing (Cambridge, MA: Harvard University Press, 1914).

13. Zachariah of Mytilene, *Syriac Chronicle*, F. J. Hamilton and E. W. Brooks, trans. (London: Methuen, 1899).

14. Frye, *The Heritage of Persia*.

15. Edith Porada, "Iranian Visual Arts: The Art of Sassanians" , online article, http: //www.iranchamber.com/art/articles/art_of_sassanians.php.

16. Bernard Lewis, *The Middle East* (New York: Scribner, 1995).

17. Victoria Erhart, "The Context and Contents of Priscianus of Lydia's *Solutionum ad Chosroem*" , Circle of Ancient Iranian Studies at the School of Oriental and African Studies, http: //www.cais-soas.com/ CAIS/History/Sasanian/priscianus.htm. Ms. Erhart points out that the

assumption that the Academy was formally shut down, while defensible, is built on two somewhat vague comments by John Malalas.

18. Browning, *Justinian and Theodora.*

19. Agathias, *The Histories*, trans. Joseph D. Frendo (New York: De Gruyter, 1975).

20. Massoume Price, "History of Iran: History of Ancient Medicine in Mesopotamia and Iran" , online article, http: //www.iranchamber.com/ history/articles/ancient_medicine_mesopotamia_iran.php.

21. Jamsheed K. Choksky, "Sacral Kingship in Sasanian Iran" , Circle of Ancient Iranian Studies at the School of Oriental and African Studies, http: //www.caissoas.com/CAIS/History/Sasanian/sacral_kingship.htm.

22. Daniel, *History of Iran.*

23. A. Sh. Shahbazi, "History of Iran: Sassanian Army", online article, http: // www.iranchamber.com/history/sassanids/sassanian_army.php.

24. Zeev Rubin, "The Reforms of Khosro Anushirwan" , in *The Byzantine and Early Islamic Near East III: States, Resources, and Armies*, Averil Cameron, ed. (Princeton: The Darwin Press, 2004).

25. Richard Frye, *The History of Ancient Iran* (Munich: Beck, 1984).

26. Shahbazi, "Sassanian History" .

27. Frye, *The History of Ancient Iran.*

28. Price, "History of Ancient Medicine in Mesopotamia and Iran" .

29. Frye, *The History of Ancient Iran.*

30. Porada, "The Art of Sassanians" .

31. Frye, *The History of Ancient Iran.*

32. Ibid.

33. Irfan Shahid, "Byzantium and the Arabs in the Fifth Century" (Washington, D. C. : Dumbarton Oaks Research Library, 1989).

34. Barry Hoberman, "The King of Ghassan" , *Saudi Aramco World*, vol. 34, no. 2, Spring 1983.

35. Procopius, *Wars*, I, 17.

36. Ibid. , VII, 40.

37. Browning, *Justinian and Theodora.*

38. Procopius, *Wars*, II, 10, 4–5.

39. B. H. Liddell Hart, *Strategy* (New York: Plume, 1991).

40. Bury, *History of the Later Roman Empire*, vol. 2.

41. Dionysios Stathakopoulos, *Famine and Pestilence in the Late Roman and Early Byzantine Empire: A Systematic Survey of Subsistence Crises and Epidemics* (London: Ashgate Publishing, 2004).

42. Cyril of Scythiopolis, *Vita* of Kyriakos, quoted in Stathakopoulos, *Famine and Pestilence.*

43. *Vita* of Simeon Stylites the Younger, quoted in Stathakopolus, *Famine and Pestilence.*

44. Graham Twigg, *The Black Death: A Biological Reappraisal* (London: Batsford, 1984).

45. Susan Scott and Christopher Duncan, *Biology of Plagues: Evidence from Historical Populations* (Cambridge: Cambridge University Press, 2001).

46. Michael McCormick, "Towards a Molecular History of the Justinianic Pandemic" , *Plague and the End of Antiquity* (Cambridge: Cambridge University Press, forthcoming), cited in Stathakapoulos, *Famine and Pestilence.*

47. Robert Sallares, "Ecology, Evolution, and Early History of Plague" , *Plague and the End of Antiquity* (Cambridge: Cambridge University Press, forthcoming), cited in Stathakopoulos, *Famine and Pestilence.*

48. Procopius, *Wars*, II, 24.

49. Procopius, *Wars*, II, 12.

50. Bury, *History of the Later Roman Empire*, vol. 2.

51. Warren Treadgold, *A History of the Byzantine State and Society* (Stanford, CA: Stanford University Press, 1997).

52. Procopius, *Wars*, II, 26.

53. Ibid. , II, 27.

54. Ibid. , I, 22.

55. Witold Witakowski, *The Chronicle of Pseudo-Dionysius of Tel-Mahre*, Part III (Liverpool: Liverpool University Press, 1997).

56. Ibid.

57. Ibid. The number is, of course, impossible to verify.

58. Michael Dols, *The Black Death in the Middle East* (Princeton: Princeton University Press, 1974), cited in Stathakopoulos, *Famine and Pestilence.*
59. Evagrius Scholasticus, *Ecclesiastical History*, trans. E. Walford (London: H. G. Bohn, 1846).

第十一章 "极大恩典"

1. M. R. Rampino and S. H. Ambrose, "Volcanic Winter in the Garden of Eden: The Toba Super-eruption and the Late Pleistocene Human Population Crash" , in Floyd W. McCoy and Grant Heiken, eds. , *Volcanic Hazards and Disasters in Human Antiquity* (Boulder, CO: Geological Society of America, 2000).
2. Edward Gibbon, *The Decline and Fall of the Roman Empire*, ch. 10 (New York: E. P. Dutton, 1952).
3. Procopius, *History of the Wars*, V, 12, trans. H. B. Dewing (Cambridge, MA: Harvard University Press, 1914).
4. Agathias, *The Histories,* trans. Joseph D. Frendo (New York: De Gruyter, 1975).
5. Gibbon, *Decline and Fall*, ch. 38.
6. Gregory of Tours: *The History of the Franks*, trans. and introduction by Lewis Thorpe (New York: Penguin Books, 1974).
7. Ibid.
8. Gibbon, *Decline and Fall*, ch. 38.
9. Ibid.
10. Procopius, *Wars*, V, 5.
11. Ibid. , V, 5. 8–9.
12. Ibid. , VI, 12.
13. Gregory of Tours, *The History of the Franks*.
14. Ibid.
15. Ibid.
16. Josiah C. Russell, "That Earlier Plague" , *Demography*, vol. 5, no. 1, 1968.

17. Ibid.
18. Ronald Findlay and Mats Lundahl, "Demographic Shocks and the Factor Proportions Model: From the Plague of Justinian to the Black Death", in Mats Lundahl, Ronald Findlay, Rolf G. H. Henriksson, and Håkan Lindgren, eds., *Eli Heckscher, International Trade and Economic History* (Cambridge, MA: MIT Press, 2006).
19. Stephen Muhlberger, "Overview of Late Antiquity—The Classical Prologue, Section 3: Climate and Economy outside the Mediterranean Basin", ORB Online Encyclopedia, http://www.nipissingu.ca/department/history/MUHLBERGER/ORB/OVC1S3.HTM.
20. Ibid.
21. Peter Brown, *The World in Late Antiquity* (London: Thames & Hudson, 1971).
22. Russell, "That Earlier Plague".
23. William McNeill, *Plagues and Peoples* (New York: Anchor Books, 1998).
24. Findlay and Lundahl, "Demographic Shocks and the Factor Proportions Model".
25. Ibid.
26. Treadgold, *The Byzantine State and Society*.
27. Findlay and Lundahl, "Demographic Shocks and the Factor Proportions Modol".
28. Ibid.
29. Ibid.
30. Lynn White, Jr., *Medieval Technology and Social Change* (Oxford: Oxford University Press, 1962); also Marc Bloch, *Feudal Society* (London: Routledge, 1962). Both are quoted in Findlay and Lundahl, "Demographic Shocks and the Factor Proportions Model".
31. Findlay and Lundahl, "Demographic Shocks and the Factor Proportions Model".
32. Ibid.
33. J. R. Maddicott, "Plague in Seventh-Century England", *Past and Present*, no. 156, 1997.

34. Ibid.

35. Ibid.

36. "*Feilire Oengus*", in Reverend P. Power, M. R. I. A. , ed. , trans. , *Life of St. Declan of Ardmore* (London: Irish Texts Society, 1914).

37. Maddicott, "Plague in Seventh-Century England" .

38. Ibid.

39. Ibid.

40. Ibid.

41. A. H. M. Jones, *The Later Roman Empire, 284-602* (Baltimore: Johns Hopkins University Press, 1964).

42. McNeill, *Plagues and Peoples.*

43. Maddicott, "Plague in Seventh-Century England" .

第十二章 "解不开的线"

1. Lawrence Fauber, *Narses: Hammer of the Goths* (New York: St. Martin's, 1990).

2. Procopius, *History of the Wars*, VII, 12, trans. H. B. Dewing (Cambridge, MA: Harvard University Press, 1914).

3. A. H. M. Jones, *The Later Roman Empire, 284-602* (Baltimore: Johns Hopkins University Press, 1964).

4. William Sims Thurman, trans. , *Justinian's Edict 6*, "On the Regulation of Skilled Labor" , *The Thirteen Edicts of Justinian* (Austin, 1964).

5. Jones, *The Later Roman Empire.*

6. Procopius, *Wars*, VII, 22.

7. C. E. Mallet, "The Empress Theodora" , *The English Historical Review*, 1887.

8. J. A. S. Evans, *The Age of Justinian* (New York: Routledge, 2000).

9. Otto G. Von Simson, *Sacred Fortress: Byzantine Art and Statecraft in Ravenna* (Chicago: University of Chicago Press, 1948).

10. Ibid.

11. Antony Bridge, *Theodora: Portrait in a Byzantine Landscape* (London: Cassell, 1978).

12. Ibid.

13. Fauber, *Narses*.

14. John L. Teall, "The Barbarians in Justinian's Armies," *Speculum*, vol. 40, 1965. It should be noted that Teall is unusual in his regard for the Cappadocian, describing his hand behind a series of reforms intended to provide "honest and efficient provincial administration, thereby enlisting the sympathies of the subject and, hopefully, increasing the tax return . . . Certainly John himself enjoyed in popular circles a reputation which his enemies, many among the bureaucracy, were quick to interpret in a pejorative fashion."

15. Victor of Tunnuna, *Chronica*, T. Mommsen, ed. , quoted in Dionysios Stathakopoulos, *Famine and Pestilence in the Late Roman and Early Byzantine Empire: A Systematic Survey of Subsistence Crises and Epidemics* (London: Ashgate Publishing, 2004).

16. Witold Witakowski, *The Chronicle of Pseudo-Dionysius of Tel-Mahre*, Part III (Liverpool: Liverpool University Press, 1997).

17. Maurice, *Treatise on Strategy*, trans. George Dennis (Philadelphia: University of Pennsylvania Press, 1984), quoted in Michael Maas, ed. , *The Cambridge Companion to the Age of Justinian* (Cambridge: Cambridge University Press, 2005).

18. Fauber, *Narses*.

19. Archibald R. Lewis, *Naval Power and Trade in the Mediterranean*, quoted in Fauber, *Narses*.

20. Procopius, *Wars*, VIII, 23.

21. Ibid.

22. Fauber, *Narses*.

23. Ibid.

24. Bury, *History of the Later Roman Empire*, vol. 11.

25. Ibid.

26. H. M. Gwatkin, *Cambridge Medieval History*, vol. 1, quoted in Fauber, *Narses*.

27. M. Kulikowski, "Plague in Spanish Late Antiquity" in *Plague and the End of Antiquity* (Cambridge: Cambridge University Press,

forthcoming). Quoted in Stathakopoulos, *Famine and Pestilence.*

28. Sidney Hook, *The Hero in History* (Piscataway, NJ: Transaction Publishers, 1991), quoted in Fauber, *Narses.*

29. Agathias, *The Histories*, trans. Joseph D. Frendo (New York: De Gruyter, 1975).

30. Bury, *History of the Later Roman Empire*, vol. II.

31. Agathias, *Histories.*

32. John of Ephesus, *Evangelical History*, trans. (French) F. Nau, *Revue de l'Orient Chretien* 2, 1897, quoted in Maas, *Age of Justinian.*

33. Evagrius Scholasticus, *Ecclesiastical History*, trans. E. Walford (London: H. G. Bohn, 1846).

34. Ibid.

35. Browning, *Justinian and Theodora* (New York: Praeger, 1971).

36. Procopius, *Wars*, IV, 16.

37. Ibid. , IV, 19. 4

38. Browning, *Justinian and Theodora.*

39. Procopius, *Wars*, IV, 2. 2.

40. Stathakopoulos, *Famine and Pestilence.*

41. Agathias, *Histories.*

42. Clayton O. Jarrett et al. , "Flea-borne Transmission Model to Evaluate Vaccine Efficacy against Naturally Acquired Bubonic Plague" , *Infection and Immunity*, vol. 72, no. 4, April 2004.

43. Olaf Schneewind et al. , "LcV Plague Vaccine with Altered Immunomodulatory Properties" , *Infection and Immunity*, vol. 73, no. 8, August 2005. Schneewind is on record as calling *Y. pestis* "the nastiest thing alive" .

44. Bury, *History of the Later Roman Empire*, vol. II.

45. Ibid.

第十三章 "丝绸之国"

1. John E. Hill, trans. , "The Western Regions according to the *Hou Hanshu*" , 2nd edition, online, http: //depts. washington.edu/silkroad/

texts/hhshu/hou_han_shu.html.

2. William McNeill, *Plagues and Peoples* (New York: Anchor Books, 1976).

3. John Ferguson, "China and Rome" , *Aufstieg und Niedergang der Romischen Welt*, Vol. , 9. 2, 1978.

4. McNeill, *Plagues and Peoples.*

5. Ferguson, "China and Rome" .

6. Yong-woo Lee, *Silk Reeling and Testing Manual,* FAO Agricultural Services Bulletin no. 136 (Rome: United Nations, 1999).

7. Manfred Raschke, "New Studies in Roman Commerce with the East" , *Aufstieg und Niedergang der Romischen Welt*, vol. 9. 2, 1978.

8. Ibid.

9. Ferugson, "China and Rome" .

10. Seneca the Younger, *Declamations,* quoted in Ferguson, "China and Rome" .

11. Ferguson, "China and Rome" .

12. Robert Sabatino Lopez, "Silk Industry in the Byzantine Empire", *Speculum*, vol. 20, January 1945.

13. Ibid.

14. Pliny, *Natural History,* quoted in Ferguson, "China and Rome" .

15. Ibid.

16. Ferguson, "China and Rome" .

17. Ibid.

18. Cosmas Indicopleustes, *Christian Topography*, trans. and ed. with notes and introduction by J. W. McCrindle (Calcultta: The Hakluyt Society, 1897).

19. Procopius, *History of the Wars*,I, 20, trans. H. B. Dewing (Cambridge, MA: Harvard University Press, 1914).

20. A. H. M. Jones, *The Later Roman Empire, 284-602* (Baltimore: Johns Hopkins University Press, 1964).

21. Ibid.

22. Richard Frye, *The History of Ancient Iran* (Munich: Beck, 1984).

23. Procopius, *Wars,* I, 19.

24. Irfan Shahid, "Byzantium and the Arabs in the Fifth Century" (Washington,

D. C. : Dumbarton Oaks Research Library, 1989).

25. Frye, *History of Ancient Iran.*

26. Robert Browning, *Justinian and Theodora* (New York: Praeger, 1971).

27. Hill, "The Western Regions according to the *Hou Hanshu*" . The date is inferred from a Buddhist history in which the king is identified as Vijaya Dharma whose reign cannot be precisely dated, but certainly covered the year 60 C. E.

28. Ibid.

29. M. A. Stein, "Ancient Khotan", in Manfred Raschke, "New Studies in Roman Commerce with the East", *Aufstieg und Niedergang der Romischen Welt,* vol. 9. 2, 1978.

30. Procopius, *Wars,* VIII, 17.

31. R. A. Nicholson, trans., *Ibn Qutaibah,* quoted in Barry Hoberman, "The King of Hassan" , *Saudi Aramco World,* March/April 1983.

32. Bernard Lewis, *The Middle East* (New York: Scribner, 1995).

33. L. Conrad, "Epidemic Diseases in Central Syria in the Late Sixth Century: Some New Insights from the Verse of Hassan ibn Thabit", *Byzantine and Modern Greek Studies* vol. 18, 1994.

34. Edward Gibbon, *The Decline and Fall of the Roman Empire*, ch. 50 (New York: E. P. Dutton, 1952).

35. Mark Lewis, Joe Manning, and Walter Scheidel, "The Stanford Ancient Chinese and Mediterranean Empires Comparative History Project" (ACME).

36. Browning, *Justinian and Theodora.*

37. Cyril Mango, "The Triumphal Way of Constantinople and the Golden Gate" , *Dumbarton Oaks Papers*, no. 54, 2000.

38. Browning, *Justinian and Theodora.*

39. Paul the Deacon, *Historia Langobardum*, trans. Foulke, quoted in Fauber, *Narses.*

40. Ibid.

41. Browning, *Justinian and Theodora.*

42. Ibid.

43. John Julius Norwich, *A Short History of Byzantium* (New York:

Vintage, 1999).
44. Ibid.
45. Dionysios Stathakopoulos, *Famine and Pestilence in the Late Roman and Early Byzantine Empire: A Systematic Survey of Subsistence Crises and Epidemics* (London: Ashgate Publishing, 2004).
46. Ibid.

后记　雅尔穆克

1. Chaim Herzog, *The Arab-Israeli Wars* (New York: Random House, 1982).
2. Richard Frye, *The History of Ancient Iran* (Munich: Beck, 1984).
3. P. K. Hitti and F. C. Murgotten, trans. , *"The Origins of the Islamic State,* Being a Translation from the Arabic of the *Kitab Futuh alBuldha* of Ahmad ibn-Jabir alBaladhuri"* , *Studies in History, Economics and Public Law*, vol. LXVIII, 1916.
4. David Keys, *Catastrophe* (London: Century, 1999).
5. A. I. Akram, *Sword of Allah: Khalid bin Waleed* (Islamabad, Pakistan: Oxford University Press, 2004).
6. Hitti and Murgotten, *"The Origins of the Islamic State"*.
7. K. Gewertz, "Spotlight on the Dark Ages" , *Harvard University Gazette,* January 2003.
8. Stathakopoulos, *Famine and Pestilence.*
9. Josiah C. Russell, "That Earlier Plague" , *Demography,* vol. 5, no. 1, 1968.

图字：09-2022-0043号

图书在版编目（CIP）数据

查士丁尼的天灾/（美）威廉·罗森
（William Rosen）著；薛莲译. — 上海：上海译文出版社，2023.9
　　书名原文：Justinian's Flea: the First Great
Plague and the End of the Roman Empire
　　ISBN 978-7-5327-9208-5

　　Ⅰ.①查… Ⅱ.①威… ②薛… Ⅲ.①拜占庭帝国—历史—研究 Ⅳ.①K134

　　中国国家版本馆CIP数据核字（2023）第154157号

查士丁尼的天灾——史上第一场大瘟疫与罗马帝国的终结
〔美〕威廉·罗森　著　薛莲　译
责任编辑/宋金　装帧设计/宋涛

上海译文出版社有限公司出版、发行
网址：www.yiwen.com.cn
201101　上海市闵行区号景路 159 弄 B 座
上海雅昌艺术印刷有限公司印刷

开本 890×1240　1/32　印张 11.5　插页 6　字数 248,000
2023 年 10 月第 1 版　2023 年 10 月第 1 次印刷
印数：0,001—8,000 册

ISBN 978-7-5327-9208-5/K·310
定价：72.00 元

本书中文简体字专有出版权归本社独家所有，非经本社同意不得转载、摘编或复制
如有质量问题，请与承印厂质量科联系。T: 021-68798999